DUMONT
Reise-Taschenbuch

9783616020884

W0096628

rügen

Mathias Christmann

hiddensee & stralsund

Senkrechtstarter

Mehr als 70 Mio. Jahre hat die 7 km lange Kreideküste im Nationalpark Jasmund auf dem Buckel. Das Naturschauspiel, wenn die brandende Ostsee sich in die bis zu 118 m hohen Klippen frisst und ein türkis-weißes Farbenpotpourri an die Wasseroberfläche befördert, ist grandios. Wer es heute von der Ernst-Moritz-Arndt-Sicht aus bestaunt, ist privilegiert. Erst der in jüngster Zeit gestiegene Meeresspiegel ließ die See an den Kreidewänden knabbern.

Überflieger

Nordluft
schnuppern

Dranske •

• Dornbusch

Hell
erleuchtet

Hiddensee •

Wie auf
einer Schäre

Frucht-
bares
Land

• Kluis

• Insel Ummanz

Suhrendorf •

Wo
Familien
glücklich
sind

Alle aufs
Surfbrett

Weite Felder, sanfte Hügel

Weitblick
zum
Festland

• Altefähr

Poseritz •

Garz

• Stralsund

Milch und Meer

Altstadt-
romantik

Orgeln für
die Insel

Zudar •

Geheime
Querung

Glewitz •

Rügen, Hiddensee, Stralsund — umspült vom Meer. Mal eben drüberfliegen, über Backsteingemäuer, Buchenwälder, Sandstrände und eine Kreideküste.

Putgarten •

Kap Arkona •

Weiter geht nimmer

Orange wie der Sanddorn

• Schaabe

Kilometer-langer Strand

Plattdeutsche Tanzeinlagen

Weiße Klippen, alte Buchen

• Nationalpark Jasmund

• Großer Jasmunder Bodden

Bodden-geflüster

• Sassnitz

Eine Seefahrt, die ist lustig

• Ralswiek

Störtebeker und sein Gaul

Kolossal!

• Prora

Ostsee

Fürstlich grandios

Historisches Seebadflair

Ostseebad Binz •

Ostseebad Sellin •

Mediterrane Leichtigkeit

• Putbus

Moor und Muße

• Goor-Wald

• Middelhagen

Hofgebranntes

Eigentlich Zutritt verboten

• Insel Vilm

• Gager

In den Alpen

Querfeldein

Fundstücke — zwischen Meer und Wäldern, Sandstränden und kulinarischer Klasse. Auf Rügen sorgen Sehnsuchtsorte für neue Blicke auf die Natur und jede Menge Glücksgefühle.

Deutschlands grünste Insel

Mystische Buchenwälder, sumpfige Moorlandschaften oder wildromantische Auen durchziehen Rügen von Süd nach Nord. Der Grund für die Fülle an hochkarätiger Natur liegt auf der Hand: Mit den Nationalparks Vorpommersche Boddenlandschaft und Jasmund, dem Biosphärenreservat Südost-Rügen und dem UNESCO-Weltnaturerbe der Alten Buchenwälder bewahren zahlreiche Schutzprogramme das grüne Erbe von Deutschlands größter Ostseeinsel.

Strandumwoben

56 km Küstenstreifen: urwüchsig und paradiesisch der Boddenstrand nahe Palmer Ort, am längsten der Strand der Tromper Wiek, ideal für Familien mit Kindern die Küste zwischen Lobbe und Thiessow. Surfer und Kiter zieht es nach Suhrendorf auf der Insel Ummanz. Ja, Rügen hat sie und Hiddensee auch, Bilderbuchstrände.

Für Romantiker

Der Sonnenaufgang über der Ostsee lässt das Herz höherschlagen, ebenso aus der Zeit gefallene Orte auf der Halbinsel Mönchgut, kleine Katen oder das malerische Fischerdorf Vitt. Das galt schon für Caspar David Friedrich.

Ob gebraut oder gebrannt, Fisch oder Wild, im Brötchen auf der Hand oder beim Sternekoch auf dem Teller – Rügen, Hiddensee und Stralsund locken mit kulinarischen Genüssen. Neben dem großen Angebot an regionalen Leckerbissen punktet bei hungrigen Gästen vor allem die Kreativität ihrer Gastgeber. Oder haben Sie schon einmal zwischen Discolicht und Sumo-Ringern gespeist?

Auf Schatzsuche

Saftig geräucherte Aale vom Strand-
fischer in Baabe oder prächtiges
Meeresgold, gefunden und veredelt
vom Hiddenseer Bernsteinguru Henry
Engels. Angeboten in kleinen Stüb-
chen oder auf wundervoll bestückten
Märkten an Stränden, Häfen und
Promenaden.

Familientraum

Bilderbuchsandstrände lassen Kinderaugen strahlen, ebenso wie unzählige Hotels, die Hobbypiraten jeden
Wunsch von den Lippen ablesen. Die
Ostseebäder Sellin und Göhren sind
gar in Gänze für ihre Familienfreundlichkeit zertifiziert. Schippe eingepackt
und auf ins Vergnügen!

Mini-Fähre
Maximal 15 Personen
dürfen gleichzeitig an
Bord. Das Ruderboot
fährt im Liniendienst über
die 50 m breite Baaber
Bek.

»Ach, Geert, das
ist ja Capri, das ist
ja Sorrent«, lässt
Theodor Fontane
Effi Briest über
Sassnitz sagen.

Weiße Wunder und
hanseatische Klasse

Schwebend wie ein Ufo, das zur Lan-
dung ansetzt, bricht der futuristische
Rettungsturm am Binzer Ostseestrand
mit den Traditionen der umgebenden
Architektur. Überall auf der Insel sind
die filigranen Schalenkonstruktionen
von Ulrich Müther zu finden. Genauso
wie prachtvolle Bäderarchitektur.
Weiße Villen mit verschnörkelten
Balkonen laden zu Übernachtungen
mit Meerblick und unter historischem
Holzgebälk ein. Eine Spur monumenta-
ler zeigt sich die Hansestadt Stralsund.
Hoch empor ragen der Turm der
St.-Marien-Kirche oder die Schaufassade des prächtigen Rathauses. Erbaut in
der typisch norddeutschen Backsteingotik, sind die Meisterwerke einmalige
Zeitzeugen hanseatischer Baukunst.

Inhalt

2 *Senkrechtstarter*
4 *Überflieger*
6 *Querfeldein*

Vor Ort

Stralsund 14

17 Altstadt und Hafen
22 *Lieblingsort* Spielkartenfabrik
24 *Tour* Süß, salzig oder süffig
26 Dänholm
27 *Tour* Törn me on!
37 *Zugabe* Tierisch hoch

Rügens Süden und das Inselzentrum 38

41 Altefähr
43 Rambin

Wer sich statt für Rügen für Hiddensee entscheidet, sollte zum Leuchtturm auf dem Dornbusch wandern.

45 Samtens
46 Poseritz und Gustow
47 *Lieblingsort* Rügener Inselfrische
49 Garz
51 Halbinsel Zudar
52 *Lieblingsort* Pfarrhaus von Zudar
54 Putbus
56 *Tour* Schloss oder Circus – Sie müssen sich nicht entscheiden!
59 *Lieblingsort* Haus ›Kopf Über‹
62 Lauterbach
66 *Tour* Auf dem Pfad der Muße & Erkenntnis
68 Insel Vilm
69 Bergen auf Rügen
70 *Tour* Maler, Mönche, Mächtige
78 Ralswiek
80 *Zugabe* Spektakel der Rekorde

Rügens Osten und die Halbinsel Mönchgut 82

85 Ostseebad Binz
90 *Lieblingsort* Adlerhost im Naturerbe Zentrum Rügen
94 *Tour* Weißes Glück
98 Die Granitz
99 Ostseebad Sellin
102 *Tour* Sagenhafter Meerwald
107 Halbinsel Mönchgut

107 Ostseebad Baabe

111 Ostseebad Göhren

115 *Lieblingsort Villa mit Sonnenhof*

116 *Tour Raserei mit Roland*

117 Middelhagen

122 *Tour Met und Reet*

124 Gager

125 Groß Zicker

126 Ostseebad Thiessow

127 *Tour Berge im Meer*

131 *Zugabe Aus der Katastrophe geboren*

Rügens Norden und die Halbinsel Jasmund 132

135 Wiek

138 Dranske

140 Putgarten und das Kap Arkona

142 *Lieblingsort Siebenschneiderstein*

144 *Tour Küstenradelei*

146 Vitt

147 *Lieblingsort Fischräucherei Vitt*

148 Altenkirchen

151 Zwischen Juliusruh und Glowe

151 Ostseebad Breege-Juliusruh

154 Glowe

157 Lohme

159 Nationalpark Jasmund

160 Der Hochuferweg

162 *Tour Dem Welterbe auf der Spur*

164 Sassnitz

165 *Lieblingsort Stadthafen Sassnitz*

172 *Tour Inselflüchter*

174 Sagard

178 Lietzow

179 *Zugabe De Jasmunder Plattdänzer*

Rügens Westen und die Insel Ummanz 180

183 Gingst

184 Ausflug nach Pansevitz (Kluis)

186 *Lieblingsort Grüner Markt in Gingst*

187 Halbinsel Lieschow

189 Insel Ummanz

191 *Tour Runde Sache*

194 *Tour Auf Tuchfühlung*

Haflinger auf der Insel Ummanz: Die Milch der Stuten wird vermarktet.

196 Trent

197 *Lieblingsort Kunstscheune Vaschwitz*

199 Schaprode

201 Neuenkirchen

202 Rappin

205 *Zugabe Briesemeisters Stutenmilch*

Insel Hiddensee 206

209 Kloster

210 *Lieblingsort Inselblick auf dem Dornbusch*

212 *Tour Kiefern, Klippen, Busch- und Wiesenland*

216 *Tour Wo Künstler wirkten und wirken*

218 Grieben

219 Vitte

221 *Tour Zeesensegelei*

224 Neuendorf

227 *Zugabe Wunderkammer*

Das Kleingedruckte

228 Reiseinfos von A bis Z

242 Plattdeutsch für den Urlaub

Das Magazin

246 *Wo der Osten Urlaub machte*

250 *Eine Insel geht wandern*

253 *Die liebe Sonne*

254 *Strandschönmacher*

256 *Aus alt mach reich*

259 *Der Letzte seiner Art*

262 *Mönchgauder Spaukgeschichten*

264 *Öhe ahoi!*

266 *Das zählt*

268 *Masse oder Klasse?*

270 *Natürlich feine Kost*

273 *Reise durch Zeit & Raum*

276 *Wiege der Romantik*

278 *Nah ans Wasser gebaut*

281 *Lasst Musik sprechen!*

284 *Rügens grüner Kurs*

286 *Register*

291 *Autor & Impressum*

292 *Offene Fragen*

Vor

Ort

Die Seebäder Rügens sind für ihre Seebrücken bekannt. Der wohl beeindruckendste Pfahlbau der Insel steht in Sellin.

Stralsund ✪

Im Zeichen der Hanse — kolossale Backsteinbauten und enge Gassen zeugen von der langen Tradition Stralsunds. Perfekt integrierte neue Lädchen, Museen und moderne Bauten verleihen der alten Hansestadt besonderen Charme.

Seite 17
Altstadt

Jede Menge Museen, Backsteinkirchen und historische Bürgerhäuser erzählen die Geschichte der Hanse. Für die UNESCO war dies 2002 Grund genug, Stralsund in ihre Welterbeliste aufzunehmen.

Nicht nur Lübeck, auch Stralsund hat es: eigenes Marzipan.

Seite 20
Marienkirchturm

Genial, dieser Blick! Bei schönem Wetter sollten Sie unbedingt den 90 m hohen Turm der Marienkirche besteigen. 366 Stufen sind es bis zum Ausguck, von wo aus Sie sogar die Insel Hiddensee erspähen können.

Eintauchen

Seite 22
Spielkartenfabrik

Jahrhundertelang wurden in Stralsund Spielkarten produziert. 1907 verließen mehr als drei Millionen Karten die Fabrik. Heute werden nur noch wenige gefertigt, dafür können Sie hier die alten Drucktechniken kennenlernen.

Seite 24
Süß, salzig oder süffig

Ein kulinarischer Fußmarsch durch Stralsund, der Sie vom Kaffee im Kontor Scheele des Scheelehofs zu Speis und Bier in die Kron-Lastadie oder den Braugasthof Zum alten Fritz führt.

Seite 29
Gorch Fock 1

Eine Seefahrt, die ist lustig … Die Gorch Fock 1 lief 1933 in Hamburg vom Stapel. Heute lädt sie in ihrem früheren Heimathafen zum Rundgang ein.

Seite 27
Törn me on!

Erkunden Sie Stralsunds Wasserseite. Vom Stadthafen segeln Sie nach Altefähr, unterqueren die Rügenbrücke, durchfahren den Rügendamm und vorbei an der Insel Dänholm. Die Blicke auf Altstadt und Ozeaneum sind fantastisch.

Seite 28, 29, 30
Deutsches Meeresmuseum

Mit vier Standorten – in Stralsund: Meeresmuseum, Ozeaneum, Nautineum – größtes naturwissenschaftliches Museum Norddeutschlands.

Seite 26, 30
Scheelehof

Wo früher der Chemiker und Entdecker des Sauerstoffs Carl-Wilhelm Scheele wohnte, befinden sich heute ein Hotel, ein Restaurant und eine Kaffeerösterei.

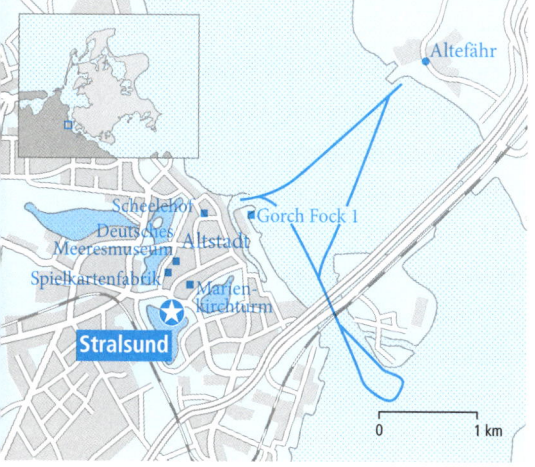

1871 gab Otto von Bismarck einer Fischdelikatesse seinen Namen. Von Stralsund aus trat der Bismarckhering seinen Siegeszug an.

Über 150 Mio. Ziegel sollen im Mittelalter in Stralsund verbaut worden sein. Ein Dielenhaus bestand im Schnitt aus ca. 70 000 Ziegeln. Taschenrechner raus und eingetippt!

Eine Stadt und das Meer

Wasser ist in Stralsund allgegenwärtig: auf der Hafenseite die Ostsee, im Rücken mehrere Teiche, die das Zentrum der Stadt vom echten Festland abtrennen und eine Überfahrt über Dämme notwendig machen. Was wie ein Hindernis klingt, macht Stralsund aus. Vielleicht lag es an der etwas isolierten Lage, dass die Innenstadt heute so gut wie in kaum einer anderen Hansemetropole erhalten ist. Rund 85 % der historischen Bausubstanz überdauerten den Zweiten Weltkrieg unbeschadet. Das Schöne: Der Stadt gelingt es, modernen, architektonisch herausragenden Bauten Platz zu geben, ohne das Flair des Alten zu zerstören. Sicher ist das auch dem Status als Welterbestadt der UNESCO zu verdanken, den Stralsund gemeinsam mit Wismar besitzt.

Schwedisch geprägt

Nicht nur die Zeit als Hansestadt und der daraus entstandene Wohlstand prägten Stralsund, sondern auch die Schweden. Ihr Einfluss begann während des Dreißigjährigen Krieges. Als Wallensteins Heer 1628 drei Monate lang Stralsund belagerte, suchte Bürgermeister Lambert Steinwich Unterstützung beim schwedischen König

ORIENTIERUNG

Stralsund: 📍 A/B 8/9
Infos: www.stralsundtourismus.de.
Die Website der Tourismuszentrale informiert über alle Sehenswürdigkeiten; Buchungsmöglichkeit für Unterkünfte, Stadtrundgänge etc.
Ankommen: Wer mit dem **Auto** anreist, nutzt am besten eines der vielen Parkhäuser, etwa am Ozeaneum oder am Frankenwall (2–3 €/Std. je nach Saison). Offene Parkplätze gibt es nur wenige. Der **Hauptbahnhof** (Züge nach Rügen) ist nur rund zehn Gehminuten vom Zentrum entfernt.
Stadterkundung: Das Zentrum lässt sich gut erlaufen. Bester Startpunkt ist der Alte Markt.
Bus: Neun Buslinien der Verkehrsgesellschaft Vorpommern-Rügen (VVR, www.vvr-bus.de) erschließen die Stadt.

Gustav II. Adolf. General Wallenstein musste abziehen – und nach dem Westfälischen Frieden stand Stralsund ab 1648 fast 200 Jahre unter der Herrschaft Schwedens. Noch heute wird im Juli mit den Wallensteintagen der Sieg über den Heerführer gefeiert: eines der wundervollsten Mittelalterspektakel in Deutschland!

Altstadt und Hafen

♥ A/B 8

Lebendige Innenstadt

Es tut sich was in Stralsunds Mitte. Immer mehr kleine Deko- und Kunststübchen zieren die Schaufenster der Innenstadt, große Bekleidungsketten stampfen ganze Shoppingcenter aus dem Boden und innovative Bars werden zum Anlaufpunkt von Urlaubern und jungen Einheimischen. Ein perfekter Kontrast zu den urigen Lädchen und Gaststuben, die seit Jahrzehnten, manchmal sogar seit Jahrhunderten Gäste in alten Gemäuern empfangen.

Ein Verlaufen ist in Stralsund fast unmöglich. Rund um den Alten Markt sind die Straßenzüge ringförmig angeordnet, sodass Sie früher oder später stets zum Ausgangspunkt zurückkommen. Besonders schön sind die kleinen Gassen wie etwa die Papenstraße gleich hinter der St.-Jakobi-Kirche.

Ein Herz für alle

Die kleine Stralsunder **Altstadt** platzt alljährlich im Sommer fast aus ihren Nähten, wenn Urlauber aus nah und fern die fast 400 Einzeldenkmale aufspüren. Dicht an dicht geht es durch die engen Gassen, Luft geholt wird auf dem **Alten Markt ❶**. Jüngere Besucher werden magisch angezogen vom dem **Stralsunder Wal,** einem furiosen Wasserspiel, das in den Kopfsteinpflasterboden des Marktplatzes eingelassen ist. Mit guter Sicht auf das Treiben genießen die etwas Größeren ringsum in Cafés oder Restaurants das bezaubernde Flair dieses stets belebten Ortes.

Watt für Wappen

Direkt angrenzend an den Alten Markt steht eines der bedeutendsten Bauwerke und das Wahrzeichen der Stadt: das **Rathaus ❷**. Der erste Anblick beeindruckt – doch lassen Sie sich gesagt sein: Der Schein trügt. Der opulente gotische Vorbau ist eine meterhoch in den Himmel ragende Schaufassade, die gleich hintendran ins Leere fällt. Über den großen Fenstern des Ratssaales, dem heutigen **Löwenschen Saal,** sind **Wappen** zu erkennen, die auf alte Seehandelsbeziehungen mit den Hansestädten Wismar, Lübeck, Hamburg, Greifswald und Rostock hindeuten. Das im 13. Jh. erbaute Rathaus war aufgrund seiner architektonischen Besonderheiten auch ein Multifunktionshaus.

So befanden sich im **Untergeschoss** Verkaufsbüdchen, während die sechsschiffige gewölbte **Kellerhalle** vermutlich eine Tuchhalle war. Heute werden im größten gotischen Keller des gesamten Ostseeraums regelmäßig Ausstellungen, Frische- und Themenmärkte sowie ein Weihnachtsmarkt veranstaltet. Eigentlich mehr für Touristen, echte

---

FAKTEN DER STADT

Einwohner: 59 400 (das macht Stralsund zur viertgrößten Stadt in Mecklenburg-Vorpommern – nach Rostock, Schwerin und Neubrandenburg)

Gründung: Stralsund erhielt bereits 1234 Stadtrecht. Es war Gründungsmitglied der Hanse und wurde durch internationalen Seehandel sehr wohlhabend.

Heutiges Leben: Die Altersstruktur in Stralsund ist bunt gemischt. Neben Alteingesessenen fördern zahlreiche junge Studierende der Fachhochschule Stralsund die Dynamik der Stadt. Ein wesentlicher Teil der Stralsunder ist im Tourismus sowie dem Schiffsbau beschäftigt.

Stralsund

Ansehen

❶ Alter Markt
❷ Rathaus/Stralsunder Schokoladenhaus
❸ Wulflamhaus/ Wulflamstuben
❹ Commandantenhus
❺ St.-Nikolai-Kirche
❻ Ossenreyerstraße
❼ St.-Marien-Kirche
❽ Spielkartenfabrik
❾ Kulturkirche St. Jakobi
❿ Kütertor
⓫ Kniepertor
⓬ Johanniskloster
⓭ Dänholm/Marine- museum/Nautineum/ Smutje's Bistro am Sund
⓮ Stralsund Museum/ Katharinenkloster
⓯ Stralsund Museum/ Museumshaus
⓰ Ozeaneum
⓱ Gorch Fock 1
⓲ Deutsches Meeresmuseum Stralsund
⓳ Olthofsches Palais/ Welterbeausstellung
⓴ DDR Miniatur Fahrzeug Museum

Schlafen

1 Scheelehof/Zum Scheele/ Kontor Scheele/ Scheels
2 Kontorhaus
3 Ferienwohnungen Früchtenicht
4 Hostel Stralsund
5 Gut Nisdorf

Essen

1 Kron-Lastadie/Fritz Braugasthaus
2 Braugasthaus Zum alten Fritz
3 Stralsunder Jung
4 Wallensteinkeller
5 Kaffeehaus Fröhlich
6 Kaffee Monopol

Einkaufen

1 Kranichkeramik Werkstattgalerie Weber
2 Kleine Distel
3 Quartier17

Bewegen

❶ Strandbad
❷ HanseDom
❸ Fahrradverleih Heiden

Ausgehen

❶ Zur Fähre
❷ Wasserstoff Bar
❸ KULTurschmiede
❹ Bar Hemingway

Fischköppe sind hier kaum noch aufzuspüren. Gleich darüber gilt es, das **Stralsunder Marzipan** zu probieren, das ganz still und heimlich ein gebürtiger Stuttgarter in Handarbeit herstellen lässt. Trotz seiner erst jungen Geschichte hat es sich bereits zu einem echten Klassiker gemausert.

Im Lauf der Jahre hat das Rathaus mehrere Veränderungen erfahren. 1680 erhielt es nach einem Brand ein neues Ziegeldach, wenig später folgte ein lang gestreckter Rathausdurchgang im barocken Galeriestil. Von 1990 bis 2011 wurde das Rathaus grundlegend restauriert. Während oben die Bürgerschaft mit ih-

rem Präsidenten sowie der Oberbürgermeister residieren, können sich im Erdgeschoss Heiratswillige im integrierten Standesamt in historischem Ambiente das Jawort geben.

Zu Besuch beim Bürgermeister

Gegenüber dem Rathaus, am anderen Ende des Markplatzes, fällt ein prächtiges Giebelhaus in den Blick. Das beeindruckende Gebäude zählt zu den ältesten noch erhaltenen Bürgerhäusern Stralsunds. Im **Wulflamhaus** ❸ wohnte um 1350 der Ratsherr und spätere Bürgermeister Bertram Wulflam. Seinerzeit galt er als der weit und breit reichste

Mann, jedoch mit Hang zum Narzissmus. Selbstherrlich trat der Bill Gates des Mittelalters auf und tätigte nicht selten Geschäfte im Namen der Stadt, ohne den Rat vorher um Erlaubnis zu fragen. Da im Inneren des Wulflamhauses heute die Gaststätte **Wulflamstuben** (s. S. 31) untergebracht ist, können Sie ohne Probleme einen Blick hineinwerfen. Zwar ist vieles im Lauf der Jahre umgebaut worden, doch lassen sich noch gut die Diele mit darüberliegender Galerie erkennen und der Speicherboden erahnen. An den hinteren Teil des Hauses grenzt der **Innenhof,** in dem lange Zeit Bier gebraut wurde. Hier befindet sich heute eine Kleinspielstätte des **Theaters Vorpommern.**

Nicht der Bürgermeister, sondern der schwedische Stadtkommandant residierte bis 1815 an der Ostseite des Alten Marktes im **Commandantenhus ❹** (Alter Markt 14). Das Haus erkennen Sie am schwedischen Wappen im Giebel.

Alles überragend

Kaum zu übersehen ist die mächtige **St.-Nikolai-Kirche ❺**. Hoch überragt das rote Bauwerk, das zu den bedeutendsten der Backsteingotik im gesamten Ostseeraum zählt, die kleinen Häuschen zu seinen Füßen. Gleich neben dem niedlichen **Nicolai Café** (Alter Markt 12) ist die Eingangspforte des sakralen Doppelturmgebäudes.

Errichtet wurde die Nikolaikirche zwischen 1270 und 1360 – zunächst als schlichte Halle mit einem Turm. Doch schnell wurde sie zur mächtigen Basilika umgebaut. Der kathedralische Bautyp zeugt von einem hohen Machtanspruch, den der städtische Rat als Auftraggeber demonstrieren wollte.

Außergewöhnlich sind die bewahrten **Kunstschätze,** die den früheren Reichtum der Hansestadt vor Augen führen. Zu den ältesten gehört die fast 2,50 m hohe Monumentalskulptur **Anna Selbdritt** aus der zweiten Hälfte des 13. Jh., die eine der wertvollsten Großplastiken des Ostseegebiets ist. Besonders sehenswert ist die **astronomische Uhr** von 1394, die sich hinter dem Hochaltar befindet.

www.hst-nikolai.de, Mo–Sa 10–18 (Juni/Aug. bis 19), So, Fei 12–16, Nov.–März Mo–Sa 10–16, So, Fei 12–15 Uhr, 3 €, bis 18 Jahre Eintritt frei, So Eintritt frei

---

WIE WIRD MAN WELTERBESTADT?

Weltweit gibt es rund 1000 Stätten, die zum Welterbe der UNESCO gehören. In Deutschland sind es weniger als 50 Einzelbauten, Ensembles und Städte, die aufgrund ihres universellen Wertes in die Welterbeliste aufgenommen wurden. Die Vergabekriterien sind umfangreich und der Prozess der Bewerbung dauert nicht selten mehrere Jahre bis Jahrzehnte. Wer nominiert wird, beschließt in Deutschland die Kultusministerkonferenz.

Historisch trifft modern

Wenn Sie durch die Fußgängerzone **Ossenreyerstraße** ❻ zwischen Altem Markt und Frankenstraße schlendern, sehen Sie nicht nur historische Giebelhäuser. Letztere wechseln sich ab mit modernen Ladenlokalen, die passgenau in vorhandene Lücken gebaut wurden. Um den historischen Stadtplan der UNESCO-Welterbestadt Stralsund nicht zu verändern, wurden akkurat Fluchten eingehalten und überlieferte Grundrisse früherer Gebäude berücksichtigt. Was in der Ossenreyerstraße zu sehen ist, kann vielerorts in der Stadt wiedergefunden werden: ein bunter Mix aus alten Backsteingemäuern und hochmodernen Architekturen.

Spätgotisches Meisterwerk

Für manche gilt die 104 m hohe Kirche **St. Marien** ❼ als imposantestes Stralsunder Bauwerk. Erstmals erwähnt wurde der Sakralbau im Jahr 1298. Aufgrund von Baumängeln – der weiche Untergrund konnte die schwere Backsteinkonstruktion nicht tragen – stürzte Ende des 14. Jh. der Turm ein. Wenig später begann der Neuaufbau. Diesmal wurde mit einem Rost und Pfahlwerk gearbeitet, zugleich wurde ein gewaltiges Geläut integriert.

Von der einst reichen Ausstattung ist aufgrund des Stralsunder Bildersturms 1525 sowie durch Schäden während der französischen Besatzungszeit nicht mehr viel erhalten. Und doch ist ein Schatz ganz besonders: Hier befindet sich das letzte Werk des berühmten Lübecker Orgelbauers Friedrich Stellwagen. Die um 1659 erbaute **Orgel** wurde während des Zweiten Weltkriegs glücklicherweise ausgelagert und konnte nach dem Krieg rekonstruiert werden. Sie zählt zu den bedeutendsten Barockorgeln Norddeutschlands.

Im Inneren der Backsteinbasilika, die zu den größten Bauten der Spät-

Wie sollte es auch anders sein: Der Alte Markt mit dem Rathaus ist ein beliebter Treff- und Rastplatz im Herzen der Hansestadt Stralsund. Im Hintergrund lugt der Turm von St. Nikolai hervor.

gotik gehört, vermittelt der lange, weiß gestrichene und schmucklose Raum ein erhebendes Gefühl von Weite. Wer schwindelfrei ist, sollte die 366 Stufen zur 90 m hohen **Aussichtsplattform** auf dem **Kirchturm** erklimmen. Der Blick reicht an guten Tagen so weit, dass sogar die Südspitze Hiddensees zu sehen ist. Marienstr. 4, www.st-mariengemeinde-stral sund.de, April–Okt. tgl. 9–18 Uhr, keine Besichtigung während der Gottesdienste

Kirche für Kultur

Die dritte Kirche im Bunde ist die **Kulturkirche St. Jakobi 9**, mittig zwischen Nikolai- und Marienkirche gelegen. Sie ist das kleinste der gotischen Heiligtümer der Stadt und hat wohl am meisten gelitten. 1303 errichtet, entzündete sich am 15. April 1662 um 22 Uhr die Spitze der Turmpyramide durch einen Blitzschlag. Der gesamte Turm brannte ab, auch der Kircheninnenraum wurde schwer beschädigt. Nachdem St. Jacobi wieder hergestellt war, forderte der Zweite Weltkrieg seinen Tribut. Heute ist die Kirche vor allem ein Veranstaltungsraum für Konzerte, Theateraufführungen, Märkte und Messen. Jacobiturmstr. 28, www.jacobi-stralsund.de Mo–Fr 10–15 Uhr und zu Veranstaltungen

Schutz musste sein

Wie könnte es anders sein: Die im Mittelalter florierende Hansemetropole Stralsund besaß eine gebührende Stadtbefestigung. Es galt schließlich Handelsschätze vor Plünderern zu bewahren – seeseits genauso wie landseits. In voller Ausprägung zeigt sich die alte, ursprünglich 3,1 km lange **Stadtmauer**

Lieblingsort

Rum & Rollmops …

… sind diesmal keine Delikatessen. Sie bezeichnen vielmehr ein echtes Stralsunder Strategiespiel. Kartenbasiert und ohne Würfel oder Spielbrett gilt es
baltische Balgereien auf hoher See zu überstehen und wertvolle Sammlungen
von Gütern anzuhäufen. Wer sich nun fragt, was diese Freizeitbeschäftigung
mit einem Lieblingsort zu tun hat, sollte einen Blick in Deutschlands älteste
Spielkartenfabrik ❽ werfen. Etwas versteckt im Erdgeschoss eines historischen Speichergebäudes am Katharinenberg wurden fast 200 Jahre lang –
bis 1931 – Kartenspiele produziert und in die ganze Welt geliefert. Dann
schloss die Fabrik und zog nach Altenburg um. Doch heute werden hier in
Stralsund im Rahmen eines gemeinnützigen Projekts wieder Karten hergestellt. Vor allem aber können Besucher Drucktechniken – vom Holzschnitt über
den Steindruck bis zum Computersatz – erleben und spannende Künstler-
workshops besuchen. Oder einfach in Kindheitserinnerungen schwelgen
(Katharinenberg 35, www.spiefa.de, Mo–Fr 11–13, 15–19 Uhr, Eintritt frei).

heute noch am Knieper- und Fährwall. Zwei der ursprünglich zehn Stadttore sind noch erhalten.

Einst Heimat der Fleischer

Das **Kütertor** wurde Ende des 13. Jh. erstmals urkundlich erwähnt, jedoch 1446 neu errichtet. Benannt ist es nach den früher in diesem Stadtteil arbeitenden Fleischern, die Innereien von Tieren zu Wurstwaren verarbeiteten. Später wurde das mit einer spitzen Giebelhaube gespickte Gebäude zu einem Gefängnis umfunktioniert, heute ist es Teil des Wohnviertels **Areal am Kütertor,** zu dem auch das Mauerhaus, die Wasserkunst, ein Wasserturm sowie drei Neubauten gehören.

Dem Verkehr zum Trotz

Das **Kniepertor** ⓫ trägt seinen Namen nach einer einflussreichen Stralsunder Bürgerfamilie. Über die Knieperstraße ist es direkt mit dem Alten Markt verbunden. Dass es heute noch fast 21 m in die Höhe ragt, grenzt an ein Wunder. 1874 entging das mächtige Backsteinbauwerk nur knapp dem Abriss, der aufgrund des zunehmenden Verkehrsaufkommens geplant war.

Reiche Bettler

Haben Sie schon einmal etwas von Bettelorden gehört? In ganz Europa breiteten sich Anfang des 13. Jh. Gemeinschaften aus, welche die sozialen Missstände der Zeit und der Kirche anprangerten – und doch zutiefst religiös waren. Eine dieser Gemeinschaften war der von Franz von Assisi gegründete Orden der Minderen Brüder, heute als Franziskaner bekannt. Anhänger dieses neuen Ordens lebten voller Entbehrung, Sittenstrenge und in apostolischer Einfachheit, sodass sie auf Almosen angewiesen waren. Und wo konnte man besser von der Gabe anderer Menschen profitieren als in der Stadt? Um 1250 kamen Franziskanermönche

TUUT, TUUT …

Wer nicht allzu gut zu Fuß ist, steigt einfach in eine der farbenfrohen **Hanse-Bahnen** (www.hanse-bahn-stralsund.de) ein. Der kleine ›Buszug‹ fährt am Neuen Markt vor der Marienkirche ab: März–Nov. Mo–Do 11–16.30, Fr/Sa 11–15.30 Uhr, alle 60 Min., 10–12, Kinder 3–4 €.

nach Stralsund und nutzten die Chance, auf einem Hof am Stadtrand, ganz in der Nähe des Strandes, 1254 ein Kloster zu gründen. Perfekt inszeniert im Armenviertel der Stadt, finanziert durch rügensche Adlige.

Das kolossale **Johanniskloster** ⓬ ist noch heute zu besichtigen, wurde jedoch während des Zweiten Weltkriegs stark zerstört. Seit einer Restaurierung in den 1980er-Jahren beherbergt die Klosterkirche das umfangreiche **Stadtarchiv** Stralsunds, eine **Konzertbühne** sowie **Ausstellungsräume.** Werfen Sie unbedingt einen Blick in den **Kapitelsaal** mit seinem Kreuzgewölbe und wunderschönen Wandmalereien und entdecken Sie die **Barockbibliothek,** die rund 2500 Bücher des schwedischen Generalgouverneurs Axel Graf von Löwen bewahrt.

»HEI LÜCHT!«

»Er lügt!« – Haben Sie sich gut gemerkt, was auf diesen Seiten steht? Dann werden zumindest Sie nicht an der Nase herumgeführt, wenn es auf **Stralsunder Lügentour** geht. Infos und Buchung unter T 0160 93 50 96 22, www.stralsunder-stadtschauspiele.de.

TOUR
Süß, salzig oder süffig

Ein kulinarischer Fußmarsch

Bereits der **Alte Markt** ❶ hat es in sich. In fast jedem Giebelhaus am Platz wurde zur Hansezeit süffiges Gold hergestellt. Die kleinen Brauereien fanden sich versteckt in den Hinterhöfen, die früher fast zu jedem Haus gehörten. Ein Blick ins prächtige **Wulflamhaus** ❸ (s. S. 18) spricht Bände. Am hinteren Ende des ehemaligen Bürgermeisterdomizils wurde einst Hopfen und Malz veredelt, heute treten an dieser Stelle Schauspieler auf.

Das urige **Kontor Scheele** (www.kontor-scheele.de, Mo–Fr 10–17, Sa 12–17, So 10–15 Uhr) im Hotel **Scheelehof** 🟧1 in der nahen Fährstraße ist eines der schicksten Häuser am Platz. In der eigenen Rösterei wird im gasbefeuerten Trommelröster im Langzeitverfahren und nur per Hand erstklassiger Kaffee hergestellt. Durch die alte Bechermacherstraße geht es zum Stralsunder **Rathaus** ❷ und seinem **Schokoladenhaus.** Denken Sie an ein Mitbringsel für die Liebsten! Wie wäre es etwa mit leckerer Stralsunder Ratsherrenschokolade oder waschechtem Hansemarzipan?

»Nich' lang schnacken, Kopp in' Nacken« – eine in Norddeutschland geläufige Aufforderung zum (Alkohol) Trinken.

In der belebten **Ossenreyerstraße** ❻ (s. S. 20) reihen sich kleine Lädchen, große Einkaufszentren und Geschäftshäuser aneinander. Mit dem Strom schwimmen Sie bis zur Kreuzung **Heilgeiststraße.** Kaum zu glauben, dass sich in dieser Gasse bereits Otto von Bismarck, Angela Merkel und Barack Obama einen ganz besonderen Schatz geangelt haben. Im **Fischhandel Henry Rasmus** (Heilgeiststr. 10, www.bismarckhering.com, Mo–Fr 9–18,

Bierverkostung im Braugasthaus Zum alten Fritz

Sa 8.30–12.30 Uhr) wird seit 1871 der originale Bismarckhering hergestellt. Noch heute landet er fangfrisch, nach alter Rezeptur sauer eingelegt, in rustikalen Holzfässern und natürlich auch im Verkaufstresen des lütten Geschäfts.

Nur rund 200 m sind es bis zur Kaikante, besser gesagt zu den Festungsanlagen, die bis ins 19. Jh. Stralsund vor ungebetenen Gästen bewahrte. Die ehemalige **Kronlastadiebastion** ist heute als **Kron-Lastadie** **1** (s. S. 14) ein Ort für Feinschmecker und Genießer. Im Kanonenschuppen lädt dort das **Fritz Braugasthaus** zu flüssigen und festen Genüssen ein. In der Kron-Lastadie können Sie auch Wurst und Käse kaufen.

Wie der kulinarische Spaziergang beschlossen wird, entscheiden Sie selbst. Kurz und knackig ist ein Besuch der ältesten Kneipe der Stadt und ältesten Hafenkneipe Europas, **Zur Fähre** ✴ (s. S. 34). Hier wurde bereits im 14. Jh. klares Lebenswasser ausgeschenkt. Wer noch gut zu Fuß ist, geht stattdessen von der Kron-Lastadie aus über Wasser- und Frankenstraße noch gut 3 km nach Süden und besucht die **Störtebeker Braumanufaktur** und das zugehörige **Braugasthaus Zum alten Fritz** **2** (s. S. 32). In der Brauerei werden täglich Zehntausende Flaschen Störtebeker abgefüllt. Der Name ist Programm. Wilde Braukreationen im aufregenden Piratengewand sind die Erkennungszeichen der süffigen Biere, die es inzwischen sogar zum Haus- und Hofbier der Elbphilharmonie Hamburg geschafft haben.

Infos

Start:
Alter Markt, Stralsund, 📍 A 8

Länge/Dauer: ca. 6,5 km (inklusive Störtebeker Braumanufaktur), 4–5 Std. (je nach Einkehrdauer)

Info:
auch im Rahmen einer Führung möglich, Anmeldung unter T 03831 25 23 40, www.stralsundtourismus.de, 3 Std./36 €

Die **Außenanlage** lädt anschließend zum historischen Spaziergang ein. Rund um eine **jüdische Gedenkstele** und einen **Rosengarten** reihen sich niedliche **Fachwerkhäuser** aneinander. Sie vermitteln den Eindruck, als wäre die Zeit stehen geblieben.

Schillstr. 27/28, https://stadtarchiv.stralsund.de, Mo–Do 9–17 Uhr; das Innere des Johannisklosters ist zzt. wegen bautechnischer Mängel geschlossen, sonst insgesamt Eintritt frei

Wo O$_2$ entdeckt wurde

In der kopfsteingepflasterten **Fährstraße** sorgen zwei wunderschöne rote **Giebelhäuser** für Aufsehen (Fährstr. 23/24). Sie sind Teil des heutigen Hotels **Scheelehof** ❶ (s. S. 30). Das von vorne gesehen rechte der beiden Häuser (Nr. 23) ist ein viergeschossiges Dielenhaus aus dem 14. Jh., das im 17. Jh. sowie in den 1980er-Jahren umgestaltet wurde. Carl

---

WIEGE DER MARINE **M**

Die Geschichte von **Dänholm** ist überwiegend militärisch geprägt. Bereits zur Zeit des Dreißigjährigen Krieges diente die Insel als wichtiger Stützpunkt der kaiserlichen Flotte. Mitte des 19. Jh. begannen die Preußen mit den ersten Bemühungen, ein Marinedepot aufzubauen, um wenig später die Kriegsmarine auf dem Dänholm zu stationieren. Nach dem Ende des Zweiten Weltkriegs und einer kurzen zivilen Nutzung kehrte das Militär 1960 in Form der Nationalen Volksarmee und der Volksmarine auf die Stralsunder Insel zurück. Die Militärära endete 1991 – nach einer Unterschriftenaktion der Gruppe Die Stralsunder 20 wurde der Dänholm zum öffentlichen Erholungsbereich.

Wilhelm Scheele, ein deutsch-schwedischer Apotheker und Chemiker, soll in diesem Haus geboren worden sein und seine Kindheit verbracht haben. Er entwickelte u. a. die Gasanalyse und zeigte, dass Luft aus Sauer- und aus Stickstoff besteht.

Folgen Sie der Fährstraße bergab. Kurz bevor Sie das Wasser erblicken, liegt linker Hand ein gelbes Eckgebäude. Die Kneipe **Zur Fähre** ❶ (s. S. 34) ist eine der bekanntesten Lokalitäten in Stralsund und Europas älteste Hafenkneipe.

Im Zeichen des Wassers

Und da sind wir nun, am Wasser. Es ist zwar nur der Strelasund, doch die Ostsee ist greifbar nahe. Entlang des 15 m breiten **Fährkanals,** der die **Hafeninsel** vom Festland abtrennt, lohnt sich ein Spaziergang. Kleine Cafés und Restaurants wechseln sich ab mit Fischkuttern, auf denen Sie frisches Meeresgetier kaufen können, prächtigen Segeljachten und Lädchen für nette, kreative Mitbringsel.

Wenn Sie trockenen Fußes einen Blick unter die Wasseroberfläche werfen möchten, können Sie hier auf der Hafeninsel das **Ozeaneum** ⑯ (s. S. 28) besuchen, im Grunde ein Muss bei einem Stralsund-Besuch.

Dänholm ◉ B8

Eine unbekannte Schönheit

Jeder, der auf zwei oder vier Rädern die Insel Rügen erreichen will, passiert es, zumeist unbewusst. Weit unter der neuen Rügenbrücke erstreckt sich über 95 ha das Eiland **Dänholm** ⑬, Stralsunds Außenposten. Lange Zeit als Militärstützpunkt genutzt, ist Dänholm heute ein kleines Paradies für Wassersportler und historisch Interessierte. So hatte etwa das erste deutsche Seekabel 1854

TOUR
Törn me on!

Stralsund von der Wasserseite

Infos

Start:
Stadthafen
Stralsund, 📍 B 8

Dauer: 4-stündiger
Segeltörn (auch an-
dere Touren möglich)

**Stralsund Yacht-
charter:**
www.stralsund-
yachtcharter.com,
April–Okt., 45 €/
Pers.

Hinweis: keine Se-
gelerfahrung nötig

Hoffentlich windet's nicht zu stark. Das mögen sich Laien denken, bevor sie an Bord einer der schnittigen Segeljachten im Stralsunder **Stadthafen** gehen. Aber keine Angst, wer sich in die Hände der hier ansässigen Skipper begibt, trifft auf erfahrene Seeleute. Wurde ihnen ja quasi in die Wiege gelegt.

Im Schutz der Buhne geht es an der Nordmole vorbei, Kurs Nordost. Auf 12 Uhr, kaum eine Seemeile entfernt, taucht der erste Wegpunkt auf. Das Ostseebad **Altefähr** (s. S. 41) wurde vermutlich bereits ab 1200 als Fährhafen für Verbindungen nach Stralsund genutzt. Noch heute verkehrt eine Personenfähre im regelmäßigen Takt zwischen der Hansestadt und dem Tor zur Insel Rügen. Abenteuerlicher ist ein kurzer Fischbrötchenstopp mit dem kleinen Windjammer.

Spannend sind die Unterquerung der riesigen **Rügenbrücke** und die Fahrt durch den **Rügendamm,** dessen Klappen mehrmals täglich für Boote geöffnet werden. Er verbindet Stralsund via **Dänholm** ⑬ (s. S. 26) mit Rügen.

Nun steuert der Skipper wieder zurück. Jetzt im Blick: die Altstadtkulisse – dicke, backsteinerne Speicher, unterbrochen von der weißen Wand des **Ozeaneums** ⑯ (s. S. 28), übertrumpft von mächtigen Kirchtürmen. Kurz bevor der Jachtkapitän zum Wendemanöver gen Stadthafen aufruft, wird noch die **Gorch Fock 1** ⑰ (s. S. 29) passiert. Die alte Dame, die in Stralsund ihren Lebensabend verbringt, ist ein Pflichtbesuch für jeden Hobbyseefahrer.

seinen Ausgangspunkt auf der Insel. Direkt auf den Dänholm geht es vom Westen Stralsunds aus über die Ziegelgrabenbrücke, von Rügen erreichen Sie die kleine Insel über den Rügendamm.

Im Zeichen der Marine

Nach den ersten Metern auf der Insel gilt es rechts abzubiegen, um auf den ursprünglichen und größeren Teil des Eilands zu gelangen. Vom Parkplatz am Waldrand aus sind nur rund 200 m bis zur denkmalgeschützten **Sternschanze,** wo sich heute das **Marinemuseum** (s. S. 30) befindet. Bereits im Mittelalter war der Dänholm ein strategischer Verteidigungs- und Eroberungsposten, später wurde hier die deutsche Marine aufgebaut.

Fisch und mehr

Weiter südlich verbindet eine Brücke den großen mit dem kleinen Dänholm, den ein dichter Wald zum Naturparadies macht. Gehen Sie am besten zu Fuß über die Verbindungsstraße, vorbei am Fischereimuseum **Nautineum** (s. S. 30), einer Außenstelle des Deutschen Meeresmuseums, bis zum südöstlichen Ende des Inselteils. Die **Marina,** die Sie auf der linken Seite sehen, lockt mit einem Verleih von führerscheinfreien Booten sowie SUP-Boards.

Wer Fisch mag und sich mit Stralsunder Fischern über Fangglück und Räucherei unterhalten möchte, geht noch ein Stück weiter und besucht Bernd Wollna und seinen Sohn Claas im **Fischladen** ihrer **Dänholm Fisch GbR** (Am Alten Marinehafen 16, Mo–Sa 7–15 Uhr). Allein rund 30 t Hering holt das eingespielte Gespann jede Saison aus dem Wasser.

Museen

Altes im Alten

🄮, 🄯 **Stralsund Museum:** Wir schreiben das Jahr 1761. Soeben hat der schwedische Generalgouverneur Axel Graf von Löwen seine Kunstsammlung per Testament der Stadt Stralsund übereignet und damit die Initialzündung zur Errichtung eines Museums gegeben. Ein Paukenschlag, da es zu diesem Zeitpunkt das erste seiner Art in ganz Mecklenburg-Vorpommern war. Das Museum im ehemaligen **Katharinenkloster** 🄮 verfügt über eine der größten Sammlungen zur Ur- und Frühgeschichte der Region, in deren Mittelpunkt der berühmte Hiddenseer Goldschmuck steht. Auch der Münzfund aus Ralswiek findet sich hier. Weitere Ausstellungsstücke lassen die Gründung der Stadt Stralsund nachvollziehen und geben Einblicke in das bedeutende Werk der Romantikgenies Caspar David Friedrich und Philipp Otto Runge. Zum Museum gehört auch das ehemalige Krämer- und heutige **Museumshaus** 🄯. Hier wird neben Baugeschichte bürgerliche Wohnkultur aus drei Jahrhunderten erlebbar. Auch das **Marinemuseum** (s. S. 30) auf Dänholm gehört zum Stralsund Museum.

www.stralsund-museum.de, **Katharinenkloster:** Mönchstr. 25–28 (bis Frühjahr 2021 wegen Umbaus geschlossen); **Museumshaus:** Mönchstr. 38, 15. März–15. Okt. Di–So 10–17, sonst tgl. 10–16 Uhr, 5 €, ermäßigt 2,50 €

Vielfalt der Meere

🄰 **Ozeaneum:** Europas Museum des Jahres 2010 ist trotz seines futuristischen Aussehens inzwischen fest in der Stadtkulisse etabliert. Im Inneren warten fünf Dauerausstellungen zur Vielfalt von Ozeanen und der Ostsee, die besonders auch kleine Gäste ansprechen. Beeindruckend sind Walmodelle in Lebensgröße und eine Steinlandschaft mit Humboldt-Pinguinen auf dem Dach des Hauses. Faszinierend sind aber auch die 50 teils enorm großen Aquarien, welche die Lebenswelten von Atlantik, Nord- und Ostsee zeigen.

Hafenstr. 11, www.ozeaneum.de, tgl. Juni–Sept. 9.30–20, Okt.–Mai 9.30–18 Uhr, 17 €,

*In Stralsund steht vieles im Zeichen von Meer und Seefahrt. Nach einem
Besuch im Ozeaneum werfen Sie vielleicht noch einen Blick auf die
Gorch Fock 1, die hier nun ruhig am Kai liegt.*

4–16 Jahre 8 €, Kombiticket Deutsches
Meeresmuseum 23/12 €

Schiff ahoi!

⑰ Gorch Fock 1: Fast allen ist die
Gorch Fock ein Begriff. Dabei rückte
in den letzten Jahren immer wieder das
Schwesterschiff der in Stralsund fest
vertäuten Dreimastbark in den öffentlichen Fokus – mal aus politischen, mal
aus kriminaltechnischen Gründen. Nicht
weniger aufregend ist die Geschichte
der Gorch Fock 1. 1933 in Hamburg bei
Blohm & Voss als Segelschulschiff gebaut,
wurde sie bereits 1945 vor der Halbinsel
Drigge versenkt. Nachdem die Bark geborgen und instandgesetzt worden war,
stellte die sowjetische Handelsmarine
den mächtigen Großsegler in Dienst.
Einen Hauch der Geschichte können
Sie heute noch spüren, wenn Sie über
das Deck spazieren und einen Blick in
die Offiziersmesse oder den Kartenraum
werfen. Ein kleines Bordmuseum ergänzt
das Erlebnis.

An der Fährbrücke, www.gorchfock1.de, tgl.
15. März–15. Okt. 10–18, 16. Okt.–14. März
10–16 Uhr, 5 €

Pflichtprogramm für Landratten

**⑱ Deutsches Meeresmuseum
Stralsund:** Das Naturmuseum führt seit
1957 in die Unterwasserwelt ein und lässt
zahlreiche Amphibien und Reptilien in ihrer
natürlichen Umgebung erleben. Darunter
auch Meeresschildkröten, die in einem
350 000 l großen gläsernen Becken zu
bestaunen sind. Auch das ehemalige
Klostergebäude an sich ist eine Augenweide. Eine sehenswerte Stahlkonstruktion
erstreckt sich im Inneren über drei Ebenen
und schafft so Platz für ein 15 m langes

Finnwalskelett, das 1825 vor Hiddensee geborgen wurde.

Katharinenberg 14–20, www.meeresmuseum. de, tgl. 10–17 Uhr (voraussichtlich ab Frühjahr 2021 wegen Umbaus geschlossen), 10 €, 4–16 Jahre 5 €, Kombiticket Ozeaneum s. dort

Weltklasse

⓳ Olthofsches Palais/Welterbe-ausstellung: Nur wenige Altstädte in Deutschland sind insgesamt Weltkulturerbe. In einer Dauerausstellung wird die Idee hinter Stralsunds Welterbekonzept vorgestellt und zu einer bebilderten Reise zu internationalen Welterbestätten geladen. Das größte Exponat der in erster Linie mit Filmen, Animationen und Bildtafeln gestalteten Präsentation befindet sich im Hof: Hier können kleine Besucher zu Welterbeentdeckern werden und in einem Sandkasten den Grundriss der Stralsunder Altstadt ergraben. Ein historisches Schmuckstück der anderen Art ist im ersten Obergeschoss zu finden: Von 1762 bis 1763 gestaltete Jakob Philipp Hackert dort einen Tapetensaal.

Ossenreyerstr. 1, www.stralsund-wismar.de, tgl. 10–17 Uhr, Eintritt frei

Zurück in die Achtzigerjahre

⓴ DDR Miniatur Fahrzeug Museum: Nicht nur ausgewiesene DDR-Nostalgiker kommen hier auf ihre Kosten. Beeindruckend ist eine der weltweit größten Ausstellungen von Ikarus-Bussen, die in der Volksrepublik Ungarn vom Band liefen. Darüber hinaus werden zahlreiche Sammlerleihgaben nachgebauter Ostblockfahrzeuge gezeigt, die in den Jahren zwischen 1950 und 1990 auf den Straßen der DDR unterwegs waren. Gefertigt wurden sie in der DDR und den sozialistischen Ländern.

Langenstr. 34 (Ecke Wasserstr.), www. ddr-miniatur-fahrzeuge.de, Jan.–März Fr/ Sa 12.30–15.30, April–Sept. Mo, Mi in der Regel ab 12.30, Di, Do 12.30–16, Fr/Sa 12.30–15.30, 5 €

Wiege der Marine

⓭ Marinemuseum Dänholm: Am dritten Standort des Stralsund Museums (s. S. 28) wird die Geschichte der Insel Dänholm, Stralsunds und des militärischen Standorts vermittelt. Dabei werden nicht nur Uniformen, Flaggen oder Dokumente gezeigt, auch ausgemusterte Lastenhubschrauber, Schnellboote und Gegenstände, die aus Wracks stammen, säumen das riesige Gelände.

Zur Sternschanze 7, www.stralsund-museum. de, 30. Mai–31. Okt. Di–So 10–17 Uhr, 6 €, ermäßigt 3 €

Tief Luft holen

⓭ Nautineum: Seit mehr als 20 Jahren lässt das Nautineum auf Dänholm tief blicken. Was lebt in unseren Gewässern, wie werden die Ozeane erforscht und welche Entwicklung hat die Fischerei genommen – das sind die Hauptfragen, die auf dem 2 ha großen Gelände in Hallen und freien Ausstellungen beantwortet werden. Zu den Höhepunkten des Museums zählen ein restauriertes Zeesenboot sowie das Unterwasserlabor Helgoland – seinerzeit das erste stationäre Tauchsystem, das in kalten Gewässern eingesetzt werden konnte. Wussten Sie, dass das Nautineum der einzige Ort in Mecklenburg-Vorpommern ist, wo Wale seziert werden dürfen?

Zum kleinen Dänholm, www.nautineum.de, Mai–Okt. tgl. 10–17 Uhr, Eintritt frei

Schlafen

Jedes Zimmer einzigartig

① Scheelehof: Wohl die beste Adresse in Stralsund. Die Lage im Zentrum der Altstadt ist perfekt für Stadterkundungen zu Fuß und die 92 individuellen Zimmer – verteilt auf mehrere historische Gebäude (s. S. 26) – verzaubern mit offenen Backsteinwänden, altem Holzgebälk und einer hochwertigen Ausstattung. Am

Abend sollten Sie unbedingt in der Kellerkneipe Scheels (s. S. 35) einkehren!
Fährstr. 23–25, T 03831 28 33 00, www.scheelehof.de, DZ/ÜF ab 120 €

Meer im Blick

2 Kontorhaus: Große Fenster, durch die malerische Holzsegler und das unaufgeregte Treiben auf Stralsunds Hafeninsel beobachtet werden können, sind die Markenzeichen des inhabergeführten Hotels. Drinnen sind auf angenehme Art und Weise maritimer Charme und moderner Schick kombiniert. Wer besonders weit gucken will, reserviert eines der beiden Luxusapartments im Dachgeschoss.
Am Querkanal 1, T 03831 28 98 00, www.hotel-kontorhaus-stralsund.de, DZ ab 99 €, Apartment für 4 Pers. ab 1225 €/Woche, Frühstück 10 €/Pers.

Fischers Fritze

3 Ferienwohnungen Früchtenicht: Eine gute Bleibe für Familien, die Platz brauchen und den Abend gerne beim Kickern und Billard ausklingen lassen. Besonders auf ihre Kosten kommen Angler – es können Gefriertruhen für frische Fänge und Filetiertische genutzt werden. Falls das passende Messer fehlt, ist das Anglerfachgeschäft nur ein paar Meter weiter. Neben den Wohnungen an unten genannter Adresse sind weitere Apartments im Angebot.
Langenstr. 33, T 0171 41 19 95 50, www.ferienwohnung-fruechtenicht.de, 4 Pers. ab ca. 420 €/Woche, Mindestaufenthalt 3 Nächte

Wer den Taler ehrt

4 Hostel Stralsund: Unspektakulär ist der Blick auf die plattenbauähnliche Fassade. Der Standard für ein Hostel ist jedoch gut. Es gibt Zimmer mit Gemeinschafts-, aber auch mit eigenem Bad. Sogar Frühstück wird serviert. Nachtschwärmer finden in der Nähe ihre Kneipe der Wahl.

Reiferbahn 11, T 03831 28 47 40, www.hostel-stralsund.de, Bett ab 16 €, DZ mit Bad 58 €, Frühstück 7 €/Pers.

Bin in Bullerbü

5 Gut Nisdorf: Gut 16 km vor den Stadttoren liegt das kinderfreundliche Biogut Nisdorf mit nur zwölf Apartments. Dafür gibt es viele Spielmöglichkeiten, Schafe und Pferde sowie die Möglichkeit, ein All-inclusive-Paket zu buchen. Wer länger bleibt, sollte eines der Arrangements reservieren.
Grabowstr. 14, Nisdorf, T 038323 25 10, www.gut-nisdorf.de, 2-Zimmer-Apartment/ÜF ab 167 € für 2 Erw. und 1 Kind

Essen

Erbe des Bürgermeisters

❸ Wulflamstuben: Schließen Sie nicht von außen auf innen – auch wenn Sie später feststellen werden, dass beide Seiten ihren Reiz haben. Hinter der historischen Fassade des ehemaligen Bürgermeisterhauses verbirgt sich ein modernes Restaurant mit zeitgemäßer Küche. Deutsche Kost, aber nicht à la Hausmann.
Alter Markt 5, T 03831 29 15 33, https://wulflamstuben.de, tgl. 12–22 Uhr, Hauptgerichte ab 11 €

Genussbastion

1 Kron-Lastadie: Im früheren Kanonenschuppen von Stralsund, direkt am kleinen Hafen der Stadt, eröffnete 2012 die Kron-Lastadie. Das Motto lautet »Schlemmen, Shoppen, Staunen«. Im wundervollen Ambiente sowie mit grandiosem Weitblick, der bis zur Insel Rügen reicht, lassen sich im **Fritz Braugasthaus** (www.fritz-braugasthaus.de, tgl. 11 Uhr – meist 2 Uhr, Biertapas ab 2,20 €, Hauptgerichte 10–17 €), handgebrautes Bier, Frischgefangenes aus dem Meer und Fleischgerichte vom nahe gelegenen LandWert-Hof genießen. Wem es geschmeckt hat, der kann sich von der hauseigenen **Metzger-** und **Käsetheke** noch einige Delikatessen mit nach Hause nehmen.

Am Fischmarkt 13a, www.kron-lastadie.de, tgl. 11–18 Uhr

Und nebenan die Brauerei

2 **Braugasthaus Zum alten Fritz:** Nicht zu verwechseln mit dem Fritz Braugasthaus in der Kron-Lastadie (s. S. 14). Der ›Alte Fritz‹ hat seinen Platz in den historischen Gemäuern der Störtebeker Braumanufaktur (s. Tour S. 24). Es gibt alles, was kulinarisch harmonisch zum goldenen Schatz des Hauses passt. Tipp: Machen Sie zuvor eine Brauereiführung.

Greifswalder Chaussee 84/85, T 03831 25 50, www.stoertebeker-brauquartier.com, tgl. ab 11, Küche 11.30–21.30 Uhr, Hauptgerichte ab ca. 15 €

Regional, kreativ und bio

1 **Zum Scheele:** Auch wenn der Michelin-Stern mit dem Koch abgewandert ist, bereitet die regional-kreative Küche des hanseatischen Restaurants Freude. Nahezu alles, was auf den Tisch gezaubert wird, kommt aus der Region – in Bioqualität. Besonders schön ist das mittelalterliche Ambiente, das im Inneren vom offenen Fachwerk dominiert wird. Eine Spielecke verrät: Auch Familien mit kleineren Kindern sind willkommen.

Scheelehof, Fährstr. 23–25, T 03831 283 31 12, www.scheelehof.de/zumscheele, tgl. Frühstück 7–11, Lunch 12–14 Uhr (11,90 €), Abendessen 17–23, Küche bis 22 Uhr, Hauptgerichte 13,50–42 €, Drei-Gänge-Menü 34,50 €

Mundpropaganda

3 **Stralsunder Jung:** Der Jung ist ein echter Geheimtipp für Genießer. Erstklas-

Hinter diesen roten Wänden verbirgt sich ein ganzes Universum: das Hotel Scheelehof mit seinem Restaurant Zum Scheele, der Kellerkneipe Scheels und der eigenen Kaffeerösterei.

sige regionale Speisen – vor allem Fischgerichte – werden mit Herzlichkeit auf den rustikalen Holztischen im Wohnzimmerrestaurant serviert. Begleitet von süffigen Kunstwerken der vielfach prämierten Rügener Inselbrauerei. Faire Preise.

Am Querkanal 5, T 0160 97 56 62 27, https://stralsunder-jung.business.site, tgl. 12–22 Uhr, Hauptgerichte 14–20 €

Gelage
4 Wallensteinkeller: Genießen Sie einen urigen Mittelalterschmaus im Wallensteinkeller, der direkt in der Stadtmauer auf Sie wartet.

Mühlenstr. 22, T 03831 66 79 22, www.facebook.com/Wallensteinkeller, tgl. 17–21.30 Uhr, Suppen ab 4 €, Hauptgerichte 10–16 €

Einfach gut gelaunt
5 Kaffeehaus Fröhlich: Der Name ist Programm. Das gelbe Café in der Fußgängerzone lockt mit seinem wohligen Flair und hausgemachten Leckerbissen. Neben selbst gebackenen Torten lässt sich hier besonders gut die erste Mahlzeit des Tages genießen: frisch, frech und doch ein bisschen wie bei Großmuttern.

Apollonienmarkt 10, T 03831 29 16 62, www.cafe-stralsund.de, Mo–Sa 8–18, So, Fei 12–18 Uhr

Gelebte Leidenschaft
6 Kaffee Monopol: Besitzer René Klinger verspricht, dass jeder seinen Lieblingskaffee findet. Was er alles dafür tut, kann sich sehen lassen: Direktimporte, eigene Röstungen und jede Menge Handarbeit. Auch Spitzengastronomen der Region beziehen hier ihren Kaffee. Ein Genuss zum Gleich-wegschlürfen oder Mit-nach-Hause-Nehmen.

Mühlenstr. 55, T 03831 203 45 54, www.kaffee-monopol.de, Mo–Fr 10–18, Sa 10–16 Uhr

Leckere Schnitzel
13 Smutje's Bistro am Sund: Nicht nur Jachteigner und Segelfreunde lassen sich nach einem windigen Tag auf dem Meer die leckeren Schnitzel (um 12 €) von Wirtin Stefanie schmecken. Auch Urlauber schwärmen von der Ruhe und Gelassenheit des Ortes.

Liebitzweg 22, T 03831 29 73 78, www.smutjes-am-sund.de, Küche Mai–Sept. tgl. 11–20 Uhr, warme Snacks ab 3,90 €

Einkaufen

Alles aus Ton
1 Kranichkeramik Werkstattgalerie Weber: Nicht nur wegen der einzigartigen Backsteinsouvenirs ist die Werkstattgalerie von Hendrike Weber einen Besuch wert. Beeindruckend ist auch die lichtdurchflutete Architektur des Hauses, die bereits von außen einen Blick auf alle Produktionsprozesse zulässt.

Knieperwall 1c, www.werkstattgalerie-weber.de, Mo–Fr 10–13, 14–18 Uhr

Lecker und lokal
2 Stralsunder Schokoladenhaus: Direkt in den heiligen Hallen des Stralsunder Rathauses. Der Verkaufsraum beeindruckt mit sehenswerten Kreuzgewölben. Nicht nur ein Augen-, sondern auch ein Gaumenschmaus sind jedoch die vielen Schokoladenerzeugnisse, die mehrfach prämiert sind. Tipp: Probieren Sie doch mal die Hiddenseer Ratsherrenschokolade!

Rathaus, Alter Markt, www.schokoladerie.com, tgl. 10–18 Uhr

Für die Liebsten
2 Kleine Distel: Die Stralsunderin Anke Schmidt bietet in einem der ältesten Häuser der Stadt Bilder, Blumen und handgefertigte Deko zum Verschenken oder für das eigene Wohnzimmer an, darunter auch Mitbringsel aus Bernstein. Ein Besuch lohnt sich bereits wegen der besonderen Atmosphäre des rustikalen Verkaufsraums.

Schillstr. 18, https://kleine-distel.business.site,
Mo 10–15, Di–Fr 10–18, Sa 10–13 Uhr

Modern und alles da
3 Quartier17: Das bekannteste und
größte Shoppingcenter im Zentrum von
Stralsund. Zahlreiche Modegeschäfte, ein
Supermarkt, Spirituosenspezialisten und
eine Apotheke teilen sich das Dach des
2013 eröffneten Neubaus. Auch wenn jeder fündig wird: Für viele Stralsunder wirkt
der moderne Komplex wie ein Fremdkör-
per in der historischen Altstadt.
Ossenreyerstr. 56, Läden unterschiedlich
geöffnet, in der Regel 10–18/19 Uhr

Bewegen

Sommeroase
1 Strandbad: Besonders an warmen
Tagen gut gefüllt. Entlang der Sundpromenade erreichen Sie den Stadtstrand
bereits nach rund zehn Gehminuten. Auf
20 000 m² wartet ein flacher Zugang
zum Wasser. Auch ein Volleyball- und ein
Fußballfeld, eine Lagerfeuerstelle sowie
ein Eltern-Kinder-Bereich mit Spielplatz
sind vorhanden. Wer weniger abschalten
möchte, nutzt das kostenlose WLAN-
Angebot.
Sundpromenade (Höhe Ernst-Moritz-Arndt-
Str.), Eintritt frei

Ein Tag im Wasser …
2 HanseDom: … muss in Stralsund
nicht zwangsweise im Meer genossen
werden. Wärmer und mit mehr Spaß
geht es im größten Freizeit- und Erlebnisbad Mecklenburg-Vorpommerns zu.
Natürlich kommen auch Saunagänger
und Wellnessjünger auf ihre Kosten.
Dem Bad ist ein Hotel, das Wyndham
Stralsund HanseDom, angeschlossen.
Es hält interessante Angebote für Familien bereit.
Grünhufer Bogen 18–20, www.hansedom.
de; **Sportbad:** tgl. 7.30–22.30 (5,70 €);

Erlebnisbad: So–Do 9.30–21, Fr/Sa, Fei
9.30–22 (ab 13,50 €/2 Std.) **Saunawelt:** tgl.
Mai–Sept. 9.30–22, Okt.–April 9.30–23 Uhr
(ab 16,50 €/2 Std.); Kombiticket Erlebnis-
bad/Saunawelt ab 27,50 € (2 Std.); geringe
Kinderermäßigungen

Für Pedalritter
3 Fahrradverleih Heiden: Wer
Stralsund radelnd entdecken möchte,
lässt sich sein Leihrad einfach zu seiner
Unterkunft liefern (bis 18 Uhr am Vor-
tag bestellen). Gemietet werden können
sowohl klassische Trekking- als auch
E-Bikes, Mountainbikes, Kinderfahrräder
sowie Anhänger. Ein Pannenservice ist
inklusive.
www.fahrradvermietung-heiden.de, City-,
Trekkingbike 10 €/Tag, ab dem 4. Tag
günstiger; Tribseer Str. 7, T 03831 66 61 20,
Mo–Fr 10–18, Mai–Aug. auch Sa 10–13,
16–17 Uhr; Handwerkerring 16, T 03831
482 89 99, Mo–Fr 9–19, Sa 10–17 Uhr

Ausgehen

Europas älteste Hafenkneipe
Zur Fähre: Ein kleines, gelbes Eck-
haus beherbergt diese Kneipe, in der
bereits seit 1332 eingekehrt wird, zumindest wurde in diesem Jahr ihr Schank-
recht erstmals erwähnt. Kult ist auch die
Wirtin Hanni Höpner. Sie schenkt in der
20 m² kleinen Lokalität seit Jahrzehnten
Bier, Kümmel und Schnaps aus. Probieren Sie ihr Stralsunder Fährwasser
und lauschen Sie ihren Anekdoten und
Geschichten.
Fährstr. 17, www.zurfaehre-kneipe.de, Mo–Sa
18–1 Uhr

Erst arbeiten, dann feiern
Wasserstoff Bar: Warum bei der
Arbeit nicht schon an den Feierabend den-
ken – dachte sich Arne Möhring. Mit 24
Jahren eröffnete der jüngste Segelmacher
Stralsunds seine Schaumanufaktur. Teil

Lust auf Anekdoten, Geschichten und einen kühlen Trunk? Wenn Sie in den Abendstunden durch Stralsund streifen, sich hinunter zum Hafen bewegen, dann kehren Sie doch in Europas ältester Hafenkneipe ein.

des Konzepts ist eine Bar, die stylisch und besonders beim jüngeren Publikum beliebt ist.

Badenstr. 24/25, www.deinwasserstoff.de, Mo–Do 9–22, Fr 9–23.30, Sa 14–23.30, So 14–22 Uhr

All in one

⚙ **KULTurschmiede:** ein industrieller Look, moderne Technik und eine große Auswahl an Getränken – vom Fassbier bis zu Longdrinks. Dazu regelmäßige Auftritte von Bands, die das Bier an der Bar noch geschmeidiger im Abgang machen.

Langestr. 24a, www.kulturschmiede-stralsund. de, Di–Do 19–2, Fr/Sa 9–3 Uhr

Echte Szenebar

⚙ **Bar Hemingway:** Mehr als 180 Cocktails und über 160 Whisk(e)ys gehören zum Sortiment der Bar, die

zum Altstadthotel Zur Post gehört. Hier lässt man den Namensgeber der Bar hochleben. Besonders beliebt sind auch die regelmäßigen Garagenpartys in den Wintermonaten.

Tribseer Str. 22, www.hotel-zur-post-stral sund.de, tgl. ab 21 Uhr

Einfach urig

🏠 **Scheels:** Dicke, alte Holzträger stützen die leicht durchhängende Decke der charmanten Kellerkneipe. Eindrucksvoll ist der Hausbaum aus dem 14. Jh., der das denkmalgeschützte Haus fest in seinen Armen hält. Passend zum Interieur kommt das kulinarische Angebot daher, das vor allem mit fast wissenschaftlichen Bierverkostungen der Störtebeker Braumanufaktur lockt.

Scheelehof, Fährstr. 24, www.scheelehof.de/ scheels, Di–Sa ab 19 Uhr

Feiern

- **Hafentage Stralsund:** www.hafen tage-stralsund.de, Mitte Juni. Vier Tage lang wird an der Stralsunder Kaikante das Seefahrerleben gefeiert. Die Hafeninsel verwandelt sich in eine einzige Partymeile mit Musikbühnen, Angeboten für Kinder und Familien, mit wirbelnden Karussells und feilschenden Kunsthandwerkern. Parallel findet die **Stralsunder Segelwoche** (www.stralsunder-segelwoche. org) statt.
- **Sundschwimmen:** www.sundschwim men.de, Anf. Juli. Ab in die Badehose und rein ins Vergnügen – beim ältesten und bedeutendsten Langstreckenschwimmen Deutschlands. Die Schwimmer starten in Altefähr auf Rügen und queren den Strelasund gen Stralsunder Strandbad (2,3 km).
- **Wallensteintage:** www.wallensteintage. de, vier Tage Mitte/Ende Juli. Wenn wieder Kanonen durch die Altstadt knallen und Pulverdampf durch die Straßen zieht, feiert Stralsund die alljährlichen Wallensteintage und damit den Widerstand gegen die Belagerung durch Wallensteins Truppen Anfang des 17. Jh. Das Programm kann sich sehen lassen: mittelalterliche Handwerke, rustikale Kulinarik wie Honigbier und Koboldspucke, Gaukler, die ihr Unwesen treiben.
- **Sparkassen-Rügenbrücken-Marathon:** www.ruegenmarathon.de, Sa Mitte Okt. Mehr als 4000 Läufer und mindestens so viele Zuschauer kommen von nah und fern an den Sund, um auf verschiedenen Distanzen die Rügenbrücke zu Fuß zu bezwingen. Der erste Sieger wird nach 6 km gekürt, es gibt einen 12-km-Lauf, einen Halbmarathon, Königsdisziplin ist die Marathondistanz. Aber auch Kinderläufe sowie Walking und Nordic Walking sind in die Laufveranstaltung integriert. Am selben Tag startet darüber hinaus die Radveranstaltung **Tour d'Allée** (www.tda-ruegen.

de) von Stralsund ins Ostseebad Sellin auf Rügen.
- **Weihnachtsmarkt:** www.weihnachts markt-stralsund.de, Ende Nov./Dez. Der Stralsunder Weihnachtsmarkt zählt zu den schönsten in ganz Norddeutschland. Nicht zuletzt das historische und zur Adventszeit festlich dekorierte Stadtensemble trägt dazu bei. Auch der kleine, aber feine **Winterjahrmarkt** auf dem Alten Markt sowie ein **Kunsthandwerkermarkt** im größten Gewölbekeller des Ostseeraums (unter dem Rathaus) sind einfach wunderbar.
- **Silvesterfeuerwerk:** 31. Dez. Traditionelles Silvesterfeuerwerk im Stralsunder Hafen, der unter dem Feuerregen einmalig inszeniert wird. Gezündet wird das Höhenfeuerwerk auf der Nordmole, die beste Sicht bietet sich Ihnen von der Sundpromenade. Es findet allerdings nicht erst zum Jahreswechsel statt, sondern bereits um 18.30 Uhr.

Infos

- **Tourist-Information:** Alter Markt 9, T 0381 25 23 58, www.stralsundtouris mus.de, Mai–Okt. Mo–Fr 10–18, Sa/So, Fei 10–15, Nov.–April Mo–Fr 10–17, Sa 10–14 Uhr.
- **Taxi:** Fahrpreis vom Bahnhof in die Altstadt ca. 5–8 €.
- **Mietwagen:** mehrere Anbieter auf dem Tribseer Damm und der Verlängerung, der Rostocker Chaussee (Sixt, Avis, Flinkster).
- **Schiffsrundfahrten und Fährverkehr:** Die Reederei Weiße Flotte (T 03831 268 10, www.weisse-flotte.de) bietet Schiffsrundfahrten (10/5 €) durch den Stralsunder Hafen an, aber auch einen Liniendienst nach Altefähr auf Rügen. Informationen zu Fahrplänen und Preisen erhalten Sie telefonisch, auf der Website oder am Verkaufsschalter in der Fährstraße 16.

Zugabe
Tierisch hoch

Zu Besuch bei der Pinguinpflegerin

Kahle Betonwände, verziert von riesigen Klimaanlagenkanälen, und ein weiß gekachelter Raum mit sterilen Aluminiumtischen: Was aussieht wie ein Operationssaal, ist die Küche für einen ganz besonderen Touristenmagneten. Hier bereitet die Mittdreißigerin Anne May Mahlzeiten für ihre Lieblinge vor. Dreimal täglich verköstigt sie die zehn Humboldt-Pinguine des Ozeaneums (s. S. 28) mit Sprotten, Krill und sonstigem Fischgetier.

Die Behausung der flugunfähigen Vögel ist einzigartig. Sie leben u. a. in einem 120 000 l fassenden Unterwasserbereich auf der Dachterrasse des futuristischen Museums. Höhe: rund 14 m – und damit vis-à-vis den drei markanten Kirchtürmen von St. Nikolai, St. Marien und St. Jacobi.

Seit dem Einzug des Federviehs im Jahr 2010 ist Anne May die Ersatzmutter der tierischen Museumslieblinge, die auf Namen wie Gustel, Lemmy und Frieda hören. Und zwar aufs Wort. Vielleicht liegt es an Annes liebevoller Umgarnung, vielleicht aber auch ein bisschen an den leckeren Häppchen, die täglich um 12 Uhr bei Schaufütterungen verteilt werden. ∎

Rügens Süden und das Inselzentrum

Weitblick — Sanfte Hügel, weiße Sandstrände, fürstliche Küstenstädte und alte Holperstraßen prägen Rügens Süden.

Seite 41
Altefähr

Die wenigsten Urlauber machen den Schlenker nach Altefähr, wenn Sie via Rügenbrücke auf der Insel eingetroffen sind. Dabei ist Altefähr ein beschauliches Kleinod mit hübschen Gassen, einer kleinen Marina und Traumstrand.

Seite 51
Halbinsel Zudar ⭐

Ein kleiner Satellit im äußersten Süden – verträumt, einsam, in jeder Hinsicht liebenswürdig. Und das nicht nur aufgrund seiner unzähligen gefiederten Bewohner, die garantiert auch vor Ihrer Linse auftauchen.

647 Stammrosen wurzeln in Putbus – deutscher Rekord!

Eintauchen

Seite 54
Putbus ⭐

Klassizistische Ensembles im blendenden Weiß, Bäderbauten und gartenarchitektonische Meisterleistungen prägen die kleine Residenzstadt Fürst Wilhelm Maltes I. Erkunden Sie Circus, Marktplatz und Schlosspark auf einem entspannten Bummel.

Seite 66
Auf dem Pfad der Muße & Erkenntnis

Bei Lauterbach können Sie durch den Goor-Wald wandern, dabei Küstenwald und Moorland erleben und Aussichten à la Caspar David Friedrich genießen.

Seite 69
Bergen auf Rügen

Die Altstadt von Rügens kulturellem und wirtschaftlichem Zentrum prägen Bürgerhäuser im Fachwerkstil mit wunderschönen Haustüren.

Seite 68, 70
Insel Vilm

Nur 30 Besucher erhalten täglich Zugang auf die kleine Insel vor Lauterbach. Wer zu den Glücklichen gehört, staunt über eine prächtige Naturlandschaft und Spuren der DDR-Geschichte. Sie war ein Urlaubsrefugium für DDR-Obere.

Seite 78
Ralswiek

In den ältesten Ort Rügens, idyllisch am Großen Jasmunder Bodden gelegen, strömen jährlich Zehntausende Besucher – wegen der Störtebeker Festspiele.

Seite 80
Spektakel der Rekorde

Professionalität ist gefragt von Ross und Reiter, und das nicht nur, wenn der berühmte Nebelritt Klaus Störtebekers ansteht.

Der jährliche Sparkassen-Rügenbrücken-Marathon (s. S. 36) im Oktober zählt zu den bekanntesten deutschen Marathonveranstaltungen.

Gegen den Strom schwimmen Urlauber, die nicht über die Rügenbrücke anreisen, sondern die kleine Autofähre (alle 20–30 Min.) von Stahlbrode nach Glewitz nehmen.

erleben

Schönheit von Natur aus

Wenn man an Rügen denkt, ziehen Gedankenwolken mit weiten, weißen Sandstränden und einem bezaubernden Seebadflair auf. So sieht es im Osten der Insel aus. Traditioneller läuft das Leben dort ab, wo Rügen ländlich geprägt ist und keine mehrspurigen Straßen hinführen, wo seit Jahrhunderten Kühe saftige Boddengräser genießen, alte Handwerke weiter gepflegt werden und bekannte Schriftsteller ihre Kindheitsjahre verlebten. Kleine Ortschaften mit oft nicht mehr als zehn Häusern werden durch dicht bewachsene Alleen verbunden, daran schließen sich weite Feldlandschaften mit ruckeligen Landstraßen und Schotterwegen an. Belebtere Straßenzüge gibt es entlang der Bundesstraße 96 sowie in Garz und Putbus.

Künstler und Mächtige

Immer wieder zog es berühmte Fürsten, Piraten oder Politiker nach Rügen. Die Insel Vilm zeugt davon noch heute mit Spuren urlaubender DDR-Minister, Putbus erscheint als wahres Gesamtkunstwerk fürstlicher Stadtbauerei. Auch viele Kunstschaffende haben sich im Süden der Insel Rügen niedergelassen und locken heute

ORIENTIERUNG   **O**

Anreise: Erreichbar sind der Süden Rügens und die Inselmitte über den alten Rügendamm und die neue Rügenbrücke. Die Brücke des alten Damms wird mehrmals täglich geöffnet und ist dann kurzzeitig gesperrt.
Verkehr: Die Buslinien 12, 30 oder 41 der VVR (www.vvr-bus.de) verbinden Bergen mit den südlichen Außenposten der Insel Rügen. Ein eigenes Auto oder ein Mietwagen können jedoch von Vorteil sein, um auch kleine Orte flexibel erreichen zu können.

mit Manufakturen und Erlebnisangeboten in versteckte Ateliers und Stuben.

Offene Türen auf dem Land

Südlich der Bundesstraße 96 haben sich landwirtschaftliche Betriebe zu gastfreundlichen Cafés und Hofläden gemausert, die auch Rüganer gerne besuchen. Sanddornliköre, frische Käse- und Fischspezialitäten oder Inselbiere lassen die Region als kulinarische Gaumenfreude erleben. Als kostenlose Zugabe warten Geschichten rund um das Inselleben und nicht selten der eine oder andere Geheimtipp für den nächsten Ausflug.

Altefähr   ♀B8

Kleinod am Wasser
Einem jeden Insulaner ist das kleine, nur
1200 Einwohner zählende Seebad bekannt. Da gewesen sind nicht allzu viele.
Und auch Rügengäste verschlägt es eher
selten hierher. Dabei ist Altefähr ein beschauliches Kleinod, lockt mit verschlafenen Gassen, einer idyllischen Marina und
familienfreundlichem Strandvergnügen.
Untypisch ruhig, auch in der Hauptsaison. Bis zum Bau des Rügendamms im
Jahr 1936 war Altefähr Fährhafen mit
direktem Anschluss an Stralsund.

Ankommen im Dorf
Unscheinbar führt die Bahnhofstraße
in den Dorfkern. Altes Kopfsteinpflaster

fordert diejenigen heraus, die motorisiert
anreisen. Ein neuer Fahrradweg begleitet
die Allee, die durch ein kleines Wohnge-
biet direkt zur Kirche St. Nikolai aus dem
15. Jh. führt. Der Besuch lohnt sich nicht
nur wegen der typisch norddeutschen
Backsteinfassade und der ungewöhnlich über Eck angebrachten Turmuhr:
Im Innenraum zeugt ein detailgetreues
Votivschiff des früheren Altefährer Ka-
pitäns Malte Scheel von der maritimen
Geschichte des Seebads.
Kirchweg, www.kirchengemeinden-alte
faehr-poseritz-rambin.org/kirche-sankt-nikolai,
Mitte Juni–Mitte Sept. Di 10–12, Do 15–17,
Sa 10–12, 15–17 Uhr, Eintritt frei

Fischbude und Traumstrand
Ein fast schon mediterranes Flair ver-
mittelt der Hafen von Altefähr. Mehrere
Cafés laden zum Verweilen ein, Was-

*Altefähr wird oft unterschätzt. Nicht nur, dass es einen Traumstrand mit
Blick auf Stralsund besitzt, auch der Ort selbst lohnt einen Bummel.*

sersportanbieter zu Paddeltouren und Surfausflügen. Besonders Angler, ob erfahren oder mit Touristenfischereischein, mögen und schätzen das Altefährer **Molenufer.** Wenige Meter nördlich schließen sich **Sandstrände** an. Ein großer Abenteuerspielplatz sowie ein Volleyballfeld sind dort perfekte Spieloasen für kleine und große Urlauber. Gleich dahinter und mit Anschluss an die **Strandpromenade** führt ein kleiner **Rundwanderweg** durch den Küstenwald. Immer wieder geben Lichtungen wunderschöne Blicke auf das Stralsunder Fährwasser frei.

An der langen Leine

Nur rund 4 km Landweg bzw. 2 km Luftlinie trennen Stralsund von Altefähr. Einmalig und unverbaut ist der Blick vom Ufer des Rügener Seebads auf die prächtigen Bauten der Hansestadt. Wer gleich neben dem alten Fährhaus dem steilen Fußweg Richtung Kirche folgt, hat einen malerischen Blick über die Dächer und Fluten des Strelasunds hinweg.

Schlafen

Hipp und günstig

Haus am Sund: Vis-à-vis dem Altefährer Hafen lädt das Jugendgästehaus der Segelschule Rügen vor allem junge und wassersportaffine Gäste ein. Geschlafen wird in Mehrbettzimmern oder Ferienwohnungen. Selbstversorger nutzen eine voll ausgestattete Küche sowie Waschmaschine und Trockner.

Am Fährberg 8, T 038306 232 53, www. segelschule-ruegen.de, Bett 24–28 €, Frühstück 6 €, Ferienwohnung um 100 €

Rasten und fasten

Hotel Sundblick: Blau und Weiß sind die dominierenden Farben des schmucken Hotels schräg gegenüber vom Altefäh-

rer Fährhaus. Schön ist der Blick von der Dachterrasse über den Hafen und auf die Stralsunder Stadtsilhouette. Besondere Angebote sind eine Sauna, Fastenkurse und ein Bootsverleih.

Am Fährberg 8b, T 038306 71 30, www. hotel-sundblick.de, DZ/ÜF um 80 €

Unter freiem Himmel

Sund Camp: Rund 300 m vom Ostseestrand entfernt liegt auf einem Naturgrundstück der Altefährer Campingplatz. Familien sind genauso willkommen wie ältere Campingbegeisterte und Dauercamper.

Am Kurpark 1, T 038306 54 83, www.sund camp.de, März–Okt., Stellplatz Wohnmobil/-wagen, 2 Pers. 19–26 € mit Strom

Essen

»Baltic Sea Soulfood«

Strandhaus Altefähr: Ein stylishes Ambiente und erstklassige Kochkünste erwarten Feinschmecker. Der Gastgeber Michael Mackels kochte schon für Sterne- und TV-Koch Kolja Kleeberg. In Altefähr bietet er eine bodenständige Küche mit feinen Aromen und kreativer Seele. Ein Erlebnis!

Strandpromenade 10, T 038306 624 50, www.strandhaus-altefaehr.de, Reservierung empfohlen, Mi/Do 15–21, Fr–So 12–21 Uhr Hauptgerichte ca. 16–28 €

Authentische Küche mit Tradition

Gasthof Grahler Fähre: Familiengeführter einfacher Gasthof mit Biergarten und traumhaftem Blick auf den Strelasund mit seiner Rügenbrücke. Besonders bekannt ist das versteckt in einer Sackgasse gelegene Restaurant für seine Fischgerichte. Tipp: Fragen Sie einfach mal nach dem Fang des Tages – nicht alle Gerichte stehen auf der Karte.

Grahler Fähre 1, T 038306 750 13, www. grahlerfaehre.de/ Do–So 12–20 Uhr, Fischgerichte um 15 €

Fischbrötchen de luxe

Fischbox: Knuspriger Backfisch oder würziger Matjes – die tiefschwarze Fischbox direkt am beschaulichen Hafen ist ein neuer Stern am Fischbrötchenhimmel. Der Genuss der frischen Meeresdelikatessen kommt beim Sundblick voll zur Geltung.

Hafen Altefähr, T 0176 82 09 06 68, www.facebook.com/Fischbox, in der Saison tgl. 12–19 Uhr, Fischbrötchen 3–5 €

Bewegen

Traumerfüller

Sail & Surf Rügen: Das Wassersportzentrum bietet Segelkurse und Katamaranabenteuer an. Zudem können Jachten (ab 85 €), Jollen (ab 15 €) und Kajaks (ab 20 €) für eigene Ausflüge ausgeliehen werden.

Am Fährberg 8, T 038306 232 53, www.segelschule-ruegen.de

Hoch über dem Meer

Waldseilpark: Ein perfekter Ausflug in die Natur und eine Abwechslung zum Strandleben. Acht Kletterstrecken mit unterschiedlichen Schwierigkeitsgraden, ein Baumlehrpfad und eine Seilbahn sorgen für kribbelige Momente.

Klingenberg 25, T 038306 23 97 58, www.waldseilpark-ruegen.de, Öffnungszeiten variierend (s. Website), 1 Std. 20 €, Kinder 12–15 €, Mindestkörpergröße 1,10 m

Rambin 📍 C8

»Das lauteste Dorf der Insel Rügen« ist es bei Weitem nicht. Trotz der Tatsache, dass manche Anwohner zum Plaudern ins Bad oder einen anderen, nicht straßenseits gelegenen Raum gehen müssen, weil sie dank der neuen Bundesstraße

---

ERDE DES RIESEN **R**

An der Feldscheide der zu Rambin gehörenden Dörfer Rothenkirchen und Götemitz erheben sich große Hügelgräber aus der Bronzezeit: die **Neun Berge.** Zahlreiche Mythen ranken sich um diese historischen Überbleibsel. Eine Version gibt der Schriftsteller Ernst Moritz Arndt in der Erzählung »Die neun Berge von Rambin« wieder. Demnach soll es den Riesen Balderich gegeben haben, der an jener Stelle Erde verlor, als er einen Damm zwischen Rügen und Stralsund bauen wollte.

---

in Teilen der Wohnung ihr eigenes Wort nicht mehr verstehen. Leider verliert der Ort seit der Fertigstellung der ›Rügenautobahn‹ an Aufmerksamkeit. Passierte bis vor wenigen Jahren jeder Urlauber mehr oder weniger zwangsweise Rambin, ist der Ort inzwischen nur noch über einen Umweg zu erreichen. Die alte Bundesstraße aus Richtung Altefähr führt zum **Ortseingang,** den das markante Lagergebäude der Insel-Brauerei und der Erlebnis-Bauernmarkt Alte Pommernkate (s. S. 44) markieren.

Historisches Erbe

Erstmals erwähnt wurde Rambin 1246. Aus dieser Zeit etwa stammt auch die **St.-Johannes-Kirche** (Dorfstr.), die damit zu den ältesten noch erhaltenen Kirchen auf der Insel Rügen zählt. Das Kirchengebäude wurde allerdings mehrfach umgestaltet, sodass wesentliche Teile dem Barock und der Gotik zuzuschreiben sind. Besonders sehenswert ist die fast 700 Jahre alte **Priesterpforte** an der Südseite.

Südlich der Kirche und jenseits der Hauptstraße steht in einer kleinen Stichstraße das **Heimatmuseum** (Bahnhofstr. 10, Mo–Fr tgl. 9–15 Uhr nach Anmeldung unter T 038306 71 38, Eintritt frei, Spende erwünscht). Zu sehen ist eine Ausstellung landwirtschaftlicher Geräte und Maschinen. Der ehemalige Landwirt Fritz Herud hinterließ eine fast vollständige Sammlung all der Gerätschaften, die in der ersten Hälfte des 19. Jh. in einem gut geführten mittelbäuerlichen Betrieb verwendet wurden.

Am Ortsausgang ist zwischen hohen Bäumen das **ehemalige Lepra-Hospital St. Jürgen** (Kloster 2) des Ortes erkennen. Über dem verwunschen wirkenden Anwesen scheint eine gewisse Magie zu liegen. Ein Halt lohnt sich nicht zuletzt wegen des malerischen **Klostergartens** (frei zugänglich) mit zahlreichen Skulpturen.

Schlafen

Urlaub in der Idylle
Die Insel auf Rügen: Ein Ort der Wonne und des Friedens erwartet die Gäste rund 4 km südöstlich von Rambin. Das Reetdachdomizil mit acht Doppelzimmern hat durch das Zusammenspiel der historischen Bausubstanz mit modernem, kühl nordischem Schick seinen Charme. Im Haus befindet sich auch ein Restaurant (Mo–Sa 18–21 Uhr, Hauptgerichte ab ca. 10 €)
Götemitz 27, Götemitz, Rambin, T 038306 61 10, www.die-insel-auf-ruegen.de, DZ/ÜF ab 76 €

Ein Paradies für Kinder
Ferienwohnung Rambin: Die vier gemütlich eingerichteten Wohnungen liegen abseits des Ortes. Die Lage ist perfekt für Wanderer und Radfahrer, perfekt aber auch für Familien mit Kindern, die eine riesige Wiese mitsamt großzügigem Spielplatz nutzen können.
An der Straße Giesendorf in Richtung Norden, www.urlaub-abc.de/ostsee/ruegen/rambin/553-ferienwohnungen-rambin-ferienwohnung-rambin.php, ab 230 €/Woche

Einkaufen

Erlebnis-Bauernmarkt
Alte Pommernkate: Hier präsentiert sich die kulinarische Vielfalt Rügens. Neben regionalem Käse und frisch geräuchertem Fisch können Sie auch allerlei Souvenirs, Honig oder das Bier der benachbarten **Insel-Brauerei** kaufen. Ein Café, ein Spielplatz und Ferienwohnungen runden das Angebot ab. Da stört es noch nicht einmal, dass das Meer rund 20 km entfernt ist.
Alte Pommernkate: Hauptstr. 2 a, www.alte pommernkate.de, tgl. 7–19 (Fischräucherei bis 17) Uhr; **Insel-Brauerei:** Hauptstr. 2 c, ww.insel-brauerei.de, tgl. 10–19 Uhr

Überraschende Töpferkunst
Dolacinski – Rügener Fayencen: Nur noch wenige verirren sich seit dem Neubau der Bundesstraße nach Götemitz. Schade! Hier liegt das urige Bauerhaus mit gläsernem Atelier des Rügener Töpfermeisters Peter Dolacinski. Versteckt zwischen Bäumen am Rand einer Feldstraße, locken eine alte Handwerkstradition, weiß-blaue Keramikmitbringsel sowie ein paar Ferienwohnungen und eine Zeltwiese.
Götemitz 24, Götemitz, Rambin, www.dola cinski.de, folgen Sie den Schildern entlang der L 296, Mo–Fr 10–18 Uhr und n. V.

Bewegen

Wie im wilden Westen
Reitanlage Kasselvitz-Ausbau: Ein Eldorado für Pferdeliebhaber – egal welchen Alters – bietet sich auf dem Hof des früheren Immobilienkaufmanns Stefan ter Smitten. Mehr als 40 Pferde, Fohlen und Ponys sind der Stolz der Familie, die zu Reitstunden oder Pferdeferiencamps einlädt. Auch Kutschfahrten und Horsepainting (ein Erlebnis!) werden angeboten. Umschlossen von endlosen Kornfeldern, ist die Anlage ein echtes Naturparadies.

Noch ein rügensches Paradies für Bierliebhaber: In der Insel-Brauerei können Sie den Hopfensaft verkosten und natürlich auch kaufen.

Kasselvitz-Ausbau 16, Kasselvitz, Rambin (auf halber Strecke zwischen Altefähr und Rambin), www.reiten-ruegen.de, Ferienwohnungen (ab 85 €), Pferdegastboxen (ab 20 €)

Samtens ♀ D 7/8

Viel los ist in Samtens eigentlich nur auf der Straße. Wobei inzwischen auch hier Ruhe eingekehrt ist, nachdem die Hauptverkehrsader Rügens auf die benachbarte Bundesstraße verlegt wurde. Die meisten Urlauber werden Samtens wahrscheinlich nur kennenlernen, wenn sie den kleinen Ort auf dem Weg nach Ummanz oder Hiddensee queren. Oder wenn sie auf der Suche nach einem Supermarkt sind.

Kirche oder Technik
Lohnenswert ist ein Besuch der rund 600 Jahre alten **Dorfkirche** (Kastanien-allee), die im Stil der Backsteingotik erbaut wurde und noch Überreste einer Wandmalerei aus dem 15. Jh. erkennen lässt. Neben Herrenhäusern wie dem **Gutshaus Plüggentin** (Plüggentiner Str. 19) am Rand des kleinen Örtchens oder dem **Pfarrhaus** (Kastanienallee 12) war das eigentliche Highlight des Ortes lange Zeit die 500 m² große Modellbauausstellung im **Technik-Modell-Museum** (Muhlitzer Str. 3). Über 10 000 Flugzeuge, Autos, Schiffe und Eisenbahnen, darunter ein Nachbau der Rügenschen Kleinbahn, konnten bewundert werden. Das Museum ist allerdings derzeit geschlossen, der Weiterbetrieb ungewiss.

Schlafen, Essen

Seien Sie gegrüßt, edle Gäste!
Gutshaus Kubbelkow: Die Kulisse des prächtigen Herrenhauses in seiner

denkmalgeschützten Parkanlage kann sich sehen lassen. Genauso das kulinarische Angebot im **Restaurant**, das sich seit seiner Eröffnung im Jahr 2003 allerhand Auszeichnungen verdient hat. Wer im gediegenen historischen Ambiente weilen mag und den einen oder anderen Taler mehr in der Tasche hat, sollte hier einkehren.

Dorfstr. 8, Klein Kubbelkow, Sehlen, T 03838 822 77 77, www.kubbelkow.de, DZ/ÜF ab 130 €, Restaurant: tgl. ab 18 Uhr (Mo/Di primär für Hausgäste), Hauptgerichte ab 32 € (vegetarisch günstiger), Drei-Gänge-Menü 49 €

Old MacDonald had a farm …
Ferienbauernhof Thom: Perfekt, um einen Einblick in das bäuerliche Leben zu erhalten und im Einklang mit Esel, Hund und Co. zu leben – Stichwort Streichelzoo. Auch wenn der Hof etwas außerhalb liegt, müssen Sie sich um die Verköstigung nicht sorgen. Im eigenen Lädchen gibt es von selbst geernteten Kartoffeln bis zu regionalen Bioprodukten alles, was Herz und Magen begehren.

Stönkvitz 12, Stönkvitz, Samtens, T 038306 200 43, 0160 90 33 33 99, www.oekohof-thom.de, Hauptsaison ab 95 €/4 Pers.

Bewegen

Klettern, squashen, steppen
Soibelmanns: Mal abgesehen vom Übernachtungsangebot kommen in dem Sport- und Freizeitcenter insbesondere aktive Geister auf ihre Kosten. Auch externe Gäste können an der größten Indoorkletterwand Rügens emporsteigen, in der Tennishalle Tennis spielen oder einen 800 m^2 großen Fitnessbereich nutzen. Auch ein Hallenbad ist Teil des Angebots.

Bergener Str. 1, T 038306 22 20, www.soibelmanns.de, Klettern ab 11 €, Tennis ab 16,50 €/Std.

Poseritz und Gustow ♀ C/D 8/9

Aus der Zeit gefallen?
Wie wäre es, einfach abzuhauen – mit alten Mopeds über enge Feldwege zu knattern, sich den Wind um die Nase wehen zu lassen und einen Hauch jugendlicher Freiheit zu genießen? Wir wollen nicht übertreiben, aber auf dem Weg von Samtens in den Süden werden Sie sich schon das eine oder andere Mal fragen, welches Jahrzehnt gerade aktuell ist. Vorausgesetzt, Sie nehmen die Landstraße 12, die geradewegs zum Ort Poseritz führt.

Poseritz ♀ C/D 8/9

Landwirtschaft dominiert
Schnell wird klar, mit was die Poseritzer ihr Geld verdienen. Überall begegnet man Traktoren, streift große Höfe oder mächtige Futtersilos. Landwirtschaft lebt an allen Ecken und Enden. Einer der größten Abnehmer regionaler Erzeugnisse und einer der größten Arbeitgeber ist die **Molkerei Rügener Inselfrische** (s. Lieblingsort S. 47) am Ortseingang. Hier wird nicht nur produziert, sondern auch im zugehörigen Café Frisches von der Kuh serviert.

Und täglich grüßt die Kirche
Wie nahezu jeder etwas größere Ort auf Rügen wartet auch Poseritz mit einer backsteinernen **Kirche** auf, die jedoch etwas überdimensioniert wirkt. Sehenswert sind die sechs alten Grabplatten aus der Zeit von 1329 bis 1744 sowie die über 500 Jahre alte Glocke von St. Marien.

Lindenstr., www.kirchengemeinden-altefaehr-poseritz-rambin.org/kirche-st-marien-poseritz, Schlüssel bei Familie Prophet, Lindenstr. 1

Lieblingsort

Echte Inselfrische

Weiße Haube, weißer Kittel, weiße Schuhe. Nein, wir befinden uns nicht im Krankenhaus. Gemeinsam mit ihren Mitarbeiterinnen verarbeitet die promovierte Agrarwissenschaftlerin Sylva Rahm-Präger gerade die all-morgendlich angelieferte Milch zu leckeren Joghurts, zu Quark und Käse. Noch mehr frische Delikatessen aus der stetig wachsenden Molkerei **Rügener Inselfrische,** in der jährlich rund 380 000 l Milch von echten rügenschen Kühen verarbeitet werden, gibt es in der Auslage des kleinen **Hofladens** im blauen Holzgebäude nebenan. Wer keine Kühltasche dabeihat, lässt sich die Spezialitäten im Wintergarten des Gebäudes schmecken – hier ist ein be-zauberndes **Café** untergebracht (Poseritz Hof 15, Poseritz, ⚲ C/D 8/9, www. ruegener-inselfrische.de, Mo–Sa 10–18 Uhr).

Christianisierung

4,5 km südöstlich von Poseritz liegt, kurz vor den wunderschönen und verträumten Hafenörtchen **Puddemin, Swantow.** Der dänische Bischof Absalon von Roskilde soll an dieser Stelle im 12. Jh. die ersten Christen der Gegend getauft haben. Am inzwischen zugemauerten Nordportal der **St.-Stephanus-Kirche** (Swantow 1) befindet sich noch ein altes Weihwasserbecken – wohl aus dem Kirchenbau von 1469.

Schlafen

Maritim und beschaulich

Port Puddemin: Am verschlafenen Häfchen des verschlafenen Dörfchens Puddemin reihen sich dicht an dicht diese Ferienwohnungen und vermitteln von außen den Eindruck eines Aparthotels. Sehr gepflegt und toller Blick, direkt angrenzend sorgt ein Restaurant für das Wohl von Urlaubern.

Puddemin, buchbar z. B. über Airbnb, ab 40 €/Nacht

In einer anderen Welt

Gut Üselitz: Das Flair des hochwertig sanierten Herrenhauses ist einmalig. Die Studioapartments (45 m^2) und Wohnungen (90–110 m^2) sind hell, freundlich und modern gestaltet. Das Herrenhaus liegt in einem riesigen Park, der zum Spazierengehen oder Verweilen einlädt. Wer hier unterkommen möchte, sollte lange im Voraus buchen. Oder auf Glück hoffen.

Üselitz 2, T 0170 55 57 55 76, www.ueselitz. de, ca. 270 € für 2 Nächte/2 Pers.

Essen

Genuss unter Reet

Hof-Café Mäusewinkel: So versteckt, dass es erst auf den zweiten Blick aufspürbar ist. Das alte Fachwerkhaus wurde zu einem gemütlichen Café umgebaut und mit Liebe zum Detail und zur Region

eingerichtet. Aus den Strandkörben im Garten bietet sich ein famoser Blick auf die Puddeminer Wiek. Wer nicht mehr weg will, nimmt sich gleich nebenan eine Ferienwohnung.

Museumshof Puddemin, Puddemin 15, Puddemin, Poseritz, T 01577 194 98 88, Do–So 12–18 Uhr

Bewegen

Auf dem Rücken der Pferde …

Reiterhof Groß Stubben: Gemeinsam in der Gruppe geht es über Stock und Stein. Auch kleine Kinder können erste Erfahrungen auf und mit den Ponys der Familie Krimmling sammeln.

Groß Stubben 3, Poseritz, www.reiterurlaub-auf-ruegen.de, Ponyreiten 7,50 €/15 Min., Ausritte 15 €/Std.

Gustow   ♀ B/C 8/9

Verlassen und aufgelassen

Im Südwesten liegt am Strelasund auf Gustower Gebiet die **Prosnitzer Schanze.** Sie wurde in der Schwedenzeit als Bastion zur Überwachung und zum Schutz des Sunds gebaut, ist allerdings heute nur noch zu erahnen. Die Gebäude im Inneren der Befestigungswälle sind nur noch Schutthügel und wie die in ihrem Verlauf noch zu erkennenden Wälle von Grün überwuchert. Entlang der Schanze lässt sich aber ein netter Spaziergang unternehmen.

Vielleicht ein Geheimtipp

Eine wilde Bucht frisst sich bei der **Halbinsel Drigge** in Rügen hinein. Welches Glück müssen die Jachteigner der rund 150 im kleinen **Naturhafen Gustow** vertäuten Boote haben, ist er doch ein wahres Paradies. Wenn Sie Ruhe vom Trubel der Insel brauchen, kommen Sie einfach vorbei. Es gibt auch ein kleines Bistro!

Essen

Immer einen Besuch wert
Gutshof Kajahn: mitten im Nirgendwo auf dem Weg zur Prosnitzer Schanze aufzuspüren. Der Biergarten und das Café des idyllisch gelegenen Gutshofs lohnen aber immer einen Besuch. Es wird Frühstück, Mittag- und Abendessen angeboten. Passend zur rustikalen Gutshofatmosphäre gibt es insbesondere ostdeutsche Gerichte wie Soljanka oder Wildspeisen. Eine Wildbratwurst mit Brot bekommen Sie für 3,30 €.
Prosnitz 1, Prosnitz, Gustow, T 038307 401 50, tgl., www.hotel-gutshaus-kajahn.de, tgl. warme Küche 12–20 Uhr

Einkaufen

Komplett in Grün
Naturinsel: Der Laden und die Biobäckerei sind in einem etwas vernachlässigten DDR-Bau untergebracht. Das Angebot ist aber gut, Brot wird vor den Augen der Kunden gebacken und das angebotene Gemüse kommt von der Biogärtnerei Kransdorf. Für Biofreunde ein Paradies.
Am Mühlenberg 3, Gustow, Mo–Fr 7–18 Uhr

Im Wilden Westen
WildGut Warksow: Frank Miller und Elfi Rewoldt sind die Cowboys des Wildguts, das Fleisch und allerlei sonstige Produkte von rügenschen Bisons vertreibt. Dazu gehören Felle, Präparate oder Tierhalsbänder. Zwei echte Macher, die zumeist auf irgendwelchen Wochenmärkten auf der Insel Rügen angetroffen werden können – nach Absprache natürlich auch auf ihrem Hof.
Warksow 6, Gustow, T 0152 53 48 82 09 (vor Besuch bitte anrufen!), www.wildgut-warksow.de

Garz 📍 D 8/9

Rügens älteste Stadt
Bei der Fahrt durch Garz, das schon 1319 das Stadtrecht erhielt, lässt sich Geschichte spüren und an vielen Stellen noch erleben. Auch leben hier, anders als in touristischen Zentren wie Binz oder Sassnitz, noch viele alteingesessene Insulaner. Nutzen Sie Ihre Zeit in Garz, um historische Überbleibsel zu bestaunen und mit Rüganern ins Gespräch zu kommen. Denn auch wenn Garz den Eindruck einer florierenden Kleinstadt macht, das größte Zentrum im Südosten Rügens und ein Verkehrsknotenpunkt ist, zum Shoppen fahren Sie besser nach Putbus oder gleich nach Bergen.

Vorsicht, die Slawen kommen
Noch bevor Garz zur Stadt wurde, errichteten die Slawen um das 10. Jh. an gleicher Stelle auf einem Sandkegel die **Burg Charenza**. Sie war gleichzeitig der Mittelpunkt der einstigen Siedlung. Zu sehen ist die Burg heute zwar nicht mehr, eine Gänsehaut stellt sich trotzdem beim Besuch ihres ehemaligen Standorts nahe der Straße **Am Burgwall** ein. Der beeindruckende Wall hat übrigens über viele Generationen die Fantasie der hiesigen Bewohner beflügelt und Sagen entstehen lassen. Unterirdisch hausende Zwerge, die mit den Menschen so gar nichts anfangen können, sollen unter der alten Slawensiedlung einen mächtigen Schatz horten.

BÄUME, BÄUME, BÄUME

An kaum einer anderen Stelle ihres fast 3000 km langen Verlaufs ist die **Deutsche Alleenstraße** so eindrucksvoll zu erleben wie zwischen Garz und Putbus.

Freiheitlich, nationalistisch, völkisch, antisemitisch, rassistisch, romantisch: Viele Adjektive werden Ernst Moritz Arndt, seinen Ansichten und Schriften zugeschrieben. In Garz ist ihm dieses Museum gewidmet.

Mehr Natur als Stadt

Wer rund um Garz unterwegs ist, wird schnell von der Natur beeindruckt sein. Das Naturgebiet **Schoritzer Wiek** ist ein Eldorado für Freunde pflanzlicher Lebewesen und auch die vielfältige Vogelwelt bezaubert. Nicht selten kreisen Seeadler, Reiherenten oder Austernfischer über den Köpfen und entlang der urwüchsigen Küste, die nur rund 5 km entfernt liegt.

Im Zeichen eines Literaten

»Macht auf! Macht auf! Macht auf die Pforten! Und wallet her von allen Orten! Geladen seid ihr allzugleich; der König ziehet durch sein Reich« – lässt es **Ernst Moritz Arndt** in seinem Märchen vom Rattenkönig Birlibi verlauten. Wo genau dieses Reich liegt, lässt Arndt offen. Passen würde auf jeden Fall sein verwunschenes **Guts- und Geburtshaus** im kleinen Dörfchen **Groß Schoritz,** heute Sitz der Ernst-Moritz-Arndt-Gesellschaft.

Wer nicht nur den malerischen Blick über das Blau der Ostsee gen Halbinsel Zudar genießen möchte, sondern mehr über den Schriftsteller erfahren möchte, besucht das **Ernst-Moritz-Arndt-Museum** in Garz. Wechselnde Ausstellungen zeigen das Werk und die Wirkung des nicht ganz unstrittigen Publizisten, der 1769 bis 1860 lebte.

Museum: An den Anlagen 1, Mai–Okt. Di–Sa 10–16, Nov.–April Mo–Fr 11–15 Uhr, 2 €

Schlafen

Gebettet wie ein Kapitän

Ferienhaus Naturidylle: Das 100 Jahre alte, denkmalgeschützte Reetdachhaus ist ein Traum. Für Naturliebhaber, für Menschen mit dem Auge fürs Besondere. Dafür nimmt man gerne in Kauf, dass sowohl der nächste Strand als auch die nächste Stadt ein paar Kilometerchen entfernt sind.

Zur Schoritzer Wiek 35 (ehemals Dorfstr.), Groß Schoritz, Garz, www.ruegen-fewo-wiedenmann.de, ab 57 €/2 Pers.

Einkaufen

Bio von der Insel Rügen

Gut Rosengarten: Ein Biolandwirtschaftsbetrieb, wie er im Buche steht. Prächtig in einen riesigen Gutspark gebettet, idyllisch unterbrochen von dem kleinen Flüsschen Beek. Unternehmen Sie nach dem Shoppen im Hofladen (alle nur erdenklichen Bioprodukte) unbedingt noch einen kleinen Spaziergang rund um das Anwesen.

Rosengarten 9a, www.gutrosengarten.de, Mo–Fr 9–16 Uhr

In der Experimentierküche

Rügener Senfmanufaktur: Über 40 hausgemachte Senfsorten, dazu besondere Biere und die bekannte Rügener Aalrauch-Mettwurst werden im kleinen

Lädchen feilgeboten. Unentschlossene dürfen vor dem Kauf gerne probieren.

Lange Str. 35, www.ostseeappartements-rue gen.de/blog/shopping/ruegener-senfmanufak tur.php, Mo–Fr 10–18 Uhr

Lampen aus London
The Lamp Gallery: Hunderte Lampen finden sich in dem süßen Reetdachhaus gleich gegenüber dem Geburtshaus von Ernst Moritz Arndt. Es gehört Petra Wiebe und Thomas Sahlender, die hier Stehlampen, Wandleuchten, Deckenlampen, Paraffinlampen oder Straßenlaternen huldigen. Hauptsache es leuchtet und hat seinen Ursprung in Großbritannien. Manchmal zählt auch nur die Herkunft, etwa bei der roten Londoner Telefonzelle im Garten, die ebenfalls zum Verkauf steht.

Zur Schoritzer Wiek 41 (ehemals Dorfstr.), Groß Schoritz, Garz, www.lampgallery.de, Juli/ Aug. tgl. 10–13 Uhr und n. V.

Bewegen

Hole-in-One
Golf-Centrum Schloss Karnitz: Der Golfplatz am Schloss ist immer noch ein Geheimtipp. Die 9- und 18-Loch-Plätze liegen inmitten der wunderschönen Rügener Natur. Auch für Anfänger geeignet.

Am Golfplatz 2, Karnitz, www.golfcentrum-schloss-karnitz.de, Gäste-Greenfee 9 Loch Mo–Do 12,50–30 €, Fr–So 16,50–33 €

Halbinsel Zudar
 D/E 9/10

Twens, Vogelkenner, Kormorane
Man mag es kaum glauben, wenn man die ersten Meter auf Rügens südlichster Halbinsel unterwegs ist. Aber Zudar ist einer der Landstriche der Ostseeinsel mit dem jüngsten Publikum. Immer mehr junge Urlauber entdeckten in den vergangenen Jahren die etwas verschlafene Region. Aber auch eine weitere Spezies ist häufig auf Zudar anzutreffen: Vogelexperten. Sie folgen den zahlreichen gefiederten Arten, die hier heimisch sind. Einen Vertreter werden sicherlich auch Sie vor die Linse Ihres Fotoapparats bekommen. Insbesondere rund um das Naturschutzgebiet der Schoritzer Wiek tummeln sich – zum Leidwesen der Fischer – unzählige Kormorane.

Wichtiges Einfallstor
Erwägen Sie doch mal, nicht über die Rügenbrücke auf Deutschlands Ostseeinsel Nr. 1 zu reisen, sondern über Zudar. Eine Autofähre verbindet das idyllische **Stahlbrode** auf dem Festland mit **Glewitz** im Südwesten der Halbinsel. Dort wird es Sie nicht lange halten. Peilen Sie am besten gleich den nächsten Ort **Losentitz** an, um sich nicht ganz in der Einöde zu verlieren.

Bereits der Weg in das Dorf, das vom 6 ha großen Landschaftspark des früheren schwedischen Generalmajors Moritz von Dyke (s. Kasten S. 53) dominiert wird, führt durch eine wunderschöne Allee. Im **Park Losentitz** sollten Sie sich unbedingt die Füße vertreten – die heutigen Gutsbesitzer freuen sich über Besucher.

Ein Traum aus Sand
Wenn Sie die beiden Variablen Rügen und Strand kombinieren, kommen meist Seebäder wie Binz oder Göhren im Osten oder die sandige Schaabe in den Sinn. Doch auch Zudar kann kräftig mitreden, insbesondere mit seinem traumhaften **Naturstrand** nahe der Südspitze **Palmer Ort.** Selbst im Sommer ist hier noch genug Platz für Sonnenanbeter – die meisten, die hier unterwegs sind, haben RÜG

Lieblingsort

Unter Orgeln

Leicht zu finden und doch gut versteckt ist das alte **Pfarrhaus von Zudar,** das direkt am Ende der Dorfstraße liegt. Wenn Sie sich aufs Grundstück trauen, eröffnet sich ein wunderbarer Blick auf die Schoritzer Wiek. Diese schließt sich unmittelbar an den urigen Garten an. Wer hier wohnen mag? Es ist Rainer Wolter, seines Zeichens Orgelbauer. Einer von wenigen, die diese Kunst noch ausüben, und der einzige auf der Insel Rügen. Wenn der Pfeifenprofi nicht gerade an irgendeiner Kirchenorgel im Nordosten Deutschlands herumschraubt, werkelt er in seiner kleinen, aber feinen **Orgelwerkstatt** im Erdgeschoss der in die Jahre gekommenen Fachwerkperle. Es kann aber auch sein, dass er schlicht und einfach auf einem Stuhl am Wasser sitzt und die Ruhe und Schönheit dieses Fleckchens Erde genießt (Anger 4, Zudar, ♀ D/E 9/10, T 0172 346 20 36, www.orgelbau.net, nur im Sommer).

auf dem Kennzeichen stehen. Um das schöne Fleckchen zu erreichen, muss das letzte Stück allerdings zu Fuß über einen Wald- und Grasweg gemeistert werden.

Zudar auf Zudar

Das Dorf Zudar, das nördlichste des halben Eilands, ist mehr oder weniger die heimliche Hauptstadt der Region. Das liegt nicht zuletzt daran, dass an dieser Stelle bereits die Slawen siedelten – der **Wallberg,** ein Ringwall, ist noch heute zu erkennen. Eindrucksvoller ist die traumhaft am Wasser gelegene Kirche **St. Laurentius,** die aufgrund ihres wundertätigen Marienbilds bereits um 1300 herum eine beliebte Wallfahrtskirche war. Wer einen Blick hineinwerfen möchte und vor verschlossener Tür steht, klingelt beim Orgelbauer Rainer Wolter (s. Lieblingsort S. 52) im Fachwerkgebäude gleich neben dem Friedhof.

Schlafen

Auf der Halbinsel Zudar gibt es bei 350 Einwohnern ca. 200 Ferienwohnungen.

Gemütlich mit viel Charme

Landhaus Maltzien: Hausherrin Ellen kümmert sich liebevoll um ihre Gäste, die in den vier rustikalen, aber charmant eingerichteten Ferienwohnungen nächtigen. Eingebettet sind die Reetdachunterkünfte, die Inselnamen wie Oie, Koos, Ruden und Vilm tragen, in einen herrschaftlichen, 3500 m² großen Park.

Maltzien 29, Maltzien, Garz, T 0179 502 98 95, buchbar über Internetportale, eine dreiköpfige Familie zahlt in der Hauptsaison ca. 800 €/Woche

Für Naturfreunde

Naturcamping Rügen Pritzwald: Der Naturcampingplatz liegt etwas abseits im Osten der Halbinsel. Gut, dass der neue Eigentümer dank einer Widerstandsbe-

WER WAR MORITZ VAN DYKE?

Moritz von Dyke war ein viel gereister Schwede, der eine Leidenschaft für Bäume, Sträucher und exotische Gehölze hatte und sie in seinem Gutspark in Losenitz auf Zudar intensiv pflegte. Vor allem war er jedoch ein enger Freund des aus Groß Schoritz stammenden Ernst Moritz Arndt und einer der ersten rügenschen Großgrundbesitzer, der die Leibeigenschaft abschaffte.

wegung hier nun doch keine 40 Neubauten errichten darf. Direkt am Ufer, das sogar ein schmaler Streifen Strand ziert, können Outdoorfreunde ihr Zelt aufschlagen und nach der Anreise direkt ins seichte Wasser hüpfen. Perfekter Ausgangspunkt für Zudar-Erkundungen oder einfach, um abseits des Großstadttrubels zu entspannen. Auch Wohnwagen- und Wohnmobilstellplätze.

Zicker 19, Zicker, Garz, T 038304 62 97 71, www.naturcamping-ruegen-pritzwald.de, April–Okt., Zelt-/Stellplatz/2 Pers. ca. 20 €

Essen

Platzhirsch

Il Rustico Losenitz: Die mehr oder weniger einzige Option, auf der Halbinsel Zudar essen zu gehen, ist dieses Lokal. Welch ein Glück, dass die italienisch-norddeutsche Küche auch noch schmeckt. Wer frischen Wolfsbarsch vom Grill oder Tartufata (hier: gratinierte Kartoffel mit frischen Trüffeln) genießen möchte, sollte sich vorher über die Öffnungszeiten informieren. Es kann schon mal passieren, dass man vor verschlossener Tür steht.

Losenitz 14, Losenitz, Garz, T 038304 82 82 95, Hauptgerichte meist 10–15 €

Putbus

Ansehen
❶ Theater
❷ Marktplatz
❸ Circus
❹ Schlosskirche
❺ Orangerie
❻ Haus ›Kopf Über‹
❼ Historisches Uhren- und Musikgeräte-Museum (ehem. Seewasser-Warmbad)
❽ Rügener Puppen- und Spielzeugmuseum

Schlafen
1 Parkhotel Putbus
2 Wreecher Hof
3 Kinder-Ferien-Häuser

Essen
1 Jägerhütte
2 Nautilus

3 Rosencafé
4 Café Central

Einkaufen
1 Anders Keramik
2 Ein Tag am Meer/ Nordwolle

Bewegen
❶ Pirateninsel Rügen

Bewegen

Auf zwei Rädern übers Land
Zudar ist das perfekte Terrain für Radfahrer. Kaum Steigungen, wenig befahrene Landstraßen und eine tolle Naturlandschaft prägen die Halbinsel. Besonders eindrucksvoll sind Zweiradausflüge zum 23 m ›hohen‹ Teufelsberg sowie zur bizarren Steppenlandschaft rund um Pritzwald. Aufgrund vieler nicht befestigter Feldwege sind allerdings Mountainbikes eine gute Wahl.
Fahrradverleih Waßnick: Maltzien 15a, Maltzien, Garz, T 0160 92 60 68 68, Räder werden auch zur Ferienwohnung gebracht

---

Putbus  E/F 7/8

Weiße Stadt am Meer
Bereits am Ortseingang, der nach endlosen Kilometern Alleefahrerei aus Richtung Garz erreicht wird, werden Sie feststellen, dass diese Stadt doch anders als viele andere Ansiedlungen auf Rügen daherkommt. Während rechter Hand ein malerischer und doch recht hügeliger Park mitsamt standesgemäßem **Wildgehege** erscheint, säumen linker Hand bereits strahlend weiße Stadthäuser den Straßenrand. Nicht umsonst trägt Putbus auch den Beinamen Weiße Stadt am Meer.

Doppellöwe
Im Jahr 1783 wird auf Rügen Wilhelm Malte I., Fürst zu Putbus, geboren. Malte war nicht nur vom Sternzeichen her Löwe, sondern auch im Geiste. Genauer gesagt im Hinblick auf seine späteren Visionen und Pläne, die seine Heimatregion betrafen. Er hatte einen Sinn für das Schöne, für Eleganz, für das Edle und Zeitgemäße. Ausleben konnte er seine Leidenschaft für Ästhetik ab 1810, indem er die kleine Stadt Putbus im Süden Rügens zur jüngsten Residenzstadt im Norden erkor.

Eine andere Welt
Wie eine kleine Sprungschanze zieht sich die Straße eine Kuppe hinauf. Bereits die ersten Meter in Putbus verleiten zu einer Ruhe und Gelassenheit – und zu einem gemächlichen Cruisen, vor-

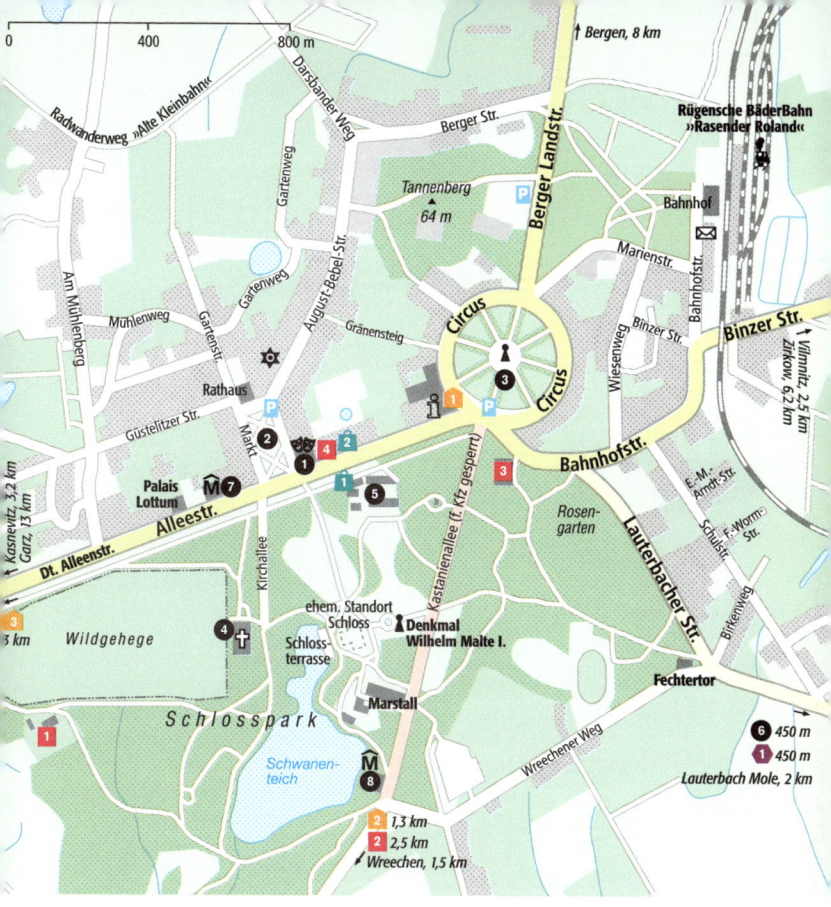

bei an historischen Gebäuden wie dem **ehemaligen Seewasser-Warmbad** aus dem Jahr 1816, heute ein **Uhren- und Musikgeräte-Museum** ❼ (s. S. 58), an dem historischen **Theater** ❶ mit seiner prächtigen, von vier Säulen dominierten Fassade und dem weitläufigen **Marktplatz** ❷ (s. auch Tour S. 56), der irgendwie opulenter als frühere Handelsplätze in anderen Städten daherkommt. Vielleicht lag es an der fürstlichen Fürsorge – so soll Fürstin Louise von Putbus diesen Ort unter ihren Fittichen gehabt und ihn liebevoll gehegt und gepflegt haben. Vielleicht liegt es aber auch an dem

geschätzt 10 m hohen **Kriegerdenkmal,** das den wiesendominierten Platz, auf dem seit 1829 Wochenmärkte stattfinden, eine gewisse Aura verleiht. Zentrales Ziel aber ist für die meisten Besucher der Putbuser **Circus** ❸ (s. Tour S. 56).

Schlosspark ohne Schloss

Die Gelassenheit des Ortes überträgt sich auf seine Bewohner und auf seine Besucher. Es wird mehr flaniert als spaziert, allerdings weniger in Gässchen und Querstraßen als auf Putbus' Hauptschlagader, der **Alleestraße.** Entlang der rund 1 km langen Straße spielt sich das

TOUR
Schloss oder Circus – Sie müssen sich nicht entscheiden!

Putbus-Bummel

Infos

Start/Ziel:
Circus, Putbus, 📍 E 8

Länge/Dauer:
ca. 3 km, ca. 2 Std.

Anfang des 19. Jh. wurde Putbus nach dem Vorbild des ersten dutschen Seebads Heiligendamm als Badeort planmäßig angelegt. Es wirkt, als sei alles am genau richtigen Platz. Nur wenige enge Gassen oder klassische Altstadtbauten prägen den Erholungsort mit seinen weiß eingeschlämmten Häusern. Dafür gibt es zahlreiche Plätze, Parks und eine übersichtliche Straßenführung.

Lassen Sie Ihr Auto am besten auf dem kleinen Parkplatz am Putbuser **Circus ❸** stehen. Die in ihrer Landschaftsarchitektonik prächtig angelegte Platzanlage ist kreisrund und von klassizistischen Bauten umgeben. Nicht zu übersehen ist der riesige **Obelisk** in der Mitte, den Fürst Wilhelm Malte I. – wie den gesamten Circus – nach inspirierenden Besuchen im südenglischen Bath errichten ließ. Das Ensemble scheint heute noch so unverbraucht, als würde der Fürst jeden Moment höchstpersönlich mit der Kutsche um die Ecke kurven. Der Circus war (und ist) die wohl beste Adresse in Putbus. Hier lebten bereits der erste Oberlehrer des Königlichen Pädagogiums und der Superintendent der Grafschaft Putbus.

Folgen Sie der **Alleestraße**, um die sich in Putbus alles dreht, und machen Sie kurz am **Palais Lottum** (Alleestr. 14) halt, einem der wenigen nicht weißen Gebäude. Der preußische Kronprinz Friedrich Wilhelm kehrte hier

häufiger ein, wenn er zwecks Badeaufenthalt auf Rügen weilte. Benannt ist das Haus nach einer Gräfin, die hier in späteren Jahren residierte. Nur ein My weiter, wo heute das **Historische Uhren- und Musikgeräte-Museum** ❼ (s. S. 58) vor sich hin tickt, ist das erste **Badehaus** in Putbus, ein Seewasser-Warmbad, aufzuspüren.

Der Putbuser Circus ist der letzte einheitlich ausgeführte Rondellplatz in Deutschland.

Am **Marktplatz** ❷ (s. auch S. 55) kommen Erinnerungen an den Circus hoch: wieder ein weitläufiger, symmetrisch angelegter Platz. Diesmal war es allerdings nicht Fürst Malte, sondern Fürstin Louise von Putbus, die Rasen säen und italienische Pappeln pflanzen ließ. Die einstigen Kaufmannsgeschäfte, Hotels und Handwerkerhäuser sind heute meist zu Wohnungen umfunktioniert worden. Einige Büdchen, Apotheken und Speisestuben führen jedoch noch die Zunft ihrer Vorgänger weiter.

Vorbei an der **Schlosskirche** ❹ (s. S. 58) nähern Sie sich dem Höhepunkt Ihres Putbus-Besuchs. Lassen Sie sich nicht verunsichern, wenn Sie beim Blick nach rechts plötzlich weißem Damwild in die Augen blicken. Weiter geht's zur **Schlossterrasse** mit Pergolas, dem Rest des in den 1960er-Jahre abgerissenen Schlosses. Hier können Sie am **Schwanenteich** die Seele baumeln lassen. Anschließend können Sie sich kurz den **Marstall** (von außen) anschauen. Der frühere Pferdestall ist heute der größte Veranstaltungssaal auf Rügen und eine der Spielstätten des Festspielfrühlings (s. S. 281, Abb. S. 283).

Danach führt der Weg kurz über die schattige **Kastanienallee** zum **Denkmal für Fürst Wilhelm Malte I.** und dann weiter durch den Schlosspark zur **Orangerie** ❺ (s. S. 58). Als Abschluss gehen Sie doch noch zum früheren **Gartenhaus** des verschwundenen Schlosses, dem heutigen **Rosencafé** `3` (s. S. 61). Hier nächtigten bereits Schriftsteller wie Gerhard Hauptmann und Reichskanzler Otto von Bismarck. Nun sind Sie schon fast wieder am **Circus** ❸.

Leben ab und eigentlich all das, was Putbus ausmacht.

Auch das Highlight, das nahezu alle Erstgäste der Stadt anzieht, ist hier zu finden: Der 75 ha große **Schlosspark** grenzt direkt an die Hauptstraße und lädt zum Entspannen, einem Spaziergang am **Schwanenteich** und zu Besichtigungen ein. Die **Schlosskirche** ❹, übrigens zuvor der Kursaal des Seebads Putbus, stammt noch aus fürstlichen Zeiten. Der **Park** selbst war ursprünglich ein Barockgarten, gleicht aber heute einem englischen Landschaftspark. Eine Besonderheit sind die vielen alten Baumarten. Die exotischen Mammut- und Ginkgobäume wurden teilweise bis zu 40 Jahre lang in der Orangerie gepflegt, bevor sie in die Freiheit durften.

Nicht zu opulent und doch eindrucksvoll thront das nach der Kirche zweitgrößte Bauwerk, die **Orangerie** ❺, über dem riesigen Schlosspark. Erbaut wurde das ehemalige Treibhaus im 18. Jh. von – wie kann es anders sein – Fürst Wilhelm Malte I. zu Putbus. Heute erscheint es als klassizistisches Gebäude und fügt sich perfekt in die Putbuser Stadtarchitektur ein. Wo früher gefeiert wurde, stellen heute bekannte und weniger bekannte Kunstschaffende ihre Arbeiten aus oder lassen sich Heiratswillige unter die Haube bringen. In der Orangerie befindet sich auch ein **Café**.

Falls Sie sich nun fragen, warum das zum Park gehörige **Schloss** nicht Erwähnung findet. Ganz einfach: Es gibt kein Schloss mehr in Putbus. 1964 wurde der letzte Stein des einstigen Profanbaus abgerissen, der bereits im 14. Jh. existiert haben muss. Die Entscheidung zum Abriss fällte der Staat, nachdem Brände, ausgelöst durch eine nachträglich eingebaute Heißluftheizung, weite Teile des Schlosses zerstört hatten und der DDR das Geld für den korrekten Wiederaufbau fehlte.

Orangerie: Park 7 / Alleestr. 35, aktuelle Ausstellungen auf www.kulturstiftung-ruegen.

de, bei Ausstellungen Mai–Okt. Di–So 10–17, Nov.–April Di–Sa 11–16, So 13–16 Uhr

Nehmen Sie sich eine Auszeit

Und da ist wieder einer dieser Orte, der 1:1 als Postkartenmotiv durchgehen würde. Der kleine Ort **Wreechen**, der zu Putbus gehört und von dort über eine kleine Straße ›durch die Hintertür‹ erreicht werden kann, lockt mit seinem traumhaften **Naturstrand** am Bodden, einer beruhigenden Aussicht über den **Wreecher See** und ausreichend Picknickplätzen. Etwas touristischer geht es im **Kunstort Alte Wassermühle** (Kastanienallee 2, Wreechen, www.kunstort.net, Mi–So 10–18 Uhr und n. V.) zu. Die Mühle wurde 1396 erstmals urkundlich erwähnt. Hier hat der Künstler Bernhard Misgajski seine Schauwerkstatt, einen Ausstellungsraum und einen kleinen Skulpturenpark eingerichtet.

Museen

Wer hat an der Uhr gedreht?

❼ **Historisches Uhren- und Musikgeräte-Museum:** Untergebracht ist es in einem stadttypischen klassizistischen Gebäude, dem früheren Seewasser-Warmbad. Mindestens genauso alt wie das 1816 errichtete Haus sind einige der Uhren, die seit 1999 im Museum gezeigt werden. Gesammelt wurden die tickenden Unikate und Sonderlinge, zu denen auch ein Vorgänger der bekannten Panarai gehört, vom Stuttgarter Franz Sklorz. Seine Familie betreibt das Museum mit Leidenschaft und steht stets Rede und Antwort.
Alleestr. 13, www.ruegenmagic.de/ruegen-uhrenmuseum, Mai–Okt. tgl. 10–18, sonst 11–16 Uhr, 5/2 €

Ab ins Affenhaus

❽ **Rügener Puppen- und Spielzeugmuseum:** Direkt am unteren Ende des Schlossparks schließt sich das sogenannte Affenhaus an. Fürstin Luise zu Putbus hatte

Lieblingsort

Total verkehrte Welt

Kennen Sie das? Wenn zu Hause mal wieder nichts an dem Platz ist, wo es hingehört? Wenn mal wieder alles aus den Fugen geraten ist? Der Besuch des **Haus ›Kopf Über‹** ⑥ in Putbus relativiert das alles. Hier steht nämlich nichts dort, wo man es erwartet. Schon kurz nachdem das Hausdach betreten ist, spielen die Synapsen verrückt. Möbel, Spielzeug oder Stehlampen hängen von der Decke, die zusätzliche Neigung des Hauses stellt den Gleichgewichtssinn vor Herausforderungen. Zum Verschnaufen geht es auf das Hausfundament – mit Terrasse. Die Quintessenz: Vielleicht ab und an mal den Blickwinkel ändern, dann sieht die Welt schon wieder rosiger aus (Lauterbacher Str. 10, www.pirateninsel-ruegen.de, Jan.–Mai, Sept.–Dez. Mo–Fr 13–19, Sa/So 10–19, Juni–Aug. tgl. 10–19 Uhr, 5,90 €, Kinder ab 2 €).

BUMMELN UND LERNEN

Die ehemalige Diplomlehrerin **Hannelore Sievert** (T 0152 04 55 82 28, www.putbus-fuehrungen.de) ist die richtige Ansprechpartnerin, wenn es um **geführte Spaziergänge** in und um Putbus geht. Die Palette reicht von Wanderungen auf den Spuren von Fürst Wilhelm Malte I. über begleitete Galeriestöbereien bis zur Baumkunde im Schlosspark.

es 1846 errichten lassen, um die exotischen Tiere zu präsentieren. Heute werden hier Puppen und Spielzeug gezeigt, darunter allerlei Schönes, aber auch skurrile, fast schon makabre Spielzeuge wie Guillotinen. Wunderschön (grün) gelegen, versprüht das gläserne, runde Gebäude den Charme einer kleinen Oase. Wie passend, dass hier die wohl leckersten Torten der Stadt (und auch der Rügener Pfefferhering) serviert und regelmäßig tolle Outdoorkonzerte veranstaltet werden.

Park 3, www.puppenmuseum-putbus.de, Museum und Café tgl. 10–18 Uhr, 6 €, Kinder 1,50 €

Schlafen

Zwischen Paris und Putbus

1 **Parkhotel Putbus:** Unter großem finanziellem Risiko kaufte das Ehepaar Lecouvreur ein kleines, heruntergekommenes Hotel am Rand einer Stadt, um es mit Leben zu füllen. Ob der melodramatische Film »Hôtel du Nord« aus den 1930er-Jahren als Inspiration für dieses Hotel diente? Fakt ist, dass das Putbuser Haus, das lange Zeit Hôtel du Nord hieß, historischen Wert hat. Das Gebäude wurde bereits 1836 von Fürst Wilhelm Malte I. als Königliches Pädagogium (Lehranstalt) eröffnet. Der Charme der Zeit ist noch vor-

handen, wenngleich mit moderner Note. Mit Terrasse und Garten, auch für Familien mit Kindern eine gute Wahl.

Alleestr. 1/2, T 038301 88 38 30, www.put bus-parkhotel-du-nord-de.book.direct, DZ/ÜF ab ca. 95 €, DZ/all inclusive ab ca. 215 €

Luxus im Rügen-Style

2 **Wreecher Hof:** Wunderschöne Cottages mit Reetdächern, die auf einem 10 000 m² großen Grundstück einiges hermachen. Auch im Inneren lässt es sich dank großzügiger Wellnesslandschaft und klassisch-modernem Interieur gut leben. Der Wreecher Hof ist wunderbar für alle die geeignet, die Stadt-, Land- und Strandurlaub verbinden wollen – das sandige Urlaubsglück ist nur 15 Gehminuten entfernt. Zum Hotel gehört auch ein sehr gutes Restaurant mit idyllisch gelegener Terrasse.

Kastanienallee 1, T 038301 850, www. wreecher-hof.de, DZ/ÜF ab 79 € oder 119 € je nach Saison

Nur mit Anhang

3 **Kinder-Ferien-Häuser:** Die auf Familien ausgerichteten Ferienwohnungen, die Namen wie Fischer und sin Fru oder Hänsel und Gretel tragen, liegen ein paar Kilometer außerhalb von Putbus (per Auto 5 Min. ins Zentrum). Spielt eigentlich keine Rolle, Ihre Kinder werden dieses Urlaubsparadies ohnehin nicht mehr verlassen wollen. Neben einer speziellen Ausstattung wie Kinder-WCs und Kinderwaschbecken warten ein Spielplatz, Laufräder, Bobbycars und vieles mehr.

Dorfstr. 10, Kransevitz, Putbus, T 038301 609 54, www.sonnige-insel-ruegen.de, vierköpfige Familie in der Hauptsaison ca. 180 €/erste Nacht, weitere Nächte günstiger

Essen

Wildes auf dem Teller

1 **Jägerhütte:** Seit Jahrzehnten am Platz und seit Jahrzehnten bekannt für gute Wildküche. Auf den Tisch kommt fast ausschließlich Fleisch von glücklichen Schweinen, Rehen und Hirschen der Region. Die Zubereitung der Speisen ist ein Spagat zwischen klassisch und innovativ. Probieren Sie doch einmal die Hüttenburger mit Wildhackfleisch und Bohnen-Zwiebel-Sauce im Roggenbrötchen. Alleestr. 33, T 038301 510, www.jaeger huette-putbus.de, tgl. 11.30–14.30, 17.30–20.30 Uhr, Wildgerichte um 20 €

Abgetaucht mit Jules Verne
2 **Nautilus:** Ein bisschen wie in einer Zeitmaschine fühlen sich die Gäste dieses Erlebnisrestaurants. Als Vorbild diente Käpt'n Nemos Fantasie-U-Boot aus dem Roman »20 000 Meilen unter dem Meer« von Jules Verne. Bis ins kleinste Detail wurde die Kulisse täuschend echt nachgebaut. Es versteht sich von selbst, dass auch die Küche kulinarische Fernreisen zubereitet. Regelmäßig Show-, Musik- und Tanzveranstaltungen. Auch Hotelbetrieb. Neukamp 17, www.ruegen-nautilus.de, T 038301 830, tgl. ab 11.30 Uhr, Gerichte um 7–20 €, DZ/ÜF ab 80/110 € je nach Saison

New York Cheesecake
3 **Rosencafé:** ein schöner Ort, um erstklassige Konditorenkunst zu genießen. Jen Ketel lernte sein Handwerk in Berlin, New York und Las Vegas – und kreiert heute im ehemaligen Gartenhaus von Fürst Wilhelm Malte I. Träume aus Mehl, Milch und Zucker. Wer mehr Hunger hat, kann auch aus einigen warmen Speisen wählen. Bahnhofstr. 1, T 038301 88 72 90, www. rosencafe-putbus.de, tgl. 12–18 Uhr

Wenn, dann hier
4 **Café Central:** Putbus lädt eher zum gediegenen Abendgenuss ein. Wer dem Konzert- oder Theaterbesuch einen leckeren Cocktail mit lockeren Gesprächen vorzieht, ist hier bestens aufgehoben. Die gemütliche Atmosphäre wird getoppt

durch die Speisekarte im Zeitungsstil, die leckere Bistrogerichte listet. Alleestr. 9, T 038301 881 22, www.cafecen tral-putbus.de, Di–So 18–22 Uhr, auch mittags geöffnet

Einkaufen

Ein Hauch Florenz
1 **Anders Keramik:** In einem alten Gewächshaus am Rand des Schlossparks stellen Johanna und Jens Anders ihre filigrane Keramikkunst her, die irgendwie zum mediterranen Anstrich des kleinen Städtchens passt. Teepötte, Tassen und Teller sind mit farbenfrohen Orangen- und Zitronenmotiven verziert, die das Markenzeichen der Töpfermeister geworden sind. Mehr als 70 verschiedene Kunstwerke in allen Entwicklungs- und Gestaltungsphasen können bestaunt werden. Alleestr. 35, www.anders-keramik.de, Di–Sa 11–18, Nov.–März bis 17 Uhr

Mitbringsel aus Treibholz
2 **Ein Tag am Meer:** Wer Kunsthandwerk und mit Liebe gefertigte Dekoartikel mag, wird diesen Laden lieben. Wobei er mehr eine Schauwerkstatt mit kleinem Verkaufsraum ist. Fast alle Produkte, die Benjamin Treu und Juliane Dressel herstellen, haben einen Bezug zur Ostsee, einige Zutaten wurden sogar dort herausgefischt und upgecycelt. So gibt es etwa Treibholzmännchen, Windlichter aus Glasflaschen und Schlüsselanhänger aus kleinen Findlingen einzuheimsen. Alleestr. 7, www.eintagammeer.info, Mo–Fr 10–16 Uhr und n. V.

Wilde Wolle
2 **Nordwolle:** Wir stellen vor – das Rauwollige Pommersche Landschaf. Schwarzer Kopf, schwarze Beine, spitze Ohren, viel Fell, robust und perfekt an die hiesigen Umweltbedingungen angepasst. Es liefert den Rohstoff für das Start-up

Nordwolle-Rügen, das Schurwolle von bedrohten Landtierrassen zu wirklich warmen Kleidungs(einzel)stücken verarbeitet. Verkauft werden die Pullover oder Jacken über den Onlineshop, auf der Insel Hiddensee und eben in Putbus.

Alleestr. 7, www.nordwolle.com, Mo, Mi–Sa 10–16 Uhr

Bewegen

Spielen ohne Ende

❶ Pirateninsel Rügen: Rügens größter Indoorspielplatz war lange Zeit unangetasteter Erlebnishöhepunkt für Kiddies auf Rügen. Auch wenn Karls Erlebnis-Dorf (s. Kasten S. 96) im nahe gelegenen Zirkow kräftigen Wirbel macht, ist die Pirateninsel immer noch ein Garant für glückliche Kinderaugen und entspannte Eltern – oder Omas und Opas. Gleich nebenan steht übrigens ein Haus über Kopf (s. Lieblingsort S. 59).

Lauterbacher Str. 10, www.pirateninsel-rue gen.de, Jan.–Mai, Sept.–Dez. Mo–Fr 13–19, Sa/So 10–19, Juni–Aug. sowie in den mecklenburg-vorpommerschen Ferien tgl. 10–19 Uhr, Kinder 7,20 €, Erwachsene 4,10 €

Feiern

- **Bärlauchtage:** www.ruegen.de/baer lauchtage, Mitte April. Ob als Heilpflanze oder Zauberkraut – Bärlauch ist für viele positive Wirkungen bekannt. Jedes Jahr im Frühjahr bedecken die tiefgrünen Blätter der Pflanze den Boden des Putbuser Schlossparks wie ein Teppich. Und jedes Jahr im Frühjahr feiern die Putbuser dieses Wildkrautereignis mit den Putbuser Bärlauchtagen – einem Sammelsurium aus Vorträgen, Führungen und Kochkursen.
- **Putbus Festspiele:** www.putbus-fest spiele.de, Ende Mai. Eine traditionelle Veranstaltungsreihe mit klassischen Konzerten und jungen Künstlern, von denen

nicht wenige nach ihrem Auftritt in Putbus regelrecht Karriere gemacht haben. Die Eröffnungsgala findet im klassizistischen Theaterbau statt. Danach wird auch der Putbuser Schlosspark zur Bühne.

Infos

- **Tourist-Info:** Stadtinformation der Kurverwaltung Putbus, Alleestr. 2, T 038301 431, www.putbus.de, www.ruegen-put bus.de, Mai–Sept. Mo–Sa 10–17, So, Fei 10–14, sonst Mo–Fr 10–16 Uhr.
- **Rasender Roland:** www.ruegensche-baederbahn.de, s. Tour S. 116. Von Putbus (im Sommer: ab Lauterbach Mole) fährt die Schmalspurbahn mit Zwischenstopps ins ›Inland‹ die drei Ostseebäder Binz, Sellin und Göhren an. Nutzen Sie die einmalige Gelegenheit, unter Volldampf zu reisen!
- **Parken und ÖPNV:** Parken ist unkompliziert entlang der Alleestraße oder am Circus möglich und verhältnismäßig günstig (1 €/Std.) – teilweise sogar kostenlos. Per Bus ist Putbus u. a. mit der Linie 30 aus Bergen oder Stralsund, per Regionalbahn mit der Linie 198 erreichbar.

Lauterbach ♀F8

Anfänge der Bäderarchitektur

Der Süden Rügens ist und bleibt kontrastreich. Alte Siedlungen treffen auf neue Städte, wilde Küsten umrahmen tiefe Wälder und moderne Häfen zieren alte Küstenstreifen. Lauterbach folgt diesem Muster. Als Teil von Putbus, der jüngsten Stadt weit und breit, ist die Außenstelle das älteste Seebad von Deutschlands größter Insel. Hier nahm mit Fürst Wilhelm Maltes I. Badehaus die berühmte Bäderarchitektur ihren Anfang, bevor Binz, Sellin oder Göhren mit den

Fürst Wilhelm Malte I. zu Putbus ließ in der Nähe seiner Residenzstadt dieses Badehaus errichten. Es ist eines der ersten Gebäude im Stil der Bäderarchitektur auf Rügen. Heute ist der Prachtbau ein Hotel.

hölzernen, weiß verschnörkelten Villen der Stadt den Rang ablief.

Der Bahnhof macht's

Der Weg in das ehemalige Fischerdorf führt von Putbus aus über die schnurgerade Lindenallee. Keine fünf Minuten dauert die Autofahrt an den rund 3 km entfernten Bodden. Besondere Aufmerksamkeit hat Lauterbach zu Lebzeiten von Fürst Wilhelm Malte I. erfahren, der hier einen kleinen Landungssteg bauen ließ, um per Schiff aus Stralsund, Stettin und anderen Orten erreichbar zu sein. Einige Jahrzehnte später erhielt der Küstenort dann einen Bahnhof und den Anschluss an die Inselhauptstadt Bergen, der nun vollends den Startschuss zur touristischen Entwicklung gab. An den Rasenden Roland aber, der bereits seit 1895 über die Insel dampft, hat Lauterbach erst seit 1999 Anschluss. In diesem Jahr wurde ein modernes Dreischienengleis zwischen Putbus und dem ehemaligen Fischerdorf in Betrieb genommen, das der Schmalspurbahn eine Fahrt ermöglichte.

Ankunft im Hafen

Die Rauchwolke des Rasenden Rolands ist bereits vom Hafen aus zu sehen und das schnaufende Tuten zu hören. Am Wasser geht es lebhaft und touristisch zu. Souvenirbuden mit Waterkantnamen wie Jennys Hafencafé reihen sich dicht an dicht an der Mole. Zwischen Taschen und Süßigkeiten können auch Tickets für Rundfahrten auf einem der **Ausflugsdampfer** gekauft werden, allerdings nicht für Touren zur in Sichtweite gelegenen Insel Vilm (s. S. 68, Tour S. 70). Besonders große Trauben bilden sich rund um das **Räucherschiff Berta** (tgl. ab 11 Uhr), Torsten

Bierbachs ausgemusterten Fischkutter, auf dem heute Makrelen, Butterfische oder Heilbutte verkauft werden. Gehen Sie mit Ihren Fischhappen am besten noch ein Stück weiter gen **Fischerhafen.** Mit dem Blick auf die alten Seebären, die ihre Netze stopfen, schmeckt die Ostseedelikatesse gleich doppelt so gut.

Ein Dorf auf dem Wasser

Lauterbach ist bei Seglern bekannt für seine moderne und traumhaft gelegene **Marina.** Doch was ist das? Direkt hinter den dicken Segeljachten und schnittigen Motorbooten tauchen schwarze Hütten im Wasser auf. Ein ganzes Dorf mit maritimen Unterkünften hat der Investor Till Jaich, dem inzwischen zahlreiche Häfen in ganz Norddeutschland gehören, erschaffen. Die 2,40 m hoch über dem Wasser schwebenden **Pfahlbauten** der Wasserferienwelt (s. rechts) sind innen wie außen inspirierend. Ein unbeschreibliches Glücksgefühl kommt auf, wenn am Morgen der Blick von der Veranda über die vernebelte Ostsee führt und der Sonnenaufgang das Meer in ein tiefes Rot taucht.

Vom Hochadel zu jedermann

500 m Luftlinie entfernt sind bereits die weiß strahlenden Säulen eines Prachtbaus zu erspähen: Etwas am Rand von Lauterbach steht ein **Badehaus,** das Sie auf einem idyllischen Spaziergang durch den **Uferwald Goor** erreichen. Fürst Wilhelm Malte I. ließ es für seine adeligen Gäste bauen. Die Lage ist einmalig und mystisch, die Architektur erinnert fast ein wenig an die Heimat des Sonnenkönigs in Versailles. Seit 2002 ist das Haus in Privatbesitz und seit 2007 können Sie hier nächtigen (s. S. 65).

Ohne Moos nichts los

Wer durch Lauterbach schlendert, sieht nicht nur die vielen Ferienwohnungen, Hotels und Apartments, die um die Gunst von Urlaubern buhlen, sondern auch eine einzigartige Naturlandschaft, in die der Ort gebettet ist. Perfekt, um durchzuatmen, sich zu erholen, Sport zu treiben, sind die vielen Wege entlang des Greifswalder Boddens. In der näheren Umgebung wird dieses Bild komplett. Intakte Wälder, große Eichen, schattige Alleen, Hügelgräber und weite Moorlandschaften prägen die Region.

Ein Paradebeispiel, getreu dem Motto »Hier ist die Welt noch in Ordnung«, ist der kleine Ort **Vilmnitz,** rund 2 km nordwestlich von Lauterbach, wo Fürst Wilhelm Malte I. seine letzte Ruhe fand. Die Farbe Grün wird hier nur durch das eine oder andere Reetdachhaus oder backsteinerne Gemäuer unterbrochen.

Schlafen

360 Grad Wasser

Wasserferienwelt Rügen: Garantierten Meerblick genießen Gäste des maritimsten Hotels auf Rügen. Die modernen schwimmenden Ferienhäuser und Pfahlhaussuiten sind komfortabel eingerichtet und perfekt für Paare, aber auch für Familien. Letztere freuen sich über die vielen Animationsangebote und Spielplätze. Für Landratten gibt es übrigens auch ein paar Apartments auf festem Boden.

Am Yachthafen 1, T 038301 80 90, www. im-jaich.de, schwimmende Ferienhäuser/ Pfahlhaussuiten in der Hauptsaison ab 169 €/ Nacht (rechtzeitig buchen, da sehr beliebt)

Günstigster Meerblick

Hafenhotel Viktoria: Das unauffällige Hafengebäude punktet vor allem mit seiner Lage direkt am neu gestalteten Lauterbacher Kai sowie günstigen Übernachtungspreisen – selbst in der Hauptsaison. Auch Kinder sind willkommen. Wer mehrere hat, nimmt sich am besten eines der modern ausgestatteten Apartments des Hauses.

Hafenstr. 1, T 038301 64 60, www.hotels-
auf-ruegen.de, DZ/ÜF Hauptsaison ab 85 €

Vom Hochadel zu jedermann

Badehaus Goor: Im einst Fürst Maltes
Gästen vorbehaltenen Badehaus können
heute auch nicht adelige Gäste wohl gebettet ihren Urlaub verbringen. Seit 2007
ist es ein Hotel, Kategorie Vier-Sterne-
Superior, mit allem in einem solchen Haus
zu erwartenden Komfort: vom edlen Spa
mit Pool bis zu Restaurant und Bar. Die
Zimmer verfügen teils über Terrasse oder
Balkon.
Fürst-Malte-Allee 1, T 038301 882 60, www.
hotel-badehaus-goor.de, DZ/ÜF 96–190 € je
nach Saison und Kategorie

Essen

Kreatives All-in-One

Werft: Wo heute noch schnittige Segeljachten auf Kiel gelegt werden, können Sie
sonntags ein leckeres Brunchbüfett genießen und sich ein bisschen wie auf einer
Jacht fühlen. Das Lokal bietet regional-kreative Küche mit mediterranen Einflüssen.
Im Sommer lädt draußen eine Terrasse
zum Kaffeegenuss mit Wasserblick ein.
Außerdem können Sie in hellen und gut
ausgestatteten Apartments nächtigen.
Vilmnitzer Weg 19, www.vilm.de; **Restaurant:**
T 038301 88 97 99, tgl. ab 12 Uhr, Suppen
um 5 €, Hauptgerichte meist 15–20 €;
Unterkunft: T 038301 88 98 21, Apartment
ab 60 € (Hauptsaison ab 90 €)

Curryos

Restaurant Kormoran: Lauterbach hat
einen kulinarischen Schatz parat. Nein, es
ist kein Fischgericht, wobei die Richtung
schon stimmt. Im Restaurant der Wasserferienwelt wird ein auf den ersten Blick
vielleicht verblüffendes Seemannsessen
auf den Tisch gezaubert. Wir fangen mal
mit den Zutaten an: Kokosmilch, Curry,
Koriander, Muskat, Kardamom, Kreuzküm-

WILDNISINSEL

Die **Goor** (s. Tour S. 66) ist ca.
80 ha groß und seit 1990 Natur-
schutzgebiet. Die Michael-Succow-
Stiftung übernahm 2003 60 ha der
Gesamtfläche mit dem Ziel, eine
Wildnisinsel entstehen zu lassen.
Sprich: keine Landwirtschaft, keine
Forstwirtschaft, kein Eingreifen in die
Natur. Wer mehr über den Urwald
wissen möchte, dem sei das Buch
»Die Goor: Natur – Landschaft –
Kulturerbe« von Lebrecht Jeschke
und Hans D. Knapp empfohlen.

mel, dazu ein Hühnchen. Fertig ist das
Seefahrercurry (14,50 €). Warum gerade
das Curryhuhn ein Seemannsessen ist?
Vielleicht wegen eben dieser exotischen
Zutaten, die erst durch die Seefahrer
Einzug in unsere Kochtöpfe hielten. Das
Gericht ist ein Genuss par excellence.
Wasserferienwelt Rügen, s. S. 64, Do–Di
10–21 Uhr, Hauptgerichte ab 12,50 €, Pizza
ab 8 €

Einkaufen

Direkt vom Fischer

**Fischerei-Genossenschaft Insel
Vilm:** Das kaum zu verfehlende 1970er-
Jahre-Gebäude am Hafen steckt voller
Frische. Morgendliche Fänge, Marinaden,
Geräuchertes und Konserven – wer Fisch
mag, sollte den kleinen Laden aufsuchen.
Ein kleiner Imbiss ist integriert.
Am Hafen, Mo–Fr 8–18, Sa 8–12 Uhr

Bewegen

Spielen am Wasser

Wasserferienwelt Rügen: Im Jaich
ist bekannt dafür, ein wahres Paradies

TOUR
Auf dem Pfad der Muße & Erkenntnis

Sinnliche Wanderung durch den Urwald der Goor

Die Hektik des Alltags zurücklassen und vom stimmungsvollen Küstenwald in den Bann gezogen werden – lassen Sie sich zu einer Wanderung einladen, die durch eines der stimmungsvollsten Fleckchens Rügens führt. Durch eine wahre Wildnis, die berührt, verzaubert und die Kernidee eines Biosphärenreservats vor Augen führt.

Hinweise:
Die Wege sind oft uneben und teils von Wurzeln durchschlagen – deshalb auch ungeeignet für Kinderwagen und Rollstühle. An festes Schuhwerk und Zeckenschutz denken.

Führungen:
Landschaftsökologin Steffi Deickert, T 0162 107 53 74, www.natur-be ruehrt.de, ca. 3 Std., 15 €

Der Startpunkt zu einem Abenteuer der Achtsamkeit und Selbstfindung befindet sich direkt an der Goor-Promenade. Beim Hinaufsteigen der **Treppe** Richtung Dickicht wird bereits die jüngste geologische Entstehungsgeschichte der Goor durchschritten. Unter der Pflanzendecke des alten Kliffs lagern noch 12 000 Jahre alte Gletscherreste, sogenannter Geschiebemergel.

Weiter geht es parallel zum Bodden, vorbei an uralten Rotbuchen, die mit ihrer glatten Rinde wie Säulen wirken. In Kombination mit den samtenen Moosüberzügen des Untergrunds und Heidekrautteppichen wird bereits das erste Medikament des Waldes wirksam. Eine innerliche Ruhe kehrt ein. Die folgenden Stationen punkten mit ihrem Panoramablick auf die Urwaldinsel Vilm, das Reddevitzer Höft und die Zicker Berge.

Die markanten und markierten Findlinge am Wegrand weisen die Route zur **Station 6**, die den Namen »Muße, Zeit, Entschleunigung« trägt. Ab jetzt gilt es, besonders langsam und aufmerksam zu wandern und die Behäbigkeit der Bäume auf sich wirken zu lassen. Denken Sie an Ernst

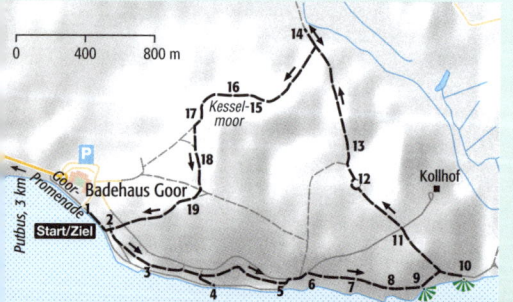

Moritz Arndt, der ganz im romantischen Stil einst schrieb: »Nächst den Sternen haben wir Menschen keine freundlicheren Boten, die gleichsam zwischen Himmel und Erde hin und her wanken, als die Bäume.«

Kurz bevor Sie den östlichen Ausgang der Goor erreichen, lassen sich in der Ferne die drei Greifswalder Kirchen erspähen. Eine Ansicht, die schon Caspar David Friedrich verzauberte, der hier ganz in der Nähe das Gemälde »Rügenlandschaft mit Regenbogen« skizzierte und dann auf die Leinwand brachte. Tauchen Sie nun tiefer in den Wald hinein – nicht ohne noch einmal über das bereits Erfahrene nachzusinnen.

Bei dieser Wanderung kann man einfach mal vom Alltag abschalten und im Küstenwald Ruhe finden.

Es geht vorbei an einer prächtigen **Alten Schirmeiche**, der **Station 12**, direkt auf einen **Waldtümpel, Station 13,** zu. Die Erlen, die das Wasserloch säumen, sehen fast so aus, als würden sich Elfen an deren Stämme lehnen. Und wenn Sie ganz genau hinhören, merken Sie die Lebendigkeit der Natur. Frösche und Kröten, Wasserkäfer, Wanzen, Libellen und Krebstiere tummeln sich an diesem verwunschenen Ort.

Zurück zum Ausgangspunkt geht es durch das **Kesselmoor**, einen der natürlichsten Lebensräume in dem alten Laubwald. Hier finden Sie die **Station 16**. Danach werden im Bereich des höchsten Punktes der Goor (35,8 m) auffällige **Erdhügel, Station 18,** passiert, die in der Bronzezeit als Bestattungsplätze dienten. Die (letzte) **Station 19** des Pfades finden Sie auf diesem – für rügensche Verhältnisse – doch recht hügelreichen Waldstrich. Sie macht deutlich, warum die Goor Goor heißt: So nannten die nach der Völkerwanderung hier siedelnden Slawen das Gebiet nämlich, Berg (slaw.: *gory*). Lesen Sie im Buch der Naturphänomene und fragen Sie sich, was Sie von dieser Wanderung mitnehmen. Vielleicht einen bewussteren Umgang mit Ressourcen? Vielleicht nehmen Sie sich künftig mehr Zeit, um innezuhalten? Vielleicht aber auch nur glückliche Momente an einem ganz tollen Fleckchen Rügen.

Infos

Start:
Infotafel zum Pfad, Hotel Badehaus Goor (s. S. 65), Lauterbach, ♀ F 8

Länge:
4,2 km

Pfad der Muße & Erkenntnis:
www.natur-beruehrt.de, Begleitbroschüre u. a. bei der Tourist-Info Putbus, im Hotel Badehaus Goor, in der Wasserferienwelt Rügen (beide Lauterbach). 19 Stationen mit Findlingen markiert

KALTES VERGNÜGEN

Jedes Jahr am letzten Wochenende im August wird in Lauterbach das **Vilmschwimmen** ausgetragen. Mehrere Hundert Freizeit- und Sportschwimmer aller Geschlechter stürzen sich in die Ostsee, um die 2,5 km lange Strecke zum Eiland per Muskelkraft zu überwinden. Bis 1959 wurden noch fünf weitere Events dieser Art ausgerichtet, dann war erst mal Schluss. Sperrgebiet. Erst 40 Jahre später wurde die Tradition wiederbelebt.

für Segler und Liebhaber von Wind und Wellen zu sein. Das Angebot ist vielfältig: vom Motorbootverleih über SUPs bis zu Mitfahrten auf Segelkuttern, Kajaktouren oder Segelkursen. Kleine Piraten können hier ebenfalls erste Wendungen auf dem Wasser üben. Richtig glücklich werden sie anschließend aber wieder an Land. Hier wartet ein riesiger Spielplatz, der zum Toben, Klettern, Rutschen, Schaukeln oder Fußballspielen einlädt. Kostenlos! Wasserferienwelt Rügen, s. S. 64

Ausflüge zu Wasser
Weiße Flotte: Die Weiße Flotte bietet Ausflugsfahrten auf dem Bodden und weitere Touren an. Offen ist bei Redaktionsschluss, ob 2021 ab Lauterbach auch Robbenexkursionen starten. Relativ gesichert ist ihr Start ab Baabe (s. S. 111). Hafen Lauterbach, T 03831 268 10, www. weisse-flotte.de, Tickets bei den Kurverwaltungen, Tourist-Infos und direkt an Bord (am besten reservieren!)

Mehr als 200 000 Seemeilen
Segeljacht Nik de Lyra: Die Möwen kreischen wieder laut. Vielleicht vor Freude. Ob sie wissen, dass mal wieder einer ihrer treuesten Wegbegleiter in den Hafen

einläuft? Bernd Grandrath ist passionierter Segler und lädt regelmäßig zu ein- und mehrtägigen Törns auf seiner 12 m langen Jacht, Typ Dufour 405 Grand Large, ein. Ziele der Ausflüge sind die Reviere rund um die Insel Vilm, der Greifswalder Wieck oder die weite Ostsee. Hafen Lauterbach: Koordinaten 54° 20' 31" N, 13° 30' 6" E, www.segel-insel.de, Tagestörn ca. 60 €

Insel Vilm ⚑F8

Bonzeninsel
Wer zu DDR-Zeiten an der Kaikante des Hafenörtchens Lauterbach stand und in die Ferne blickte, wollte seinen Augen nicht trauen. Nur wenige Hundert Meter entfernt lag eine Insel, die es eigentlich gar nicht geben durfte. Zumindest wenn es nach dem Willen der Regierung gegangen wäre, die das kleine Eiland von jeglicher Karte streichen ließ.

Die Insel Vilm (s. auch Tour S. 70), rund 3 km im Durchmesser, war zwischen 1959 und 1989 für Besucher gesperrt und ausschließlich für die oberste Riege der DDR-Politik zugänglich. Vilm wurde quasi zum Ferienparadies für Anzugträger, das mit einer eigenen Infrastruktur aufwartete. Gut ausgestattete, reetgedeckte Häuser in gleichmäßigem Abstand, eine Kneipe, ein Restaurant und alles, was man zum Leben brauchte, gab es auf dem kleinen Eiland. Einheimische nannten es auch Bonzeninsel.

Naturparadies
Seit 1990 ist die Insel Vilm wieder für die Öffentlichkeit zugänglich. Es gibt jedoch strenge Auflagen, so dürfen maximal 30 Personen am Tag zu touristischen Zwecken die Insel betreten. Nicht ohne Grund: Vilm kann mit einer prächtigen

und unverbrauchten Natur aufwarten. Seit dem 16. Jh. wurde hier auf Anweisung einer Putbuser Gräfin kein Holz mehr geschlagen. Bis zu 650 Jahre alt sind die Bäume des knorrigen und urtümlich wirkenden **Märchenwalds,** der in der Blütezeit der norddeutschen Romantik bereits Carl Gustav Carus (1789–1869) und Caspar David Friedrich (1774–1840) als Inspiration für ihre Malerei gedient haben soll.

Neben einigen wenigen Urlaubern, die im Rahmen von Tagestouren mit der kleinen Fähre Julchen von Lauterbach nach Vilm übersetzen, weilen kontinuierlich rund 40 Wissenschaftler und Wissenschaftlerinnen in dem Naturparadies. Die **Internationale Naturschutzakademie** (INA) unterhält in den früheren Gästehäusern von Honecker und Co. eine Begegnungsstätte für Umweltinitiativen. Diese erforschen hier u. a. den Artenschutz, aber auch die biologische Vielfalt von Ökosystemen. Vilm steht bereits seit 1936 unter Naturschutz und ist seit 1990 einer der Kernbereiche des Biosphärenreservats Südost-Rügen.

Infos zum Besuch der Insel: s. Tour S. 70

VON DER LANDKARTE GESTRICHEN – VILM

»Du kannst dir sicher denken, weshalb …«, diesen Satz soll der Kreisleiter der SED in einer Druckerei in Putbus gesagt haben, als er anwies, die Insel Vilm von der Wanderkarte der Insel Rügen zu streichen. Anwohnern erzählte man dagegen, Vilm wäre aus Naturschutzgründen gesperrt. Natürlich glaubten dies nur die wenigsten Putbuser und Lauterbacher, die im Sommer regelmäßig die Straßensperren rund um den Hafenort mitbekamen.

Bergen auf Rügen E 6/7

Haben Sie schon einmal vom Nachtjackenviertel gehört? Wenn nicht, geht es Ihnen wie den meisten Bergensern. Viele der rund 14 000 Bewohner der heimlichen Hauptstadt der Insel sind nämlich Zugezogene, die es aufgrund einer Tätigkeit im Tourismus ins Zentrum Rügens verschlagen hat. Was sie an Bergen reizt, können sich auch Urlauber zunutze machen. Die Stadt (Stadtrecht seit 1613) bildet mit ihrer Lage den perfekten Ausgangspunkt für Erkundungen von Stränden, Nationalparks und Erlebniseinrichtungen in allen Himmelrichtungen. In einer guten halben Stunde kann fast jeder Ort des Eilands erreicht werden.

Gassenschlager

Wer Bergen abseits der größeren Einkaufszentren, Möbelhäuser und Wohnblöcke, die sich nordwestlich der wichtigen Verkehrsader, der Ringstraße, angesiedelt haben, erkundet, wird schnell verzaubert. Vor allem der engere Zirkel direkt südlich des **Marktplatzes** kann sich durchaus sehen lassen. Viele kleine, in ständigem Auf und Ab verlaufende **Gässchen** mit kleinen Geschäften, manchmal auch verlassenen – oder besser verwunschenen – Häuschen lohnen Streifzüge.

1 Stunde = 61 Minuten

Auf keinen Fall fehlen sollte ein Besuch der **St.-Marien-Kirche ❶**. Sie ist als ältester Backsteinbau Rügens (Ende des 12. Jh.) und als eines der hervorragendsten sakralen Bauwerke in Norddeutschland in die Geschichtsbücher eingegangen. Ein – neuzeitliches Kuriosum – ist die **Uhr** an der Kirchturm-

TOUR
Maler, Mönche, Mächtige

Auf der verbotenen Insel Vilm

Im **Hafen von Lauterbach** tuckert der Motor der betagten **Julchen** gleichmäßig vor sich hin. Er holt Kraft für die 15-minütige Überfahrt nach **Vilm,** eine Insel, die etwa so groß wie Helgoland ist. Kapitän Andreas Kuhfuß ist der Mann für alles. Er hakt die Anmeldungen ab, um gleich darauf das Steuerrad zu ergreifen und nach dem Vertäuen auf der Insel die Rolle des Guides einzunehmen.

»Capri des Nordens« – so wurde Vilm Anfang des 19. Jh. oft genannt.

Auf Vilm angekommen, gibt es am renaturierten Anleger erst einmal eine geschichtliche Einführung zu Honeckers Lieblingsinsel. Erich Honecker durfte übrigens, weil er kein Mitglied des Ministerrats war, Vilm offiziell nicht betreten. Er soll jedoch seine Ehefrau Margot bei ihren Urlauben begleitet und auf diese Weise Zugang zur Insel gehabt haben.

Dann geht es einen kleinen Berg hinauf. Der Weg führt vorbei am früheren **Versorgungszentrum,** heute Sitz der **Internationalen Naturschutzakademie (INA),** und am **Gemeinschaftshaus** der Insel. Dort waren bis zur Wende Saunen, eine Kegelbahn und auch eine Kneipe untergebracht. Ein wenig Luxus durfte natürlich nicht fehlen, wenn Erich Mielke, die ›rote Hilde‹ (die Juristin Hilde Benjamin) oder Walter

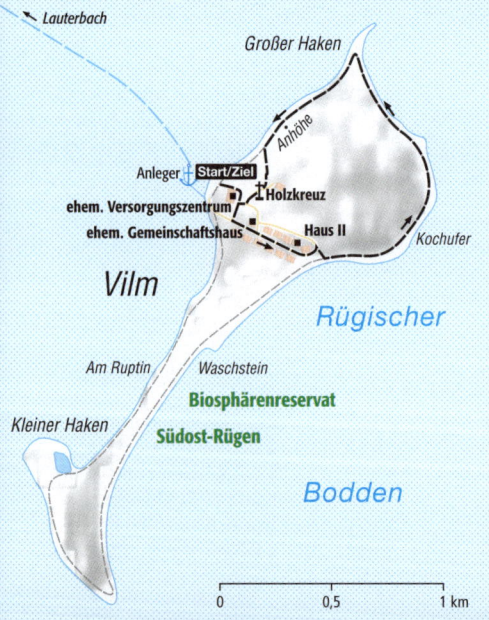

Ferienhäuser für die DDR-Oberen

Ulbricht vorbeikamen. Familie Honecker selbst residierte bei ihren Urlauben in **Haus II** des kleinen Ferienhausparks.

Über sanfte Hügel geht es auf einem Feldweg über Stock und Stein zielstrebig in den **Wald.** Lassen Sie Vorsicht walten: Vom Blitz getroffene Bäume, abgebrochene Äste oder Wurzeln können den Weg behindern.

Wenig später führt ein **Trampelpfad** an der Steilküste entlang. Trotz des dichten Bewuchses werden immer wieder prächtige **Panoramablicke** möglich. Bei gutem Wetter z. B. auf die Kirchtürme der Hansestadt Greifswald oder, im Südosten der Insel, auf die Halbinsel Mönchgut. Am sogenannten **Inselhaken**, der nur rund 200 m vom Boddenufer Rügens entfernt liegt, sollen laut Inselführer Kuhfuß regelmäßig Wildschweine anlanden, deren starker Eigengeruch dann den Geruch der Insel verändert.

Ein Blick nach oben lohnt sich, während der Rundkurs über eine Lichtung am Wasser wieder ins Dickicht führt. Nicht selten kreisen **Seeadler** über der Insel, die für die Könige der Lüfte der ideale Wohnort zu sein scheint. Mindestens jedoch begleiten Sie unzählige **Schwäne** in sicherem Abstand auf dem Wasser. Kurz nachdem Sie einen Teil des Waldes mit seinen uralten Baumriesen passiert haben, erreichen Sie eine **Anhöhe,** wo Caspar David Friedrich Anfang des 18. Jh. tätig geworden sein soll.

Den malerischen Blick im Gepäck, geht es nun schnurstracks Richtung Anleger. Kurz bevor der Kapitän wieder an Bord der Julchen bittet, kann linker Hand noch ein simples, aber mehrere Meter hohes **Holzkreuz** erspäht werden. Hier stand zwischen dem 14. und 18. Jh. eine Kapelle, die auf Vilm siedelnde Mönche erbaut hatten.

Infos

Start:
Hafen Lauterbach bzw. Anleger Vilm, ⚲ F 8

Länge/Dauer:
geführte Wanderung, 3 km, ca. 2,5 Std., plus Bootsüberfahrt

Fahrgastreederei Lenz:
www.vilmexkursion.de, tgl. März–Okt., 10, je nach Bedarf auch 13.30 Uhr ab Hafen Lauterbach, maximal 30 Personen, 18/9 €/Pers.

Hinweis:
an festes Schuhwerk denken, teils wegloses Gelände

Bergen auf Rügen

Ansehen

❶ St.-Marien-Kirche
❷ Ernst-Moritz-Arndt-Gedenkturm
❸ Nonnensee
❹ Stadtmuseum Klosterhof

Schlafen

① Parkhotel Rügen
② Romantikhotel Kaufmannshof
③ Märchenhotel Bergen
④ Ferienwohnung Monima
⑤ Am Rugard

Essen

① Café Meyer und Tüffelhus
② Leonardo da Vinci
③ Suppenkasper

Einkaufen

① Rügener Inselgenuss

Bewegen

❶ Inselrodelbahn
❷ Rutschenturm
❸ Kletterwald Rügen
❹ Go-Kart- und Quad-Bahn

Ausgehen

❶ Bibo ergo sum
❷ Puk up'n Balken

---

nordseite: Beim genauen Hinsehen werden Sie feststellen, dass die Stunde 61 statt der üblichen 60 Minuten hat. Ein kleiner Fehler der Handwerker, die nach einem schweren Herbststurm im Jahr 1983 die Uhr instand setzten und dabei aus Versehen einen Minutenpunkt zu viel bohrten. In der Kirche sind die **spätromanischen Wandmalereien** sehenswert. Die biblischen Darstellungen wurden Ende des 19. Jh. bei der letzten Restaurierung freigelegt.

Übrigens war es der slawische Herrscher über Rügen, Jaromar I., der den Kirchenbau veranlasste. Im Jahr 1193 wurde St. Marien an das benachbarte **Nonnenkloster der Zisterzienser** übergeben.

Kirchplatz 2-1, www.kirche-bergen.de, Mo–Fr 10–17, Sa 11–15, So 10–12 Uhr, Eintritt frei

Nonnen in Bergen

Neben der Kirche liegt der **Klosterhof,** Relikt des 1193 geweihten Nonnenklosters. Die ersten Nonnen stammten aus dem dänischen Roskilde. Der beschauliche Hof schwört mit einer historischen **Schauwerkstatt** und jahrhundertealten Grabsteinen bereits auf eine Zeit-

reise ein. Die erleben Sie im **Stadtmuseum** ❹ (s. S. 74), das in einem der beiden barocken Stiftsgebäude von 1793 untergebracht ist. Sie wurden errichtet, nachdem die Anlage, damals schon evangelisches Fräuleinstift, einem Stadtbrand zum Opfer gefallen war. Im Sommer beleben regelmäßig **Floh- und Handwerkermärkte** den Klosterhof.

Nachtjacken in Bergen

Am Klosterhof beginnt die **Wasserstraße.** Zusammen mit **Weiden-** und **Gadmundstraße** bildet sie das **Nachtjackenviertel,** den ältesten Teil Bergens. Die Bezeichnung rührt aus einer Zeit, als es noch kein fließendes Wasser gab und das wertvolle Gut von einer zentralen Stelle, der heutigen Putbuser Kreuzung, in die Haushalte geschafft werden musste. Nicht selten gingen die Frauen frühmorgens, noch ins Nachtgewand gehüllt, mit ihren Eimern und Kannen vor die Tür. Zu Hause waren in diesem Viertel damals vor allem Fischerfamilien. Den Charme des Maritimen haben die Straßenzüge jedoch verloren – Eigenheime zieren die heutige Wasserstraße.

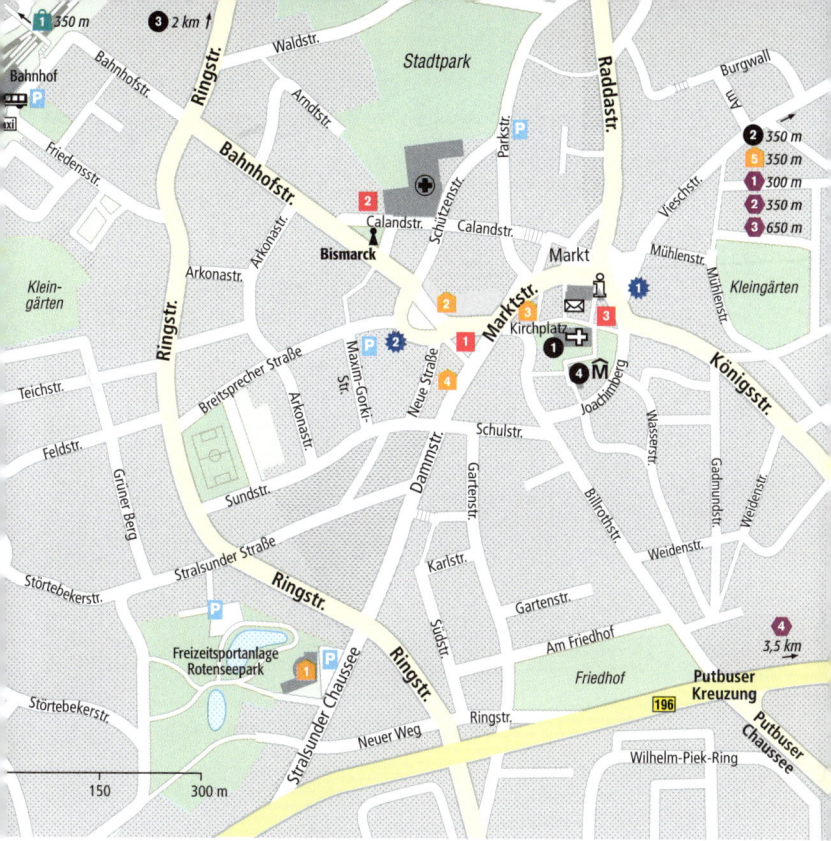

Eindrucksvoll und erhaben

Den höchsten Punkt der näheren Umgebung bildet der **Rugard.** Er ist benannt nach der gleichnamigen slawischen Burg, die hier mit einem riesigen Burgwall die Stadt vor Eindringlingen schützte.

1869 reifte bei den Bergensern die Idee, dem Dichter Ernst Moritz Arndt (1769–1860) anlässlich seines 100. Geburtstags auf seiner Heimatinsel ein Denkmal zu setzen. Erst zehn Jahre später wurde dieser Wunsch Realität, nachdem der Fürst von Putbus eines seiner Grundstücke auf dem Rugard (und auch viele der benötigten Baumaterialien) zur Verfügung gestellt

hatte. 1877 wurde der **Ernst-Moritz-Arndt-Gedenkturm** ❷ schließlich fertiggestellt. Seine damals backsteinerne Kuppel wurde im Zweiten Weltkrieg zugunsten einer Flakstellung demontiert. Im Zuge einer grundlegenden, über 1 Mio. € teuren Sanierung erhielt das 27 m hohe Bauwerk im Jahr 2002 dann eine gläserne Kuppel. Von dort und von der darunter liegenden Aussichtsgalerie bieten sich heute wieder wunderbare Weitblicke über große Teile der Insel.

Rugardweg 10, www.erlebniswelt-rugard.de, Ostern–Okt. 10–18 Uhr, Nov.–Ostern bitte den Schlüssel an der Rezeption des Hotels Am Rugard abholen, 1,50 €

In der St.-Marien-Kirche treffen Gotik (das Langschiff) und barocke Elemente (Altar, Kanzel) auf restaurierte romanische Wandmalereien, die unbedingt einen Blick lohnen.

Raus aus der Stadt

Ein weites, wichtiges und wunderbares Naturerholungsgebiet für Bergenser und Gäste der Stadt ist der **Nonnensee** ❸.

Eine Sage erzählt, dass hier einst ein reiches Kloster stand. Dessen Nonnen aber kannten kein Maß und sollen aus schierem Überfluss im Sommer auf Salz Schlitten gefahren sein. Die Strafe folgte auf dem Fuß: Das Kloster ging unter, der See entstand. Der bietet dafür heute mehr als 80 Vogelarten einen Lebensraum. Gut ein Viertel von ihnen hat hier auch seine Brutstätten. So können Sie bei einem Spaziergang auf dem 5 km langen **Rundwanderweg** vielleicht Lappentaucher, Graugänse oder Flussseeschwalben erspähen und belauschen. Der NABU Rügen (www.nabu-ruegen.de) führt regelmäßig und kostenlos um den See.

Duwenbeek, bester Ausgangspunkt: Famila-Supermarkt, Nonnenseestr. 1

Museen

Rügens Geschichte

❹ **Stadtmuseum Klosterhof:** Im Stadtmuseum wird auf einzigartige Weise die historische Entwicklung Rügens von der Frühgeschichte bis ins 19. Jh. dargestellt. Besonders sehenswert ist das Replikat eines romanischen Abendmahlkelchs, das in einer Bergener Goldschmiede hergestellt wurde. Ein Muss für alle Rügenfans.

Billrothstr. 20a, www.stadtmuseum-bergen-auf-ruegen.de, Mai–Okt. Di–Sa 10–16.30, Nov.–Apr. Mo–Fr 11–15 Uhr, 2/1 €

Schlafen

Ein Bett im Biotop

1 Parkhotel Rügen: Das Parkhotel ist auf den ersten Blick ein großes, zentrales und vor allem klassisches Vier-Sterne-Haus, auf den zweiten ein liebevoll geführtes Schmuckstück inmitten des alten Rotenseeparks, der Teil eines geschützten Feuchtbiotops ist. Die grüne Verantwortung des Hotels wird überall spürbar: in der Küche, auf dem Parkplatz (E-Ladesäule) oder im angrenzenden Hotelpark. Ganzjährig perfekt zum Entspannen, Genießen, nicht nur im Wellnessbereich, und neuerdings auch zum Basenfasten.

Stralsunder Chaussee 1, T 03838 81 50, www.parkhotel-ruegen.de, DZ/ÜF ab ca. 100 €

Ruhig und rustikal

2 Romantikhotel Kaufmannshof: Mehr als 100 Jahre hat das Hotel auf dem Buckel. Das historische Interieur ist Geschmackssache – es vermittelt auf jeden Fall einen romantischen Eindruck und nimmt Gäste mit in alte Kaufmannszeiten. Die 20 Zimmer des übersichtlichen Hauses sind großzügig gestaltet, die Lage eignet sich perfekt für Bahnreisende (fußläufig zum Bahnhof).

Bahnhofstr. 6–8, T 03838 804 50, www.kaufmannshof.de, DZ/ÜF ab 90 €, Apartment/ÜF ab 110 €

Es war einmal …

3 Märchenhotel Bergen: Möbelwerkstatt, Gefängnis, Gericht – die Räumlichkeiten des heutigen Hotels dienten bereits vielen Gewerken und Institutionen als Sitz. Nach langem Leerstand und einer Sanierung eröffnete es 2011 gemeinsam mit einem Steakhaus (Mo–Sa ab 16 Uhr) seine Türen. Die individuell eingerichteten Zimmer versetzen Gäste in Grimms Zeiten, ohne zu kitschig zu wirken. Es gibt auch Familienzimmer. Tipp: Es lohnt sich ein Blick in den alten Gewölbekeller. Im Mönchskeller werden Feiern und Feste ausgerichtet.

Markt 28, T 03838 201 06 69, www.maerchenhotel-ruegen.de, DZ/ÜF in der Hauptsaison ab 114 €

Zentral und massig Platz

4 Ferienwohnung Monima: Fast mittig in Bergen gelegen, unweit des Marktes. Die 140 m^2 große Ferienwohnung, eher ein ganzes Haus, ist modern und gut ausgestattet, samt Grill auf der Terrasse. Ein kleines Manko ist die Kopfsteinpflasterstraße vor der Tür, die sensible Schläfer nur schwer in Urlaubsruhe verfallen lässt.

Dammstr. 3, T 0170 504 33 16, buchbar über Internetportale, um 200 €/Nacht (Mindestaufenthalt 3 Nächte

Zwischen Stadt und Natur

5 Am Rugard: Das sehr ruhig gelegene Drei-Sterne-Hotel liegt unmittelbar am bewaldeten Naturschutzgebiet, in direkter Nachbarschaft des Ernst-Moritz-Arndt-Turms. Landhauscharakter. Lecker ist das Frühstück, das dort serviert wird, wo am Abend original pommersche Küche auf die Tische kommt. Perfekt für Paare und Alleinreisende.

Rugardweg 10, T 03838 201 90, www.rugard.de, DZ/ÜF 60–110 € je nach Saison

Essen

Tiefe Einblicke

1 Café Meyer und Tüffelhus: Eines der ältesten und auch berüchtigtsten Cafés der Insel, das ist das Meyer. Leckere Torten und Kuchen samt passenden, röstfrischen Spezialitäten sowie hausgemachtes Eis locken zum nachmittäglichen Intermezzo. Im Sommer schöne Sonnenterrasse. Wer's herzhaft mag, bekommt im stilvollen Tüffelhaus gleich nebenan leckere regionale Gerichte. Ab und zu auch BBQ-Abende.

Zentraler Ausgangspunkt für einen Bummel durch Bergen ist der Markt, an dem auch das Rathaus liegt.

Dammstr. 1, T 03838 223 32, www.tueffelhus.de, tgl. ab 12 Uhr, Hauptgerichte ab 10 €

Ein Italiener erobert Rügen

2 **Leonardo da Vinci:** Restaurant eines italienischen Unternehmers, der auf Rügen noch weitere Bistros und Cafés betreibt. Zubereitet werden nicht nur Gerichte aus Neapel und von Sizilien, auch Ostseebarsch und pommersche Senfsauce landen auf dem Teller.

Calandstr. 9, T 03838 20 15 40, www.mannigastronomie.com, Di–So 12–22 (Küche bis 15 und ab 17) Uhr, Pizza Napoli 7 €, Fischgerichte ab 14 €

Lecker löffeln

3 **Suppenkasper:** Liebhaber von Suppen kommen bei Sylvia Marquardt voll auf ihre Kosten. Aber auch alle anderen, die mittags einen kleinen, günstigen und leckeren Imbiss genießen möchten, löffeln sich durch das große Angebot. Jede Woche wechselnde Angebote. Auch zum Mitnehmen.

Markt 21, T 0173 210 92 32, www.suppenkasper-ruegen.de, Mo–Fr 11–14 Uhr, kleine Suppe ab 3 € (inklusive frisch gebackenem Brot)

Einkaufen

Wer auf Rügen wohnt und groß einkaufen möchte, fährt nach Bergen. Im Verhältnis zur Einwohnerzahl gibt es unzählige Supermärkte, Baumärkte, Drogeriemärkte, Anglerläden oder Kfz-Werkstätten. Vieles konzentriert sich am nördlichen Teil der Ringstraße nahe dem Bahnhof.

Eine Prise Rügen für daheim

1 **Rügener Inselgenuss:** Liköre und Säfte aus regionalen und ökologisch angebauten Früchten, Konfitüren ohne Zucker oder schmackhafte Gelees – Karola Zöllmann bietet in Rügens kleinstem Regionalmarkt allerlei Selbstgemachtes zum Trinken und Schlemmen, aber auch besondere Textilien, Schmuck und handgefertigtes Spielzeug.

Gingster Chaussee 6, www.ruegener-inselgenuss.de, Mo–Sa 10–19, So 10–17 Uhr

Bewegen

Ab auf die Piste

1 **Inselrodelbahn:** Spaß verspricht die nördlichste Rodelpiste Deutschlands im Sommer wie im Winter. Die 700 m lange Bahn hat sieben Steilkurven und mehrere Sprunghügel, der Höhenunterschied zwischen Start und Ziel beträgt 27 m.

Rugardweg 7, www.inselrodelbahn-bergen.de, tgl. April–Juni, Sept./Okt. 10–18, Juli/Aug. 10–19, Nov.–März 13 Uhr bis Eintritt der Dunkelheit, 2,50/2 €

Einmalig in Deutschland
2 Rutschenturm: Ein Paradies für Kinder, so sie schwindelfrei sind und rasante Abenteuer lieben. Das stählerne Gerüst mit drei riesigen Röhren-, Kastenwellen- und Freifallrutschen ist in seiner Form einzigartig in Deutschland.
Rugardweg 7a, www.rutschenturm-ruegen. de, tgl. April–Juni, Sept./Okt. 10–18, Juli/Aug. 10–19, Nov.–März 13 Uhr bis Dunkelheit, 1,50 €

Bergen lebe hoch!
3 Kletterwald Rügen: verschiedene Parcours an über 80 Kletterelementen (unterschiedliche Schwierigkeitsgrade). Es geht von Baum zu Baum über Netzbrücken, Bohlen oder an schwingenden Seilen in einer Höhe von 20 m über dem Boden. Nichts für Urlauber mit Höhenangst. Mindestalter/-größe: 5 Jahre, 1,10 m
Rugardweg 9, www.kletterwald-ruegen.eu, Mo–Sa 11–17 Uhr, 20 €, Kinder/Jugendliche 10–14 €

PS-Power
4 Go-Kart- und Quad-Bahn: Rund 3 km außerhalb von Bergen, nahe Zittvitz, gelegen und seit mehr als 20 Jahren etabliert. Klein und Groß kommen gleichermaßen auf dem 300 m langen Asphaltkurs oder auf einer Sandpiste auf ihre Kosten. Wer unter 6 ist, kann mit seinen Freunden auf E-Mobil-Tour gehen.
Zittvitz 2, Tetel, Bergen, www.ruegenkartbahn. de, Zeiten s. Website, Helm wird kostenlos gestellt (Sturmhaube 2 €), ganzjährig geöffnet, 10 Min. Go-Kart oder Quad 9 €

Ausgehen

Szenetreff und mehr
✿ Bibo ergo sum: Gastwirtschaft mit Bar, die vor allem Einheimische ihren Milchkaffee, ihr Bier oder Cocktails schlürfen. Wer Hunger hat, bekommt (oft Bio-) Gerichte wie pommerschen Rippenbraten,

Burger oder Fisch aus der Ostsee serviert (Küche bis 21.30 Uhr). Gäste von weiter weg nutzen gerne das kostenlose WLAN.
Markt 14, T 03838 25 22 59, www.biboer gowsum.de, Mo–Fr ab 11, Sa ab 17 Uhr, Gerichte zwischen 5 und 20 €

Urgemütlich
✿ Puk up'n Balken: Eine tiefbraune Holzbalkendecke, kaum Fenster, offene Backsteinsäulen und rustikale Holztische bilden die Kulisse für gemütliche Abende. Eine Kneipe, wie sie im Buche steht – oder wie die Besitzer sagen: ein Erlebnisrestaurant, denn zu essen gibt es hier auch.
Bahnhofstr. 65, T 03838 25 72 73 www. puk-bergen.de, Jan.–März Mi–Mo, sonst tgl. ab 12 Uhr

Feiern

• **Bergener Musiknacht:** April/Mai. Bereits mehr als 30 dieser Kneipennächte liegen hinter den Bergensern und ihren Gästen. An diversen Veranstaltungsorten werden verschiedene Musikrichtungen und süffige Begleitungen geboten.
• **Altstadtfest:** Mitte Juli. Ein buntes Stadtfest mit Schaustellern und Kunsthandwerkern aus der Region. Shantychöre sorgen für den maritimen Schwung, abends geht es mit Schlagernächten und 1990er-Partys weiter.
• **Sommer Open Air:** Mitte Aug. Lange Haare, rockige Gesänge und wilde Klamotten – ein großes Musikfest lädt im Hochsommer in den historischen Klosterhof ein. Mit dabei sind Sänger und Bands aus Mecklenburg-Vorpommern, aber auch Top-Acts aus Deutschland.
• **Baltische Woche:** Ende Sept. Auf dem Kirchplatz schlüpfen Handwerker in historische Gewänder und bieten kreatives Handwerk aus dem baltischen Raum feil. Dazu gibt es ein rustikales Catering und traditionelle Musik.

HISTORISCHE STADTFÜHRUNGEN **S**

Autor, Kürschnermeister und Stadtführer Uwe Hinz lädt – auf Abruf – zu thematischen und historischen Stadtspaziergängen. Weitere Informationen unter T 03838 25 28 08 (abends: T 03838 30 84 85).

Infos

• **Tourist-Information:** Markt 23 (im Benedix-Haus), T 03838 315 28 38, www.stadtinfo-bergen-ruegen.de, Mitte Sept.–Mitte Mai Mo–Fr 10–16, Mitte Mai–Mitte Juni Mo–Fr 10–18, Sa 10–15, Mitte Juni–Mitte Sept. Mo–Fr 9–18, Sa 10–15 Uhr. Auch Zimmervermittlung.

• **www.stadt-bergen-auf-ruegen.de:** Auf der offiziellen Website der Stadt finden Sie u. a. Infos zu den Sehenswürdigkeiten und auch zu Veranstaltungen.

• **Parken:** Es gibt ganzjährig ausreichend Parkplätze bzw. Parklücken in der Altstadt.

• **Bahn:** Alle Rügenverbindungen der DB halten am Bahnhof Bergen (ca. 2 km vom Stadtzentrum entfernt). Von hier aus sind per Regionalbahn oder Bus alle touristischen Regionen der Insel erreichbar.

Ralswiek   E 6

Traumhaft idyllisch am Großen Jasmunder Bodden liegt das kleine Ralswiek, das nur 240 Einwohner zählt. Vielen bekannt ist das Örtchen aufgrund der Störtebeker Festspiele (s. S. 79), die seit 1993 jeden Sommer Zehntausende von Besuchern anziehen und damit Deutschlands erfolgreichstes Freilichttheater sind.

Piratenschatz und Wikingererbe

Mindestens genauso spannend ist ein kurzer Blick in die Vergangenheit. Ralswiek gilt als älteste Siedlung auf Rügen. Archäologische Funde belegen eine Besiedlung bereits um das Jahr 8000 v. Chr. und schon im 8. Jh. gründeten die slawischen Ranen hier einen Seehafen. Die Lage am Bodden prädestinierte den Ort dafür, sich im Mittelalter rasch zu einem bedeutenden Hafen zu mausern. Münzfunde, darunter über 2200 arabische und persische Münzen (Stralsund Museum, Standort Katharinenkloster, s. S. 28) bezeugen Handelsbeziehungen mit Skandinavien, Russland und sogar Persien. Urkundlich erwähnt wurde Ralswiek erstmals 1311.

Heute ist der Hafen von Ralswiek, in dem Ende des 20. Jh. einige Wikingerboote gefunden wurden, nur noch eine beschauliche Marina für kleinere Jachten. Ab und zu legen noch Ausflugsdampfer an.

Wer direkt in Ralswiek, das im Winter übrigens gähnend leer ist, auf alten Spuren wandeln will, sollte sich ein **Hügelgräberfeld der Wikinger** östlich von Ralswiek anschauen. Mit 400 Gräbern ist es das größte Feld dieser Art auf Rügen. Es liegt allerdings etwas versteckt, mitten im Wald der **Schwarzen Berge.** Von der Dorfstraße nehmen Sie zunächst den Wanderweg nach Lietzow, nach etwa 300 m folgen Sie einem Waldweg bergauf.

Schlafen

Gebettet wie der Adel

Schloss Ralswiek: Wer hier schläft, nächtigt im alten Herrenhaus von Graf Douglas. Der Großindustrielle kaufte das Gut nach seinem ersten Besuch in Ralswiek, um einen Altersruhesitz zu errichten. Entstanden ist ein Prachtbau im Stil der Renaissanceschlösser an der Loire. Besonders schön ist ein morgendlicher Spaziergang durch den Schlosspark, den noch heute seltene Gehölze und Bäume zieren.

Parkstr. 35, T 03838 203 20, www.
schlosshotel-ralswiek.de, DZ/ÜF ca.
100–200 € je nach Saison und Kategorie

Privat bei Piraten
Unterkünfte der Familie Stark: Privat
und familiär geführt, zentral gelegen und
nur 150 m vom Bodden entfernt: Vor allem
Familien mit Kindern bieten die Pension
und die Ferienunterkünfte der Familie Stark
eine gute Alternative zum Schlosshotel.
Insbesondere dann, wenn ein Besuch der
Störtebeker Festspiele ansteht.

Am Bodden 17, T 0171 535 25 76, www.
unterkunft-ralswiek.de, Apartment/Ferienwoh-
nung in der Hauptsaison 85 €/2 Pers., jede
weitere Person 20 €, ohne Endreinigung

Essen

Bei Lippis daheim
Riff Ralswiek: Das alte Reetdachhaus
zwischen Blumenwiese und kleinem
Jachthafen lädt mit einem Restaurant,
einem Café und einer Cocktailbar zum
Schmaus ein. Neben hausgemachten
Kuchen spielt Fisch eine große Rolle –
und Wolfgang Lippert, dessen Frau den
Betrieb leitet. Für gehobene Ansprüche
empfohlen, aber auch sonst.

Störtebekerweg 56, T 03838 31 54 89,
www.riff-ruegen.de, April–Okt. Di–So
14–24 Uhr, Hauptgerichte ca. 15–30 €,
abends reservieren

Ausgehen

Seeräuberlatein
Störtebeker Festspiele: Die Störtebe-
ker Festspiele sind Deutschlands größtes
Freilichttheater und finden jedes Jahr am
Ufer des Großen Jasmunder Boddens in
Ralswiek statt. Ein immenses Aufgebot
an Schauspielern, Pferden, vier Schiffe
und jede Menge Pyrotechnik sind Teil der
Show (s. auch S. 80).

Mitte/Ende Juni–Anf. Sept. Mo–Sa 20 Uhr,
12–38 €, bis 15 Jahre 8–28 €

*Ralswiek kann auch beschaulich und romantisch sein, wenn der
Seeräubersturm vorübergebraust ist.*

Zugabe
Spektakel der Rekorde

Hinter den Kulissen der Festspiele

Gerade erst hat sich der Nebel verzogen, durch den der gefürchtete Seeräuber Klaus Störtebeker auf seinem Ross Vulkano eine der größten Freiluftbühnen Europas geentert hat. Schon der nächste Knall. Rund 3,8 kg Schwarzpulver werden an jedem Sommerabend in die Rügener Boddenluft gepfeffert, ganze 1,5 t Feuerwerksmaterial pro Saison. Die Kulisse der Störtebeker Festspiele, an denen nicht nur jede Menge Pyrotechnik, sondern auch mehr als 160 Schauspieler und Statisten sowie vier Schiffe und allerlei Tiere beteiligt sind, hat es in sich. Je nach Episode werden nicht selten mehrere Hundert Meter Holz, über 1000 Säcke Putz und auch schon mal 300 000 Schrauben im Bühnenbild verarbeitet. Übrigens: Wussten Sie, dass der legendäre Pirat in 27 Jahren 340 Mal geköpft wurde? Hut ab! ∎

Rügens Osten und die Halbinsel Mönchgut

Mitten im Rummel — belebte Ostseebäder zwischen hip und mondän, beliebte Strände und Fischerdörfer voller Charme.

Seite 85
Ostseebad Binz ⭐

Bis Mitte des 19. Jh. noch ein kleines Fischerdorf, ist Binz heute eines der beliebtesten Seebäder weit und breit: ein traumhafter Strand für Familien, feinste Kulinarik für Gourmets und mediterranes Urlaubsflair für die Seele.

Seite 88
Prora

Der Koloss von Prora sollte ursprünglich 20 000 Menschen gleichzeitig Urlaub ermöglichen. Der 4,5 km lange Bau aus den 1930er-Jahren ist neuerdings ein Luxus-Urlaubsparadies.

Mit 394 m ist die Selliner Seebrücke die längste auf Rügen.

Eintauchen

Seite 94
Weißes Glück

Eingestiegen und angeschnallt – per Auto steuern Sie Binz, Sellin, Baabe und Göhren an und wandeln dort auf den Spuren der wunderbaren Bäderarchitektur.

Seite 102
Sagenhafter Meerwald

Ab der Seebrücke in Sellin wandern Sie durch die Granitz, den größten zusammenhängenden Buchenwald Norddeutschlands, bis nach Binz – mit Küstenbrise und Rast am Jagdschloss Granitz. Wer dort die Turmtreppe erklimmt, wird mit einer umwerfenden Aussicht belohnt.

Seite 107, 122

Halbinsel Mönchgut

Weite, unberührte Landschaften, verschlafene Fischerdörfchen und quirlige Urlaubsorte finden Sie auf dem Mönchgut. Sie können es auch auf einer Hanomag-Tour erleben.

Seite 125

Pfarrwitwenhaus

Eines der ältesten Gebäude Rügens steht in Groß Zicker, wunderschön eingewachsen und reetgedeckt.

Seite 116

Raserei mit dem Roland

Pfeifend, zischend und dampfend schnauft der Rasende Roland auf schmaler Spur von Putbus nach Binz und dann weiter durch die Ostseebäder Sellin und Baabe bis Göhren. Beliebtester Zustiegsort ist Binz.

Seite 127

Berge im Meer

Erwandern Sie die nahezu waldlosen Zicker Berge, deren sonst recht karge Landschaft im Frühjahr in Blüte steht. Vom Bakenberg aus bietet sich eine grandiose Aussicht, manchmal bis hinüber nach Usedom.

Das Mönchgut ist eine der letzten Regionen in Deutschland, wo noch Strandfischerei betrieben wird.

Prora

Ostseebad Binz

Granitz

Ostseebad Sellin

Rasender Roland

Ostseebad Baabe

Putbus

Lauterbach

Ostseebad Göhren

Halbinsel Mönchgut

Zicker Berge   Groß Zicker

0   10 km

»Ick möt äwers seggen, dat ick mi unner min leiwen Mönchgauder ungemein glücklich fäuhl.«
Fritz Worm (1863–1931)

erleben

Strand trifft Stolz

Wer seine Kompassnadel nach Osten ausrichtet, kommt geradewegs in das Ostseebad Binz, den beliebtesten Urlaubsort der Insel. Im Sommer platzt der 5000-Einwohner-Ort regelmäßig aus allen Nähten. Vor allem Urlauber aus den östlichen Bundesländern kommen traditionell zum Jahresurlaub an Rügens riesige Badewanne – schließlich war das schon immer so. Spontane Besuche sind zur Hauptsaison kaum möglich. Zu schwer ist die Parkplatzsuche, von freien Zimmern in den unzähligen Hotels, Pensionen und Ferienwohnungen ganz zu schweigen. Im Zwiespalt stehen die Einheimischen, die mit ganzem Stolz ihre liebevoll restaurierten Bäderbauten zeigen, aber zur Hochsaison am liebsten flüchten würden.

Eine hervorragende Infrastruktur durchzieht den südöstlichen Inselteil, die keineswegs von traumhaften Wanderoasen wie den Zicker Bergen oder Naturparadiesen wie der boddenumsäumten Landzunge bei Gager ablenken sollen. Der Kontrast ist das Erfolgsgeheimnis. Deshalb mein Tipp: Tauschen Sie einen Ihrer Strandtage doch einfach mal gegen eine Erkundungstour durchs Hinterland und über die Halbinsel Mönchgut.

ORIENTIERUNG ⓞ

Infos: Die **Kurverwaltungen** der Ostseebäder haben Infos, Veranstaltungstipps und Tickets. **Binz:** www.ostseebad-binz.de, **Sellin:** www.ostseebad-sellin.de, **Göhren:** www.goehren-ruegen.de, s. auch bei den jeweiligen Orten. Im **Granitzhaus** (s. Tour S. 102) gibt es ausführliche Infos zum Biosphärenreservat Südost-Rügen (www.biosphaerenreservat-suedostruegen.de).

Verkehr: Besonders in der Hauptsaison, insbesondere am An- und Abreisetag Samstag, geht es im Osten Rügens nur noch schleppend voran. Reisen Sie am besten mit Bahn oder Fernbus an und erkunden Sie die Region per Leihrad, Bus oder mit den Bimmel- bzw. Bäderbahnen. So umgehen Sie auch die anstrengende Suche nach – teuren – Parkplätzen. In der Nebensaison ist alles entspannt.

Schwingen Sie sich auf Ihren Drahtesel, schnüren Sie Ihre Stiefel oder klappern Sie mit historischen Hanomags oder alten Kutschen über sonnenverwöhnte Hügel und durch idyllische Dörfer am Meer. Sie werden begeistert sein!

Ostseebad Binz

 G7

Sinfonie in Weiß

Nicht wenige Binz-Neulinge werden bei ihrem ersten Besuch von Rügens größtem Seebad an vergangene Urlaube in mediterranen Gefilden erinnert. Manche lassen Binz sogar als »Sorrent des Nordens« hochleben. Der Grund: seine kreideweißen Bädervillen, eine Bilderbuchbadebucht und ein Flair, das verzaubert. Das jedoch nicht erst seit heute – mehr als 700 Jahre hat das ehemalige Fischerdorf Byntze inzwischen auf dem Buckel. Ein Teil der Geschichte des Ortes erleben Sie beim Spaziergang auf der Strandpromenade oder in der schnurgeraden Fußgängerzone. Diese Flanierstreifen gehen

nicht zuletzt auf Fürst Wilhelm Malte I. zu Putbus zurück, der bereits im Jahr 1830 am Strand von Binz seine adeligen Freunde und Bekannten mit Badekarren eine neue Art der Sommerfrische lehrte.

Alles am Strand

Oberhalb des familienfreundlichen und feinsandigen, 5 km langen **Sandstrands** lädt die Binzer **Strandpromenade,** die längste Rügens, zu stundenlangen Wanderungen mit faszinierenden Ausblicken ein. Auf mehr als 2 km Länge wurde die Meile Ende des 19. Jh. nach dem Vorbild damals führender Seebäder in Europa gebaut und zum gesellschaftlichen Hotspot der gut betuchten Urlauber. 1993 wurde sie rekonstruiert und um 700 m, 2016 um weitere 1000 m verlängert. So ist inzwischen sogar der Ortsteil Prora über die Strandpromenade mit dem bewaldeten Rücken des Ostseebads Binz verbunden.

Direkt am Kurplatz hinter dem Strand thront stolz das heutige Fünf-Sterne-Hotel Kurhaus Binz.

Ostseebad Binz

Ansehen

❶ Seebrücke/Bootstour Kreidefelsen
❷ Kurplatz
❸ Kurhaus Binz
❹ Ex-Rettungsturm (Müther-Bau)
❺ Buswartehaus (Müther-Bau)
❻ Park der Sinne
❼ Prora/Koloss von Prora
❽ Dokumentationszentrum Prora
❾ Galileo Wissenswelt
❿ Oldtimer Museum Rügen
⓫ Museum Ostseebad Binz

Schlafen

1 Cerês am Meer
2 Villa Undine
3 Hotel meerSinn

4 Suite Hotel Binz
5 Jugendherberge Prora

Essen

1 Peter Pane
2 Weltenbummler
3 Freustil/Byntze 1318
4 Torteneck

Einkaufen

1 Kunstmeile Binz
2 Sanddorn's

Bewegen

❶ Wassersport Binz
❷ Binz-Therme

Ausgehen

1 niXe Restaurant & Bar
2 Strandbar 28

Trockenen Fußes aufs Meer

Unternehmen Sie einen Spaziergang übers Wasser. Besonders beeindruckend ist ein Besuch der 370 m langen **Seebrücke** ❶ am frühen Morgen, wenn die Sonne am fernen Horizont emporsteigt und die hölzerne Promenade in ihren Bann zieht. Links und rechts von ihr suhlen sich später am Tag die Bade- und Sonnenfreudigen im Sand. Von der Seebrücke starten auch die Ausflugsboote zu den Kreidefelsen im Nationalpark Jasmund.

Aller Leute Treff

Der zentrale Treffpunkt für Urlaubsgäste ist heute wie damals der große **Kurplatz** ❷ mit Konzertpavillon und verglasten Wandelhallen. Die Hallen bieten eine tolle Aussicht auf das Treiben an der Wasserlinie und laden zur Erholungspause ein. Der Kurplatz entstand 1937 nach den Plänen des Münchner Architekten Alwin Seifert – 1993 erfolgte eine Neugestaltung. Auch die junge Generation, ob Urlaubskind oder echter Fischkopp, nutzt den Platz zum Abhängen, manchmal auch zum Skateboarden.

Unweit des Kurplatzes, auf der Strandpromenade in Richtung Jugendherberge, bieten in der Saison Kunstschaffende ihre Arbeiten an weiß-blau gestrichenen **Marktständen** feil. Der perfekte Ort, um nach Mitbringseln Ausschau zu halten, Künstlern und Handwerkern bei der

Herstellung von Wind- und Lichtspielen oder Bernsteinschmuck über die Schulter zu schauen und sich von authentischem Seebadflair verzaubern zu lassen.

Elite wider Willen

Ein Blickfang ist das **Kurhaus Binz ❸** (www.travelcharme.com) unmittelbar am Kurplatz. Das heutige Fünf-Sterne-Hotel wurde 1890 zunächst als Fachwerkhaus errichtet, musste jedoch nach einem Brand Anfang des 20. Jh. von Grund auf neu errichtet werden. 1923 übernahm der wohlhabende Hotelier Adalbert Bela Kaba-Klein das Haus, das bereits über eine eigene Stromversorgung verfügte. Kaba-Klein machte es zum Treffpunkt

der deutschen Elite, verlor es aber 1938 im Zuge der Arisierungskampagne der Nationalsozialisten. Einige Verstrickungen später wurde das Haus 1993 von einer Hotelkette gekauft und für 30 Mio. € saniert. Ein Prachtstück ist der **Kurhaussaal,** in dem im Sommer und Winter tolle Varietéaufführungen mit internationalen Künstlern und Künstlerinnen stattfinden.

Architektur als Lebensretterin …

Entlang der stets belebten Promenade fallen neben allerlei gewöhnlichen auch ungewöhnliche Objekte in den Blick. Die **Granitz** (s. S. 98, Tour S. 102), einen schmalen Uferwald, der von einem herrschaftlichen Jagdschloss überthront wird, vor Augen, taucht linker Hand ein Ufo-ähnliches Bauwerk in den Dünen auf. Wer nicht weiß, was es ist, wird stutzig und zugleich überrascht sein, dass es sich hierbei um einen **Ex-Rettungs-turm** ❹ (Strandabgang 6, Strandpromenade) handelt, entworfen von Ulrich Müther (s. S. 278). Der Binzer Architekt hat sich mit innovativen Schalenbauten einen Namen gemacht und ist überall an der Ostseeküste mit seiner kunstvollen Urlaubsarchitektur vertreten. Die Rettungsschwimmer sind längst ausgezogen, heute fungiert das coole Gebäude als **Außenstelle des Binzer Standesamts** und ist Kulisse für so manche Feier. Auch im Ortskern, am Kreisel Ecke Dollahner Straße und Proraer Chaussee, ist einer von Müthers Schalenbauten – in Form eines **Buswartehauses** ❺ – aufzuspüren.

… und als Aushängeschild

Vor allem bekannt ist Binz jedoch für seine schmucke, fast mediterran scheinende **Bäderarchitektur**, die vielen weißen Villen und Logierhäuser, die Ende des 19. bis Anfang des 20. Jh. entstanden. Dabei gehören die historischen Bauten mit Namen wie **Villa Agnes** (Strandpromenade 2), **Villa Sturmvogel** (Strandpromenade 4, www.villa-sturmvogel. de), **Villa Haiderose** (Strandpromenade 14, s. Tour S. 95), **Villa Undine** ❷ (Strandpromenade 30, s. S. 91), **Villa Salve** (Strandpromenade 41, s. Tour S. 94) oder **Haus Möwe** (Schillerstr. 2, www.moewe-binz.de) zu den am besten erhaltenen Zeugen dieser Bauart weit und breit. Nirgendwo sonst an der deutschen Ostsee findet sich ein ähnlich vollkommen erhaltener Ortskern in diesem Stil, der genau genommen gar keiner ist.

Die Grundarchitektur von Bädervillen, deren Holzbauweise teils alpenländische, teils nordische Züge aufweist, lässt sich auf wenige Charaktereigenschaften begrenzen. Häufig handelt es sich um zwei- bis viergeschossige Gebäude, an deren Fassaden Balkone oder Veranden angebracht sind. Im Gegensatz zu Bäderbauten in anderen Regionen, beispielsweise auf der Insel Usedom, muten die Balkone in Binz sehr filigran und nicht allzu massiv an. Oft nutzten Bootsbauer die weniger intensive Arbeitszeit des Winters, um mit Laubsägen feine Kunstwerke in die Balkonfassaden zu schnitzen und damit ihren Lohn aufzubessern.

See trifft Meer

Nur wenige Schritte von der Binzer Hauptstraße entfernt liegt mit dem **Schmachter See** das gleichnamige Naturschutzgebiet und die Naturoase des Ostseebads. Auf und in dem rund 5000 Jahre alten Gewässer sowie in seinem Schilfgürtel hat sich über die Zeit mit Graugans, Rohrdommel und Gänsesäger und vielen mehr eine artenreiche Fauna angesiedelt, die allein 40 Tiere auf der Roten Liste zählt. Mit etwas Glück lassen sich hier sogar See- oder Fischadler beim Beutefang beobachten.

Am See wurde 2003 als Außenstelle der Rostocker Internationalen Gartenbauausstellung (IGA) der **Park der Sinne** ❻ (frei zugänglich) angelegt. Er schlängelt sich am See entlang und wartet mit Brunnen, Wasserläufen, Bänken, Spielgeräten, Irrwegen und vielen Bäumen, Sträuchern und Hecken auf. Auch ein Aussichtsturm und ein 27 m langer Steg, der in den See hineinreicht, spielen mit den Sinnen

Kinder werden ihren Spaß auf dem **Wasserspielplatz** zwischen Seesteg und Park haben. Dort wartet eine Oase mit Klangsäulen, einem hölzernen Schiffswrack und eine Wasserstrudelsäule.

Prora ♀ F6

Beton in der Metamorphose

Am nördlichen Rand von Binz schließt sich der Ortsteil **Prora** ❼ an. Bekannt ist er für den **Koloss von Prora** (s. auch

S. 91, 256) – einen ursprünglich 4,5 km langen Gebäudekomplex, der in den 1930er-Jahren unter den Nationalsozialisten als gewaltiger **Kraft-durch-Freude-(KdF-)Ferienkomplex** geplant wurde: 20 000 Menschen sollten hier gleichzeitig Urlaub machen können. Doch nach dem Beginn des Zweiten Weltkriegs wurden die Bauarbeiten eingestellt, im Krieg wurden drei der acht Blöcke zerstört. Übrig blieben fünf Blöcke, immerhin noch 2,5 km lang, die das DDR-Militär ab etwa 1950 als Kasernenanlage nutzte. Nach der Wende verfielen die mächtigen Betonklötze über Jahre, bis nur noch grau-bröckelnde Grundmauern, löchrige Dächer und zerbrochene Fensterscheiben von dem ehemaligen Vorzeigebau der Nazis übrig waren. Doch Investoren erkannten – im wahrsten Sinne des Wortes – die Lage und sicherten sich Anfang der 2000er-Jahre die hektargroßen Grundstücke. Nicht alle Binzer waren darüber erfreut. In etlichen Gemeindesitzungen wurden Pro und Contra diskutiert. Man fürchtete, dass der beschauliche Ortsteil ein Pendant zu Binz und im Sumpf des Massentourismus untergehen würde.

Auch wenn einer der Investoren sich bei seinem 100-Mio.-€-Vorhaben verkalkulierte und heute pleite ist, kann sich das Ergebnis, neutral betrachtet, sehen lassen. Der schmuddelige Putz ist einem leuchtenden Weiß gewichen, stählern-moderne Balkone zieren die Fünfgeschosser und Hunderte luxuriöse Ferienwohnungen, Apartments, Hotels und Restaurants samt angeschlossenen Parkhäusern vermitteln den Eindruck einer eigenen Ferien- und Erlebniswelt. Kauf- bzw. Buchungsgrund Nummer eins ist der einmalige Meerblick, gleich gefolgt vom nahtlosen Übergang der Anlage zum kilometerlangen Sandstrand.

Die Geschichte Proras wird vor Ort nicht verschwiegen, dafür trägt das Dokumentationszentrum Sorge.

Geschützte Natur

Nördlich und westlich von Prora erstreckt sich am Kleinen Jasmunder Bod-
den die **DBU-Naturerbefläche Prora.** Sie umfasst den Großteil der **Schmalen Heide** mit ihren Dünen, Feuchtheidegebieten, Heidemooren und Erlenbrüchen – Lebensraum für seltene Tiere und Pflanzen. So brütet im Röhricht des Boddens z. B. die geschützte Rohrdommel. Im nördlichen Teil des Areals findet sich eine geologische Besonderheit, die **Feuersteinfelder.** Es handelt sich um vor 3000–4000 Jahren durch Sturmfluten angespülte Felder und Wälle aus kieselgroßen Steinen, auf denen heute u. a. Wacholder und Heidekraut gedeihen. Im Westen von Prora liegt das **Naturerbe Zentrum Rügen** (s. Lieblingsort S. 90) zu dem u. a. ein **Baumwipfelpfad** gehört.

Feuersteinfelder: www.ruegenmagic.de/Feuersteinfelder-Ruegen/feuersteinfelder.html, kostenpflichtiger Parkplatz am südlichen Ortsausgang von Neu Mukran, dann 2–3 km

Lieblingsort

Wie ein Adler ...

... fühlen Sie sich im 82 m hohen **Adlerhorst** des **Naturerbe Zentrums Rügen** (📍 F 6). Während die gefiederten Freunde bei der steifen Brise, die einem hier an manchen Tagen um die Ohren weht, lieber abheben und die berauschende Thermik genießen, sollten Sie sich besser an der hölzernen Brüstung des **Baumwipfelpfads** festhalten – zumindest, wenn Sie Ihren Blick in alle Himmelsrichtungen schweifen lassen und – hoffentlich – genießen. Von hier oben ist die fast 2000 ha große Naturerbefläche Prora der Deutschen Bundesstiftung Umwelt perfekt zu überblicken, auch die kolossale KdF-Anlage (s. S. 88), die heute als weißes Luxusferienparadies erscheint. Und natürlich fällt die Ostsee ins Auge, wenngleich wesentlich unschärfer, als sie der Adler erspähen würde. Heißt es doch auf einer Infotafel am Geländer: »Wenn ein Adler lesen könnte, würde er noch aus 100 m Entfernung die Lettern eines Buches problemlos erkennen.« An den rund 1250 m langen Baumwipfelpfad schließt sich eine große **Erlebnisausstellung** an (Anfahrt/Infos: s. S. 91).

auf ausgeschildertem Wanderweg;
Naturerbe Zentrum Rügen: www.baum
wipfelpfade.de/nezr, VVR-Bus 24, 27 Prora
Baumwipfelpfad, Prora Forsthaus oder per
Prora Express (s. S. 98), kostenpflichtige
Parkplätze, tgl. April, Okt. bis 18, Mai–Sept.
bis 19, Nov.–März bis 16 Uhr, Schließ-
tage s. Website, letzter Einlass 90 Min. vor
Schließung, 12/9 €, Familienticket 23 €

Museen

Beeindruckende Lokalgeschichte
❽ **Dokumentationszentrum Prora:**
In der Dauerausstellung »MACHTUrlaub«
wird die Geschichte des ehemaligen Kraft-
durch-Freude-(KdF-)Seebads vorgestellt
und die Bedeutung Proras in der NS-Zeit
herausgestellt. Eindrucksvoll sind originale
Ton- und Filmaufnahmen aus der Zeit.
Block 3, Dritte Str. 4, Prora, www.proradok.de,
Bus 27 Neue Mitte, RB Prora (Nord), 7.–31.
Jan, Nov. tgl. 10–16, Feb. tgl. 10–17, März/
April, Sept./Okt. tgl. 10–18, Mai–Aug. tgl.
9.30–19 Uhr, 6/3 €, bis 13 Jahre Eintritt frei
(erst ab höherem Alter zu empfehlen)

Experimente am eigenen Körper
❾ **Galileo Wissenswelt:** Was hat es
mit dem Urknall auf sich? Wie entstehen
Erdbeben – und vor allem, wie fühlen sie
sich an? Haben Sie schon einmal Ihren
Schatten einfrieren lassen? Die neue Wissenswelt zwischen Prora und Binz lädt zu
spannenden Abenteuern und Experimen-
ten ein. Perfektes Familienerlebnis.
Forstverwaltung 1, Prora, www.galileo-ruegen.
de, Bus 27 Prora Galileo Wissenswelt, RB
Prora (Nord), April–Juni, Sept.–1. Nov., Juli/Aug.
tgl. 10–18, 4. Nov.–März Sa/So 10–16 Uhr
(weitere Termine s. Website), 10–13,50 €

Staatstragende Autos
❿ **Oldtimer Museum Rügen:** 50 Jahre
Automobilgeschichte auf 10 000 m². Beim
Rundgang durch die riesige Halle werden
Sie auf so manches Schätzchen stoßen,
etwa den Volvo 264 TE, die Staatskarosse
der DDR. Aber auch der Ost-West-Ver-
gleich von Meisterwerken der Automobil-
kunst ist beeindruckend.
Proraer Allee 119, Prora, www.oldtimer-mu
seum-ruegen.de, April–2. Nov. tgl. 10–17 Uhr,
10/5 €

Bauernschnack
⓫ **Museum Ostseebad Binz:** Ausgestellt ist die bewegte Geschichte des
Ostseebads. Natürlich darf da auch die
kultige Bademode nicht fehlen, die einst
am Strand des Urlaubsorts zum guten
Ton gehörte. Weitere Exponate sind ein
Modell des ersten Binzer Kurhauses und
eine amüsante Postkartensammlung von
anno dazumal. Ein Besuch des Museums,
das im Binzer Kleinbahnhof untergebracht
ist, lässt sich perfekt mit einer Fahrt mit
dem Rasenden Roland verbinden.
Bahnhofstr. 54, www.museum-binz.de,
Feb.–Okt. Mo, Mi–Fr 9–16, Di 9–18, Sa/So
10–16, Nov.–Jan. tgl. 9–16 Uhr, mit Kurkarte
Eintritt frei

Schlafen

Stylish, perfekt, teuer
❶ **Cerēs am Meer:** Schwarz und Weiß
dominieren im Hotel, das minimalistisch,
aber elegant eingerichtet ist. Wer sich
etwas gönnen oder seine(n) Liebste(n)
verwöhnen möchte, bucht die Kuppelsuite,
die einen grandiosen Blick in den Ster-
nenhimmel bietet. Ein großer Spabereich
sowie ein feines Restaurant dürfen natürlich nicht fehlen.
Strandpromenade 24, T 038393 666 70,
www.ceres-hotel.de, DZ/ÜF ca. 150–300 €
je nach Kategorie, in der Hauptsaison teurer

Gediegen und mit Charme
❷ **Villa Undine:** Eine Übernachtung als
Zeitreise. Das rote, denkmalgeschützte
Holzhaus im historischen Teil von Binz
liegt sehr zentral und zugleich nur wenige Meter vom Strand entfernt. Die sechs
gut ausgestatteten Ferienapartments sind

ideal für Paare oder Familien mit einem größeren Kind.

Strandpromenade 30 (Zufahrt und Eingang Margarethenstr.), T 038393 143 53, www. villa-undine-binz.com, Apartment/2 Pers./ÜF in der Hauptsaison 1 Woche ca. 600 €

Natürlicher Genuss

3 Hotel meerSinn: Ein Ort der Ruhe und Entschleunigung. Die Zimmer sind hell und mit vielen Holzelementen gestaltet. Das kulinarische Angebot des angeschlossenen Dolden Mädel Deli (viele Gerichte um 15 €) ist das i-Tüpfelchen. Dort werden nahezu ausschließlich Zutaten regionaler Bauern und Produzenten verarbeitet.

Schillerstr. 6–10, T 038303 66 30, www. meersinn.de, DZ/ÜF ab 90 € im Winter, in der Hauptsaison 150–200 €

Top für Familien

4 Suite Hotel Binz: Wenn Mama und Papa im Familienurlaub nicht auf Komfort und Luxus verzichten wollen. Der Neubau mit 24 Suiten lockt mit einem hohen Standard und dem 400 m² großen Kids Club Binz – inklusive Betreuung. Am besten die Augen nach Arrangements offenhalten!

Zeppelinstr. 7, T 038393 500, www.suiteho tel-binz.de, Familiensuite (2 Erw., 2 Kinder)/ ÜF in der Hauptsaison ca. 300 €, Winter/ Nebensaison ca. 150 €

Längste Unterkunft der Welt?

5 Jugendherberge Prora: Mehr als 400 Betten stehen in der wohl längsten Jugendherberge der Welt zur Verfügung. Eröffnet wurde sie 2011 in einem der ehemaligen KdF-Blöcke in Prora. Wer hier eincheckt, ist meist jung und freut sich über einen Fußballplatz, viele neue Freunde und den Strand vor der Herbergstür. Es gibt Zwei- bis Drei-Bett-, Vier- und Sechs-Bett-Zimmer. Wer hier übernachten möchte, muss Mitglied im DJH sein, was aber vor Ort erledigt werden kann.

Nordstrand 507–509, Prora, T 038393 668 80, www.prora.jugendherberge.de, Bett/ÜF

ab 28,50/35 € in der Nebensaison, auch Halb- oder Vollpension buchbar

Essen

Die andere Art zu essen

1 Peter Pane: Hier gibt es saftige Burger – auch vegetarisch oder vegan –, knackige Salate und leckere Desserts in ungezwungener Atmosphäre in einer alten Bädervilla. Die aufstrebende Kette erfüllt vor allem die kulinarischen Träume der jüngeren Generation. Dabei wird Wert auf regionale und gesunde Küche gelegt.

Strandpromenade 23, T 038393 66 63 46, www.peterpane.de, tgl. 11–23 Uhr, Burger ab ca. 7 €

International unterwegs

2 Weltenbummler: Eine Reise durch die Welt erwartet Sie im Restaurant von Sebastian Läufer und seiner Lebensgefährtin Carmen Ziehe. Zwischen kunstvoll verzierten Wänden und Tischen aus australischem Wurzelholz können internationale asiatische Gerichte genauso wie pommersches Wildragout genossen werden. Whisk(e)y-Liebhaber bekommen große Augen, wenn sie von dem riesigen Angebot des Weltenbummlers hören. Rund 100 Sorten aus Schottland und Irland stehen bereit.

Strandpromenade 42, T 038393 13 13 08, www.weltenbummler-ruegen.de, Mo–Fr ab 16, Sa/So ab 12 Uhr, Fischgerichte um 20 €, Steaks ab 26 €

Sterneküche für Klein und Groß

3 Freustil: Hier wirkt Ralf Haug (s. auch S. 270), Rügens einziger Sternekoch, der ursprünglich aus dem Schwarzwald kommt. Gekocht wird mit Sauerampfer vom Wegesrand, Pilzen aus dem Wald oder Wild von der Insel. Kurzum, äußerst frisch und regional. Die richtige Würze ist die Kreativität des Genies, der nicht nur verwöhnte Gaumen, sondern auch

Kinder in seiner wohnlichen Gaststube gerne und herzlich begrüßt. Günstig zum Ausprobieren: der zweigängige Lunch.

Hotel Vier Jahreszeiten, Zeppelinstr. 8, T 038393 504 44, www.freustil.de, Mi–So 12–15, 18–24 Uhr, Lunch 19 € (zwei Gänge, Wasser, Kaffee; ohne Reservierung), abends (Reservierung nötig) sechs kleine Gänge 66 €, jeder weitere Gang 10 €

Süße Schlemmerei

4 Torteneck: Unauffälliges, modernes und nüchtern gestaltetes Café, wenn es um die Innen- und Außeneinrichtung geht. Dafür sind die Maulwurfs-, Schoko- oder Sanddorntorten eine Wucht. Wer kein Frühstück in seinem Hotel gebucht hat, bekommt hier auch einen leckeren Start in den Tag serviert.

Proraer Str. 1, T 038393 12 79 44, www. torteneck.de, tgl. 8–18 Uhr (Frühstück bis 13 Uhr)

Einkaufen

Straße der Handwerker

1 Kunstmeile Binz: Etwas abseits vom Trubel in der Binzer Hauptstraße liegt quer zum Meer und der Strandpromenade die Margaretenstraße. Der nördliche Abschnitt hat sich im Lauf der Jahre zur Kunstmeile entwickelt. Dicht an dicht reihen sich Galerien, Werkstätten und kleine Büdchen. Angeboten werden Fotografien regionaler Künstler, Wolle, Malerei, Keramik, Glas- und Goldschmiedearbeiten.

Margaretenstr., ganzjährig attraktiv, die meisten Geschäfte haben Mo–Sa geöffnet

Aus Rügens Natur

2 Sanddorn's: Ein Shop der kleinen, aber feinen Genusskette Sanddorn Family. Verkauft werden allerlei Spezialitäten rund um die Zitrone des Nordens, darunter Fruchtaufstriche, Kosmetikprodukte, Öle, Tees, Senf oder etwa Sanddornpfeffer.

HIER TREFFEN SICH HINZ UND KUNZ, ODER?

Die gute Nachricht vorweg: Binz hält für alle Altersgruppen das perfekte Angebot bereit. **Für Kinder** tolle Spielplätze wie am Schmachter See oder am Kurpark, einen großer Pferdehof, ganz zu schweigen vom riesigen Sandkasten am Meer. **Für Mittdreißiger** hippe Restaurants wie die Burger-Schmiede **Peter Pane 1** (s. S. 92) oder Cocktailbars wie **Byntze 1318 3** (s. S. 96). **Ältere Semester** finden gute Unterhaltung bei Varietéshows im **Kurhaus 3** (s. S. 87) oder Entspannung bei Wellnessangeboten in der **Binz-Therme 2** (s. S. 96). Theoretisch könnte man also ein bunt gemischtes Publikum erwarten. Doch die Realität sieht anders aus: Vor allem die Generation 50+ ist im größten Ostseebad Rügens anzutreffen – wenn nicht gerade Sommerferien sind.

Hauptstr. 24 (kurz vor der Seebrücke), www. sanddorn.de, Mo–Fr 10–17, Sa 10–16 Uhr

Bewegen

Wasser marsch!

1 Wassersport Binz: Surfen, Stand-up-Paddling, Kajakfahren, Segeln oder Bananenreiten – jeder nur erdenkliche Spaß auf dem Wasser wird geboten. Vorkenntnisse sind nicht unbedingt notwendig, aber auch Profis finden mit 160-l-Boards und Segeln von 4,5 bis 5,7 m² perfekte Bedingungen für einen guten Ritt vor.

Strandabgang 28 (Höhe Mukraner Str.), www. wassersport-binz.de, Tretboot 20 €/Std., SUP-Board 15 €/Std., Kurse nach Absprache

TOUR
Weißes Glück

Auf den Spuren der Bäderarchitektur von Binz nach Göhren

Entdecken Sie einen Architekturstil, der eigentlich gar keiner ist. Die Bäderarchitektur (s. auch S. 88) ist vielmehr ein Sammelsurium unterschiedlicher europäischer Baustile. Manche gehen sogar so weit, dass sie ihr den Ausdruck eines Lebensstils zuschreiben, der vor rund 130 Jahren die Seebäder an der Ostsee prägte.

Die höchste Dichte an noch erhaltenen Villen mit verschnörkelten Balkonen und strahlend weißen Holzverkleidungen findet sich in **Binz** (Lage der im Folgenden genannten Bauten: s. Cityplan S. 86) – das belegt auch der Spitzname des Ostseebades: Sorrent des Nordens. Nach der Wende wurden die meisten Bädervillen und historischen Logierhäuser aufwendig restauriert und damit der Charme vergangener Zeiten erhalten. Besonders entlang der **Strandpromenade** reihen sich prächtige, reich verzierte Hotels, Pensionen und Villen aus der Zeit der Jahrhundertwende aneinander. Ein traditionsreiches Gebäude der Kaiserzeit, das nicht nur jede Menge Urlaubsgäste beherbergte, sondern auch schon Persönlichkeiten wie Helmut Kohl oder den norwegischen Kronprinzen Haakon beherbergte, ist die **Villa Salve** (Strandpromenade 41, www.salve-binz.de), heute ein Hotel und Restaurant. Erhaben zieren die griechische Göttin Aphrodite am Dachfirst und Löwenskulpturen am Eingangsrondell das 1899 von Gräfin Kreis im italienischen Neorenaissancestil errichtete Haus. Das wohl bedeutendste Gebäude des Seebads ist das **Kurhaus Binz** (s. auch S. 87). Im Jahr

Mehr als 300 Bädervillen gibt es an der Ostsee. Die meisten stehen auf der Insel Usedom, gefolgt von Rügen.

Infos

Start:
Ostseebad Binz
(alternativ: Ostsee-
bad Göhren)

Länge/Dauer:
ca. 20 km per Auto
(einfache Strecke),
mit Spaziergängen
3–4 Std.

Info:
Perfekter Zeitraum
für die Tour ist der
Mai, der Monat der
Bäderarchitektur in
Binz.

1907 wurde mit dem Bau der Einrichtung begonnen, die damals wie heute eher einer Schlossanlage ähnelt als einem öffentlichen Refugium für Erholungssuchende. Die mit üppigen Holzschnitzereien dekorierte **Villa Haiderose** (Strandpromenade 14, www.villahaiderose.de) ist ein Jugendstilbau, der heute mit seinen hochwertig ausgestatteten Apartments Gäste empfängt. Sehenswert ist der schmiedeeiserne Balkon im ersten Stock, der noch original erhalten ist.

Nach rund zehn Minuten Autofahrt erreichen Sie das **Ostseebad Sellin,** wo Sie direkt die prominenteste Straße ansteuern sollten. Entlang der **Wilhelmstraße,** die auf die viel fotografierte **Selliner Seebrücke** – selbst ein Bäderbau par excellence – zuführt, können Sie ohne Probleme auch im Auto sitzen bleiben. Rechts und links reihen sich die historischen Bäderbauten wie auf einem Präsentierteller. Wohlhabende Städter gaben ihren Architekten den Auftrag, eine Villa am Meer zu bauen – so entstanden die verspielten Häuser mit repräsentativen Fassaden und sommerlichen Holzveranden. Die Ende des 19. Jh. errichteten Villen wurden 1990 unter Denkmalschutz gestellt und danach mit viel Liebe zum architektonischen Detail saniert und restauriert.

Auf dem Weg nach Göhren sollten Sie einen kleinen Schlenker über die **Strandstraße** von **Baabe** einplanen. Im Gegensatz zu bisherigen Erlebnissen in Binz und Sellin sehen Sie hier nur vereinzelt historische Bädervillen zwischen den Alleebäumen hervorblitzen. Neu- und neuere Bauten, die im Stil der Bäderarchitektur errichtet wurden, zieren die Doppelstraße und zeigen dabei, wie sehr die Bauweise in der Region verankert ist und noch heute gelebt wird.

Im **Ostseebad Göhren** selbst nehmen Sie von der Bundesstraße kommend die dritte Abfahrt in die Poststraße, wo bereits linker Hand mit dem **Alexa-Hotel** (Poststr. 10, www.alexahotel.de) ein dreigeschossiges Bäderprachtwerk wartet. Einige Hundert Meter weiter Richtung Ostsee stellen Sie Ihr Auto im Parkhaus ab und gehen zu Fuß zum **Kurpavillon,** der mit seinen Türmchen und Brüstungen das städtebauliche Konzept des Ortes vervollständigt.

FAMILIENMAGNET

Schon bei der Fahrt auf die Insel Rügen kommen Sie kaum an der roten Werbung mit gelben Punkten und einem lächelnden Karlchen vorbei. **Karls Erlebnis-Dorf Zirkow** (Binzer Str. 32, Zirkow, www.karls. de, tgl. 8–19, Ende Juni–Aug. bis 20 Uhr, Eintritt frei, einige Vergnügen kostenpflichtig) ist mit rund 750 000 Gästen im Jahr das meistbesuchte Ausflugsziel des Eilands. Neben einem großen Bauernmarkt mit Tobeland, Kreativwerkstatt, Erdbeer-Ecke und maritimem Mitbringselstand können Besucher vor Karls Schaumanufakturen staunen oder in der rustikalen Hofküche in kulinarischen Träumen schwelgen. Draußen gibt es u. a. eine Tubben-Rutsche (Bottichrutsche), eine Bobbycar-Bahn, das Vogelparadies Piep-Show sowie ein eigenes Karussell für Rollstuhlfahrer.

Heiße Quellen

2 **Binz-Therme:** Heilkräftiges Thermal-Sole-Wasser aus bis zu 1 222 m Tiefe speist drei großzügige Pools und ermöglicht ein Schwebegefühl wie im Toten Meer. Das Heilwasser ist mehr als 200 Mio. Jahre alt und so nur an der Ostseeküste vorhanden. Auch Themensaunen, Dampfbäder und Beauty-Angebote bietet der Wellnesstempel. Die Therme des Dorint Seehotels Binz-Therme steht Außer-Haus-Gästen offen (vorab telefonisch anfragen).

Strandpromenade 76, T 038393 615 02, www.binz-therme.de, Thermal-Sole-Pools tgl. 8–22, Saunen tgl. 13–22 Uhr, Tageskarte 27 € für Außer-Haus-Gäste

Rügens Wahrzeichen

1 **Bootstour Seebrücke–Kreidefelsen:** Ganzjährig bietet die Reederei Adler Rundfahrten von der Seebrücke bis zur Kreideküste an. Am besten buchen Sie eine der dreistündigen Vormittagstouren, dann verwandelt die Morgensonne die Kreidefelsen in ein leuchtendes Schauspiel.

Abfahrt ab Seebrücke Binz, Infos und Tickets in der Tourist-Info Binz (Haus des Gastes; s. S. 97), Sommer mehrmals tgl., Winter mehrmals wöchentlich

Ausgehen

Exklusiv und loungig

3 **Byntze 1318:** Die Bar des edlen Hotels Vier Jahreszeiten präsentiert ein tolles Weinangebot und innovative Cocktailkreationen. Am meisten punktet jedoch das gemütliche Ambiente, das den Bogen von rustikal bis stilvoll spannt.

Hotel Vier Jahreszeiten, Zeppelinstr. 8, www. vier-jahreszeiten.de, April–Okt. So–Do 18–24, Fr/Sa bis 1, Nov.–März So–Do 19.30–24, Fr/ Sa 17.30–24 Uhr, gehobene Preise

Farbenfroh

niXe Restaurant & Bar: Tolle Farbabstimmungen überraschen Gäste, die an der Bar oder im stylishen Restaurant sitzen. Fast wie Kino ist der Blick durch das Showfenster in die Küche. Da schmeckt das Bier gleich doppelt so gut.

Hotel Nixe, Strandpromenade 10, T 038393 666 20 42, www.nixe-hotel.de, Juli–Sept. Di–So 18–22, Okt.–Juni Mi–So 18–22 Uhr, teils abends länger, regionales 5-Gänge-Menü 70 €, Hauptgerichte 11–19 €

Chill-out am Strand

Strandbar 28: wunderschön am Meer, perfekt zum Tagesausklang. Wer Hunger hat, bestellt sich die Currywurst mit hausgemachter Sauce in ›seinen‹ Strandkorb. Aperol Spritz oder ein leckerer Cocktail (6,50–9 €) tun es aber auch. Regelmäßig Beachpartys und Konzerte.

Am Strandabgang 28, www.facebook.com/ Strandbar-28-199216353452803, Mai– Sept. tgl. ab 11 Uhr, open end

Feiern

- **Osterfeuermeile:** März/April. Am Ostersamstag werden insgesamt 20 Feuer entlang des 5 km langen Sandstrands entzündet, wunderschöne Stimmung.
- **Rügenclassics:** www.ruegenclassics.de, Himmelfahrt. Hochglanzpolierte Oldtimer aus ganz Europa geben sich ein Stelldichein und absolvieren eine dreitägige Rallye (Do–Sa) über Rügen.
- **Blue Wave Festival:** Mitte Juni. Treffpunkt der europäischen Bluesszene. Rund um den Kurplatz nutzen Amateure und Profis die Veranstaltung, Ideen und Anregungen auszutauschen, Musik zu machen, Instrumente auszuprobieren und Kontakte zu knüpfen. Für Fans und Freunde des Blues ist dieses Festival, das jedes Jahr unter einem anderen Motto steht, ein Pflichttermin.
- **Monat der Bäderarchitektur:** Mai. »Treten Sie ein!« Im Monat der Bäderarchitektur öffnen zahlreiche Bädervillen ihre Türen für Besucher, gewähren Einblicke in die Geschichte und Gegenwart und präsentieren ein Stück Binzer Geschichte. Vorträge, Führungen und Workshops runden das Programm ab.
- **Duckstein Festival:** 10 Tage Mitte/Ende Aug./Anf. Sept. Livemusik, Straßentheater etc. am Binzer Strand.
- **Binzer Weihnachtsmarkt:** Dez. Klein, aber fein: Mit weniger Rummel und dafür viel mehr Beschaulichkeit lockt der Weihnachtsmarkt Engel, Licht & Meer neben dem festlich erleuchteten Kurpark.

Infos

- **Kurverwaltung Binz / Haus des Gastes:** Heinrich-Heine-Str. 7, T 038393 14 81 48, www.ostseebad-binz.de, März–Okt. Mo–Fr 9–18, Sa/So 10–18, Nov.–Feb. jeweils bis 16, Fei ganzjährig 10–16 Uhr;

Strandpromenade und Kurplatz: Hier ist immer etwas los. Und Musik gibt es nicht nur, wenn das Blue Wave Festival stattfindet.

Tourist-Info Seebrücke: Feb., Nov. Mi–So 10–16, März–Okt. tgl. 9–16, Jahreswechsel Mi–So 10–16 Uhr; **Besucherzentrum Kleinbahnhof:** Bahnhofstr. 54, Feb.–Okt. Mo, Mi–Fr 9–16, Di 9–18, Sa/So 10–16, Nov.–Jan. tgl. 9–16 Uhr.

• **Rasender Roland:** www.ruegensche-baederbahn.de. Binz liegt direkt an der Strecke der dampfenden Schmalspurbahn, die Putbus/Lauterbach mit Göhren verbindet, Haltepunkt: Kleinbahnhof Binz(-Ost, Bahnhof Binz LB, Bahnhofstr. 54), Einzelfahrkarte ab 2,40 €; s. auch Tour S. 116.

• **Binzer Bäderbahn:** www.ruegen-bahnen.de/binzer-baederbahn. Die blaue Bahn ist elektrisch auf der Straße zwischen dem Kleinbahnhof und dem Haus des Gastes unterwegs. Kostenfrei mit der Binzer Bucht Card (Kurkarte) nutzbar, keine Rundfahrt, fährt im Winter stdl. 9–17 Uhr, im Sommer alle 30 Min. 9–20 Uhr.

• **Jagdschlossexpress:** www.ruegen-bahnen.de/jagdschloss-express. Die Bimmelbahn fährt während der Öffnungszeiten des Jagdschlosses Granitz ab Seebrücke Binz mit mehreren Zwischenstopps und retour (Fahrtdauer 20–40 Min., Rundfahrtticket 10 €, 5–11 Jahre 5 €).

• **Prora Express:** www.ruegen-bahnen.de/prora-express. Der grün-weiße Zug fährt ganzjährig alle 90 Min. zwischen der Seebrücke Binz und dem Naturerbe Zentrum Prora. Auch die Museumsmeile wird erreicht (hin/zurück 10 €, 5–11 Jahre 5 €).

Die Granitz ⚲ G 7

Ideal zum Wandern

Bereits vom Binzer Strand ist der mächtige **Küstenwald Granitz** zu sehen, der trotz zahlreicher Wanderlustiger, die hier alltäglich unterwegs sind, fast unberührt wirkt. Die Granitz ist Teil des **Biosphärenreservats Südost-Rügen** (www.biosphaerenreservat-suedostruegen.de; s. auch Granitzhaus, Tour S. 102) und entsprechend geschützt. Erkunden können Sie die Gegend zu Fuß, denn ein weit verzweigtes Wanderwegenetz durchzieht den Wald. So gibt es neben der kleinen **Wanderung** (s. Tour S. 102), die hier vorgestellt wird, viele Möglichkeiten, die Gegend zu erkunden. Hauptsehenswürdigkeiten ist das Jagdschloss Granitz.

Es begann mit einem Schuss

Das **Jagdschloss Granitz,** der einst luxuriös ausgestattete Jagdsitz der Putbuser Fürstenfamilie, ist heute einer der Besuchermagnete auf Rügen. Auf 200 m² können diverse Gemälde, Kunstwerke, historische Möbelstücke und Architektenentwürfe bestaunt werden. Die meisten Gäste kommen jedoch wegen der grandiosen Aussicht vom Turm, der über 154 gusseiserne, durchbrochen gearbeitete Stufen erreicht wird.

In der Granitz, www.jagdschlossgranitz.de, Jagdschlossexpress ab Binz (s. links) oder per Auto bis Parkplatz Süllitz an der L 29 und per Jagdschloss-Shuttle (5 €, 5–11 Jahre 2,50 €, Fahrtzeiten s. obige Website) oder zu Fuß (gut 2 km), Gründonnerstag–April, Okt. tgl. 10–17, Mai–Sept. 10–18, Nov./Karmittwoch Di–So 10–16 Uhr, 6 €, bis 18 Jahre Eintritt frei

Seit Jahrtausenden besiedelt

Dass das Gebiet schon seit Jahrtausenden von Menschen bewohnt ist, zeigen zahlreiche **Grabstätten,** die Wanderer aufspüren können. Ganz in der Nähe der Haltestelle **Garftitz** des Rasenden Rolands liegen **bronzezeitliche Hügelgräber.**

750 m südwestlich von **Lancken-Granitz** erstreckt sich ein jungsteinzeitliches **Megalith- oder Dolmengräberfeld.** Es handelt sich um die vier **Großsteingräber bei Lancken-Granitz** und die vier **Großsteingräber bei Burtevitz** (auch Gräber bei Preetz), gefolgt vom **Großsteingrab Ziegensteine,** dem Rest von vier weiteren Hünengräbern. Sie gehen auf die Zeit um 3500–2800 v. Chr. zurück.

Essen

Mit dem Fürsten am Tisch

Wirtshaus Alte Brennerei: Wie man es sich so vorstellt, im Keller eines alten Jagdschlosses. Kupferkessel auf dem Boden, Malereien an den Wänden, lange Tafeln und schwere Holzmöbel bilden die Kulisse. Serviert werden nationale und regionale Gerichte – oder deftige Brotzeiten – auf rustikalen Holzbrettern. Dazu gibt es einen guten Reben- oder Gerstensaft aus handgetöpferten Bechern und Krügen nach historischem Vorbild. Anfang August wird jedes Jahr ein großes Mittelalterspektakel veranstaltet.

Jagdschloss Granitz, T 038393 328 72, www.jagdschlossgranitz.de, April, Okt. tgl. 10–17, Mai–Sept. tgl. 10–19, Nov.–März Di–So 10–17 Uhr

Ostseebad Sellin

⚲ H 7/8

Urlaubskönig Gustav

Dass mancherorts Erlebnisanbieter oder Hotels mit einem Siegel für Familienfreundlichkeit ausgezeichnet sind, ist nichts Neues. Ungewohnt erscheint, dass mit Sellin gleich ein ganzes Ostseebad solch ein Siegel trägt. Laut dem Urlaubskönig Gustav, Symbol des Qualitätssiegels Familienurlaub Mecklenburg-Vorpommern, haben Familien gut lachen im zweitbeliebtesten Ostseebad der Insel. Wie Binz ist **Sellin** (2500 Einwohner) geprägt von historischer Bäderarchitektur und jeder Menge Platz für Sonnenanbeter – z. B. am puderweißen Nordstrand. Kaum zu glauben, dass Sellin bis ins 19. Jh. hinein nichts als ein kleines Fischerdorf mit 100 Einwohnern war.

MUSIK AM STRAND

Das Meer als Kulisse und der Strand als Bühne: Drei junge Rüganer hatten 2019 die Idee, am Südstrand einen **Open-Air-Klangpavillon** (Südstrandpromenade, www.strandklangkultur.de, Juni–Aug. tgl. 10–22 Uhr) zu installieren. Mit Livekonzerten, einem Freiluftkino, Kinderveranstaltungen, einer Biostrandbar und Klangyoga schufen Malte Sodmann, Paul Reiß und Jannis Tolk an dem gern genutzten Badestrand eine Strandklangkultur. Das Konzept basiert weniger auf Kommerz als auf nachhaltigem Agieren. So kommen selbst gebaute Instrumente zum Einsatz, regionale Getränkesorten werden in Gläsern – und nicht in Plastikbechern – gereicht. Hören, schauen oder schmecken Sie doch mal vorbei.

Ein Ort, eine Straße

Machen wir es kurz. Das Leben spielt sich in Sellin auf der prominenten **Wilhelmstraße** ab. Gefühlt alle Gässchen des Ortes – nicht selten Einbahnstraßen – führen früher oder später auf die prachtvolle **Alleestraße,** deren Bau von Wilhelm Malte I., Fürst zu Putbus, angeregt wurde. Sie lädt zum Flanieren ein. In bzw. zwischen den weißen, oftmals hochgeschossigen Bäderbauten sind jede Menge Restaurants, Hotels, Souvenirlädchen oder Drogerien zu finden. Dass die Villen heute wieder so strahlen wie früher, ist nicht selbstverständlich. 1953 waren die damaligen Eigentümer der wunderschönen Häuser im Zuge der Aktion Rose enteignet und die Villen dem Feriendienst der Sozialistischen Einheitsgewerkschaft übergeben worden. Viele der Eigentümerfamilien flohen in den Westen. 1990 beschloss dann die Gemeinde, die trotz Denkmalschutz

Abends entfaltet der Strand an der Seebrücke noch einmal einen besonderen Reiz. Dann sind die Strandkörbe verwaist und das Abendlicht verbreitet eine wohlig-besinnliche Atmosphäre.

verfallenden Gebäude zurückzugeben. Daraufhin wurden die Villen in den Folgejahren aufwendig saniert. Nur zwölf von ihnen stehen heute unter Schutz.

Ebenfalls nach dem Fürsten benannt und natürlich in seiner Paradestraße lokalisiert wurde die ehemals erste Adresse des Ortes, das 1896 erbaute **Hotel Fürst Wilhelm,** das spätere Kurhaus Sellin. Nun steht zum zweiten Mal ein kompletter Neubau an. Bis Ende 2022 soll das luxuriöse Hotel **Kurhaus Sellin** entstehen und mit seiner exklusiven Lage am Hochufer punkten. Ob dieser Umbruch dem Ostseebad Sellin guttut, sei dahingestellt.

Angeschaut und abgetaucht

Das Nonplusultra in Sellin ist die mit 394 m längste **Seebrücke** auf Rügen. Von der Wilhelmstraße aus ist sie per Gondel oder über eine steile Treppe zu erreichen. In

ihrer über hundertjährigen Geschichte – sie war 1906 für 159 500 Reichsmark erbaut worden – war sie mehrmals dem Untergang geweiht: 1920 brannte das Restaurant am Brückenkopf komplett ab. 1924 zerstörten Eisschollen innerhalb von einer Stunde die komplette Seebrücke und auch Ende 1941 musste die Konstruktion, diesmal aufgrund des strengen Winters, leiden. 1992 wurde die Brücke wieder aufgebaut, und zwar so, wie sie heute bestaunt und von **Ausflugsschiffen** (Weiße Flotte, www.weisse-flotte.de) angefahren werden kann. Als eine von nur drei Seebrücken in Deutschland beheimatet sie ein **Restaurant** (www.seebrueckesellin. de, tgl. 12–20 Uhr, Gerichte ca. 12–20 €), das neben Eis to go u. a. Pasta, Fleisch- und feine Fischgerichte anbietet.

Ein echter Rekordhalter findet sich am Ende der fast 400 m langen Brücke.

Wie ein kleines Raumschiff sticht eine stählerne **Tauchgondel** hervor. Erfinder der Tauchgondel ist Andreas Wulff, der das Projekt mit seinem Partner, dem Meeresbiologen Volker Miske, im Detail plante. Inzwischen werden vier Gondeln betrieben (in Sellin, der Prototyp in Zinnowitz, Grömitz und Zingst). Trockenen Fußes und ohne Druckunterschied geht es bis auf etwa 4 m Tiefe – im Sommer wie im Winter ein tolles Erlebnis. Die Besatzung vermittelt während der Fahrt spannendes Wissen über die Ostsee und ihre Bewohner, von denen u. a. Flunder, Aale und majestätische Plattfische vor den großen Bullaugen beäugt werden können. Auch ein 3D-Unterwasserfilm wird gezeigt.

www.tauchgondel.de, tgl. (außerhalb der Ferien Mo/Di Ruhetag) April/Mai, Sept./Okt. 10–19, Juni–Aug. 10–21, Nov.–März 10–16 Uhr, Dauer 30–40 Min., 9 €, bis 15 Jahre 6 €

Urlaub trifft Alltag

Wesentlich entspannter, ruhiger und alltäglicher geht es im Ortskern von Sellin zu. In unmittelbarer Nähe der B 196 haben sich mehrere Supermärkte und Tankstellen angesiedelt. Auch das **Ahoi Rügen** (s. S. 106), eine Familienbadelandschaft, befindet sich hier. Eingebettet ist das Schwimmbad in eine **Parklandschaft,** das von der Seepark-Ferienwohnungsanlage und weiten Wiesenflächen dominiert wird. In der kalten Jahreszeit (Dez.–Feb.) treffen sich hier vor allem die jüngeren Selliner. Der Grund: eine 550 m² große **Schlittschuhbahn** (7/4 €, Schlittschuhe 3 €), die jedes Jahr aufgebaut wird.

See und Meer

Ein Stück weiter, vorbei am Kleinbahnhof des Rasenden Rolands, in Richtung Binz, geht es auf den **Selliner See** zu, der über die Baaber Bek mit dem Rügischen Bodden verbunden ist. Der wiederum

ist Teil des Greifswalder Boddens, einer Ostseebucht. Ein kleiner Steg mit Wasserwanderrastplatz sowie das Räucherschiff Bertha sind gute Wegbegleiter bei einer kleinen Runde entlang des doch recht großen Sees (ca. 2 km lang und 850 m breit). Vielleicht die bessere Alternative in der Hochsaison, wenn Klein und Groß die Strände der Ostsee zum Glühen bringen.

Seedorf 📍 G 7/8

Ein See am Dorf

Das kleine, zu Sellin gehörende Dörfchen Seedorf am Neuensiener See ist an Idylle kaum zu überbieten und glücklicherweise vom Massentourismus verschont geblieben. Direkt im Ort liegt die kleine **Marina,** die schnittige Segler genauso beherbergt wie alte Fischerboote. Unweit des Ufers gibt es mehrere kleine Gaststätten, die für das leibliche Wohl sorgen. Zuvor lohnt sich ein Spaziergang, u. a. über die **Holzbrücke,** welche die schmale Verbindung zur Having quert. Die Having ist eine Bucht des Rügischen Boddens.

Museen

Das Gold des Meeres

Bernsteinmuseum: Alle zwei Jahre wird im benachbarten Göhren eine junge Dame zur Bernsteinkönigin gekürt. Ihre Krone besteht natürlich vor allem aus Bernsteinen. Gefertigt hat sie der Goldschmiedemeister Jürgen Kintzel, der 1999 hinter seiner Ladenwerkstatt ein privates Museum eröffnete. In den Vitrinen wird die Entstehungsgeschichte des wertvollen Strandguts dargestellt – und die Bernsteinkrone, als Kopie, gezeigt. Das Original befindet sich in der Selliner Kurverwaltung.

Granitzer Str. 43, www.bernsteinmuseum-sellin.de, Mo–Fr 10–12, 14–17.30, Sa 10–12 Uhr, 1,50 €

TOUR
Sagenhafter Meerwald

Wanderung durch die Granitz – von Sellin nach Binz

Fast unberührt wirkt der Wald der Granitz, vielleicht weil bis heute keine offizielle Straße durch das Naturschutzgebiet führt. Dafür führen stille Wege entlang des Hochufers oder durchs dichte Gestrüpp, das immer wieder von alten Buchen und Traubeneichen unterbrochen wird. Verlaufen können Sie sich hier kaum, die interessanten Ziele sind gut ausgeschildert.

Von der **Seebrücke** in **Sellin** aus geht es über die Straße Am Hochufer auf den Hochuferwanderweg. Nach rund einer halben Stunde (gut 2 km) öffnet sich der Blick rechts hinab auf die Ostsee und das **Steilufer**. Hier biegen Sie nach links ab und folgen der Beschilderung zum **Schwarzen See**. Ein wenig unheimlich ist es dort, nicht nur wegen des Namens und der furchteinflößenden Größe von 23 ha. Vielmehr wegen einer Sage, die sich die Binzer schon seit Jahrhunderten erzählen. So soll eines Tages ein Prinz zur Jagd in die Wälder der Granitz aufgebrochen sein. Als er zu seinem Schloss zurückkehrte, war an dessen Stelle nur noch ein schwarzer See. Auf dem See dümpelte noch ein Stuhl, auf dem die reich verzierten Handschuhe des Prinzen lagen. Der eitle Königssohn rettete statt des Stuhles, der ein Zeichen der Gastfreundschaft ist, nur seine Handschuhe. Da versank

Halten Sie Ausschau: Fürst Wilhelm Malte I. zu Putbus ließ in der Granitz an vielen Kreuzungen und Einmündungen Wegweiser errichten, die noch heute zu bestaunen sind.

*Ein Abstecher
zum Jagdschloss
Granitz lohnt sich
auf jeden Fall.*

Infos

Start/Ziel:
Sellin (Seebrücke)
📍 H 7 / Binz (Klein-
bahnhof) 📍 G 7

Länge:
ca. 9 km

Granitzhaus:
Am Jagdschloss Gra-
nitz, www.biosphae
renreservat-sued
ostruegen.de, tgl.
Mai–Sept. 10–18,
Okt. 10–16 Uhr

**Jagdschloss
Granitz:**
s. S. 98

**Wirtshaus Alte
Brennerei:**
s. S. 99

Rasender Roland:
s. S. 98

auch der Stuhl und der Prinz wurde in eine Eiche verwandelt, die heute noch, alt und knorrig, am Ufer des Schwarzen Sees steht.

Vom See gehen Sie zurück auf den Hauptweg, dem Sie nach links bis zur **Kreuzeiche** folgen. Hier halten Sie sich geradeaus und steuern das nächste Ziel, das südlich gelegene **Grab eines Finnischen Kriegers,** an. Eine gusseiserne Platte mit der Aufschrift »Hier ruht ein Finnischer Krieger« kennzeichnet es. Sie fragen sich, wieso hier ein Soldat aus Finnland ruht? 1806 wurden Soldaten des schwedischen Heeres, in dem auch Finnen dienten, auf Rügen einquartiert – und eben auch in der Granitz. Sie kämpften im Dritten Napoleonischen Krieg gegen die Franzosen. Als die schwedischen Truppen abzogen, erkrankte ein Soldat und musste zurückbleiben. Er verstarb und fand hier seine Ruhestatt. Nun folgen Sie dem Weg weiter, zweimal müssen Sie links abbiegen, Richtung Jagdschloss Granitz.

Gegenüber dem Schloss liegt das **Granitzhaus.** Das frühere Forst- und Gasthaus der Fürsten zu Putbus beherbergt heute das Informationszentrum zum Biosphärenreservat Südost-Rügen. In der Ausstellung erfahren Sie Wissenswertes über das Naturschutzgebiet, aber auch über die Geschichte des Hauses selbst.

Jetzt sind Sie auf dem 107 m hohen **Tempelberg.** Hier stand im 18. Jh. ein kleines, sechseckiges Belvedere, das dem Hügel seinen Namen gab. Heute wartet an gleicher Stelle das **Jagdschloss Granitz** des Putbuser Fürsten Wilhelm Malte I.

Nach der Schlossbesichtigung liegen noch 2 km vor Ihnen, bis Sie den **Kleinbahnhof** in Binz erreichen, von wo aus Sie mit dem Rasenden Roland nach Sellin zurückfahren können. Wenn Sie noch Zeit und Kraft haben, können Sie natürlich auch nach Binz hineinlaufen und die weiße Bäderarchitektur des Seebads (s. S. 88, Tour S. 94) bewundern.

Schiff ahoi

Museum Seefahrerhaus: Das Museum in einem neu gebauten Reetdachhaus widmet sich dem Leben und Arbeiten der Seefahrer der Region. Im Mittelpunkt der Ausstellung steht die Sammlung des Selliner Ortschronisten Gerhard Parchow. Akribisch führte er Relikte der Seefahrerzeit zusammen, wobei es ihm weniger um teuer gehandelte Objekte ging als um aussagekräftige Gegenstände aus dem Alltag. Gezeigt werden die Arbeitsgeräte der Fischer und Bootsbauer, alte Navigationsgeräte, Schiffsmodelle, Gemälde und Mobiliar. Besonders eindrucksvoll: ein amerikanisches Logbuch aus dem Jahr 1886. Im Obergeschoss gibt es eine Fossilienausstellung.
Seestr. 17b, www.ostseebad-sellin.de/museum-seefahrerhaus, Jan.–Nov. Di–So 10–16 Uhr, Eintritt frei

Schlafen

Echte Bäderromantik

Roewers Privathotel: Mehrere Villen gehören zum Fünf-Sterne-Wellnesshotel, das direkt in der Wilhelmstraße liegt und seit Generationen im Familienbesitz ist. Wem es in Sellin City zu trubelig zugeht, der findet hier Ruhe und Erholung – sowohl im historischen Hotel als auch bei einem Spaziergang auf dem 8000 m^2 großen Parkgrundstück. Zum Wellnessangebot gehören ein Innenpool mit Sauna, ein Rooftop-Pool mit Sauna und ein Spa. Im Roewers gibt es auch zwei Restaurants, darunter das Ambiance (tgl. 18–22 Uhr, mediterrane Hauptgerichte ab 20 €) mit Terrasse, erstklassigem Essen und Service.
Wilhelmstr. 34, T 038303 45 96 52, www.roewers.de, DZ/ÜF (Comfort-/unterste Kategorie) ab 139 € in der Neben-, 229 € in der Hauptsaison

Beste Aussicht auf Rügen

Cliff Hotel Rügen Resort & Spa: Wer hier eincheckt, erlebt Rügens beste Aussicht und ein Stück DDR-Geschichte. Das Cliff Hotel diente seit 1978 Gästen der Partei um Erich Honecker als Unterkunft. Das Gebäude selbst ist aufwendig mit Sandstein im Bauhausstil errichtet worden – nüchtern, gänzlich ohne Schnörkel. Die Schwimmbadüberdachung entwarf Ulrich Müther (s. S. 278). Heute bietet das Hotel Ruhesuchenden bezahlbare Unterkünfte auf gutem Niveau. Auch hier gibt es Pool und Sauna, Wellnessangebote – und einen Aufzug zum hoteleigenen Strand. Kinder sind gern gesehene Gäste. Sie erhalten gleich bei der Ankunft einen Piratenausweis und können im Kinderclub auf Touren kommen. Im Spiegelsaal des Hotels regelmäßig Kino, auch für Nicht-Hotelgäste.
Cliff am Meer 1, T 038303 80, www.cliff-hotel.de, DZ/ÜF in der Nebensaison ab 100 €, in der Hauptsaison (Mindestaufenthalt 2 Nächte) ab ca. 160 € für ein kleines DZ

Elegant am Wasser

Hotel Bernstein: Familie Dorissen führt das Vier-Sterne-Superior-Hotel, das sich direkt an das Hochufer des Ostseebads schmiegt. An schönen Tagen bietet sich von hier ein Ausblick bis zu den berühmten Kreidefelsen im Nationalpark Jasmund. Vor allem für Wellnesssuchende und Genussurlauber zu empfehlen – das Restaurant (tgl. 12–21.30 Uhr, durchgehend warme Küche), auch für Nicht-Hotelgäste empfehlenswert, hat sich der regionalen Esskultur Rügens verschrieben.
Hochuferpromenade 8, T 038303 17 17, www.hotel-bernstein.de, DZ/ÜF mit Meerblick in der Hauptsaison ab 111 €

Nord- trifft Ostsee

Friesenhus Sellin: Zwei komfortable Ferienwohnungen in guter Lage, rund zwölf Gehminuten von der Seebrücke und fünf Minuten vom Selliner See entfernt. Die Wohnungen sind großzügig gestaltet und bestehen aus drei Zimmern, verteilt auf 80 bzw. 90 m^2. Betrieben wird das perfekte Familiendomizil auf Zeit mit eigener Grillterrasse, Garten und/oder Strandkorb von der Familie Schulenberg. Am Gutshof 4, T 0157 38 23 58 99, www. friesenhus-sellin.de, 5 Übernachtungen (1–4 Pers.) 475–835 € je nach Saison

Gut gelegen und für Kinder
Seepark Ferienwohnungen: Eine noch recht neue und hochwertig ausgestatte Apartmentanlage, die im typischen Bäderarchitekturstil errichtet ist. Die Lage ist ein guter Kompromiss – die Wilhelmstraße und der Strand sind genauso gut und schnell wie der ÖPNV und zahlreiche Restaurants zu erreichen. Dank des großen Kinderspielplatzes und des nahe gelegenen Spaßbads auch perfekt für Familien. Granitzer Str. 8, T 038303 89 70, www.seepark-sellin.de, Apartment/2 Pers. 30–300 € je nach Saison und Kategorie

Essen

Wo der Schaffner vorbeikommt
Kleinbahnhof Sellin: In nostalgischer Bahnatmosphäre wird deftig-norddeutsche Küche serviert, vor allem Fisch und Schnitzel. Sie haben die Wahl, ob Sie in der 1., 2. oder 3. Klasse Platz nehmen. Ein besonderer Blickfang sind die Elemente originaler Zugwaggons und natürlich der Rasende Roland, wenn er schnaufend vorbeirauscht. An der B 196 Nr. 3, T 038303 879 71, www.kleinbahnhof-sellin.de, tgl. 12–20 Uhr, Hauptgerichte 10–20 €

Beim Fischer zu Hause
54° Nord Fisch & Mee(h)r: Im Fischladen von Walburga und Ernst Mühlbach werden regionale Souvenirs neben handgemachten Leckereien angeboten. Letztere stehen im Mittelpunkt, in Form von frischem Räucherfisch und Fischspezialitäten. Das Ambiente mit Fischernetzen und Fischerboot auf der Terrasse entzückt. Lassen Sie sich am besten Pommernhering, hergestellt

Mitten auf der Wilhelmstraße können Sie im gleichnamigen Café rasten – mit Blick auf schöne Bäderarchitektur.

nach der Rezeptur von Oma Mühlbach, schmecken. Dazu ein Glas Boddenbowle. Nebenan im Haus Iduna vermieten Mühlbachs auch vier Ferienwohnungen. 54° Nord: Wilhelmstr. 4, www.haus-iduna.de/fischladen.html; Haus Iduna: Luftbadstr. 2, T 03803 17 90, www.haus-iduna.de

Dampfende Spezialitäten
Café Wilhelm: Zentraler und charmanter Anlaufpunkt, um zu frühstücken oder Kaffee zu trinken, drinnen oder draußen auf der schönen und großen Terrasse. In der Saison ist das Café fast immer gut besucht. Neben opulenten Tortenkreationen aus der hauseigenen Konditorei warten Backwaren aus Rügens einzigem kohlebeheizten Dampfbackofen auf Genießer. Ob man es schmeckt? Probieren Sie es aus! Wilhelmstr. 30, www.dampfbaeckerei-ruegen.de, tgl. 7–18 Uhr

Einmalige Aussicht

Kleine Melodie: Restaurant mit Biergarten, prima Lage und exzellenter Aussicht. Das Uferlokal direkt an der Strandpromenade am Ortsausgang Richtung Baabe bietet gutbürgerliche Küche an. Eine eigene Fischräucherei auf dem Hof und die maritime Gestaltung des Innenraums tun ihr Übriges, um zum rundum perfekten Urlaubstag beizutragen. Die Atmosphäre ist ungezwungen, Kinder sind sehr willkommen.

Südstrandpromenade 3, T 038303 856 16, www.kleinemelodie.net, April/Mai, Sept./ Okt. 10.30–20, Juni–Aug. 11.30–21, Nov., 27. Dez.–März 12–17 Uhr, Gerichte meist um 15 €

Bewegen

Sportlicher Spaß

Minigolf Seepark Putter: Die erste Minigolfanlage mit 18 skandinavischen Filzbahnen finden Sie im Seepark Sellin. Inmitten der weißen Bäderarchitekturlandschaft schlagen Sie auf ihren Bahnen Bälle in kleine Löcher, ideal für gemeinsame Familienabenteuer. Übrigens: Wussten Sie schon, dass die Minigolfprofis sogar in einer Bundesliga organisiert sind?

Mönchguter Str. 4, www.minigolfruegen.de, Schläger und Bälle an der Rezeption des Seeparks Sellin, tgl. 8–18 Uhr

Badeparadies

Ahoi Rügen: Vor allem an Regentagen ist diese nicht allzu große Wassererlebniswelt eine gute Wahl. Sie bietet alles, was man braucht: Sprudelliegen, Aromagrotten, Dampfbäder, Saunen und natürlich jede Menge Spieloasen für kleine Wassergeister. Wer etwas Mut hat, schwingt sich auf die Black-Hole-Rutsche. Wer noch nicht schwimmen kann, lernt es spielerisch im Urlaub: Die Schwimmschule bietet nach Vereinbarung 45-minütige Einheiten für alle Altersgruppen.

Badstr. 1, www.ahoi-ruegen.com, tgl. Karfreitag–Okt. 10–22, Nov.–Gründonnerstag 14–21 Uhr, Sauna ganzjährig tgl. ab 14 Uhr, 3 Std./Tageskarte 15/19 €, 3–14 Jahre 11/14 €, bis 3 Jahre 2 €, auch Familienkarten, Saunaaufschlag 5 €/Pers.

Wintervergnügen

Eisbahn: Aufs Glatteis lockt die Selliner Eisbahn, die jedes Jahr von Dezember bis Februar im Seepark Sellin aufgebaut ist. 550 m² spiegelglattes Eis garantieren Vergnügen für Groß und Klein. Wer friert, geht in den beheizten Gastropavillon und schlürft einen Glühwein.

Mönchguter Str. 4, www.eisbahn-sellin. de, Dez.–Feb. tgl. 12–20 Uhr (2019/20), Mi ab 17 Uhr Eishockey, Fr 15–20 Uhr Eisdisco, Tageskarte 7 €, bis 14 Jahre 4 €, Schlittschuhausleihe 3 €

Feiern

- **Hafenfest Sellin:** Sa–Mo Ende Mai/Anf. Juni. Nordisch gelassen geht es beim Hafenfest zu. Gute Musik am Kai des Selliner Sees, Hafenrundfahrten etc.
- **Hafenfest Seedorf:** Fr/Sa Mitte Juli. Spaß für die ganze Familie am wunderschönen Neuensiener See, rund 10 Autominuten von Sellin. Livemusik, Schlemmerbuden, Hüpfburgen und maritimes Flair.
- **Seebrückenfest:** Ende Juli Fr–So. Die Grande Dame der Bäderarchitektur wird einmal jährlich mit einem großen Feuerwerk (Sa 23 Uhr) geehrt. Davor und danach gibt es Konzerte, Tanzpartys, Kinderschminken, Jonglage oder wandernde Blasorchester – fast alles davon am Strand oder eben auf der Seebrücke.

Infos

- **www.ostseebad-sellin.de:** Veranstaltungen, allgemeine Infos und Onlinebuchung von Unterkünften.

- **Kurverwaltung Sellin:** Warmbadstr. 4, T 038303 160, Jan.–April, Okt.–Dez. Mo–Fr 8.30–16.30 Mai–Sept. Mo–Fr 8.30–18, Sa/So 10–14 Uhr. Allgemeine Informationen, Zimmervermittlung, Ticketservice für Veranstaltungen, Verkauf von Wanderkarten, Bibliothek.
- **Info-Point:** Seeparkpromenade 1, T 038303 162 22, Mai–Juni, Sept./Okt. tgl. 9–17, Juli/Aug. tgl. 9–18, Nov.–April Mo–Fr 9–17, Sa/So 10–14 Uhr. Nahezu gleicher Service wie bei der Kurverwaltung im Zentrum.

Halbinsel Mönchgut

⭐ 📍 H 7–G/H 9

Schatzkästchen

Südlich von Sellin befinden Sie sich im Herzen des Mönchguts, Rügens südöstlichem Zipfel. Das kleine Schatzkästchen bietet trotz der Urlauberströme im Sommer – darunter eine beträchtliche Anzahl an Wohnmobilisten und Caravanfreunden – weite, unberührte Landschaften, die nicht selten nur von kleinen, verschlafenen Fischerdörfchen aufgelockert werden. Auf engstem Raum gibt es Wälder, Berge (Süddeutsche würde Hügel sagen!), feine Sandstrände, steile Ufer, quirlige Badeorte und eben einsame Dörfer. Damit sich die Vielfalt und Schönheit der Natur auch in naher Zukunft nicht ändert, wurde das Mönchgut zusammen mit der Granitz (s. S. 98) zum **Biosphärenreservat Südost-Rügen** erklärt.

Im Zeichen der Mönche

Immer wieder wird Ihnen beim Besuch der Region das Wort **Mönch** begegnen – ob in Straßennamen, auf dem Restaurantschild oder bei der Betitelung ganzer Landstriche. Im Jahr 1252 erhielten Zisterziensermönche des Klosters Eldena bei Greifswald die Halbinsel als Lehen. 1295 ließen sie sich den Klosterbesitz unter der Bezeichnung **Dat Mönke Guedt** beurkunden, um es in den folgenden Jahrhunderten intensiv für ihre kirchliche und gesellschaftliche Arbeit zu nutzen. Bis ins 17. Jh. lebten Mönche und Bauern auf dem Mönchgut weitgehend isoliert, und auch später galten die Poken, wie sie von anderen Rüganern abwertend genannt wurden, als Eigenbrötler und verschwiegen.

Ostseebad Baabe
📍 H 7

Tor auf fürs Mönchgut

Baabe können Sie beim besten Willen nicht verfehlen. Auf der Bundesstraße von Sellin in Richtung Süden passieren Sie zwangsläufig die ehemalige Fischersiedlung, an der heute noch einige der letzten Strandfischer Rügens ihrem fast ausgestorbenen Gewerbe nachgehen. Direkt am Ortseingang fahren Sie unter einem riesigen, dunkelbraunen **Holzbogen** hindurch, der das Tor zum Mönchgut markiert. Links und rechts des Torbogens sehen Sie zwei Holzfiguren: einen Mann und eine Frau in der für die Region typischen Tracht.

Wer genauer hinsieht, erkennt beim Blick Richtung Selliner See den **Mönchgraben,** der wohl schon zur Zeit der Slawen die Granitz und das Mönchgut voneinander trennte.

Rügens Champs-Élysées

Sie haben zwei Möglichkeiten: Entweder Sie biegen kurz nach dem Ortseingang, an dem einige Supermärkte zu finden sind, gen Ostseestrand ab oder Sie wählen den entgegengesetzten Weg in Richtung Selliner See. Während der letzte Teil Baabes vorrangig aus Ferienhäusern, Pensionen und dem einen oder anderen

Ein Ruderboot als Minifähre bringt Sie über die Baaber Bek. Im Hintergrund ist das Hotel Solthus am See in Sicht.

Hotel besteht, bietet die alleeartige, durch eine Grünanlage mittig getrennte **Strandstraße** ein Flair wie die berühmte Pariser Straße. Beidseits laden kleine Boutiquen und Restaurants zum Flanieren, Stöbern und Schlemmen ein. Ferienwohnungen gibt es hier ebenfalls zuhauf. Am Ende der Strandstraße stoßen Sie auf den mit hohen Bäumen bestandenen **Kurpark.** Dort finden Sie die obligatorische **Bühne** sowie das **Haus des Gastes** samt großzügigem **Spielplatz.** Dahinter wartet ein 2 km langer **Strand** auf Sonnenanbeter, Surfer und buddelnde Sandexperten.

Auf zum Bollwerk

Kurz vor dem Ortsausgang in Richtung Middelhagen sollten Sie einen Abstecher in den alten Ortsteil von Baabe unternehmen. Über die Bollwerkstraße, in der nach wenigen Hundert Metern auch Jürgen Kriegers traditionelle Gaststätte und Fischräucherei **Zum Fischer**

(s. S. 110) zu finden ist, geht es zum kleinen **Binnenhafen** von Baabe. Lassen Sie Ihr Auto am Parkplatz am **Baaber Bollwerk** stehen und spazieren Sie ein paar Schritte durch den Hafen, der in unmittelbarer Nachbarschaft des wundervollen, reetgedeckten Hotels **Solthus am See** (s. S. 109) liegt. Wenn es nicht mehr weitergeht, stehen Sie wahrscheinlich am **Fähranleger,** der eher wie eine Bushaltestelle daherkommt. Hier startet eine kleine **Fähre** über die Baaber Bek nach **Moritzdorf.** Die Wasserstrecke ist nicht allzu lang: Nur rund 50 m trennen die Ufer der Bek, die den Selliner See mit der Boddenbucht Having verbinden.

Museen

Fisch-Allerlei

Mönchguter Küstenfischermuseum: Das klitzekleine Freilichtmuseum zeigt die

Tradition der auf der Halbinsel lebenden Fischer und Bootsbauer. Zu den spannendsten Exponaten zählt eine Heringssortiermaschine sowie das knapp 10 m lange Motorboot Ossi.

Bollwerkstr./Ecke Dorfstr., www.moenchgutermuseen.de, tgl. 9–20 Uhr, Eintritt frei

Schlafen

Exklusiv und eine Augenweide
Solthus am See: Direkt am Hafen liegt das großzügige und gepflegte Hotel mit Reetdach, dessen Zimmer Aussicht auf die Baaber Heide, den Greifswalder Bodden oder den Selliner See bieten. Die Innengestaltung ist skandinavisch inspiriert, der Wellnessbereich mit Pool, Biosauna, Dampfbad und Infrarotkabine erstklassig. Am Abend sollten Sie im hauseigenen Restaurant Heimatküche (Di–Sa ab 18 Uhr, nicht an Fei, Hauptgerichte ca. 20–30 €) essen. Sowohl das Fleisch als auch der Schnaps kommen – wie der Name schon hoffen lässt – aus der Region. Gut für Paare, die eine Auszeit genießen wollen.

Bollwerkstr. 1, T 038303 871 60, www.solthus.de, DZ/ÜF 74–168 € je nach Saison und Kategorie

All inclusive für die ganze Familie
Familien- und Gesundheitshotel Villa Sano: Moderne Zimmer, eine Rundum-Verpflegung, tolle Spieloasen und eine perfekte Baby- und Kinderbetreuung machen das Hotel zum ersten Anlaufpunkt für kleine und große Familien in Baabe. Aber auch Gesundheitsurlaubern wird einiges geboten, etwa Yoga, Fasten oder Wellnessarrangements. Die Paketangebote für Familien, für Wellness- oder Fastentage lohnen einen Blick.

Strandstr. 12–14, T 038303 126 60, www.villasano.de, DZ/ÜF ca. 90–150 € je nach Saison und Kategorie, in der Hauptsaison Mindestaufenthalt, auch Familienzimmer

RUDERND ÜBER DIE BAABER BEK

Die kleine **Personenfähre** über die Baaber Bek gibt es seit 1891. Heute können maximal 15 Personen (0,50 €/Pers.) meist in einem hölzernen Ruderboot, mitunter auch mit einem kleinen Motorboot hier übersetzen. Auch Fahrräder (1 €) und Kinderwagen werden mitgenommen. Wer von Baabe nach Sellin möchte, erspart sich mit der Fähre den 8 km langen Umweg um den Selliner See. Zwar gab es ab 1887 Pläne für eine Brücke, doch gebaut wurde sie bis heute nicht. Die Fähre verkehrt das ganze Jahr über nach Bedarf: Durch Schlagen eines Metallrohrs oder lautes Rufen können Sie sie heranholen. Auch eine Mobilfunknummer ist im Wartehäuschen ausgewiesen.

Familiär und traditionell
Hotel Villa Granitz: Familie Lohse führt ihr Haus sehr liebevoll bereits in zweiter Generation. Das Vier-Sterne-Haus ist im traditionellen Bäderstil gebaut, aber noch keine 30 Jahre alt. Üppiges Frühstücksbüfett und eine tolle Bar, die aus einem umgebauten Ostsee-Fischkutter besteht.

Birkenallee 17, T 038303 14 10, www.villa-granitz.de, DZ/ÜF 88–126 € je nach Saison und Kategorie

Verträumt
Hotel Moritzdorf: Lage, Lage, Lage! Malerisch an der Baaber Bek gelegen, sodass das Hotelzimmer fast zur Nebensache wird. Aber auch das Haus selbst, das 1996 abgerissen und wieder im ortsüblichen Stil aufgebaut wurde, bietet Flair und Komfort. Besonders verzaubernd im Winter.

Moritzdorf 15, T 038303 186, www.hotel-moritzdorf.de, DZ/ÜF 62–148 € je nach Saison und Kategorie

Alles drin und modern

Achter de Dün: zwei urgemütliche Ferienhäuser in für Rügen untypischer Holzbauweise. Zwei Etagen, modern und offen gestaltet mit allem, was das Herz begehrt. Für die kühleren Tage stehen ein Kamin und eine Sauna zur Verfügung. Direkt hinter den Dünen unweit des Strandes gelegen.
Bollwerkstr. 10 b, T 0177 312 91 12, www. ferienhaus-baabe.de, 70–165 €/Nacht je nach Saison

Essen

Einer der Letzten seiner Art

Zum Fischer: Roberto Brandt (s. auch S. 259) ist einer der letzten Strandfischer auf der Insel Rügen und führt die Tradition des 1847 gegründeten Familienunternehmens fort. Wer morgens auf den Hof einbiegt, taucht meist noch in die frischen Räucherschwaden ein. Gefischt wird fast bei jedem Wetter und zu jeder Jahreszeit. Im Hofverkauf gibt es Fisch zum Mitnehmen oder einen Fischimbiss im kleinen Restaurant bzw. auf der Sonnenterrasse.
Bollwerkstr. 6, T 038303 864 28, www.zum fischer.de, Mo–Do 12–20, Fr–So 9–20 Uhr

Das doppelte Lottchen

Café Klatsch: Die Zwillingsschwestern und waschechten Rüganerinnen Andrea und Dorina haben sich ihren Traum erfüllt und bieten täglich bis zu zwölf verschiedene Torten an. Zu den süßen Verführungen werden Tee- und Kaffeespezialitäten gereicht.
Am Kurpark 2, T 0172 302 70 58, www. baabe-cafeklatsch.de, März–Okt. Mi–So 12–18 Uhr

Süß mit Stil

Teestube Baabe: Das Ambiente ist zwar unspektakulär, das Teeangebot (rund 40 Sorten) jedoch begeistert nicht nur Liebhaber. Perfekt wird der Besuch bei packender Jazzmusik oder anderen Liveveranstaltungen, die regelmäßig stattfinden. Ein Blick auf die Facebook-Seite zeigt aktuelle Gigs.
Strandstr. 30, T 038303 121 71, www. facebook.com/TeestubeBaabe, Mai–Okt. tgl. 12–21, sonst Mi–So 17–20.30 Uhr (mitunter Sonderöffnungen)

Bewegen

Gut zu Fuß

Wanderung rund um den Selliner See: Am besten starten Sie die kleine Tour (ca. 5 km, gut 2 Std.) am Uferweg in Baabe. Über die Bollwerkstraße geht es an die **Baaber Bek** und mit der kleinen Ruderfähre ins idyllische **Moritzdorf.** Von dort laufen Sie vorbei am **Großsteingrab Altensien** und durch **Sellin** zurück zum Ausgangspunkt.

Räucherfisch gefällig? Frisch und hausgeräuchert bekommen Sie ihn von Roberto Brandt.

Radeln, Surfen, Kiten
Casa Atlantis: Ein Anbieter mit vielen Offerten, u. a. einem Hotel, (Tapas-)Restaurant und mehreren ›Fincas‹. Im Mittelpunkt steht jedoch eine Kite-, Surf- und Segelschule, die Familie Reichhardt im Stil ihrer früheren Heimat Fuerteventura aufgebaut hat. Auch Fahrräder können geliehen werden.
Strandstr. 5, www.casa-atlantis.de, Kitesurfkurs 120 €/Tag, Windsurfkurs 80 €/Tag, Vermietung von Fahrrädern 6–15 €/Tag, E-Bikes 20–35 €/Tag

Mal kurz auf Expedition
Weiße Flotte: Es war eine Sensation, als vor einigen Jahren erste Kegelrobben in der Ostsee vor Rügen gesichtet wurden. Nicht, weil sie hier eigentlich nicht heimisch sind, im Gegenteil: Sie verließen einst die Gewässer des Greifswalder Boddens und galten als verschwunden. Langsam erholt sich der Bestand wieder. Die Robbenexkursionen werden nicht nur zur Freude von Urlaubern angeboten. Ergebnisse der Ausfahrten erhalten auch Forschungseinrichtungen und Ämter. Die Weiße Flotte bietet auch Ausflugsfahrten auf dem Bodden und weitere Touren an.
Bollwerk, Hafen Baabe, T 03831 268 10, www.weisse-flotte.de, Tickets bei den Kurverwaltungen, Tourist-Infos und direkt an Bord (am besten reservieren!)

Ausgehen

Spaß im Souterrain
Lachmöwe: bekannteste Kabarettbühne auf dem Mönchgut. Duos und Trios, aber auch EinzelkämpferInnen aus ganz Deutschland treten auf und bringen die Gäste in dem kleinen Raum zum Lachen. Dazu gibt's leckere Getränke.
Strandstr. 24, T 038303 990 75, www.kaba rett-theater-lachmoewe.de, unter 20 €, in der Hauptsaison oft ausgebucht (Reservierung empfohlen!)

INKLUSION IM URLAUB

Gehbehinderte Urlauber finden am Hauptstrand von Baabe einen gepflasterten Weg bis zur Düne vor. Dort sind Matten ausgelegt, die ein Vorankommen ermöglichen. Von Mitte Juni bis Mitte August steht am Rettungsturm ein mobiles Gerät zur Verfügung, mit dem auf einen Rollstuhl Angewiesene bequem ans Wasser gefahren werden können.

Infos

- **www.baabe.de:** Veranstaltungen, allgemeine Infos und Onlinebuchung von Unterkünften.
- **Haus des Gastes:** Am Kurpark 9, T 03803 14 20, Juli–Sept. tgl. 9–18 Uhr, sonst variierend (meist Mo–Sa 10–17 Uhr).
- **Infopavillon:** Strandstr., Mai–Sept. Mo–Fr 9–14 Uhr.
- **Verkehr:** Baabe ist gut mit dem Rasenden Roland und per Bus erreichbar. Ausflugsschiffe der Weißen Flotte (www. weisse-flotte.de) landen am Hafen Bollwerk an der Baaber Bek an.
- **Uns lütt Bahn:** Die kleine, grün-weiße, elektrisch betriebene Ortsbahn fährt von Ostern bis Ende Oktober durch Baabe. Nutzung mit der Kurkarte kostenfrei. Haltestellen u. a. am Lidl-Parkplatz und an der Selliner Seebrücke.

Ostseebad Göhren   ♀ H8

Es kann auch ganz schön hügelig auf Rügen sein – werden Sie feststellen, wenn Sie der B 196 in Richtung Göhren folgen. Die steilen Gassen und Straßen des größten Ortes auf dem Mönchgut erinnern fast ein wenig an die amerikanische

Metropole San Francisco. Fehlt nur noch die alte Kabelstraßenbahn, die in Göhren gekonnt durch einen Schrägaufzug (s. Kasten) mit Gondel gedoubelt wird.

Ganz für sich steht hingegen die Ruhe und Gelassenheit des Ostseebads, der und dem Sie sich am besten bei einer Runde durch den **Hochuferwald** auf dem **Nordperd** nähern. Von der Landzunge aus haben Sie den perfekten Überblick über den Ort und seine malerischen Sandstrände.

Highlife im Norden

Vom **oberen Ortsteil,** in dem nicht nur die Göhrener **Dorfkirche** (Neue Kirchstr.) als eines der jüngsten Gotteshäuser der Insel steht, sondern auch allerlei **Restaurants, Eisdielen** und **Pensionen** um Gäste buhlen, ist es nur ein kleiner Spaziergang zur Meereslinie. Bequemer schweben Sie mit der **Schrägaufzuggondel** (1 €) talwärts, schneller geht es mit dem Auto, das Sie im neuen **Park-haus** direkt am belebten **Nordstrand** parken. Dann wartet das Getümmel. Entweder entlang der prachtvollen **Strandpromenade**, auf der erst 1993 gebauten, 350 m langen **Seebrücke** oder direkt auf dem **Sandstrand.** Übrigens sind hier auch (zwischen den Strandabgängen 5 und 8) Mecklenburg-Vorpommerns erste Nichtraucherstrandbereiche zu finden.

Strandkorbvermietung an den Abgängen 1–9; 7–10 €/Tag; mobile Strandversorgung mit Eis und Co. Mai–Aug. bei Sommerwetter tgl. 10–18 Uhr

Wild-natürlich im Süden

Wer es ruhiger mag, dem bietet der **Südstrand** die passende Alternative. Dieser ist auch im Hochsommer nur wenig bevölkert und wartet zugleich mit malerischer Schönheit auf. Hier können Sie auch einen kleinen **Schiffsfriedhof** besuchen und sich den mächtigen Kiel des aufgebockten **Fischkutters Luise** von unten ansehen. Der kleine Frachter war Anfang des 20. Jh., angetrieben von einem sogenannten Glühkopfmotor, auf der Ostsee unterwegs, wurde jedoch in den 1940er-Jahren von der Wehrmacht beschlagnahmt und später von der Gemeinde Göhren zum Schrottpreis aufgekauft.

Museen

Das Leben der Fischer

Heimatmuseum: In dem alten, reetgedeckten (frisch sanierten) Bauernhaus, das als Paradebeispiel eines typischen Mönchguter Wohnhauses genannt werden kann, werden Seemannsmitbringsel, Mönchguter Trachten, Schiffsmodelle und die Geologie der Region vorgestellt. Kurzum: Wer einen Überblick über das frühere Leben und die einstige Arbeit der Mönchguter bekommen möchte, ist hier genau richtig. Sonderausstellungen mit regionalem Bezug ergänzen das Angebot.

AUFZUG GEFÄLLIG? **A**

Seit 2014 ist er fertiggestellt, der Göhrener **Schrägaufzug,** der die 30 m Höhenunterschied zwischen Ortszentrum und Strand auf einer Strecke von 100 m überwindet. Der Aufzug geriet vor einigen Jahren in die Schlagzeilen, da er direkt nach dem Bau wieder stillgelegt wurde. Das 1,5 Mio. € teure Projekt durfte keine Passagiere befördern, weil der TÜV einen fehlenden Sicherheitszaun rechts und links der Anlage bemängelte. Jetzt fährt er, aber ob der Aufzug wirklich Not tut, ist bis heute umstritten. Insbesondere die Göhrener selbst bezweifeln den Nutzen und kritisieren die Optik im von historischen Bäderbauten geprägten Ostseebad.

Wer weder Strandpromenade noch Seebrücke braucht, der macht sich in Göhren zum Südstrand auf, der erheblich weniger frequentiert ist. Hier lautet die Devise: Dünen, Sand und Meer – Natur pur.

Strandstr. 1, www.moenchguter-museen.de, Mai–Okt. Di, Do, Sa 10–16 Uhr, 3,50 €, bis 7 Jahre Eintritt frei

Schlafen

Gesund im Schlaf

Akzent Waldhotel: Das Hotel oberhalb der Seebrücke ist zwar schon etwas älter, aber eines der modernsten Kur-, Gesundheits- und Wellnesscenter Rügens. In den Zimmern, Ferienwohnungen oder Apartments nächtigen Sie auf rückengerechten Betten. Perfekt auch für Urlauber mit Allergien, Neurodermitis oder für Diabetiker.

Waldstr. 7, T 038308 505 00, www.wald hotelgoehren.de, je nach Saison und Kategorie: DZ/ÜF ab 110–200 €, Apartments für 1–6 Pers. 80–180 €/Nacht

Mit Stil und Ausblick

Hotel Hanseatic: Das Hanseatic verwöhnt Urlauber mit höheren Ansprüchen, u. a. im 1000 m^2 großen Wellnessbereich. Besonders eindrucksvoll ist der Aussichtsturm des auf einer Klippe gelegenen Hotels, von dem Gäste einen tollen Panoramablick über die Ostsee genießen können. Auch die Küche kann sich sehen lassen: Am Nachmittag warten hausgemachte Torten in der Galerie in der ersten Etage oder auf der Seeblickterrasse des Cafés Bellevue. Allabendlich von 18 bis 21 Uhr werden im edlen Restaurant (Gerichte ca. 10–25 €) norddeutsche und klassische Gerichte serviert – mit kleinen Ausflügen zu Trendfood. Hotel wie Gastronomie bieten ein gutes Preis-Leistungs-Verhältnis.

Nordperdstr. 2, T 038308 515, www.ho tel-hanseatic.de, DZ/ÜF ca. 90–225 € Saison und Kategorie (teils Mindestaufenthalt)

Zu Gast bei Freunden
Kastanienhof: Ein verträumter Garten umgibt diese Bädervilla, die sich über zahlreiche Stammgäste freuen darf. Sie wohnen nur rund 10 Gehminuten vom Strand entfernt in Zimmern oder Ferienwohnungen. Eine gute Alternative für das Sonnenbad am Strand bietet die Liegewiese im Garten. Auch Sport- und Spielangebote (Tischtennis, Badminton) stehen bereit.

Neue Kirchstr. 3, T 038308 250 49, www. kastanienhof-goehren.de, DZ ca. 80 €, Frühstück nur zeitweise verfügbar, 8 €/Pers. Ferienwohnungen für 1–4 Pers. 30–120 € je nach Personenzahl und Saison

---

Essen

Herzlich und ohne Langeweile
Kapitänsklause: Klaus Walch und Margarida J. Tomé zaubern bereits beim Empfang mit ihrer Herzlichkeit (fast) je-

---

KNEIPP WÄRE STOLZ **K**

Das **Ostseebad Göhren** ist einer von wenigen offiziellen Kneipp-kurorten in Deutschland und damit bestens für einen Gesundheitsurlaub geeignet. Seit 2013 hat Göhren sogar das Siegel **Kneipp-Premium-Class-Ort** erhalten. Vielerorts finden sich Hinweise darauf, u. a. im Kurpark und rund um den Kurplatz. Im Kneippgarten bieten z. B. ein Wassertretbecken, ein Armbad-becken etc. die Möglichkeit, die Elemente der Kneipp'schen Lehre in unmittelbarer Nähe zum feinsandigen Ostseestrand zu erleben. Mitte Mai finden anlässlich des Geburtstags von Sebastian Kneipp die Göhrener Gesundheitstage statt, mit Frische-kick im Kneippgarten.

---

dem Gast ein Lächeln ins Gesicht. Anschließend werden feine Steaks oder Fischgerichte in der offenen Küche vor den Augen der Gäste zubereitet. Ein Erlebnis für alle Sinne und ohne Langeweile.

Lindenstr. 1, T 01512 525 19 55, Do–Mo 18–21 Uhr, Hauptgerichte großteils um 20 €

Strandleben
Übersee: Irgendwas zwischen Café, Bar und Bühne. Genießen Sie leckere Cocktails und Weine auf der großen Terrasse direkt am Strand. An lauschigen Sommerabenden gesellt sich auch Livemusik dazu.

Nordstrand 2, T 038308 66 69 99, ganzjährig, Di–So 11–18 Uhr, im Sommer auch deutlich länger

Preiswert, stylish und gut
Tafelwerk: Hier sitzen Sie auf Patchwork-Stühlen an Baumscheiben und genießen Ihr Bier an einer Holzlattenbar. Das lässig-coole Ambiente ist bereits die halbe Miete, die klare, günstige Karte macht die 100 % voll. Das Angebot bewegt sich zwischen Bockwurst, Eintopf und argentinischem Steak. Alles frisch zubereitet und toll angerichtet. Auch zum Mitnehmen.

Waldstr. 13, T 038308 32 60 00, www. tafelwerk-goehren.de, Mo–Sa 9–19 Uhr, Gerichte meist unter 5 €, Rumpsteak 14,90 €, Beilagen extra (um 3 €), Mittagstisch Mo–Sa 11–14 Uhr, 5 €

Einkaufen

Kräuter aus dem Garten
Villa mit Sonnenhof: s. Lieblingsort S. 115.

Frisches von der Ranch
Ökohof am Torfmoor: Auf den Hängen rund um den Ohlberg bei Göhren grast eine fast ausgestorbene Rasse: das Rauwollige Pommersche Landschaf

Lieblingsort

Knoblochs Kräuterküche

Etwas versteckt, dafür umso idyllischer gelegen, erscheint die **Villa mit Sonnenhof** an einem der Hänge des hügeligen Ostseebad Göhrens (♥ H 8). Bunt blühende Blumen säumen bereits den Weg von der Pforte zum Eingang der Bädervilla und machen Appetit auf mehr. Im Inneren werkelt Koch Peter Knobloch in der Küche. Für den hauseigenen Shop bereitet er ausgefallene Marmeladen wie Rose-Himbeere oder Mönchguter Wildpfläumchen zu oder verwandelt Kürbisse und Birnen in süß-herzhaften Senf. Immer an seiner Seite ist Ehefrau Christina. Oft ist sie beim Sammeln der wilden Zutaten auf der heimischen Wiese dabei und kümmert sich um den Verkauf. Wer nicht nur allerlei kulinarische Gaumenfreuden von der Insel Rügen kaufen, sondern Kräuterkönig Knobloch in Aktion erleben möchte, bucht einen seiner monatlichen Menüabende im hauseigenen Restaurant. Während der Ein-Mann-Show können Gäste gerne in der Küche vorbeikommen. Eine langfristige Planung lohnt sich allerdings. Termine sind oft bereits ein Jahr im Voraus ausgebucht. Peter Knobloch bietet ab und zu auch einen Kochkurs an (Friedrichstr. 8, Göhren, T 038308 340 94, www.villa-mit-sonnenhof.de, **Shop:** Di–Sa 10–17 Uhr, **Menüabende:** Termine s. Website, Menü (sechs oder sieben Gänge) 130–150 €; **Kochkurse:** s. Website).

TOUR
Raserei mit Roland

Mit der Schmalspurdampflok von Putbus nach Göhren

Infos

Start/Ziel:
Putbus ♀ E/F 7/8 /
Göhren ♀ H 8

Dauer:
eine Strecke 75 Min.,
mit Tageskarte sind
Zwischenstopps
möglich

Rasender Roland:
www.ruegensche-
baederbahn.de, ca.
8–21 Uhr alle 2 Std.,
Mitte Mai–Mitte Okt.
zwischen Binz und
Göhren stündlich
und 5 x tgl. von/bis
Lauterbach Mole, Ta-
geskarte 25 €, 6–13
Jahre 12,50 €, Fami-
lienkarte 52 €, direkt
im Zug erhältlich

Tipp:
Bei rechtzeitiger An-
meldung (T 038301
884 00) können Sie
eine Fahrt auf dem
Führerstand buchen.

Hektische Eile kennt er nicht. Und doch scheint er oftmals angestrengt drein. Vor allem immer dann, wenn er wild dampfend einen der 14 Kleinbahnhöfe auf der Insel Rügen anläuft. Sechs Dampfloks und zwei Dieselloks gehören zur Rügener Bäderbahn, die auch Rasender Roland genannt wird.

Bereits 1895 entstand das Schienennetz mit einer Spurweite von 750 mm, auf dem am 21. Juli 1895 der erste **Rasende Roland** von Putbus nach Binz fuhr. Heute rast Roland auf rund 25 km von Putbus bis zum Ostseebad Göhren im Südosten der Insel.

Vom roten Backsteinhaltepunkt in der Fürstenstadt **Putbus** (s. S. 54) geht es mit einer Geschwindigkeit von rund 30 km/h auf den Weg nach Osten. Kurz nach dem Start wird die **Putbuser Höhe** mit dem kleinen, idyllischen Örtchen **Beuchow** passiert, dann wird **Posewald** erreicht. Im Ort steht eine verschlafene Gutsanlage, deren Geschichte bis ins 14. Jh. zurückreicht. Das heutige Herrenhaus stammt allerdings aus der zweiten Hälfte des 19. Jh. Nach einer knappen halben Stunde ist der Kleinbahnhof in **Binz** (s. S. 85) erreicht. Spätestens hier füllt sich die Bahn deutlich. Viele nutzen den Rasenden Roland um zwischen den Ostseebädern Binz, Sellin, Baabe und Göhren zu pendeln.

Vorbei am **Jagdschloss Granitz** (s. S. 98), das den perfekten Ausgangspunkt für Wanderungen durch den berauschend schönen Buchenwald markiert, geht es geradewegs auf **Sellin** (s. S. 99) zu. Über **Baabe** (s. S. 180) und **Philippshagen** erreicht der Rasende Roland schließlich seine Endstation, **Göhren** (s. S. 111).

(s. S. 61). Es liefert Wolle und Fleisch, das vom Züchter und ehemaligen Bootsbauer Nils-Torsten Volk direkt auf seinem Ökohof verarbeitet wird. Schauen Sie im Hofladen vorbei oder machen Sie eine Radlerrast und kosten Sie im Imbiss eine grüne Bohnensuppe mit Lammfleisch.

Törf 4, www.ruegener-insellamm-rudenlamm. de, Saison tgl. 11–18, Winter Fr 11–18 Uhr oder n. V. (T 038308 66 68 88)

Bewegen

Coole Sache
Tiki Beach: Von Mitte Juni bis Ende September können Urlauber direkt am Göhrener Nordstrand etwas für ihre Fitness tun. Spaß und gute Laune sind bei den Beachvolleyball-Turnieren, beim Stand-up-Paddeln oder Strandyoga garantiert.

Zwischen den Strandzugängen 11 und 13, Nordstrand, www.tiki-beach.de, kostenlos

Feiern

• **Mönchguter Heringsfest:** 1./2. Mai. Im passenden Ambiente findet rund um das Museumsschiff Luise ein abwechslungsreiches Programm zu den Themen Fisch und Meer statt. Der Höhepunkt ist der seit Jahren besonders beliebte Kochwettbewerb: Wer zaubert die beste Fischsuppe?
• **Wikinger Strandfest:** Ende Aug. Ein Kunsthandwerkermarkt im Mittelalterstil. Jede Menge urige Livemusik auf selbst gebauten Instrumenten, Schaukämpfe und Feuershows sind Teil des Spektakels am Strand.
• **Strandkorbsilvester:** 28.–31. Dez. Ein großes Open-Air-Vergnügen zum Jahresende, bei dem Besucher auf Zeitreise gehen. Es knallen Kanonen, Gaukler treiben ihr Unwesen und zahlreiche Stände bieten Handwerkliches feil.

Infos

• **www.goehren-ruegen.de:** Veranstaltungen, Infos und Onlinebuchung von Unterkünften.
• **Tourist-Info/Haus des Gastes:** Poststr. 9, T 038308 667 90, Mai–Sept. Mo–Fr 9–18, Sa 10–15, Okt.–April Mo, Mi–Fr 9–17, Di 9–18, Sa 11–15 Uhr. Auch Zimmervermittlung.
• **Infostelle Seebrücke:** Ostern–Okt. tgl. 10–13 Uhr.
• **Rasender Roland:** Göhren ist Start- und Endstation der Rügener Bäderbahn. Infos und Tickets: www.rasender-roland.de.
• **Ortsbus:** Der BUSkam verkehrt morgens bis abends durch das Ostseebad und eignet sich perfekt als Strandshuttle. Mit der Kurkarte kostenfreie Nutzung. Weitere Infos in der Tourist-Info (s. o.)

Middelhagen ♀ H8

Schön zentral
Irgendwie in der Mitte hängend und als einziger Ort im Mönchgut ohne direkten Wasserzugang – und doch mit seinen zugehörigen Dörfchen ein sehenswertes Ensemble mit jeder Menge Postkartenmotiven. Bereits um 1300 tobte hier das Leben, als nach den Slawen und Wenden auch die Zisterziensermönche die Region besiedelten und erste Backsteinhäuser und Kirchen bauten. Bis zur Zeit der Sommerfrischler dominierten die Landwirtschaft und der Fischfang die Region. Die schwere Arbeit hat die Menschen geprägt und eine Landschaft entstehen lassen, die eine Zeitreise in das historische Rügen verspricht. Übrigens gehört Middelhagen mit Lobbe, Mariendorf und Alt Reddevitz heute genauso wie Gager mit Groß Zicker und Klein Zicker sowie Thiessow zur Gemeinde Mönchgut.

Je nachdem, welche Abzweigung Sie in Middelhagen nehmen, werden Sie entweder über sanfte Hügel geleitet, schroffe Steilküsten erreichen, an weiße Sandstrände gelangen oder in einem der urigen Restaurants der alten Fischerdörfer landen.

Traditionsbewusst

Viel los ist nur auf der Middelhagener Dorfstraße, auf der die Autokolonnen in das südliche Ostseebad Thiessow rollen. Hier, im **Zentrum von Middelhagen**, sollte ein Besuch des **Schulmuseums** auf Ihrer Liste stehen. Es stellt die pädagogische Entwicklungsgeschichte der Halbinsel Mönchgut dar, zeigt, wie der Unterricht in einer Einklassenschule ablief, und gibt praktische Einblicke in die Lebensverhältnisse des Dorflehrers.

Etwas weiter südlich stoßen Sie auf dem Areal des Schulmuseums auf ein altes **Hallenhaus,** in dem sich eine Sammlung historischer Gerätschaften befindet. Ansonsten ist das Leben in Middelhagen mehr als beschaulich und wenig touristisch.

Gleich hinter dem Museum steht die **St.-Katharinen-Kirche** aus dem Jahr 1455, deren rotes Ziegeldach Ihnen schon von Weitem entgegenleuchtet. Auffällig sind ihr Mauerwerk aus Bruch- und Ziegelsteinen sowie ihr hölzerner Turm. Der aus Eichenholz gefertigte Katharinenaltar im Kircheninnern stammt aus der Zeit um 1480. Auf der im 19. Jh. von Barnim Grüneberg geschaffenen Orgel von St. Katharinen soll schon der ›Urwaldarzt‹ Albert Schweitzer gespielt haben. Schweitzer war nicht nur Mediziner, sondern auch Philosoph, Theologe und Organist.

Schulmuseum/Hallenhaus: Dorfstr. 4, www.mein-moenchgut.de, April/Mai, Sept./Okt. tgl. 11–16, Schulstunde Mi 10, Juni–Aug. tgl. 11–17, Schulstunde Di/Mi 10 Uhr, 3 €, Vorschulkinder Eintritt frei, Schulstunde plus 4 €; **St. Katharinen:** Ostern–Okt. tgl., Eintritt frei

Strand ohne Ende

Lobbe schmiegt sich harmonisch an die Ostseeküste. Neben einigen kleinen Pensionen, Hotels und Restaurants dominiert ein großer Campingplatz das Urlaubsdörfchen, in dem alle Straßen wie der Ortsteil selbst heißen. Wer hier weilt, kommt wegen des endlosen Strandes, der gleich hinter den Dünen wartet. Auch viele **Radfahrer,** die aus dem nördlich gelegenen Göhren nach Thiessow unterwegs sind, machen gerne an einer der **Meerblickgaststätten** Halt und stärken sich für die Weiterfahrt.

Dorfidylle am Meer

Wer der Beschilderung nach Mariendorf folgt, gelangt über die gleichnamige schmale Straße, die nahezu ausschließlich von Ferienhäusern und -wohnungen gesäumt ist, nach **Alt Reddevitz.** Kurz vor dem Ortsschild werden Sie linker Hand von einem der schönsten Strände Rügens abgelenkt. Die **Naturbadebucht** mit ihren großen und kleinen Findlingen sowie dem schmalen Streifen Strand ist auch in der Hauptsaison nicht allzu bevölkert und damit wie gemacht für erholsame Momente unter der Sommersonne. Auch kleine Wasserratten haben dank des flachen Zugangs zum Meer reichlich Spaß. Aufgrund der vielen Steine sollten jedoch unbedingt Badeschuhe eingepackt werden.

Alt Reddevitz selbst ist ein altes Fischerdorf, das durch seine traumhafte Lage an der Hagenschen Wiek und mit seinen vielen hübschen Reetdachhäuschen schon so manchen Urlauber entzückt hat. Die Ausflugslokale des 150-Einwohner-Ortes liegen allesamt nur ein paar Meter von der Wasserlinie entfernt und sind perfekt für einen Kaffee bei Meeresbrise geeignet. Am besten lassen Sie das Auto gleich hier stehen und erkunden den Rest der **Halbinsel Reddevitz** zu Fuß. Ihr Auto wird es Ihnen danken, wenn es nicht über die buckeligen Feldwege klackern muss.

Boddenblick

Rund 4 km sind es bis zum **Reddevitzer Höft,** einem kleinen Ausguck am vorderen Zipfel der schmalen Landzunge, die zwischen der Having und der Hagenschen Wiek in den Bodden hineinragt. Im Frühjahr, wenn der Ginster blüht, erwartet Sie hier ein großes, gelbes Blütenmeer. Auf dem Weg zur Steilküste kommen Sie u. a. an der Mönchguter Hofbrennerei **Zur Strandburg** (s. S. 121) vorbei. Im weiteren Wegverlauf geht es recht hügelig zu, was zum Teil traumhafte 360°-Panoramablicke über das Mönchgut und die Boddengewässer ermöglicht – wenn nicht niedriger Küstenwald die Sicht versperrt.

Schlafen

Mehr Meer

Reethus am Strand: Man nehme ein riesiges Grundstück am Wasser und stelle ein Traumhaus aus Reet darauf. Fertig ist ein Luxusferienidyll der Extraklasse – samt eigenem Strandzugang und natürlich direktem Meerblick. Zu den hell gestalteten Doppelhaushälften gehören auch eine Sauna und eine Sonnenterrasse, die ihrem Namen alle Ehre macht. Gut geeignet für größere Familien oder Freunde.

Rügen Resort 7 a (Göhrener Weg), Lobbe, Mönchgut, T 0172 388 80 57, www.reethus-am-strand.de, eine Woche für bis zu 8 Personen 1100–2750 € je nach Saison

Im Piratenstil

Dat Stranddörp: Ideal gelegener und gut ausgestatteter Campingplatz, auf dem sich im Sommer vor allem Familien tummeln. Kein Wunder, mit einer Minigolfanlage, Abenteuerspielplätzen, Lagerfeuerabenden, Kinderanimation und dem großen Sandstrand hinter den Dünen wird genug für Kiddies geboten. Sie können auch einen fest installierten Wohnwagen mieten.

Lobbe 32 a, T 038308 23 14, www.camping ruegen.de, Stellplatz Zelt ab 6 €, Wohnwa-

»EIN BAYER AUF RÜGEN«

Das Hotel bzw. der **Gasthof Zur Linde** (s. S. 120) an der Dorfstraße in Middelhagen soll der älteste Landgasthof auf Rügen sein. Bereits im Mittelalter eröffneten hier die Zisterzienser einen Krug, um – nicht nur – Durchreisende zu beköstigen. Bekannt wurde das Haus auch als Gasthof **Zum Stoertebeker** aus der TV-Serie »Ein Bayer auf Rügen«.

gen/-mobil ab 11 €, zzgl. 3,50–7,50 €/Pers. (Kinder günstiger), Mietwohnwagen 39–89 € je nach Saison, ohne Endreinigung

Understatement

Landhaus Alt Reddevitz: Unauffällig am Rand des wunderschönen Fischerorts gelegen. Die Pension ist gepflegt und wartet mit zwölf Zimmern auf, die komfortabel und praktisch eingerichtet sind. Wer den Weg zum nicht allzu weit entfernten Strand scheut, fläzt sich in den hauseigenen Strandkörben im Garten. Sehr schönes Frühstück.

Alt Reddevitz 1 a, Mönchgut, T 038308 910 07, www.landhaus-reddevitz.de, DZ/ÜF 70–90 €, mit Terrasse 75–95 €

Rot und Reet

Karolas Landhus: Das Reetdachhaus sticht durch seine knallrote Hauswand und das gepflegte Äußere bereits an der Straße hervor. Innen ebenfalls gut in Schuss und rustikal-ländlich ausgestattet.

Alt Reddevitz 29, Mönchgut, T 038308 254 05, www.karolas-landhus.de, Ferienwohnung um 100 € (bei mehreren Nächten)

Alles, was man braucht

Having-Hof: Kurz vor dem Reddevitzer Höft liegt der Dreiseitenhof recht einsam. Hier kommen mehr Kutschen und Wanderer als Autos vorbei. Der Hof selbst lockt schon seit 1896, und damit in sechster Generation, Gäste an. Denen wird einiges geboten: etwa ein Brötchendienst, Fahrradverleih, Grillmöglichkeiten und sogar eine Familienstrandsauna. Auch ein gemütliches Restaurant gehört dazu. Alt Reddevitz 49, Mönchgut, T 038308 55 00, www.having-hof.de, Ein-Raum-Ferienwohnung ab 65 €, Drei-Raum-Ferienwohnung ab 105 €, ab der zweiten Übernachtung reduzieren sich die Preise deutlich

Ländlich idyllisch

Hof Eschenschlag: Ein klein wenig macht der Fachwerkhof den Anschein eines Museumsdorfs. Steinmauern und museale Dekorationen zieren das Urlaubsrefugium, das rein optisch betrachtet eines der schönsten der Insel ist. Die Ferienwohnungen sind rustikal-ländlich ausgestattet. Guter Ausgangspunkt für Wanderungen und Radtouren. Auch ein Kinderspielplatz

ist vorhanden. Aufgrund der isolierten Lage recht ruhig, dafür prächtiger Boddenblick. Alt Reddevitz 41, Mönchgut, T 038308 662 40, www.hof-eschenschlag.de, Ferienwohnung 4–6 Pers. ab 80–132 € je nach Saison

Essen

Gebrautes und Geröstetes

Gasthof Zur Linde: Das Braugasthaus sollen bereits die Zisterzienser eingerichtet haben. Hier wird Landbier selbst gebraut und Kaffee frisch geröstet. Auf der Speisekarte sind jede Menge Rezepte aus dem letzten Jahrhundert zu finden. Gespeist wird vor dem offenen Kamin und abends bei Kerzenschein; s. auch Kasten S. 119. Dorfstr. 20, Middelhagen, Mönchgut, T 038308 55 40, www.zur-linde-ruegen.de, tgl. ab 12 Uhr, Nudelgerichte um 9 €, Hauptgerichte um 15 €

Im ältesten – oder vielleicht doch nur zweitältesten – Gasthof Rügens, Zur Linde, können Sie bei schönem Wetter natürlich auch draußen sitzen.

Familien unter sich
Dat Strandhus: Direkt an den Dünen heißt es hier: frühstücken, Fischbrötchen genießen, Bierchen zischen und Partys feiern. Während Mama und Papa eine kulinarische Auszeit genießen, toben die Kleinen auf dem Abenteuerspielplatz gegenüber. Ein Paradies für Piraten und alle, die es werden wollen!
Lobbe 32 b, T 0174 850 78 17, www.strand hus-moenchgut.de, tgl. 12–20 Uhr (in der Saison auch ab 8 Uhr), Schlemmerbrunch 17,50 €, Fischbrötchen um 4 €, Hauptgerichte um 10 €

Fisch aus der Scheune
Kliesow's Reuse: Hier kommen frische regionale Speisen aus der Küche, fast ausschließlich Fisch. Serviert wird in einer wunderschön sanierten Scheune, die seit 1574 existiert. Noch idyllischer ist nur die mit einer alten Steinmauer umrahmte Sonnenterrasse an der Straße, die aber gar nicht stört.
Dorfstr. 23 a, Alt Reddevitz, Mönchgut, T 038308 21 71, www.kliesows-reuse.de, Mitte März–Okt. tgl. ab 12 Uhr warme Küche, sonst verkürzte Zeiten (jeweils aktuell auf der Website), Hauptgerichte wie Surf & Turf oder gebratenes Lachsfilet um 20 €

Pasta mit Panorama
Restaurant am Wasser: In grandioser Lage am Wasser mit freiem Blick aufs Meer können Sie hier saftige Steaks, frische Pasta und herrliche Sonnenuntergänge genießen.
Alt Reddevitz 25, T 038308 66 95 15, www. restaurant-am-wasser.de, tgl. ab 11.30 Uhr, Nudelgerichte ab 12 €, Hauptgerichte 15–20 €

Ein Halt ist Pflicht
Café Moccavino: Das Café liegt traumhaft an einer kleinen Bucht, nur einen Katzensprung vom Wasser entfernt und mit Blick auf die Zicker Berge und das Reddevitzer Höft. Sommers wie winters werden hier von Sabine Küssner leckere Torten, Kuchen und Kaffeespezialitäten serviert. Auch kleinere warme Speisen hat sie im Angebot, etwa eine hausgemachte Putbuser Fischsuppe. Gänsehautmomente für Gaumen und Augen.
Alt Reddevitz 18 a (kurz hinter Mariendorf), Mönchgut, T 038308 663 36, www.mocca vino.com, Do–Mo ab 11 Uhr bis Sonnenuntergang

Einkaufen

Hochprozentiges Vergnügen
Zur Strandburg: Stöbern Sie im Hofladen der Brennerei. Das kleine Familienunternehmen verwandelt frisches Obst und Getreide in leckere Liköre und Geiste. Seit 2007 wird hier sogar Whisky gebrannt, wobei die Nachfrage größer ist als die noch recht bescheidene Produktion. Aber auch Marmeladen und weitere Erzeugnisse vom Mönchguter Land stehen zum Verkauf. Nachmittags sorgt ein kleines Kaffee- und Kuchenangebot für eine kulinarische Pause. Prüfen Sie auf der Website, ob Brennereiführungen angeboten werden.
Alt Reddevitz 36, Mönchgut, www.hofbrenne rei-strandburg.de, April–Okt. Di–Sa 10–18, Nov.–März Di–Fr 11–16 Uhr

Ganz Rügen in einem Laden
Pokenstuw: Alles, was die Insel Rügen kulinarisch zu bieten hat, erhalten Sie im kleinen Hofladen von Christian Pirsch. Wer sich nicht ganz sicher ist, ob oder wie Sanddornsaft schmeckt, kann ihn vor dem Kauf kosten. Auch Pommern-Keramik, Käse und Wurst, Obstbrände oder Rügenbücher sind im Angebot. Im Obergeschoss ist eine Teestube untergebracht.
Alt Reddevitz 19 a, Mönchgut, www.ruegen typisch.de, Ostern–Okt. Mo–Fr 8–17, Sa 8–11 Uhr

TOUR
Met und Reet

Im Hanomag holprig über die Halbinsel Mönchgut

Infos

Start:
Karls Erlebnis-Dorf
Zirkow, 📍 F7 (andere
Zustiegspunkte:
s. Website)

Dauer:
ca. 5 Std.

Hanomag-Tours:
www.hanomag-tours.
de, s. S. 171;
Mönchgut/Zicker-
Tour: Mai–Okt. Di,
Abholung 9–10 Uhr,
79 €, bis 12 Jahre
35 €

Diese Tour ist (nicht nur) perfekt für Kurzurlauber. Sie erleben die Vielfalt von Rügens Südosten auf spannende und einmalige Weise.

Brummend und in gemächlichem Tempo erreicht der kultig-rustikale Gruppenkraftwagen **Karls Erlebnis-Dorf Zirkow** (s. Kasten S. 96), einen der zahlreichen Sammelpunkte für eine Tour über die Halbinsel Mönchgut. Bereits die ersten Meter vermitteln einen Eindruck, was auf die Gäste von Hanomag-Liebhaber Holger Barthmann in den nächsten fünf Stunden zukommt. Knüppelharte, ungefederte Ledersitze, der Wind pfeift durch den halb offenen Aufbau, der lediglich aus einer einfachen Plane besteht. Aber wer hier sitzt, hat es so gewollt.

Mit nicht mehr als 20 km/h zieht der Hanomag die B 196 in Richtung Sellin hinauf. Das hölzerne **Mönchgut-Tor** in **Baabe** (s. S. 180) macht unmissverständlich klar, dass die Tour nun offiziell beginnt. Vorbei an der schmalen Spur des Rasenden Rolands geht es durch **Middelhagen** (s. S. 117) über eine kleine Landstraße Richtung Ostsee. Am wunderschön gelegenen **Café Moccavino** (s. S. 121), das für seine grandiosen Torten bekannt ist, folgt der erste Fotostopp. Zu Recht. Die Bucht vor den Toren des ehemaligen Fischerdörfchens **Alt Reddevitz** ist selbst im Sommer nicht überlaufen und ein Eldorado für Wasserratten und Kite-Anfänger.

Über einen Feldweg, vorbei an der Mönchguter Schnapsbrennerei **Zur Strandburg** (s. S. 121), die den einzigen Whisky Rügens produziert, geht es etliche Kilometer immer geradeaus. Am einsam auf der schmalen Landzunge gelegenen **Having-Hof** (s. S. 119), der für seine Gäste frische Fischgerichte bereithält, wird auf einer Anhöhe geparkt. Jetzt geht es nur noch zu Fuß weiter, bis der **Aussichtspunkt Reddevitzer Höft** erreicht und gebührend mit Barthmanns selbst gebranntem Sanddornschnaps begrüßt wird.

Fühlt sich fast an wie auf Safari – im Hanomag über die Halbinsel brausen.

Auf der Fahrt zurück nach **Middelhagen** lernen Sie bei kurzweiligen Geschichten des Inselexperten alles über die Entstehung der Region, über die jahrhundertealten Trachten der Mönchguter Fischköppe und interessante Fun Facts. So soll in den 1920er-Jahren eine Wasserfluglinie Berlin-Wannsee mit dem **Selliner See,** der von einer Anhöhe aus sichtbar ist, verbunden haben.

Nachdem Rügens vielleicht ältester Gasthof, der **Gasthof Zur Linde** (s. S. 120), passiert wurde, geht es gen **Zicker Berge** (s. Tour S. 127), wo grandiose Weitblicke und ein Ausflugstipp für einen der wohl schönsten Wanderwege Deutschlands, den Zicker-Berge-Rundweg, warten.

Zunächst wird der südlichste Ort Rügens, **Thiessow** (s. S. 126) angesteuert, dann fährt der Hanomag in einem kleinen Bogen nach **Klein Zicker.** Dem kurzen Spaziergang über die nach wilden Kräutern duftenden Wiesen schließt sich der wohlverdiente Erbsensuppenimbiss am Meer an. Beim Essen stellt der Mannschaftsführer die letzte Etappe vor. Es geht nach **Groß Zicker** (s. S. 125), um dort vor allem dem wild eingewachsenen **Pfarrwitwenhaus,** einem der meistfotografierten Motive auf Rügen, einen Besuch abzustatten.

Den krönenden Abschluss bildet ein Metumtrunk aus echten Kuhhörnern im malerischen, wenn auch stets windigen **Hafen** von **Gager** (s. S. 124). Danach geht es per Hanomag zurück zu den Abholpunkten.

Infos

• **Tourist-Info Middelhagen:** Dorfstr. 4,
Middelhagen, Mönchgut, T 038308 660
10, www.mein-moenchgut.de, Mai–Sept.
Mo–Sa 9–12, 13–18, So 10–14, Okt.–
April Mo–Fr 9–15 Uhr.

Gager   ♀ G/H8

Windig, aber wunderschön

Das alte Fischerdorf Gager erfährt gerade
eine Metamorphose. Früher bestand der
Ort lediglich aus ein paar Kapitänshäu-
sern, Fischerhütten und seinem Hafen.
Heute lockt ein Neubaugebiet zuneh-
mend Familien und Ferienhausbesitzer
an. Dreh- und Angelpunkt aber bleibt
der **Hafen.** Rund 80 Schiffe sind hier an
manchen Tagen vertäut. Auch wenn der
Sommer zur Höchstform aufläuft, sollten
Sie Ihren Pullover griffbereit haben. Der
Ort zählt zu den windigsten auf ganz Rügen und nahezu immer weht eine steife
Brise. Dafür haben Sie vom Anleger aus
einen tollen Blick in den Rügenschen Bodden hinein, bis hin zum Reddevitzer Höft.

Schlafen

Außergewöhnlich

Marina Gager: Sie sind mit nichts mehr
vom Hocker zu hauen? Dann buchen Sie
doch eine Übernachtung in einem der
bunten **Strandwagen** im Gager Hafen.
Nur 3 m vom Wasser entfernt, sind sie
ausgestattet mit einem Etagenbett für zwei
Personen und einer kleinen Pantry-Küche
mit Kühlschrank und mobilem Zwei-Plat-
ten-Ceranfeld. Dusche und WC gibt es
im kleinen Hafenmeisterhaus. Alternativ können Sie eines der 20 m² großen
POD-Hausboote buchen. Auch hier müssen Sie auf WLAN, Fernseher und sonstige
Technik verzichten, haben aber neben einer
Pantry-Küche eine Duschkabine an Bord.
Bei Fragen oder Problemen steht der Ha-
fenmeister bereit.
Zum Höft 28, www.marina-gager.com;
Buchung über Chillio, T 038308 66 65 90,
www.chillio.de; Strandwagen ab 170 € für
3 Nächte (Mindestaufenthalt); Hausboot ca.
600 €/Woche

Stilvoll und urgemütlich

Mönchgut Living & Spa: Die hochmo-
derne Ferienanlage bietet Wohnungen,
Spa sowie Fitness- und Freizeitmöglich-
keiten. Sogar Ladesäulen für Elektroautos
und Hybridfahrzeuge sind vorhanden. Guter Ausgangspunkt für Wanderungen und
Bootsausflüge. Der Bodden und der Hafen
sind nur rund 200 m entfernt.
Am Hafen 10, T 038308 66 87 66, www.
moenchgut-living.de, meist Mindestaufenthalt
2 (Sparsaison) bis 4 Nächte (Hauptsaison),
Ferienwohnung für 1–2 Pers. 80–125 €/
Nacht, für bis zu 6 Pers. bis 220 €/Nacht

Essen

Fischbrötchen-Tipp

Fischräucherei Dumrath: Nur ein
Holzschild mit der Aufschrift »Fischräu-
cherei« deutet auf den Imbiss hin. Im
Garten findet sich eine kleine Oase mit
Strandkörben, Schnitzereien und altem
Fischergedöns. Leckerer Fisch (auch im
Brötchen) ohne viel Chichi.
Boddenstr. 25, T 038308 300 04, auf Face-
book, in der Saison tgl.

Der Name ist Programm

Gaststätte Fröhlich: Im Gastraum ihrer
Pension serviert die Inhaberfamilie – stets
mit einem Lächeln – fangfrischen Fisch.
Die Portionen sind groß, schön angerichtet und schmecken dank tollem Meerblick
gleich noch einen Schuss maritimer.
Zum Höft 32, T 038308 82 50, www.pension
froehlich.de, Do–Di ab 16.30 Uhr

Ein grüner Gürtel säumt die eher kargen Zicker Berge zum Greifswalder Bodden hin. Besonders schön ist es hier im Frühjahr, wenn der Klatschmohn blüht.

Groß Zicker   📍 G/H 8/9

›Zickersche Alpen‹

Südlich von Gager beginnen die **Zicker Berge,** die Sie wandernd erkunden können (s. Tour S. 127).

Schöner geht's nimmer

Groß Zicker ist das wohl schönste Dorf auf Mönchgut. Kleine Fischbuden und gemütliche Restaurants mit Boddenblick empfangen hier ihre Gäste. Zahlreiche jahrhundertealte Dreiseitengehöfte mit Stallungen, Scheunen und allem Drum und Dran zeugen von der landwirtschaftlichen Vergangenheit der Region. Heute sind hier oft Ferienwohnungen untergebracht – Äcker werden nur noch von einigen Großbetrieben der Region bestellt. Achten Sie mal darauf, ob Sie hier viele Meisen sehen. Der Name Zicker soll vom slawischen *sikor,* Meisenort, abgeleitet sein …

Die Hauptattraktion des Ortes liegt etwas versteckt an der einzigen Straße. Das reetgedeckte, etwas verlassen wirkende **Pfarrwitwenhaus** schmückt so manche Postkarte. Es wurde um 1720 als sogenanntes Rauchhaus (Rookhus) gebaut und ist eines der ältesten Wohnhäuser der Insel. Rauchhäuser nennt man Wohnhäuser ohne Schornstein. Der Rauch zog durch die Eingangstür und eine kleine Öffnung im Dach ab. In den Anfangsjahren diente es – untypischerweise – als Versorgung der Pfarrwitwen. Untypischerweise, da es lange Zeit übliche Praxis war, dass Pfarrerswitwen nach dem Tod ihres Mannes den Nachfolger der Pfarrstelle heiraten mussten. Als 1718 der Pfarrer von Groß Zicker verstarb, war

BADESTRAND **B**

Von Gager wie von Groß Zicker aus bringt Sie ein 15-minütiger Spaziergang an Feuchtwiesen vorbei zum **Großen Strand,** der sich über ca. 5 km zwischen Lobbe und Thiesow erstreckt. Sanft ins Meer abfallend, ist er bestens für kleinere Kinder zum Planschen geeignet. Einzelne Abschnitte sind zudem bewacht.

Rügen allerdings von Dänen besetzt. Der dänische König konnte sich mit dieser Vorgehensweise nicht anfreunden, setzte einen verheirateten Pfarrer ein und ordnete den Bau eines Hauses für die Witwen an. Wo früher die Witwen trauerten oder manchmal auch feierten, sind heute ein kleines Museum zu der Geschichte des Hauses und eine **Galerie** untergebracht.

Auf dem Weg zum kleinen Hafen kommen Sie an der um 1360 erbauten niedlichen, backsteinernen **Dorfkirche** vorbei. Ein hölzerner Kirchturm überragt das älteste erhaltene Gebäude auf Mönchgut. Glücklicherweise hat der Innenraum der Kirche die Kriege im 17., 19. und 20. Jh. unbeschadet überstanden. Den gotischen, fünfseitigen Chor überspannt ein Kreuzrippengewölbe, das Kirchenschiff ist flach gedeckt. Beeindruckend ist der mittelalterliche, aus einem Eichenstamm gehauene Sakramentsschrein, barock präsentiert sich die Kanzel.

ROLLMOPSHAUSEN **R**

Zu Groß Zicker gehört auch der Ortsteil **Groß Zicker-Ausbau.** Dieser wurde zu DDR-Zeiten Rollmopshausen genannt, da hier eine Fischfabrik stand, in der die Delikatesse produziert wurde.

Pfarrwitwenhaus/Kirche: www.kirche-auf-moenchgut.de, **Pfarrwitwenhaus:** Boddenstr. 35, April/Mai, Okt. Mo–Fr 11–16, Sa/So, Fei 13–16, Juni–Sept. Mo–Fr 10–17, Sa/So, Fei 13–17 Uhr, 2,20 €, Kinder 1 €

Ostseebad Thiessow ⚲ H9

Südlicher geht es nicht mehr

Vor allem Surfer lieben den Hotspot links und rechts des Inselhakens, nicht zuletzt wegen der traumhaften Strände und gleichmäßig kräftigen Windbedingungen. Entsprechend jung ist das Publikum auf den wenigen Straßen des Urlaubsorts, der wie viele andere auf Rügen im Winter nahezu ausgestorben ist.

Alles im Blick

Einen guten Überblick über Thiessow gewinnen Sie vom 36 m hohen **Lotsenberg** aus, einen noch besseren von der weitere 13 m in die Höhe ragenden **Aussichtsplattform des Lotsenturms** (Zugang durch Drehkreuz, tgl., 1 €). Der zwischenzeitlich verfallene Turm wurde 2003 wieder aufgebaut, angelehnt an das historische Vorbild vom Beginn des 20. Jh. Was damals sicher nicht den Turm ›bekrönte‹: der heutige Mobilfunksendemast.

Der rege Schiffsverkehr auf der Ostsee führte dazu, dass erste Lotsen in Thiessow schon im 17. Jh. ihre Arbeit aufnahmen. Zu ihren Aufgaben gehörten auch der Rettungsdienst und die Unterstützung des Zolldiensts. Seither haben Generationen von Thiessower Familien im Lotsendienst gearbeitet. Nicht zuletzt sorgten sie dafür, dass Schiffe den Thiessower Haken, die Landspitze zwischen Ostsee und Bodden, sicher umrunden konnten.

Am Fuß des Turms wurde die historische **Lotsenwache** (April–Okt. tgl.

TOUR
Berge im Meer

Wanderung in den ›Zickerschen Alpen‹

Infos

Start/Ziel:
Taun Hövt, Groß
Zicker, 📍 G/H 8/9

Länge/Dauer:
Rundwanderung:
9 km, 2–3 Std.,
festes Schuhwerk

Taun Hövt:
Boddenstr. 61, Groß
Zicker, Mönchgut,
T 038308 54 20,
www.taun-hoevt.
de, 7. Jan.–März
12–20.30, April 12–
21, Mai–Sept., 26.
Dez.–2. Jan. 12–22,
Okt. 12–21.30 Uhr,
durchgehend warme
Küche, 8,50–25 €,
auch Kaffee und
Kuchen

Südlich von Gager beginnen die **Zicker Berge,** die von Nordlichtern auch gerne Zickersche Alpen genannt werden. Die Hügel sind nahezu frei von Wald, da die einstigen Laubbäume bereits im Mittelalter fast komplett abgeholzt wurden. Dafür bestimmen duftende Gräser, Sträucher und Blumen die recht karge und trockene Landschaft. Der Wassermangel und die lang anhaltende Hitze im Sommer haben Pflanzen entstehen lassen, die im großen Maß resistent gegen Umwelteinflüsse sind. Der Nachteil: Nach einer kurzen Blütezeit im Frühjahr gewinnt die Wiese im Sommer und Herbst wahrlich kein Schönheitsabzeichen. Braun über braun erscheinen die Berge, die sich stark von den grünen Wiesen im Tal abheben.

Die kleine Rundwanderung beginnt und endet am Parkplatz bei der Gaststätte **Taun Hövt.** Folgen Sie dem Weg hinter dem Schlagbaum Richtung Westen. Sanft geht es durch Wiesen hügelan, bis Sie links zum **Nonnenloch,** einem schmalen Kiesstrand, absteigen können. Wieder retour an der Kreuzung, halten Sie sich links und gehen zum **Aussichtspunkt** an der Spitze des **Zickerschen Höfts.** Von hier folgen Sie dem Uferpfad durch kleine Wäldchen bis **Gager** (s. S. 124). Machen Sie einen Abstecher zum **Hafen.** Von dort führt ein Pfad auf den 69 m hohen **Bakenberg,** der einen traumhaften Panoramablick bietet. Bei guter Sicht können Sie von hier aus sogar den ca. 20 km entfernten und 58 m hohen Streckelsberg auf Usedom oder die Greifswalder Oie sehen. Die passende Bank wartet jedenfalls schon auf Sie. Dann steigen Sie nach **Groß Zicker** (s. S. 125) ab und kehren zu Ihrem Auto beim **Taun Hövt** zurück.

0,5   1 km

Hagensche Wiek

Zum Höft   Gager

Zicker Berge

Bakenberg 69 m

P

Zickerberg 66 m

Start/Ziel   Groß Zicker

Boddenstr.

Gaststätte Taun Hövt

Nonnenloch

Wo die einen Urlaub machen, arbeiten andere, um leckeren geräucherten Fisch unters Volk zu bringen.

9–18 Uhr, Eintritt frei) aus dem Jahr 1909 saniert, in der heute eine **Ausstellung** zur eigenen Geschichte zu sehen ist.

Nur 400 m weiter lockt auch der **Kleine Königsstuhl** mit einem Aussichtspunkt, von dem aus gut die Brandung und Kitesurfer beobachtet werden können.

Gelassen in den Tag hinein

Abseits des manchmal lebhaften Treibens an den zwei **Stränden** des Ortes können Sie in Thiessow einen ruhigen Urlaub in der Natur genießen. Es gibt kaum Sehenswürdigkeiten und keine mondäne Bäderarchitektur, dafür Platz zum Toben für Ihren Hund, Spielplätze und Wanderpfade, die fast immer Meerblick bieten.

Ein Höhepunkt in der Saison ist der **Rügen-Markt** (www.ruegen-markt.de, Mai–Okt. Di, Do 9–16 Uhr) am kleinen Thiessower Hafen, der schönste Markt der Insel. Rund 100 Manufakturen und Kunsthandwerker aus ganz Vorpommern präsentieren ihre liebevoll gefertigten und geernteten Produkte.

Am Ende der Welt

Nur rund 500 m sind es bis nach **Klein Zicker,** wo die Straße endet. Gegenüber dem malerisch gelegenen **Imbiss am Bodden** (s. S. 129) gibt es einen Parkplatz, ein guter Ausgangspunkt für eine Erkundung der kleinen Schönheit. Entlang der **Dörpstrat** gesellen sich neuere Bauten zu alten Reetdachhäusern, von denen einige mit außergewöhnlichem Rosenbewuchs auf sich aufmerksam machen. Am Ende der Straße ist ein kleiner **Aussichtspunkt** mit schöner Sicht über die Steilküste.

Noch schöner wird der Ausblick bei einer Rundwanderung über den Hausberg, die durch Kräuterwiesen führt und auch den idyllischen Boddenhafen im Rücken des Ortes streift. Ab und zu legt dort ein privates Ausflugsschiff an (s. Aushang vor Ort).

Schlafen

Gemütlich und sympathisch

Hotel Godewind: schönes, kleines Hotel mit kleinem Wellnessbereich und riesigem Spielplatz. Von drei Seiten rufen das Meer und der Bodden, den Sie auch beim Speisen in der Lotsenstube, dem hauseigenen Restaurant, nicht aus den Augen verlieren.
De niege Wech 7, Thiessow, Mönchgut, T 038308 34 20, www.godewind-thiessow. de, DZ/ÜF 80–120 € je nach Saison und Kategorie, auch Studios und Apartments, interessante Paketangebote

Preistipp

Haus Ostsee: familienfreundlich, einfach gehalten, günstig. Wer in der evangelischen Familienferienstätte übernachtet, wird an frühere Landschulheimaufenthalte erinnert. Dafür gibt es Spielmöglichkeiten ohne Ende und eine Neue-Freunde-Garantie. Selbstversorgerküchen mit Aufenthaltsräumen, Teilversorgung ist möglich.
Strandstr. 17, Thiessow, Mönchgut, T 038308 82 62, www.haus-seeadler-ruegen.de, DZ mit Waschbecken, Etagen-WC und Duschen im Erdgeschoss ca. 20–25 €/Pers., bis 16 Jahre ca. die Hälfte, bis 2 Jahre kostenlos

Hell, schlicht, modern

Zollhaus Rügen: Wenn Sie vom Fenster aus fliegende Kiter sehen, stehen Sie wahrscheinlich gerade auf dem holzverkleideten Balkon Ihrer Ferienwohnung im Zollhaus. Nun müssen Sie sich nur noch entscheiden: gleich ans Wasser gehen, in die Sauna hüpfen oder mit den Kindern und dem Bobbycar ums Haus brausen.
Dörpstrat 9, Klein Zicker, Mönchgut, T 038303 956 05 00, www.zollhaus-ruegen. de, Apartment/2 Pers. um 100 €/Nacht

Am Ende der Welt

Ferienhaus Küstenkoje: Wenn es nicht mehr weitergeht, sind Sie am Ziel. Eine himmlische Ruhe erwartet Gäste des Ferienhauses nur 50 m vom idyllischen Naturstrand entfernt. Im Inneren warten maritime Blau- und Sandtöne sowie eine Grundausstattung von Knoblauch bis Kaffeefilter.
Dörpstrat 23, Klein Zicker, Mönchgut, kuestenkoje.de, 60–114 €/Nacht je nach Saison, Vermietung wochenweise, Hauptsaison Mindestaufenthalt 2 Wochen

Essen

Wirkt magisch auf Urlauber

Imbiss am Bodden: Direkt am Kiesstrand steht dieser Imbiss mit eigener Fischräucherei. Geräuchert wird im großen Trafohäuschen auf dem Hof. Tolles Flair auf der Hofterrasse, im Sommer immer voll.
Dörpstrat 5, Klein Zicker, Mönchgut, T 038308 83 51, www.facebook.com/pg/imbissambodden, Mai–Okt. tgl., Fischbrötchen um 3 €

Einmalige Delikatesse

Mönchguter Fischerklause: Die Fischmanufaktur in einer historischen Villa verarbeitet nur Fänge von Fischern aus Thiessow und Klein Zicker. Die Gerichte, die in dem kleinen Lokal im Wintergarten serviert werden, sind rustikal und ohne Schnickschnack: »Das Essen muss überzeugen.« Einmalig ist das geflochtene Hornfischfilet mit gebratenen Tomaten, Zwiebeln und Kartoffelstampf. Unbedingt probieren!
Hauptstr. 48, Thiessow, Mönchgut, T 038308 303 97, www.moenchguter-fischerklause. de, Mai–Okt. tgl. 11.30–15, 18–20/21 Uhr, Hauptgerichte ab 10 €, Fischbrötchen zum Mitnehmen um 3 €

Freier Blick auf die Ostsee

Strandcafé: Der perfekte Ort, um nach dem Nachmittagsspaziergang am Meer Kaffee zu trinken. Als süße Begleitung sind die hausgemachten Waffeln zu empfehlen.
Strandpromenade 1, Thiessow, Mönchgut, T 038308 83 45, www.facebook.com/Thiessow-Strandcafé-224036344292215, April–Okt. tgl. 11.30–20 Uhr

Einkaufen

Kunst und Krempel

ARTelier Strandgut: Einrichtungsideen fürs eigene Heim. Primär dreht sich hier alles um selbst hergestellte Seidenblumen. Dazu gibt es Raumdüfte, Lampen oder inspirierende Mitbringsel für die Liebsten. Ein kleiner Urlaub für die Seele.

Waldweg 3 c, Thiessow, Mönchgut, T 38308 349 11, www.artelier-strandgut.de, Mo–Sa 15–18 Uhr, tel. Voranmeldung erwünscht

Bewegen

Ab aufs Rad

Fahrradverleih Thiessow: Verleih von gut gewarteten, teils neuwertigen E-Bikes, Trekking- und Tourenrädern. Auch Hundeanhänger, Kinderanhänger, Babyschalen und Fahrradhelme sind im Angebot.

Hauptstr. 29, Thiessow, Mönchgut, www. fahrradverleihthiessow.de, E-Bike 16 € (bis 80 km), klassische Räder ab 5 €/Tag

DAS HELGOLAND DER OSTSEE 🅷

Rund 10 km südöstlich von Thiessow liegt die **Greifswalder Oie.** Die 54 ha kleine Insel ist nur etwa 1,5 km lang und an der breitesten Stelle 600 m breit. Bekannt ist die Oie, auf der auch seltene Zugvögel rasten, für ihren Leuchtturm. Das Feuer wurde anfangs mit Rapsöl erzeugt und später auf elektrischen Betrieb mit einer Glühlampe von 2000 Watt und riesiger Linsenoptik umgestellt. Der Leuchtturm ist mit einer Reichweite von etwa 50 km der lichtstärkste seiner Art in Mecklenburg-Vorpommern und der einzige mit linksdrehendem Licht.

Erster Surfspot Rügens

Surfoase Mönchgut: Zu DDR-Zeiten war an allen offenen Küsten der Ostsee das Surfen verboten. Nur in einigen Buchten war es möglich, so wie hier zwischen Thiessow und Klein Zicker – weshalb der Spot unter Surfern auch als Thiewaii (Thiessow und Hawaii) bekannt ist. Heute können Sie hier nicht nur erste Windsurfabenteuer unternehmen, sondern auch Stand-up-Paddling oder Kitesurfen ausprobieren, ein Seekajak mieten etc. Die Harten campen gleich auf dem angeschlossenen Campingplatz.

Dörpstrat 2, Klein Zicker, Mönchgut, www. thiewaii.de, in der Saison kostenloses Schnuppersurfen Mo 10, Do 14 Uhr, Surfkurse ab 140 €, Verleih z. B. Surfboard 17 €/4 Std., SUP 25 €/4 Std., Seekajak 30 €/4 Std.

Cool auf vier Rollen

ProBoarding Rügen: Zwar kommen meist Kitesurfer in den kleinen Shop von Haiko Milke, doch der heimliche Star ist hier ein anderer: das Longboard. Cruisen Sie oder Ihre Kids geschmeidig und lässig durch den Ort. Wem der Urlaubsflirt der anderen Art gefällt, der kann bei Haiko auch Boards käuflich erwerben.

Dörpstrat 35, Klein Zicker, Mönchgut, www. proboarding.de, www.proboarding.de/long boarden, Longboard/Tag 20 €

Infos

● **Kurverwaltung Thiessow:** Hauptstr. 36, Thiessow, Mönchgut, T 038308 82 80, Mo, Mi/Do 8–16, Di 9–18, Fr 8–14 Uhr.
● **Anreise:** Ab Bergen auf Rügen stündlich mit **Buslinie** 24 nach Binz, von dort weiter mit Buslinie 20. Wer mit dem eigenen **Pkw** anreist, findet gute Parkmöglichkeiten am Hafen von Thiessow, auf dem Parkplatz am Deich (Höhe Hauptstr. 65) oder am Ortseingang von Klein Zicker.

Zugabe
Aus der Katastrophe geboren

*Der Einsturz der Binzer Seebrücke
und die Folgen*

E s ist warm an jenem einschneidenden Tag. Hunderte Sommerfrischler strömen am 28. Juli 1912 in den Badeort Binz, wo an diesem Sonntag ein Pferderennen stattfinden soll.

Nach der Veranstaltung wird es auf der fast 600 m langen Seebrücke des Ostseebads voll. Der hölzerne Steg wird zur Flaniermeile der Schönen und Reichen, damals zumeist Adlige. Mehr als 1000 Menschen halten sich auf der Konstruktion auf, allein 200 davon schieben und drängen sich auf die Anlegeplattform des Ausflugsdampfers Kronprinz Wilhelm, der gegen 18.15 Uhr erwartet wird.

Plötzlich gibt es einen Knall. Auf 10 m bricht die Seebrücke ein und reißt mehr als 100 Menschen in die Fluten der Ostsee, die an dieser Stelle etwa 6 m tief ist. Zwar wirft die Besatzung des Schiffes umgehend Rettungsringe und Taue in das Meer, doch nur wenige kriegen sie zu fassen. Mehrere Linienschiffe eilen zu Hilfe und retten viele Menschen. Im Lauf des Abends wird klar, dass acht Frauen, vier Männer und zwei Kinder nicht überlebten. Wie viele Opfer

Auf der Gedenktafel hält die Seebrücke noch, doch lange dauerte es nicht mehr, bis die Tragödie ihren Lauf nahm.

es wirklich gegeben hat, ist und bleibt umstritten. Damalige Zeitungsberichte notieren 16, eine Gedenkplatte auf der später neu errichteten Brücke verzeichnet 17 Ertrunkene.

Nach der Tragödie wächst in der Bevölkerung schnell ein Bewusstsein dafür, wie wichtig Rettungsschwimmer sind. Rund ein Jahr später wird die Deutsche Lebens-Rettungs-Gesellschaft (DLRG) gegründet – mit dem Ziel, Helfer auszubilden und an Stränden sowie Badeseen einzusetzen. In den vergangenen 100 Jahren wurden dank ihrer Hilfe Zehntausende vor dem Ertrinken bewahrt. Wer weiß, wie sich die Geschichte ohne das Unglück an der Seebrücke von Binz entwickelte hätte … ∎

> Plötzlich gibt es einen Knall. Auf 10 m bricht die Seebrücke ein …

Rügens Norden und die Halbinsel Jasmund

Viel Mythos, jede Menge Sand und kreideweiß — Rügens längster Strand verbindet zwei Naturparadiese.

Seite 141
Kap Arkona

Es soll Leute geben, die jeden Leuchtturm an der Ostseeküste schon besucht haben. Gleich zwei Fliegen mit einer Klappe haben Sie im äußersten Norden Rügens erwischt.

Seite 144
Küstenradelei

Von Putgarten übers Kap Arkona radeln Sie immer an der Steilküste entlang bis zum Wieker Bodden. Durchs Herz der Halbinsel Jasmund geht es über den beschaulichen Ort Altenkirchen retour nach Putgarten. Ein Muss kurz vor dem Ziel: das Fischerdorf Vitt.

Ich seh' den Wald vor lauter Bäumen nicht!

Eintauchen

Seite 146
Vitt

Fischerhäuser, ein malerischer Steinstrand – das ist das Fischerdorf Vitt. Eine Familie fischt noch selbst und verkauft ihren Fang am idyllischen Hafen.

Seite 148
Altenkirchen

Die prächtige Pfarrkirche ist die zweitälteste auf Rügen und war Wirkstätte L. G. Kosegartens.

Seite 151
Die Schaabe

Erst Küstenwald, dann Traumstrand: keine Häuser, kaum Menschen, nur Sand und Wasser.

Seite 164
Sassnitz

In Sassnitz lässt es sich flanieren, auf der Außenmole, im trubeligen Stadthafen oder im historischen Ortskern mit schönen Bädervillen.

Seite 176
Schloss Spyker

Schwedenrot, leicht versteckt und ganz schön stolz liegt es da. Wo bereits Feldmarschall Carl Gustav von Wrangel die Geschicke von Schwedisch-Pommern lenkte, dürfen heute Urlauber am Spyker See fürstlich logieren.

Seite 172
Inselflüchter

Rügen, Ummanz und Hiddensee sind nicht genug? Dann machen Sie doch eine zwei- oder dreitägige Tour nach Rønne auf Bornholm. Per Schiff geht es auf Dänemarks Sonneninsel.

Seite 159, 162
Nationalpark Jasmund ✪

Mächtige Kreidefelsen, alte Buchenwälder und verwunschene Seen inspirierten schon die Romantiker. Vielleicht wandern Sie von Lohme aus über den Hochuferweg zum Königsstuhl, zur Victoria-Sicht und zurück via Herthasee und Ranzow durch Moorgebiet und Wald.

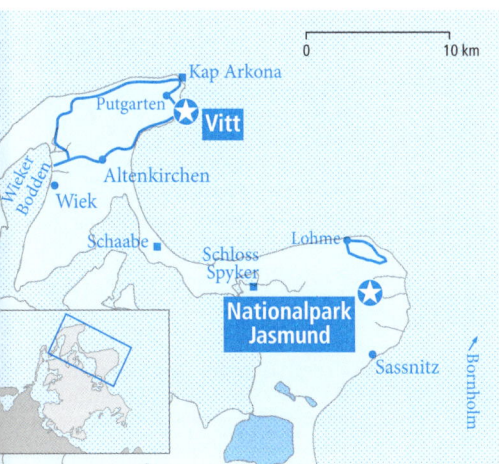

»Nach Rügen reisen heißt, nach Sassnitz reisen.« Theodor Fontane

Welcher Strandtyp sind Sie? 1. Hinter die letzte Düne, damit mich keiner sieht. 2. Ab ins Getümmel, am besten nackt! 3. Strandkorblümmler.

Voll weißen Goldes

P

Plötzlich hat es den Naturgewalten nachgegeben. Das markante Kreidefelsen-Ensemble der Wissower Klinken stürzte am 24. Februar 2005 in die brandende Ostsee. Ein großer Verlust für die Einheimischen und für den kleinsten deutschen Nationalpark – wahrscheinlich aber ein noch größerer für Urlauber, die jedes Jahr in Scharen hier vorbeikamen.

Für jeden was dabei

Der Norden Rügens ist zweigeteilt. Links liegt mit Wittow die größte Halbinsel des Eilands, rechts das kompakte Jasmund. Beide Regionen können verschiedener nicht sein und bilden dennoch zusammengenommen eine kleine Welt für sich. Es mag einem fast so vorkommen, als würden sie nichts mit all dem Schickimicki im Osten und der malerischen Pampa im Südwesten zu tun haben wollen. Wer die Prorer Wiek hinter sich lässt und in die Tiefen der rauschenden Rotbuchenwälder nahe dem Königsstuhl eintaucht, ist fasziniert von urigem Gehölz und traumhaften Blicken auf die weiße Klippenküste. Die gibt es auf Wittow wohl auch, dennoch macht der weiße Sandstrand auf der verbindenden Schaabe gleich klar,

ORIENTIERUNG **O**

Infos: www.nordruegen.de, www.nationalpark-jasmund.de, www.sassnitz.de

Anreise: Die **Halbinsel Wittow** wird, aus Stralsund kommend, über die **Wittower Fähre** (www.weisse-flotte.de, einfache Fahrt Pkw/Anhänger ab 4,50 €, Erwachsene 1,20 €, 4–11 Jahre 0,80 €) erreicht, die im Pendelverkehr ganztägig zwischen Trent und Wiek verkehrt. Nach **Jasmund** geht es durch die Schmale Heide bei Prora oder über die Boddenstraße bei Lietzow. Mit den **Bussen des VVR** (www.vvr-bus.de) erreichen Sie alle Hauptorte im Norden Rügens mit den Linien 13 bzw. 14 ab Sassnitz.

wer und was hier die Hauptrolle spielt: die Weite. Weite Felder, weite Wiesen und weite Wälder. Gespickt mit Fischerdörfchen und dem berühmten Leuchtturm am Kap Arkona. Die Besucherzahlen am nördlichsten Fleckchen Rügens sind glücklicherweise auf dem absteigenden Ast, allerdings immer noch eine Wucht. Fast 800 000 Schaulustige jährlich, die mit gezückten Handys umherirren, lassen den Charme des erhabenen Ortes leider etwas verfliegen.

Wiek ⚲ C/D3

Alter Handelsplatz

Was heute klein, verschlafen und beschaulich wirkt, war um das Jahr 1820 einer der bekanntesten Orte auf Rügen. Zu dieser Zeit wohnten hier rund 1100 Einwohner – Platz eins auf der Liste der größten Dörfer der Insel. Die Einwohnerzahl hat sich bis heute konstant gehalten, was dazu führte, dass andere Orte Wiek links und rechts in Größe und Geschäftigkeit überholten. Was blieb, ist ein wunderschöner Dorfkern, der sich bereits im Mittelalter formte. Dank der Lage am Wieker Bodden florierten Seefahrt und Handel. Diese Tatsache hat dem Ort wahrscheinlich auch seinen Namen eingebracht – das slawische *vik* bedeutet Handelsplatz.

Erst mal eine Runde am Hafen

Nur rund zehn Minuten dauert die Fahrt der Wittower Fähre auf die Halbinsel ins Örtchen Wiek. Der erste Weg führt die meisten Reisenden an den **Hafen,** an dem heute kaum noch etwas an die Seefahrerära erinnert. Eine kleine **Marina** mit Sportboothafen und Bootstankstelle sowie eine **Flaniermeile** mit kleineren Souvenir- und Eisgeschäften haben den Naturhafen im florierenden Tourismus ankommen lassen. Etwas fremd im Panorama wirkt die 140 m lange **Verladebrücke.** Sie wurde im Zuge der Umgestaltung des Hafens 1912 errichtet, um in Nullkommanix am Kap Arkona geförderte Kreide auf Schiffe zu verladen. Die Arbeiten nahmen allerdings kurz darauf kriegsbedingt ein Ende. Heute steht die Brücke als ›schwebende Promenade‹ Besuchern offen. Ein Spaziergang lohnt sich bereits wegen des herrlichen Blickes auf Wiek und den Bod-

Backstein trifft Holz: Der Wieker Pfarrkiche wurde zu Beginn des 17. Jh. ein hölzerner Glockenturm zur Seite gestellt.

WIEKER UND WITTOWER GESCHICHTEN

Günter Käning stammt aus einer alten Wittower Seefahrerfamilie und hat wissenswerte und interessante Anekdoten aus der Geschichte des Dorfes und der windigen Halbinsel zusammengetragen. Über die Begebenheiten war bereits so mancher alteingesessene Wieker überrascht. Die perfekte Nachttischlektüre!

den. Auch die Werft Wieker Boote, die auf den Bau von qualitativ hochwertigen Polyesterbooten spezialisiert ist, kann von hier aus bestens erspäht werden.

Alter Dorfkern mit Charme

Über die Hauptstraße geht es zur **Pfarrkirche St. Georg** (Hauptstr., www.kirche-altenkirchen-ruegen.de, Mo–Fr 10–12, 13.30–17 Uhr), die im 15. Jh. in mehreren Phasen als dreischiffige Backsteinkirche erbaut wurde und eine der größten Hallenkirchen Rügens ist. Der ursprüngliche **Glockenturm,** der auf dem gotischen Kirchenschiff thronte, wurde im 16. Jh. zerstört und um 1600 als frei stehender Glockenstuhl neu aufgebaut.

Durch den Kirchgarten gelangen Sie in das **historische Zentrum** des Ortes. Hübsche **Reetdachhäuser** und die ungeordnet wirkende, verwinkelte Ortsstruktur verleihen Wiek seinen Charme. Wo früher alte Gewerke wie Schustereien oder Spinnstuben ihren Sitz hatten, frönen heute Urlauber der schönsten Zeit des Jahres. Am Nachmittag oder Abend lohnt sich ein Spaziergang über die **Gerhart-Hauptmann-Straße.** Sie führt an einem kleinen Park und an dem einen oder anderen schönen Café oder Restaurant vorbei. Während Urlauber meist ihr Abendbrot am Hafen einnehmen und maritimes Flair genießen wollen, treffen

sich hier vor allem die Einheimischen auf ein Bierchen und den einen oder anderen Plattschnack.

Schlafen

Vom Schlachter zum Schuster

Alte Schusterei: Dorfchronist Günter Käning hat unlängst den ersten Kaufvertrag für das Schmuckstück gefunden. Er stammt aus dem Jahr 1776. Damals wurde das Haus vom Schlachter Ermelin an den freien Schuster Alwert verkauft. Bis 1994 war das Handwerk hier vertreten, dann kauften es Michaela und Robert Seliga und schufen drei gemütliche Ferienwohnungen für ein bis vier Personen sowie ihr eigenes Heim. Ruhig, lauschig und wunderschön! Küstermarkt 3, T 038391 76 47 61, www.alte-schusterei-ruegen.de, Ende Juni–Aug. Mindestaufenthalt 5 Nächte, sonst 3 Nächte, 1 Woche/2 Pers. 555–695 € je nach Saison und Wohnung, ohne Wäschepaket und Endreinigung

Essen

Geheimtipp für Fischfreunde

Flotter Fisch: Klein und unauffällig liegt das Häuschen direkt am Hafen. Hier wird weder geräuchert noch selbst geangelt. Trotzdem sind die Fischgerichte ein Hochgenuss. Probieren Sie z. B. den Pfefferhering. Wer größeren Hunger hat, entscheidet sich vielleicht für die Fischsoljanka. So oder so – das Essen und der Blick auf das beschauliche Hafentreiben bringen die Gäste zum Schwärmen. Am Hafen 8, T 0172 704 82 21, Fr–Mi 11–20 Uhr, Fischgerichte 10–20 €

Bunte Blumen ringsherum

Blumencafé Rügen: Alles begann mit einem kleinen Geschenkeladen. Nachdem Doris Faralisch und Christin Kieck immer wieder auf ihren wunderschönen Garten angesprochen wurden, änderten sie kurzerhand das Konzept. Heute werden im Gewächshaus, dem Bernsteinzimmer sowie im Garten leckere Kuchen mit bunten Blüten serviert. Ein Traum!

Gerhart-Hauptmann-Str. 6, T 038391 76 99 32, www.blumencafe-ruegen.de, Mai–Sept. tgl. 13–18, Okt.–April Di–So 13–17 Uhr

Alt trifft hip

Gaststätte Wiek Huus: irgendetwas zwischen urigem Fischrestaurant, rustikalem Landgasthof und jung gebliebener Surferbar. Wenn die Cocktailkirsche schon wieder auf dem Trockenen liegt, einfach die kleine Flagge auf dem Tisch hissen. Im Nu kommt der Service – mit guter Laune und einem lustigen Spruch auf den Lippen.

Hauptstr. 1, T 038301 93 91 44, auf Facebook, Di–Sa 17–21 Uhr, Hauptgerichte um 11 €

Bewegen

Kapitale Fänge (fast) garantiert

Angelwunder: Mit Guide Gary und seinem Boot Estrella III geht es in die Angelgründe des nördlichen Rügenschen Boddens oder in die Ostsee rund um das Kap Arkona. Ob großer Boddenhecht oder edler Seelachs – dank der Tipps vom Angelguru ziehen auch nicht so versierte Petrijünger prächtige Fänge an Bord. 2019 stellte ein Stammkunde bei einer Ausfahrt sogar den offiziellen deutschen Makrelenrekord auf: 1,4 kg wog der 47 cm große Fisch.

Försterei 6 (im Jachthafen), T 0170 245 51 05, www.facebook.com/GarysAngelwunder, Preise auf Anfrage

Im WM-erprobten Revier

Surf und Kite Camp: Das Camp ist ein Paradies für Wasserratten und alle, die eine werden wollen. Der sandige Untergrund des Wieker Boddens und das 700 x 4000 m große Stehrevier bieten beste Bedingungen, um sich auf dem Surfbrett oder am Kite-Schirm auszuprobieren. Profis kommen außerhalb des Flachwasserbereichs auf ihre Kosten, wo sich die Wellen bis zu 1,50 m hoch auftürmen. Wer nicht nur reinschnuppern will, nächtigt während der Kurse auf dem zugehörigen Campingplatz, den fast nur Surffreaks bevölkern.

Boddenstr. 1, T 0173 818 48 08, www.surf-kite-camp.de, Schnupperkurs 75 €, Kite-Board-Verleih 8 €/Std., Camping ab ca. 10 €/Pers./Nacht

Infos

● **Tourist-Info:** Amt Nord Rügen, Am Markt 5, T 038391 768 70, www.wiek-ruegen.de, Feb. Mo–Do 9–12, 13–16, Fr 9–12, 13–15, März–Mai, Sept., Dez. Mo–Fr 9–12, 13–16, Juni–Aug. Mo–Do 8.30–12, 13–17, Fr 8.30–12, 13–16, Sa 9–12. Infos zu Hotels, Pensionen und Lokalen im Ort, Buchungsmöglichkeiten.

DIE WEISSE KINDERSTADT

In der Nähe des heutigen Wieker Hafens liegt das frühere **Sächsische Kinderkurheim.** 1920 wurden die lang gestreckten, kreideweißen Holzbauten nach Plänen der Bauhausschüler Oskar und Gustav Waldo Wenzel für 1,5 Mio. Mark gebaut. 26 Häuser, ein Wirtschaftsgebäude, eine Gärtnerei und ein eigener Strand waren nur einige der Annehmlichkeiten. Damals reisten die Kinder mit einem Sonderzug aus Sachsen nach Stralsund, von dort ging es per Dampfer weiter. Heute kuren hier Mütter und Kinder, allerdings etwas komfortabler in der **AOK-Klinik Rügen.**

Dranske ♀ C3

Wiedererwachen

Mit der Tourismuswelle, die Rügen seit der Jahrtausendwende erfährt, geht es mit dem 1000-Einwohner-Örtchen am westlichen Zipfel Wittows wieder bergauf. Auch wenn die kleine Landzunge Bug immer noch für Urlauber tabu ist (einige Exkursionen ausgenommen). Optimistisch ausgedrückt erinnert dieser Tage nur noch wenig an die tristen NVA-Zeiten. Spätestens, wenn die Surfer mit den ersten Sonnenstrahlen des Jahres im Ort einfallen, mausert sich Dranske zum quirligen und zugleich lässigen Urlaubsort.

Dass in Dranske heute wieder das blühende Leben herrscht, hätte noch Mitte der 1990er-Jahre kaum jemand gedacht. Zu dieser Zeit befand sich das kleine Hafendörfchen in einer waschechten Depression, ohne Hoffnung auf Genesung. Einst ein wichtiger Marinestützpunkt der Nationalen Volksarmee der DDR, zogen nach der Wende die auf dem Bug stationierten Soldaten ab. Nicht nur die vielen Plattenbauwohnungen standen lange leer, auch das kulturelle Leben lief langsam, aber sicher gegen null. Vielleicht lag es daran, dass genau dieses Naturidyll zur Sperrzone erklärt worden war und die Region damit ihr größtes Schmuckstück aufs Wartegleis gestellt hatte?

Land in Sicht – oder nicht

Entscheiden Sie selbst, ob Sie eher der Boddentyp sind und das Land nie außer Sichtweite kommen darf oder der freie Blick auf den puren Horizont das Nonplusultra ist. Nur wenige Hundert Meter voneinander entfernt liegen die Ufer des Wieker Boddens und der offenen Ostsee.

Nur ein My trennt die Verbindungsstraße, die von Gudderitz über Kuhle bis ins Ortszentrum verläuft, vom klaren und leicht salzig duftenden **Wieker Bodden.** In der richtigen Stimmung geht es direkt an den kleinen **Sandstrand** unterhalb des größten Hotels weit und breit, des Strandhotels Dranske (www.strandhotel-dranske.de). Die 170 m lange **Seebrücke** und der **Uferweg** laden zum kleinen Spaziergang ein, da der Ort selbst wenig zu bieten hat. Hier wird eben Urlaub gemacht. Ohne Schnickschnack, ohne Ablenkung.

Das haben sich auch die Strände an der **Ostseeseite** auf die Fahnen geschrieben. Kilometerlang ziehen sich die leicht eingewölbten **Badebuchten** das windige westliche Wittow entlang – der Traum eines jeden Sonnenanbeters, der an einigen Abschnitten sogar seinen Hund toben und, in FKK-Zonen, splitternackt alle Fünfe gerade sein lassen darf.

Schlafen

Schlicht und einfach

NoHotel Hostel: Früher war es ein Wohnheim der Armee (wie kann es in Dranske anders sein!), heute ist es ein schlichtes Hostel, das sich aufs Wesentliche konzentriert. Heißt: keine Fernseher auf den Zimmern, überwiegend Mehrbettzimmer mit Dusche und Toilette auf dem Gang, Stockbetten. Mehr wird auch nicht benötigt, bei so vielen Spiele- und Erlebnisangeboten wie lauschigen Grillabenden oder Surfsessions auf der Ostsee. Wer doch etwas mehr Komfort sucht und braucht, kann in eines der sechs Doppelzimmer mit Dusche und WC oder eine der Ferienwohnungen einziehen. Es gibt auch einen Fahrradverleih. Karl-Liebknecht-Str. 58, T 038391 43 97 57, www.nohotel.de, je nach Saison: Bett 15/20 €/Pers. , DZ 40/55 €, Ferienwohnung/2 Pers. 50/65 €, Frühstück 6 €

Fischerhütte in Modern

Ferienhaus Vier Leuchttürme: Das typische Finnhaus (Nurdachhaus) erinnert an alte Fischerbehausungen oder an ein Zelt aus den 1970er-Jahren. In jedem Fall sticht es heraus, auf einem naturbelassenen Grundstück voller rügentypischer Sanddorn- und Weißdornbüsche, umgeben von einer alten Feldsteinmauer. In besonders klaren Nächten sind die Takte der vier Leuchttürme Dornbusch, Kap Arkona, Darßer Ort und Møn zu sehen.

Rehbergort 8, T 0172 150 59 95, www. vier-leuchttuerme.de, bis 4 Pers. 89–165 € je nach Saison, Mindestaufenthalt 5 Nächte, Haustiere sehr willkommen (kleiner Aufpreis)

Essen

Ältester Gasthof auf Rügen?

Schifferkrug Kuhle: Mit dem Schifferkrug im gleichnamigen Ortsteil soll Dranske die älteste Kneipe Rügens haben. Seit 1455 wird hier Bier ausgeschenkt. Ein klarer Fall ist das aber nicht. Auch ein Gasthof im Örtchen Middelhagen auf dem Mönchgut beansprucht den Titel für sich. In dem rot angestrichenen, reetgedeckten Haus wird solide, regionale Küche serviert.

Hauptstr. 2, T 038391 93 88 45, www. schifferkrug-kuhle.de, tgl. ab 12 Uhr, Neben-/ Nachsaison bis 20.30 Uhr, sonst länger, ab ca. 10 €, Mittagskarte günstiger

Bewegen

Es sportelt

Überall wird geschwitzt, gestöhnt und gejubelt. Vor allem **Windsurfer** lieben die tollen Reviere rund um Dranske, wo sogar seit einigen Jahren der Weltcup Station macht. Aber auch ein **Reitstützpunkt** und ein **Golfplatz** machen den Ort zum Eldorado für Open-Air-Sportler. Ganz zu schweigen von den wunderschönen **Rad- und Wanderwegen** für Otto Normalverbraucher.

Stolz verkündet der Schifferkrug sein langes Bestehen, aber ist er wirklich die älteste Gaststätte auf der Insel?

Pssst! Auf geheimer Mission

Wanderung über den Bug: Schon die Anreise zum Startpunkt ist ein Abenteuer. Mit dem eigenen Auto (erforderlich!) und Sondergenehmigung fahren Sie über einen 2 km langen Privatweg auf die Halbinsel Bug. Dann übernimmt der Ranger das Zepter, um mit Ihnen zu Fuß den größten Sandhaken Rügens zu erkunden. Unterwegs lohnt sich die Suche nach Hühnergöttern, Donnerkeilen oder sogar Klappersteinen.

Infos und Buchung über Fremdenverkehrsamt Dranske, April–Okt. Di, Fr 9.15, Juli/Aug. auch Do 19.15 bzw. 18.15 Uhr, unbedingt Mückenschutzmittel einpacken!

Infos

• **Fremdenverkehrsamt Dranske:** Bürgerhaus, Schulstr. 19, T 038391 890

07, www.gemeinde-dranske.de, Mo–Fr 9–12, 13–16 Uhr. Verkauf von Tickets für Schiffsrundfahrten, Organisation von Bug-Exkursionen, Touristenfischereischeine, Rad- und Wanderkarten.

• **Fähre nach Hiddensee:** Etwas länger dauert die Fahrt als vom bekannten Fährhafen Schaprode, dafür öffnen sich neue Blicke auf das ›söte Länneken‹ – allerdings nur im Sommer. Tickets und weitere Infos gibt es im Fremdenverkehrsamt. Anbieter ist die Reederei Hiddensee (www.reederei-hiddensee.de).

Putgarten und das Kap Arkona

📍 E2

Putgarten

Wer Putgarten ansteuert, will meist zum Kap Arkona, dem größten Flächendenkmal der Insel. Aber auch Putgarten selbst lohnt einen Gang. Das 300-Einwohner-Örtchen ist autofrei, die holprige **Kopfsteinpflasterstraße** dürfen nur Anwohner befahren. Gar nicht so schlecht, denn umso besser lassen sich die vielen hübschen **Fischerkaten** beäugen und besuchen – fast jedes Haus im Dorf besitzt im Erdgeschoss ein Restaurant, ein Café, einen Souvenirladen oder eine Ferienwohnung. Der große Urlauberandrang hat auch eine recht aktive Festkultur entstehen lassen. Regelmäßig finden auf den Straßen des Ortes oder dem zentral gelegenen **Rügenhof** (s. rechts) Feierlichkeiten statt. Im Winter dagegen ist alles wie leergefegt und die Bürgersteige sind hochgeklappt.

Ein großer **Parkplatz** am Eingang des Dorfes ist der Schlüssel für jeden

Urlauber, der die charakteristischen Leuchttürme und den Peilturm am Kap erkunden möchte.

Essen

Ein Hauch von Britannien

Woody's Little Britain: Dürfen wir vorstellen? Woody. Ein kleiner, feiner Hund aus der Grafschaft Yorkshire, heimisch im ebenso feinen britischen Landhaus inmitten des immerfeinen Putgarten. Viele porzellanene Freunde des geschäftstüchtigen Hundes warten in dem Krimskramshaus auf neue Besitzer. Dazu werden Marmeladen, Chutneys, britisches Wohndekor und vieles mehr angeboten. Am beliebtesten sind die frisch gebackenen Scones und der leckere Kuchen (ab 2,80 €), der im passenden Ambiente (nicht nur) zur Teezeit gereicht wird.
Dorfstr. 23 c, T 038391 93 53 63, www.woodyslittlebritain.com, tgl. 11–18 Uhr

Einkaufen

Sanddorn und (Kunst-)Handwerk

Rügenhof: Das typisch norddeutsche Gehöft mit prächtigem Backsteingutshaus, Pferdeställen und einer Scheune liegt zentral im Ort und ist immer gut besucht. Der Rügenhof gehört Ernst Heinemann, der hier eine der größten Sanddornplantagen der Region betreibt. Drei Sorten der Zitrone des Nordens werden angebaut: Frugana, Hergo und Leikora. Nach dem Pflücken werden die Beeren auf dem Gutshof zermust und direkt in Marmeladen, Liköre und leckere Gerichte verwandelt, die Sie im Café (mit Kamin) genießen können. Darüber hinaus haben sich auf dem Rügenhof zahlreiche Kunsthandwerker und Werkstätten angesiedelt, die das traditionelle Handwerk der Region erlebbar machen. Perfekt für Souvenirjäger, die sich hier mit Keramik, (Bernstein-)Schmuck und Strickwaren eindecken können. Von April bis Oktober ergänzen Marktstände das Angebot und auch an Spaß für Kinder ist gedacht: Es gibt einen großen Spielplatz.

Dorfstr. 22, www.kap-arkona.de/ruegenhof. html, tgl. 10–18 Uhr

Kap Arkona   ♀ E2

Von Ranen und Touristen
Eine Kultstätte der Ranen (s. S. 273) ist heute das beliebteste Ausflugsziel Rügens? Ja, gewiss. Doch auch wenn die Überbleibsel ihrer hölzernen **Jaromarsburg** in Form eines riesigen Burgwalls (derzeit wegen Abbrüchen entlang der Kreideküste gesperrt) einen Blick in die lange Geschichte der Region ermöglichen, haben sich an gleicher Stelle inzwischen andere Landmarken auf die Must-see-Liste gemogelt.

Übrigens ist nicht das Kap Arkona, sondern die Landzunge **Gellort** einige Meter weiter der nördlichste Punkt Rügens.

Drei Türme im Blick
Rund 2 km sind es vom Parkplatz in Putgarten über den autofreien Weg bis zum berühmten **Leuchtturm** am Kap. Seien Sie nicht wie viele der unzähligen Besucher um Sie herum überrascht, wenn Sie doppelt sehen. Es stehen nämlich gleich zwei Leuchtfeuer nebeneinander. Der kleinere der beiden Türme, der **Alte Leuchtturm** (auch: Schinkelturm), soll 1826/27 nach einem Entwurf des berühmten preußischen Architekten Karl Friedrich Schinkel in Backsteinbauweise errichtet worden sein. Ganz sicher ist das indessen nicht. Signaturen auf zwei Zeichnungen des Leuchtturms sollen die Beteiligung des Baumeisters belegen, von der er selbst aber nie etwas wissen wollte. Nichtsdestotrotz trägt der Museumsturm heute seinen Namen.

Der größere **Neue Leuchtturm** löste 1905 den 80 Jahre alten Schinkelturm ab und ist bis heute in Betrieb. Einen Leuchtturmwärter sucht man in dem 35 m hohen Seefeuer allerdings vergeblich. Die drei Blitze im 17-Sekunden-Takt werden elektronisch übermittelt und ferngesteuert. Erklimmen Sie unbedingt die 180 Treppenstufen zur **Aussichtsplattform,** die einen traumhaften Blick über die Tromper Wiek ermöglicht – und auf den dritten Turm im Bunde.

Der **Peilturm Kap Arkona** ist eine ehemalige Peilfunkstation, die der Reichsmarine Anfang des 20. Jh. als Seefunkfeuer zur Kontrolle des Ostseeraums diente. 1945 wurde die technische Ausstattung allerdings zerstört. Heute kann

Lieblingsort

Söbenschnidersteen

165 t schwer, 1,80 m hoch, 6,40 m lang. Ein beachtliches Findelkind, das die Eiszeit an den nördlichsten Punkt Rügens geschickt hat. Auf der kleinen Landzunge Gellort ragt der **Siebenschneiderstein** aus dem steingesprenkelten Ufer unterhalb der kreidigen Steilküste hervor. Dorthin geht es über den Hochuferweg – nur 15 Minuten sind es vom Kap Arkona (♥ E 2). Wenn Sie die kleine Serpentinentreppe hinabgestiegen sind und den Deckel des Findlings erklommen haben, blenden Sie alles aus. Alles, bis auf die vorbeizie-henden Wolken, das Plätschern der Brandung und den traumhaften Blick über die weite Ostsee. **Obacht:** Der Siebenschneiderstein ist bei Hochwasser oder stürmischer See nicht zu erreichen. Entlang der Steilküste nutzen Sie bitte ausschließlich gekennzeichnete Wege und Pfade.

die gläserne Kuppel besichtigt und in lateinamerikanischem Kunsthandwerk gestöbert werden.

Vom Peilturm aus erreichen Sie über den wunderschönen Hochuferweg übrigens nach 1,5 km das Fischerdorf Vitt (s. S. 146).

Alter Leuchtturm: tgl. April 10–16, Mai, Okt. 10–17, Juni–Sept. 10–18, Juli/Aug. 10–19, Nov.–März 11–16 Uhr, 2 €; **Neuer Leuchtturm:** tgl. März 11–16, April 10–16, Mai, Okt. 10–17, Juni, Sept. 10–18, Juli/Aug. 10–19 Uhr, 3 €; **Peilturm:** tgl. März 11–16, April 10–16, Mai/Juni, Sept./Okt. 10–17, Juli/Aug. 10–18 Uhr, 3 €

Enttarntes Marinekapital

Wie so viele naturverwöhnte Orte auf Rügen war auch das Kap Arkona für Urlauber lange Zeit tabu. Der 1979–86 errichtete **Marineführungsbunker** diente der DDR-Marine als sorgsam abgeschirmter Gefechtsstand. Wobei, so sorgsam nun auch wieder nicht. 1985 brachte ausgerechnet der Militärverlag der DDR den Bildband »Soldaten des Volkes« heraus – mit einem Luftbild, dass die Bunkerbaustelle zeigte. Damit wäre die Zerstörung im Kriegsfall vorprogrammiert gewesen. Wie die Abbildung in den Bildband gekommen ist, konnte nie geklärt werden. Doch die Reaktion erfolgte prompt: Nach drei Tagen wurde der Band vom Markt genommen und erschien später, ohne das verräterische Foto, neu. Der Komplex des Marineführungsbunkers umfasst ca. 2000 m² und besteht aus miteinander verbundenen Einzelbunkern und Bunkerröhren. Im Fall der Fälle sollte er vor giftigen Gasen und radioaktiver Strahlung schützen. Inzwischen ist auch hier ein charmant muffiges **Museum** untergebracht, das mitten im endlosen Ganggewirr in einer der Hauptröhren Orden, Uniformen, Karten und technische Geräte zeigt

Der kleinere **Arkona-Bunker** stammt noch aus der Wehrmachtszeit

und zeigt heute eine **Dokumentation** zur Geschichte des Kaps Arkona von der Slawenzeit bis in die Gegenwart.

Marineführungsbunker: wechselnde Zeiten, Führungen stdl. 12–15 Uhr, 5 €; **Arkona-Bunker:** wechselnde Zeiten, Eintritt frei

---

Feiern

● **Kultursommer am Kap:** www.kapkultur.de, Mitte Juli–Mitte Aug. Einen Monat lang wird auf der kleinen Kulturbühne unterhalb der Leuchttürme ein buntes Programm aus Theater, Kleinkunst, Konzerten und Comedy präsentiert. Legendär sind die »Kubanischen Nächte«.

Infos

● **Tourist-Info:** Tourismusgesellschaft Kap Arkona, Am Parkplatz 1, Putgarten, T 038391 130 37, www.kap-arkona.de, tgl. April 10–16, Mai, Okt. 10–17, Juni, Sept. 10–18, Juli/Aug. 10–19, Nov.–März 11–16 Uhr. Kartenmaterial, Infos zu Unterkünften und zu Fortbewegungsmitteln in der autofreien Region.
● **Anreise:** mit der Buslinie 11 ab Altenkirchen oder mit dem Auto. Ab dem Parkplatz Putgarten (5 €/Tag) geht es dann nur noch zu Fuß, per Pferdekutsche oder Kap-Arkona-Bahn (www.kap-arkona-bahn.de, hin/zurück 4 €, 6–14 Jahre 1 €) weiter.

POLARLICHTER

Schon gewusst, dass es Polarlichter nicht nur in Skandinavien gibt, sondern auch über Rügen? Die besten Chancen, diese zu sehen, haben Sie in klaren Winternächten rund um das Kap Arkona, etwa von unterhalb des Peilturms.

TOUR
Küstenradelei

Strände, Fischer, kleine Orte und riesige Steine auf der Halbinsel Wittow

Sauer macht lustig: Überall entlang der kleinen Pfade und Wege rund um das Kap Arkona sind die stacheligen Sanddornbüsche mit den leuchtend orangefarbenen Beerchen zu sehen. Einfach mal ein paar pflücken, in den Mund nehmen, Handy rausholen und ein Selfie machen …

(Fast) ständiger Meerblick garantiert: Ab dem **Kap Arkona** folgt die Tour lange dem faszinierend malerischen **Hochuferweg**. Gelegenheiten zur Rast bietet die wunderschöne Küstenlandschaft genug.

Vom **Parkplatz Putgarten** (s. S. 140) aus geht es ans **Kap Arkona** (s. S. 141). Dort radeln Sie vorbei am **Alten** und **Neuen Leuchtturm** und dem kleinen **Leuchtfeuer Ranzow** zum ehemaligen **Führungsbunker der DDR-Marine.** Von hier aus wären im Kriegsfall zwischen den westlichen und östlichen Mächten die Seegefechte geleitet worden. Dann steuern Sie den nördlichsten Punkt Rügens an, den **Gellort.** Da hier viele Fußgänger unterwegs sind, schieben Sie das Rad am besten ein Stückchen. Vom Hochufer können Sie bereits den riesigen **Siebenschneiderstein** (s. Lieblingsort S. 142) in Augenschein nehmen, der einen Abstieg ans Wasser lohnt.

Weiter geht es über einen schmalen Rad- und Wanderweg, der dicht gesäumt ist von Sanddorn- und Holun-

Infos

Start:
Parkplatz Putgarten,
📍 E 2

Länge/Dauer:
35 km, 3–4 Std.

Info:
Mountainbike oder
voll gefedertes
Tourenrad empfohlen,
Route über Sand-,
Wald- und Feldwege

**Fahrradverleih
Uthess:**
Straße des Friedens
10, Altenkirchen,
www.ruegen-fahr
rad-fewo.de/fahrrad
verleih, Tourenrad ab
8 €/Tag (Lieferung/
Abholung der Leihrä-
der nach/in Putgarten
je 4 €)

derbüschen. Wer im Herbst hier vorbeikommt, sollte erstere unbedingt probieren und seinen Vitaminhaushalt aufbessern. Immer wieder gibt das Dickicht nun den Blick frei auf das weite Meer und den leuchtenden **Sandstrand,** der übrigens ein Geheimtipp für FKK-Liebhaber ist. In der Ferne kündigt sich ein weiteres Relikt der DDR-Vergangenheit an. Die große **Radarstation** hat die schwierigen Zeiten allerdings gut überlebt und steht heute im Dienst der Bundeswehr. Kurz danach wird ein **Parkplatz** passiert, von dem eine Treppe zum feinsandigen **Nordstrand** führt. Bei gutem Wetter sollte unbedingt eine kleine Abkühlung eingeplant werden.

Entlang des Hochufers wird nach kurzer Zeit ein kleines Waldstück erreicht. Hier radeln Sie entweder weiter über den Feldweg oder direkt durch den fabelhaften **Märchenwald.** Dort stehen bizarr gewachsene Bäume, vor allem Buchen, die den Hain verwunschen wirken lassen.

Auf dem Areal der **Ferienanlage Nonnevitz (Campingplatz)** gibt es Toiletten und die Möglichkeit, einzukehren. In Höhe des Örtchens **Bakenberg** biegen Sie an der großen Kreuzung links in Richtung Kuhle ab. Von nun an wird ein längeres Stück auf einer kaum befahrenen Asphaltstraße geradelt. In **Kuhle** angekommen, gilt es einen Abstecher zum **Naturhafen** zu machen, wo ein paar Bänke und ein Fischimbiss zur Pause einladen.

Ein recht neuer **Radweg** führt ufernah durch die wunderschöne und stille Landschaft des **Wieker Boddens.** Immer wieder wird das Gewässer sichtbar, bevor es kurz vor **Wiek** links abgeht und der Kurs streng auf Osten gesetzt wird. Über **Gudderitz** und **Altenkirchen** (s. S. 148) geht es zur **Tromper Wiek.** An deren malerischen **Sandstränden** fahren Sie parallel bis zum **Großsteingrab Nobbin,** das zu den größten Hünengräbern in Norddeutschland zählt. Kein Wunder, dass es auch Riesengrab genannt wird.

Im entzückenden Fischerdorf **Vitt** (s. S. 146) nehmen Sie am kleinen **Hafen** noch einmal eine letzte Stärkung ein oder Räucherfisch fürs Abendbrot mit, um anschließend vorbei an der achteckigen **Uferkapelle** des Pfarrers und Caspar-David-Friedrich-Freundes Ludwig Gotthard Kosegarten zum **Ausgangspunkt** zu radeln.

Vitt

Malerische Zeitreise

Ein Gefühl von Demut und etwas Glückseligkeit beschleicht Besucher des kleinen Fischerdörfchens, das aus der Ferne ausschließlich von der Wasserseite sichtbar ist. Umschlungen von ein paar Baumreihen schmiegt es sich zwischen den Klippen des Steilufers an einen malerischen Steinstrand samt kleiner Hafenbucht. Autos sind hier so gut wie keine unterwegs. Dafür Unmengen an Ortsfremden. Alle genießen die Idylle des maritimen Fleckchens, nehmen aber trotzdem dem Dorf nicht seinen historischen Charme.

Immer ein Auge aufs Meer

Selbst Stammurlauber sind immer wieder aufs Neue fasziniert von Vitt und kommen bei ihren Rügentrips auf ein Fischbrötchen vorbei. Von Putgarten aus gelangen sie über den Vitter Weg ins Dorf (2,3 km ab Parkplatz). Unterwegs wird eine kleine, urige **Uferkapelle** gestreift, die einen achteckigen Grundriss hat. Das Gotteshaus wurde 1806 auf Anregung des damaligen Pastors und Dichters von Altenkirchen, Ludwig Gotthard Kosegarten (s. S. 149, 276) gebaut. Der Grund: Einem alten Brauch nach wurde den Vitter Fischern das Evangelium unter freiem Himmel gepredigt. In der Heringssaison wurde dies an acht Sonntagen hintereinander praktiziert. Dabei galt immer ein Auge dem Meer, um gewappnet zu sein, wenn der Hering kam. Damit auch bei schlechtem Wetter der Segen nicht ausfallen musste, wurde eine Zufluchtsstätte benötigt.

Ein Hafen für alle Fälle

Das unter Denkmalschutz stehende Örtchen ist kaum 100 m lang. Genießen Sie also in vollen Zügen das Flair zwischen den 13 liebevoll gepflegten **Fischerhäusern,** deren Dächer fast alle mit Reet gedeckt sind und die statt Hausnummern immer noch Runen tragen. Während der Blick über die hübschen Vorgärten Richtung Meereslinie wandert, lässt sich mit ein bisschen Fantasie erahnen, wie es in Vitt vor 200 Jahren zuging. Der **Brunnen** in der Ortsmitte tut ein Übriges. Er wurde noch bis 1980 von allen genutzt, denn erst in diesem Jahr wurde Vitt an eine zentrale Wasserversorgung angeschlossen. So erinnern nur einige Stromleitungen (seit 1946) und die Briefkästen daran, dass sich die Zeiten geändert haben.

Nach wenigen Minuten ist der kleine **Hafen** erreicht. Von hier sind die Fischer jahrhundertelang auf Hering- oder Hechtjagd gegangen. Heute ist nur noch eine Fischerfamilie aktiv. Sie betreibt auch die urige Fischräucherei (s. Lieblingsort S. 162) am Hafen.

Schlafen

Paradiesisch schön

Ferienhaus unter Reet: Maximal zwei Personen finden in dem 42-m²-Häuschen Platz. Der Kontrast zwischen der modernen Ausstattung im Inneren und der wunderschönen alten Außenhaut der Fischerhütte ist himmlisch. Ebenso wie der paradiesische Garten, der zum Sonnenbaden einlädt. Ein wirklich seltenes Fundstück!

Vitt 8, Putgarten, T 0151 20 24 23 53, www.urlaub-vitt.de, Juni–Sept. 110 €/Nacht, sonst 80 €/Nacht, jeweils zzgl. Endreinigung, Parkplatz, Wäschepaket, Mindestaufenthalt 5 Nächte

Essen

Rustikal, authentisch und gut

Zum Goldenen Anker: Fast rot ist der Schotterweg, der den alten Gast-

Lieblingsort

Die wahre Idylle

Am klitzekleinen Hafen von **Vitt** (📍E 2) wird eine Welt voller Ursprünglichkeit, Zufriedenheit und natürlicher Perfektion betreten. Die letzte Fischerfamilie des denkmalgeschützten Dörfchens, die Familie Bredow, betreibt hier mit der **Fischräucherei Vitt** einen malerisch gelegenen Imbiss. Tagtäglich geht es raus aufs Meer, bevor die morgendlichen Fänge aus der Ostsee über herb riechendem Buchenholz-Rauch veredelt werden und auf den Tellern landen. Verspeist werden Lachs und Hecht – zwischen alten Fischerbooten, roten Reusenwimpeln und bei freiem Blick auf die weiße Steilküste. Werfen Sie unbedingt auch einen Blick auf die Tonnenöfen, in denen der Fisch auf traditionellste Art geräuchert wird (Vitt 5, Putgarten, T 0162 304 20 58).

SLAWISCHES ERBE

Der Ortsname Vitt leitet sich vom slawischen *vitten* ab, das in mittelalterlicher Zeit Handels- und Anlandeplätze von Fischern bezeichnete.

hof umgibt und damit gut zum rustikalen Ambiente passt. Der Service ist herzlich und die Gerichte sind einfach nur ehrlich: saisonal, regional, lecker. Außer am Nachmittag, wenn sich das Restaurant in ein nettes Café verwandelt, wird nahezu ausschließlich Fisch serviert. Zum Hering oder zur Scholle gesellen sich die weit und breit besten Bratkartoffeln.

Vitt 2, Putgarten, T 038301 121 34, www.gasthof-vitt.de, Ende März–Okt. 11–18 Uhr, Gerichte ab ca. 10 €

Ortskunde inklusive

Café am Meer: Der Name des süßen Reetdachcafés am Ufer der Ostsee ist treffend gewählt. Der Blick über die Kaffeetasse fällt direkt auf die Fischerboote am Steinstrand – oder auf die Schwarz-Weiß-Fotografien, welche die Geschichte des Ortes erzählen. Satt wird man bereits am frühen Morgen beim Leichtmatrosen-Frühstück. Mittags gibt's Suppe oder Bockwurst mit Kartoffelsalat, am Nachmittag eine Kugel Eis. Völlig ausreichend, bei der Kulisse.

Vitt 13, T 038391 76 98 82, April–Okt. tgl. 10–18 Uhr

Die wahre Idylle

Fischräucherei Vitt: s. Lieblingsort S. 162.

Einkaufen

Kerzen oder Fischbrötchen

Nur schöne Dinge: Die hat der kleine Scheunenladen von Karola Kolbe. Neben

hübschen Ansichtskärtchen und leckerem Softeis sind vor allem die handgezogenen Rügenkerzen begehrt, die in einer kleinen Werkstatt im 1 km entfernten Fernlüttkewitz hergestellt werden. Die wunderschönen Urlaubsandenken gibt es in 37 verschiedenen Formen.

Vitt 8 a, www.ruegen-kerzen.de, tgl. 11–16 Uhr

Bewegen

Wie die Fischer

Bootsverleih Vitt: Der Ur-Vitter Wilfried Vetterick verleiht direkt am Hafen seine alten Fischerbötchen (aber auch stärker motorisierte Boote) für Angeltouren auf der Ostsee. Ein Abenteuer à la Moby Dick, auch für die erfahrensten Petrijünger.

Vitt 11, T 038391 377, führerscheinfreie Boote und höher motorisierte Boote (Sportbootführerschein See)

Infos

● **Vitt:** Das Fischerdorf ist nicht per Auto zu erreichen. Ihr Pkw muss auf dem Parkplatz Putgarten zurückbleiben. Von dort gelangen Sie zu Fuß, per Fahrrad, Pferdekutsche oder mit der Kap-Arkona-Bahn (www.kap-arkona-bahn.de, hin/zurück 4 €, 6–14 Jahre 1 €) weiter nach Vitt (ca. 2 km).

Altenkirchen   📍D3

Halbinselmetropole

Fast alle Wege auf Wittow führen früher oder später durch den Ort, das eigentliche Zentrum der Halbinsel. Wer bereits länger im äußersten Norden Rügens verweilt hat, könnte fast einen kleinen Schock bekommen, wenn er auf die rege Zivilisation trifft. Es gibt zahlreiche Cafés, Supermärkte, Schulen und sogar eine Bank. Da alles in Gehweite zueinander liegt, ist die Betriebsamkeit auf den Fußwegen recht hoch. Ungewohnt in einer Region, die so weitläufig ist, dass das Auto ein ständiger Begleiter ist.

Alles dreht sich um die Kirche
Keine der beiden Hauptstraßen führt geradewegs in das historische Herz von Altenkirchen, in dem bereits vor mehr als 800 Jahren eine rege Markttätigkeit herrschte. Um nicht nur die tristen Wohnblöcke aus Honeckers Zeiten zu streifen oder an der prominent gelegenen Tankstelle einzukehren, sollten Sie die Dorfmitte über eine der Querstraßen ansteuern. Dort steht neben ein paar alten Dorfkrügen die wunderschöne **Pfarrkirche** (An der Kirche 1, www.kirche-altenkirchen-ruegen.de, tgl. 8.30 Uhr–Sonnenuntergang), die auf der Straße des Friedens dank ihrer beeindruckenden Geschichte schon mal einen Stau mit allerlei Schaulustigen hervorrufen kann.

Die Namensgeberin des Ortes wurde um 1200 im Stil der Backsteinromanik errichtet. Damit ist die Kirche eines der ältesten erhaltenen Bauwerke auf ganz Rügen, nur die Marienkirche in Bergen ist älter. Der leicht schief und krumm wirkende Bau, der auf einem Begräbnishügel der Ranen stehen soll, birgt eine Besonderheit. Im südlichen Chorraum wurde ein Stein aus der Jaromarsburg (s. S. 141) verbaut, der sogenannte Svantovit- (oder Svantevit-) Stein. Sein Relief zeigt einen bärtigen Mann mit einem großen Trinkhorn in den Händen. Der Legende nach soll es sich um den slawischen Gott des Krieges Svantovit handeln. Sicher ist das jedoch nicht. Der Stein kann genauso gut einen gewöhnlichen Priester darstellen, da der oberste Gott der Ranen eigentlich immer mit vier Gesichtern abgebildet wurde. Die Kirche wurde im 14. Jh. gotisch überformt, Chor und Apsis aber blieben im romanischen Stil erhalten. Das zweitälteste Stück in der Kirche ist ihr Taufstein. Er geht auf die erste Hälfte des 13. Jh. zurück und zeigt als Köpfe stilisiert die vier Paradiesströme.

Die Pfarrei Altenkirchen war von 1792 bis 1808 Lebens- und Wirkungsstätte Ludwig Gotthard Kosegartens, des Pfarrers, der (nicht nur) für seine Uferpredigten bekannt war und die Uferkapelle Vitt (s. S. 146) errichten ließ.

Museen

Moderne Romantik
Kosegartenhaus: Direkt vor der Kirche und dem hölzernen Glockenturm steht seit einigen Jahren das Kosegartenhaus. Das kleine, im ehemaligen Feuerwehrhaus eingerichtete Museum widmet sich dem Dichter, Altenkirchener Pfarrer und Uferprediger Ludwig Gotthard Kosegarten. Kosegarten pflegte Freundschaften zu

---

DER UFERPREDIGER

»Und Kosegarten, Dithyrambensausen
Und düstern Sterngemälden hold,
Der in des Nachtgewitters schwülen Pausen
Sein Auge wild durch Wasserwüsten rollt;
Dem der Abysse Schaum, der Brandung Brausen,
Melodisch hocherhabne Psalmen grollt;
Der uns in Ruhe lullet, wenn er flötet,
Mit Graun betäubt, wenn er im Sturm drommetet.«
(Der deutsche Dichter August Thieme, 1780–1860, über den Uferprediger Kosegarten)

*Möglicherweise ruhen unter dem christlichen Altenkirchener Sakralbau
ja Ranen, die einer polytheistischen Religion anhingen. Ob aber der
Svantovit-Stein in der Kirche tatsächlich ihren Kriegsgott zeigt?*

den Malern Caspar David Friedrich und
Philipp Otto Runge (s. S. 276). Man-
che kennen den Pfarrer übrigens unter
anderen Vornamen wie Gotthard Ludwig,
Gotthard Ludewig oder Theobul.
Karl-Marx-Platz 1, www.kirche-altenkirchen-
ruegen.de, Mitte Mai–Ende Okt. tgl. 9–17 Uhr,
Eintritt frei

Schlafen

Wie bei den Hobbits

Ferienanlage Rana Rike: Die Anlage ist
ein kleines Dorf mit hübschen Grundstück-
chen, geziert von eineinhalbgeschossigen
Finnhäusern und der einen oder anderen
dickstämmigen Eiche. Besonders kusche-
lig ist es in den kleinen Schlafzimmern unterm Spitzdach. Zum Ostseestrand sind es
nur ein bis zwei Minuten.
Ernst-Thälmann-Str. 3 a, Altenkirchen, T 0176
22 25 25 07, www.ranarike.de, April–Okt.
1 Woche/bis zu 4 Pers. 350–450 €, ohne
Strom und Wäschepaket

Ein bisschen Wildwest

Ponderosa: Eine große, grüne Wiese,
ein blau-weißer Strandkorb und eine
kleine, niedliche Holzhütte – fertig ist
die Ranch à la Rügen. Gesattelt wird
allerdings nicht das Pferd, sondern das
Fahrrad. Und eine Waffe trägt nur der Jäger auf den weiten Feldern hinterm Haus.
Wer nicht den Strand vor der Tür braucht,
dafür die Ruhe dörflichen Lebens schätzt,
findet mit dem Ferienhaus (25 m²) seinen
Wohlfühlplatz.
Max-Reimann-Str. 41 a, T 038391 76
45 96, www.insel-ruegen-ponderosa.de,
65 €/2 Pers., mit Wäschepaket, Fahrrädern,
ohne Endreinigung

Essen

Zeitreise mit Volldampf
Hofcafé und Räucherei: Ein stark bewachsenes Fachwerkhäuschen und ein paar Stallungen bilden die Kulisse für Theos Café und Räucherei. Nicht selten lodert ein kleines Feuer im Hintergrund, während der heiße Kakao geschlürft oder auf eines der frischen Fischgerichte gewartet wird. Zu jeder Tageszeit zu empfehlen! Karl-Marx-Platz 4, T 0160 94 92 07 06, tgl. 11–21 Uhr

Bewegen

Bilder malen
Atelier & Galerie Hanne Petrick: das wohl schönste, in jedem Fall das auffälligste Haus im Dorf. Es gehört der Malerin Hanne Petrick, die auf allerlei Umwegen ihre Lebensträume erfüllt hat: 1. ein Haus auf Rügen, 2. freiberufliche Malerin und Grafikern zu sein. Ihr Können präsentiert sie im eigenen Atelier, in dem auch Malkurse für Urlauber angeboten werden. Nicht selten geht es mit Staffelei, Block, Pinsel und Co. in die wunderschöne Natur Wittows. Neue Str. 2 a, www.hanne-petrick.de, Malkurse Mai–Nov. (s. Website)

Zwischen Julius-
ruh und Glowe
📍 D3–E4

Die kleine Karibik
Ein Strandparadies, das kein Ende zu nehmen scheint, verbindet die Halbinseln Wittow und Jasmund, die **Schaabe**. Sie zieht sich von **Juliusruh** im Norden und **Glowe** im Osten entlang der Tromper Wiek. Der 9 km helle **Sandstrand** lockt alljährlich Tausende Gäste an.

Das touristische Angebot konzentriert sich bei den Orten, doch auch dazwischen tun sich entlang der Straße Strandzugänge auf. Hier müssen Sie an der Straße oder auf einem der kostenpflichtigen Parkplätze parken und ca. 100 m durch den Küstenschutzwald zum – unbewachten – Strand laufen. Eine Trennung zwischen Textil- und textilfreiem Strand gibt es an diesen Strandabschnitten nicht. An einigen Stellen werden auch Strandkörbe vermietet.

Ostseebad Breege-
Juliusruh
📍 D3

Zwei in eins
1928 wurde Breege am Bodden mit Juliusruh an der Ostsee zu einem Seebad zusammengeschlossen. Das alte Fischerdörfchen **Breege** ist mit rund 550 ganzjährig Ansässigen deutlich mehr in der Hand von Einheimischen als Juliusruh mit knapp 150 Einwohnern. Vom kleinen **Breeger Hafen** starten im Sommer Ausflugsboote nach Hiddensee. Wer diese Passage wählt oder sich zur Angeltour aufmacht, kommt unterwegs an **Saalsteinen** vorbei. Die Findlinge dienten früher Segelschiffen als Ankerplatz.

Im Ortsteil **Juliusruh** an der Ostsee tummeln sich vor allem Strandgänger, Wassersportler und Familien – angelockt vom weichen, weiten **Sandstreifen der Schaabe**.

In der Mitte zwischen den beiden Ortsteilen hat sich eine breit gefächerte **Hotel**- und **Gastronomieszene** entwickelt.

Wieso es Juliusruh gibt

Herrliche Ruhe und das eine oder andere Vogelgezwitscher begleitet Spaziergänger im **Park Juliusruh.** Er ist halb so groß wie der ganze Ort und zugleich der Grund, warum es Letzteren überhaupt gibt. 1795 legte der Großgrundbesitzer Julius von der Lancken die lang gestreckte Grünfläche an, um seinen Ruhesitz zu gestalten. Der Boden war damals sandig und kein Baum weit und breit. Jegliches Grün wurde aufwendig aus Schweden importiert – vieles davon steht heute noch. Lange konnte der Namensgeber von Juliusruh seinen Traum nicht genießen. Es geht das Gerücht um, dass er kurz nach der Fertigstellung pleite war und den Park mitsamt Landhaus an einen Vetter verkaufen musste. Das Landhaus ist verschwunden, der Park wird seit 1835 als **Kurpark** genutzt. Doch ein Gedenkstein mit dem Wappen der Familie, die Plakette wurde 1995 neu angebracht, erinnert an die von der Lanckens.

Eine Säule, die verwundert

Erst vor wenigen Jahren wurde in Juliusruh mit der Neugestaltung der **Strandpromenade** das größte Bauprojekt des Ortes abgeschlossen. Am zentralen Anlaufpunkt für Urlauber, dem Löberplatz, fällt seitdem eine mehrere Meter hohe **steinerne Stele** in den Blick. Selbst die wenigen Einwohner wissen bis heute nicht, was es mit dem Kunstwerk auf sich hat. Der gemeine Urlauber wird, ohne es zu wollen, an ein Phallussymbol denken. Was hatte der Architekt bloß im Sinn?

Schlafen

Die Schweden sind zurück

Ferienhaus Lillebror: Wenn man nicht wüsste, dass man auf der Insel Rügen weilt, könnte es auch Dalarna sein. Ein weitläufiger Garten mit viel Wiese, ein Holzhaus in Falunrot mit weißer Veranda und skandinavischem Schick im Inneren. Sauna und Kamin dürfen da nicht fehlen. Perfekt für den Urlaub zu dritt oder viert. Am Kurpark 3, Juliusruh, Breege, T 04531 878 11, www.ferienhaus-lillebror.de, 1 Woche/bis zu 6 Pers. 780–1735 €, ohne Wäschepaket und Endreinigung

Schlafen im Hafen

Kapitänshäuser Breege: Beim wunderbaren Blick über den Breeger Bodden kann man schon mal von der nächsten Seereise träumen – oder zumindest den vielen Seglern zuschauen, die hier anlegen. Zwar hat die Hotelanlage nicht wirklich etwas mit ihrem Namen zu tun, Ausstattung, Konzept und Flair stimmen aber. So fühlen sich große Piraten in Saunen oder im Schwimmbad wohl, kleinere Seeräuber verausgaben sich beim Tischtennis, während die Kleinsten auf dem hauseigenen Spielplatz toben. Im Sommer gibt's nicht selten direkt vor der Apartmenttür Livemusik, Tanzfeste oder kulinarische Schmankerl von der Insel. Zur Anlage gehört das Restaurant **Zum alten Fischer** (warme Küche Mo–Fr 17–20, Sa/So 12.30–20 Uhr), das auch Nicht-Hotelgästen offensteht.

NANU, KEINE KIRCHE?

Ihnen wird aufgefallen sein, dass fast jeder Ort auf der Insel mit einer Kirche aufwartet. Mal klein, mal etwas größer, aber immer prominent in das Stadt- bzw. Ortsbild integriert. In **Juliusruh** ist das anders. Warum? Das weiß keiner so richtig. Man munkelt, dass die Einwohner so ihre Vorbehalte gegenüber kirchlichen Dogmen hatten. Man verlässt sich wohl lieber auf Weltliches. Der Tourismus ist seit jeher Einkommensquelle Nummer eins. So früh wie in kaum einen anderen Ort wurde hier eine Kurvereinigung gegründet.

Typisch Rügen: intensives Strandleben in Juliusruh und im Hinterland, wie hier, das reine Naturidyll

Am Hafen 1–3, T 038391 420, www. kapitänshäuser.de, DZ/ÜF ab 65–ab 112 € je nach Saison (auf Arrangements achten!)

Essen

Den Kutter noch vor Augen
Boddenstübchen: Wenn der Tag am Strand bereits pure Lebensfreude war und der Abend das Pünktchen auf dem i werden soll, kehren Sie hier ein. Das Ambiente passt zum maritimen Urlaubsort. So findet sich im gepflegten Garten ein alter Fischkutter. Dem Augenschmaus folgt ein Fisch-Gaumenschmaus – vielleicht in der zur Essecke umgebauten Fasssauna? Nebenbei spielen ihre kleinen Anhängsel auf der großen Wiese.
Dorfstr. 76, Breege, T 038391 123 75, www. boddenstuebchen-breege.de, Di–So 11–14, 17–22 Uhr

Einkaufen

Von unscheinbar zu wundervoll
Breeger Lichtblick: ein liebevoll geführter Souvenirladen mit liebevoll ausgesuchten Dingen. Ob dekorative Herzen aus Porzellan, aufwendig gestaltete Milchkrüge oder typische rügensche Sanddornmarmelade – wer in den unauffälligen Laden reingeht, kommt selten ohne Mitbringsel heraus. Das gilt auch für Wiederholungstäter, denn das Angebot wechselt regelmäßig.
Dorfstr./Ecke Wieker Weg, Di–Sa 11–16 Uhr (und auch mal spontan bzw. länger)

Bewegen

Per Boot ins Glück
Reederei Kipp: Wenn die **Kraniche** ziehen, streift die Wappen von Breege

ca. drei Stunden lang quer durch den Großen Jasmunder Bodden, bis die Sonne
untergeht und ein einmaliges Schauspiel
am Himmel beginnt. Parallel vermittelt ein
Experte interessante Dinge rund um die
Vögel des Glücks. Unbedingt ein Fernglas
einpacken – zur Not gibt's einige an Bord
zum Ausleihen.
Hafen Breege, T 038391 123 06, www.ree
derei-kipp.de, Mitte–Ende Sept. Do, Sa 17.30,
Anf.–Mitte/Ende Okt. Do, Sa 17 Uhr, 21,50 €,
4–14 Jahre 14,50 €

Tiefer ins Meer
**Tauchbasis der Tauchakademie
Sassnitz:** Equipmentverleih, Auffri-
schungskurse und Tauchfahrten (tags und
nachts) für Anfänger und Profis. Abge-
taucht wird sowohl vor Breege als auch in
anderen Boddengewässern Rügens und
in der Ostsee.
Fischerweg 1 (vor dem Strandübergang),
Juliusruh, Breege, www.tauchbasis-sassnitz.de

Feiern

• **Drachenfest:** Anf. Okt. Am Strand von
Juliusruh werden Drachen zusammen-
gesetzt und dann geht's los. Auch ein
Bambinilauf und Livemusik werden (an)
geboten. Also ein Spaß für Groß und
Klein.

Infos

• **Haus des Gastes:** Wittower Str. 5,
Breege, T 038391 311, www.ostsee
bad-breege.de, Juni–Okt. Mo–Fr 8–12,
13–17, Sa 9–13, Okt.–Dez. Mo–Fr
8.30–16.30, Nov.–Mai Mo–Fr 8–12,
13–16 Uhr. Allgemeine Auskünfte und
Eintrittskarten.
• **Schiff nach Hiddensee:** Reederei Kipp,
T 038391 123 06, www.reederei-kipp.
de, April–Okt. ab Hafen Breege., hin/
zurück 19 €.

Glowe 📍E4

Wimmelbild
Auch am Ostende der Schaabe genießen
die Gäste den sich nach Norden hinzie-
henden, scheinbar endlosen **Sandstrand.**
So verwundert es nicht, dass Glowe im
Sommer regelrecht überlaufen ist. Besonders auf der **Strandpromenade,** die
sich von der noch recht neuen **Marina**
an der Landspitze **Königshörn** über
2 km am Strand entlangzieht, wimmelt
es nur so von Familien mit Aufblastieren,
Eis schleckenden Paaren und braun ge-
brannten Mittfünfzigern. Wenn Sie sich
dazugesellen, sollte unbedingt ein Auge
auf die Ostsee gerichtet sein. Bei gutem
Wetter sind nicht nur Möwen und allerlei Zugvögel, sondern mit Glück auch
Robben zu erspähen.

Rückversetzt von der Promenade und
nicht weit von der Marina entfernt wurde
1996 die **Ostseeklinik Königshörn,** eine
weitläufige Mutter-Kind-Kurklinik, eröffnet. Östlich hinter der Klinik liegt der **Kurpark** des Ortes. Glowe ist bekannt für sein
hervorragendes Reizklima und eigentlich
alles, womit die Natur sonst noch glänzen
kann. Perfekte Bedingungen, um zu ge-
nesen – und um zu urlauben.

Die Strandpromenade und das
touristische Treiben enden fast abrupt
am **Kurplatz** bzw. am dahinter beginn-
nenden schmalen Nadelwaldstreifen,
der sich bis nördlich von Juliusruh
zieht. Ein paar Meter weiter fühlen
sich **Nacktbader** pudelwohl. Sie selbst
scheinen sich zwischen all den konser-
vativen Badewilligen nicht zu genieren,
andersrum ebenso.

Architekturikone
Nicht zu übersehen ist kurz vor dem
Kurplatz das markanteste Gebäude der
Halbinsel Wittow. Das Hotel und Res-
taurant **Ostseeperle** (s. S. 156) wurde
1968 in einer außergewöhnlichen Beton-

konstruktion mit großen Glasfenstern vom bekannten Binzer Architekten Ulrich Müther (s. S. 278) gebaut. Der Blick vom Inneren auf die offene Ostsee fasziniert noch heute. Um ihn zu genießen, müssen Sie nicht mehr so viel Wartezeit wie noch zu DDR-Zeiten einplanen. Damals standen die Gäste Schlange vor dem Konsum-Restaurant, das es sogar in die beliebte Ost-Fernsehsendung »He, Du!« schaffte. Nach der Wende stand es lange leer und sollte abgerissen werden. Dank der Initiative der Einheimischen wurde die Muschel, wie das Gebäude auch liebevoll genannt wird, unter Denkmalschutz gestellt und 2009 wiedereröffnet.

Piratengeburt

Zwischen Ostsee (Tromper Wiek) und Spyker See liegt der Glower Ortsteil Ruschvitz. In diesem Dörfchen wurde irgendwann zwischen 1360 und 1380 Klaus Störtebeker geboren, zumindest der Legende nach. Als junger Mann soll er Knecht auf einem Gutshof im Ort gewesen sein. Drangsaliert von seinem Herren, ergriff er eines Tages die Flucht mit einem Holzboot, das er nahe Spyker am Großen Jasmunder Bodden fand. Der Rest ist Geschichte.

Schlafen

Rot-weißes Wunder

Ferien im Leuchtturm: Auf der Liste von Rügens außergewöhnlichsten Ferienhäusern ist der Glower Leuchtturm ganz vorne dabei. Sein Rundbalkon unterhalb der Glaskuppel bietet eine 360-Grad-Aussicht. Natürlich sind auch die Zimmer rund und bieten ganze 110 m^2 Fläche und damit auf vier Etagen Platz für bis zu sechs Personen. Zum Strand ist es ein Katzensprung.
Dünenresidenz 19, T 06201 87 39 63, 0151 17 87 10 71, www.ferien-im-leuchtturm.de, 1050–2050 €/7 Nächte je nach Saison

WO ES FRÜHER FUNKTE

Am Ostrand von Glowe liegt südlich der Hauptstraße eine kleine Wendeschleife mit interessantem Straßennamen: **Rügen Radio.** Er geht zurück auf die gleichnamige Küstenfunkstation, die bis 1996 der Marineschifffahrt einen abgeschirmten Austauschkanal zur Verfügung stellte. Der letzte Sendemast wurde allerdings 2018 abgebaut.

Traum mit Traum verwirklicht

Ferienhäuser Kallies: Die Gastgeber dieser vier Ferienhäuser mit Namen wie Zeitlos, Muschelsucher oder Nordlicht sind gebürtige Sachsen-Anhaltiner. Nach und nach haben sie sich hier auf Rügen ihren Traum verwirklicht und ein malerisches Ferienparadies keine 100 m von der Meereslinie entfernt aufgebaut. Die top und mit natürlichen Materialien ausgestatteten Häuser sind ebenso wie die wunderschön angelegten Grundstücke eine wahre Augenweide. Jedes Haus hat eine Sauna (drinnen oder im Garten), Fahrräder stehen kostenlos zur Verfügung.
Am Kurpark 33, T 03441 22 79 20, www.ab-auf-die-insel.com, bei Belegung mit 4 Pers. 90–255 € je nach Saison und Haus, ohne Endreinigung

GRUSELSCHLOSS ODER WOHLFÜHLPALAST?

Lesen Sie auf Seite 132, was es mit dem zu Glowe gehörenden **Schloss Spyker** auf sich hat. Die Geschichte ist ein wenig gruselig, das Hotel schön und das Restaurant zu empfehlen.

Zwischen Juliusruh und Glowe lockt die Schaabe mit ihrem unendlich wirkenden Strand. Auch in den mit touristischer Infrastruktur versehenen Abschnitten wird es gegen Abend richtig schön.

Essen

Ein Schiff an Land

Fischerhus: Die urige Fischerkneipe ist schon fast ein Museum. An den Wänden hängen Gemälde, die alte Seebären und Fischer zeigen, zwischendrin findet sich auch etwas Porzellan und das eine oder andere Mitbringsel von der großen Fahrt. Wenn man auf den alten Sitzbänken Platz nimmt, könnte man denken, der Anker würde gleich gelichtet. Fast unerwartet, gibt es nicht nur Fisch, sondern auch leckere Wildgerichte mit Fleisch aus der Region. Hauptstr. 60, T 038302 52 35, www.fischer hus-glowe.de, tgl. 12–22, Vorsaison bis 21 Uhr, Hauptgerichte ca. 10–20 €

Ohne Dings und Bums

Pier 32: Eine Speisekarte gibt es nicht, genauso wenig wie Konservierungsstoffe oder Fertigsaucen. Das moderne, norddeutsche Restaurant Pier 32 hat sich Ehrlichkeit auf die Fahnen geschrieben – um die Welt ein kleines Stückchen besser zu machen … Hauptstraße 32, T 03830 25 31 99, www. pier32.eu, Di–So 17.30–21.30 Uhr, Hauptgerichte um 20 €, zum Restaurant gehört auch ein Weinladen

Meerblick mit Geschmack

Ostseeperle: Geschmack beweist die Ostseeperle in doppeltem Sinn. Im stilvollen Müther-Bau (s. S. 154) können Sie drinnen oder auf der großzügigen Terrasse entspannt genießen. Auf den Teller kommen Pasta und Pizza ebenso wie asiatisch angehauchte Gerichte und, wie sollte es bei Ostseeblick anders sein, Fisch. Natürlich können Sie hier auch nachmittags einfach auf einen Kaffee einkehren.

Hauptstr. 65, T 038302 56 38 88, www.ost
seeperlehotel.de/restaurant, tgl. 8–11, warme
Küche 12–20.30 Uhr

Bewegen

Galopp am Meer

Islandpferdehof: Wer Pferde oder gar
behufte Isländer mag, sollte sich hier einen
Traum erfüllen. Auf dem Sattel kann es
durch (!) den Bodden gehen, mit wehender Mähne über den Strand oder während
eines Tagesausritts zum Kap Arkona. Kleine Kinder können bereits mit vier Jahren
aufsteigen und erste Reiterfahrungen
sammeln.
An den Boddenwiesen 45, T 0170 520 19
35, www.islandpferdehof-wittower-heide.de

Feiern

● **Anbaden:** Mitte Mai. Bunte Kostüme,
Spaß und das eine oder andere Schnäps-
chen sind Teil eines grandiosen Vergnü-
gens, das alljährlich Schaulustige an
den Strand lockt. Seit zwei Jahrzehnten
veranstaltet der Glower Tourismusverein
sein legendäres Anbaden in der kalten
Ostsee – Wassertemperatur meist unter
10 °C. Rund 100 Insulaner stürzen sich in
die Fluten, darunter auch schon mal gut
betagte Damen und Herren im Alter von
90 Jahren und mehr. Was man nicht so
alles tut in einem Ort, der von – vor allem
aber mit – dem Meer lebt.
● **Sanddornfest:** Mitte/Ende Aug. Fr/
Sa. Feiern im Festzelt kurz vor Beginn
der Sanddornernte (Sept.). Am Samstag
Umzug und buntes Familienprogramm.

Infos

● **Touristinformation Glowe:** Bodden-
markt 1, T 038302 52 21, www.glowe.
de, Mo–Fr 8–16 Uhr, Tickets für Schiffsrundfahrten und Veranstaltungen, Unter-
kunftsbuchungen, Kartenmaterial.
● **Tourismus-Service-Wittow:** www.tou
rismus-service-ruegen.de, regionaler Vermittler von Unterkünften, alleine in Glowe
werden 24 Häuser angeboten.

Lohme   📍G4

»Lohme oder Capri?«

Das fragte sich der vielgereiste Schriftsteller Balduin Mönchhausen (1825–
1905), aus dessen Repertoire bereits Karl
May geschöpft haben soll. Die Wahl fiel
ganz klar auf den kleinen Ort im Norden
Rügens. Zwar seien die Sonnenuntergänge im süditalienischen Modeort faszinierend, doch der Blick von Lohme über
die Klippen bis zum Kap Arkona noch
um einiges besser. Ähnlich soll es dem
Schriftsteller Theodor Fontane (1819–
98) ergangen sein, der in einem Brief an
seine Tochter Martha schrieb: »Ich war
in Stubbenkammer, am Hertha-See, in
Lohme, in Arcona und seinem zerstörten
Wenden-Tempel. Alles interessant, am
interessantesten aber, daß mich die ganze
Scenerie von Lohme […] beständig an
Sorrent erinnerte.« Als Bruder im Geiste
traf Fontane natürlich auch auf Möllhau-
sen und verbrachte mit ihm in Lohme
lange Plauderabende.

Mit Hang zum Hang

Direkt am Ausgang des romantischen
Buchenwalds rund um den Königsstuhl
fügt sich das erste Seebad Nordrügens
in die 70 m hohe, ausnahmsweise be-
grünte Steilküste ein. Geradezu poetisch
wacht es über den kleinen **Jachthafen,**
der über eine lange Holztreppe erreicht
wird. Selten dümpeln an dem beschaulichen Ankerplatz mehr als ein Dutzend
Boote vor sich hin. Direkt neben dem
Hafen beginnen ein paar Baumreihen,

die in östlicher Richtung immer dichter werden. Einen Sandstrand gibt es hier nicht. Das hinderte weder die Sommerfrischler, die Anfang des 20. Jh. eh den Gang ins Wasser scheuten, noch stört es den typischen Lohme-Urlauber von heute. Für den ist Pauschaltourismus ein Fremdwort, viel lieber zieht er seine Wanderstiefel an und stapft los. Lohme eignet sich perfekt als **Ausgangspunkt** für Ausflüge auf Schusters Rappen entlang des Hochufers oder durch den Nationalpark Jasmund (s. Tour S. 162).

Tragödie am Schwanenstein

Ein großer Findling ragt vor dem steinernen Ufer von Lohme aus dem Wasser. Die Legende sagt, dass auf Rügen Babys im Sommer von Adebar, im Winter jedoch vom Schwan gebracht werden. Bis es so weit ist, bleiben die Kinder im sogenannten **Schwanenstein** verborgen.

Glück im Unglück hatten im Februar 1956 Kinder aus einem Lohmer Kinderheim. Sie waren am 13. Februar über die leicht gefrorene Ostsee gelaufen und auf den Stein geklettert. Ein Sturm kam auf, das Eis brach und die Kinder saßen fest. Zum Glück hatte ein Fischersohn alles beobachtet und alarmierte den Wachtmeister von Lohme. Ein Großeinsatz begann, doch erst am nächsten Tag, als sich das Wetter beruhigt hatte, konnten die Kinder zurück ans sichere Ufer gebracht werden.

Schlafen

Kreatives Kleinod

Kunsthof Salsitz: Der Kunsthof ist eine kleine, private Ferienanlage, idyllisch gelegen, kreativ gestaltet, mit Sauna und nicht weit entfernt vom Wasser. Im Kunstgarten sind haufenweise Skulpturen und Collagen des Besitzers zu finden. Besonders am Abend beeindrucken die Werke, die

zur Dämmerung illuminiert in Szene gesetzt werden.
Salsitz 6, T 038302 909 63, www.fewo-lohme-ruegen.de, 1–2 Pers. 29–80 €/Nacht je nach Saison und Wohnung, mit Wäschepaket, Nebenkosten (auch Sauna), ohne Endreinigung

Blick aufs Blau

Haus am Meer: Wer nicht unbedingt im größten Haus am Platz, dem Panorama Hotel (s. Essen), die grandiose Sicht auf die Ostsee genießen möchte, findet hier eine gute Alternative. Nur zwölf Apartments hat die Villa mit Turm, jedes mit Balkon und freiem Blick aufs Meer. Wer länger bleibt, gerne wandert und auf seine Gesundheit achten möchte, dem seien die Ayurveda-Fasten-Wander-Kurse empfohlen.
Zum Hafen 7, T 038302 885 23, www.hausammeer-lohme.de, 2 Pers. 75–105 €/Nacht je nach Saison und Wohnung, ohne Endreinigung

Essen

Wo Fontane einkehrte

Panorama Restaurant Lohme: Gerhart Hauptmann kehrte hier ein, Bettina von Arnim saß auf der Terrasse und genoss wie auch Theodor Fontane eine der pittoreskesten Aussichten, die Rügen zu bieten hat. Hausherr und Historiker Matthias Ogilvie lässt die Geschichten rund um das Haus immer wieder aufleben. Kommen Sie zur Kaffeezeit oder zum Abendessen, wenn erstklassige (regional inspirierte) Gerichte kredenzt werden. Zum Dahinschmelzen ist ein Besuch zum Sonnenuntergang!
Panorama Hotel Lohme, An der Steilküste 8, T 038302 91 10, www.panorama-hotel-lohme.de, tgl. 12–21.30 Uhr, Hauptgerichte 14–20 €

Der Name trifft's

Café Niedlich: Eine Stippvisite lohnt sich schon wegen der entzückenden Lage am kleinen Jachthafen. Noch besser wird

der Blick, wenn Sie Ihren Kuchen auf der hölzernen Treppe verkosten, die ins Ortszentrum führt. Wer schon eine Wanderung hinter sich hat, bekommt auch eine stärkende Suppe.
Zum Hafen 8, T 038302 88 61 21, tgl. 12–18 Uhr

Einkaufen

Bärensteine statt Bernsteine
Steinmüller Steinmanufaktur: Nein, keinen Bernstein sammelt Peter Müller morgens an ›Strand‹ von Lohme. Er sucht Steine, aber auch Fossilien, die er in seiner Manufaktur zu Ketten, Ohrringen und allerlei Dekorativem verarbeitet.
Zum Hafen 6, www.ruegensteine.de, in der Saison Mo–Fr 13–17 Uhr

Nationalpark Jasmund ⭐ 📍 G 3–5, E 4

Klein, aber oho
Nur 3000 ha ist Deutschlands kleinster Nationalpark groß. Er umfasst den Nordostteil der Halbinsel Jasmund zwischen Lohme und Sassnitz. Berühmt ist

---

NATIONALPARK-KNIGGE

Im **Nationalpark Jasmund** müssen einige Regeln beachtet werden: Greifen Sie nicht in die Natur ein. Nehmen Sie Ihren Müll mit. Nutzen Sie nur ausgewiesene Parkplätze. Pflücken Sie keine Pflanzen. Leinen Sie Ihren Vierbeiner an. Und staunen Sie über das Wunderwerk der Natur.

ENDLICH WELTERBE

2011 war ein bedeutendes Jahr für die wilde Natur im Nordosten Rügens: Am 25. Juni wurden knapp 500 ha des urwüchsigen Buchenwalds im kleinsten deutschen Nationalpark Teil des UNESCO-Weltnaturerbes **Alte Buchenwälder und Buchenurwälder der Karpaten und anderer Regionen Europas.** Ein Paukenschlag für die Nachhaltigkeit und ein unschätzbarer Imagegewinn für die Region. Der Welterbebereich beginnt nördlich des Stubbenhörns und zieht sich entlang der Steilküste bis zum Königsstuhl, wo er sich nach Westen hin verbreitert, um dann südlich der Ernst-Moritz-Arndt-Sicht zu enden.

---

er für die grandiose **Steilküste** mit ihren Kreidefelsen, die schon Caspar David Friedrich faszinierte. Doch nicht sie trug einem Teil des Parks (500 ha) den Status Weltnaturerbe ein, sondern seine **Buchenwälder.**

Labyrinth und Aussicht
Die langstämmigen Buchen bilden ein undurchsichtiges Labyrinth, durch das Sie dank einer guten Beschilderung und Markierung sicher gelotst werden. Viele der Wege führen vorbei an alten **Großsteingräbern** oder blauen Oasen wie dem **Herthasee.** Er gilt als Norddeutschlands geheimnisvollster und sagenumwobenster Weiher und hat es sogar in zwei Gruselgeschichten der Gebrüder Grimm geschafft. In Kürze: Menschen wurden geköpft und ertränkt und sollen noch heute regelmäßig als Untote aus dem Wasser steigen. Früher oder später werden Sie an die malerische **Steilküste der Stubbenkammer** gelangen, die grandiose Blicke auf das türkis-

schimmernde Meer offenbart. Dort liegt auch der **Königsstuhl** (s. unten rechts und Tour S. 162).

Der Hochuferweg 📍 G 4/5

Mit den Augen eines Malers

Zwischen dem Ostseebad Lohme und der Stubbenkammer am Königsstuhl verläuft mit dem 12,5 km langen **Hochuferweg** (s. Tour S. 162) einer der schönsten Wanderwege Deutschlands. Das berühmte Kreidefelsen-Bild von Caspar David Friedrich entstand vermutlich hier am Wegesrand, aber auch die alten, knorrigen Bäume, feine Lichtspiele im Buchenwald und die mystisch brandende Ostsee bilden Motive, die entzücken. Wir garantieren Ihnen, nach dieser Reise würden Sie am liebsten selbst zu Bleistift oder Pinsel greifen.

Erlöset die Jungfrau!

Dicht an der Kreidewand der **Großen Stubbenkammer** erhebt sich ein tonnenschwerer Fels aus dem Wasser, der sogenannte **Waschstein.** Der Legende nach verbirgt sich darunter eine tiefe Höhle, in der Klaus Störtebeker seine Schätze versteckte. Doch damit nicht genug. Alle sieben Jahre soll am Johannistag eine wunderschöne verwunschene Jungfrau erscheinen, um ihre blutverschmierten Kleider auszuwaschen. Halten Sie Augen und Ohren offen, denn: Wer sie zuerst sieht und ihr »Guten Tag, möge Gott helfen!« zuruft, erlöst sie aus ihrem Bann und erhält eine riesige Belohnung.

Ein Herrschersitz?

Der prominenteste Felsvorsprung der Stubbenkammer ist der 118 m hohe **Königsstuhl.** Von Lohme laufen Sie in weniger als zwei Stunden (s. Tour S. 162), vom Parkplatz Hagen aus in gut 45 Minuten zum Plateau. Wie der magische Ort zu seinem Namen kam, ist bis heute unklar. Die einen vermuten, dass der schwedische König Carl XIII. sich während des Nordischen Krieges hier einen Sessel aufstellen ließ, um die Seeschlacht beobachten zu können. Andere erzählen, dass früher nur Männer König werden konnten, die es schafften, schneller als andere von der Seeseite auf den Kreidefelsen zu klettern.

Nur ein schmaler Zugang führt zum Aussichtspunkt. Wenn Sie hin möchten, müssen Sie den Eintritt für das **Nationalpark-Zentrum Königsstuhl** entrichten. Die Erlebnisausstellung zur Geschichte der Region und dem Wunderwerk der rügenschen Natur wurde 2004 auf einem ehemaligen Gelände der NVA errichtet. Stubbenkammer 2, www.koenigsstuhl.com, ab Großparkplatz Hagen ca. 45 Min. zu Fuß oder VVR-Pendelbus Linie 19, Ostern–Okt. 9–19, Nov.–Ostern 10–17 Uhr, **nur Eintritt Nationalpark-Zentrum und Zutritt Königsstuhl:** 9,50 €, 6–14 Jahre 4,50 €, **Shuttle-Ticket:** (Ein-/Zutritt inklusive Pendelbus ab Parkplatz Hagen) ab 15 Jahre 12,50 €, Familie/5 Pers., maximal 2 Erwachsene 20 €, **Königsstuhl-Ticket:** auch in den Linienbussen des VVR erhältlich, wie Shuttle-Ticket plus 1 Tag freie Fahrt im Busnetz des VVR 20/40 €

Plan B

Mehr als 300 000 Besucher machen sich jedes Jahr auf den Weg zum Königsstuhl. Wer sich dem Gedränge entziehen möchte, folgt dem **Hochuferweg** einen weiteren Kilometer gen Süden. Alternativ verzichten Sie auf Nationalpark-Zentrum und Königsstuhl und gehen vom Parkplatz des Pendelbusses direkt zur **Victoria-Sicht** (ca. 450 m). Der Blick von der eisernen Plattform ist mindestens genauso spektakulär, dazu kostenlos. Außerdem zeigt sich von hier aus der prominente Felsvorsprung des Königsstuhls in seiner ganzen Pracht. Neuesten Expertenmeinungen zufolge soll ganz in der Nähe auch Caspar Da-

Vorsicht an der Abbruchkante! Wer den Hochuferweg erwandert und wie hier den Königsstuhl besucht, sollte tunlichst die Absperrungen respektieren.

vid Friedrich 1818 sein Motiv für das berühmte Gemälde »Kreidefelsen auf Rügen« gefunden haben. Lange Zeit ging die Kunstwelt davon aus, die Wissower Klinken hätten für die Arbeit des bekanntesten deutschen Romantikers und Rügenfans Modell gestanden. Diese Behauptung konnte widerlegt werden. Die bizarren Ecken der Felsformation, die 2005 ins Wasser stürzte, sind wahrscheinlich erst in den letzten 100 Jahren durch Erosion entstanden …

Die Dritte im Bunde

Die **Ernst-Moritz-Arndt-Sicht** (Abb. S. 3) erreichen Sie nach weiteren 4,5 km – oder direkt von Sassnitz aus. Vom plateauförmigen Vorsprung lässt sich die Kreideküste kilometerweit überblicken. Von hier aus sind es noch 2,5 km bis zum Ortsrand von Sassnitz (4 km bis

Zentrum). Während des Fußmarsches passieren Sie die **Piratenschlucht,** in der sich Rügens berühmtester Seeräuber Klaus Störtebeker mitsamt seiner Beute versteckt haben soll. Dort können Sie über eine schmale, hölzerne Treppe zum Strand absteigen.

Bleiben Sie oben, liegt in der Nähe auf einer kleinen Lichtung des dichten Buchenwalds das **UNESCO-Welterbeforum.** Es ist in einer alten Waldhalle aus dem 19. Jh. untergebracht, die kernsaniert und nach historischer Vorlage rekonstruiert wurde. Gezeigt wird eine liebevoll arrangierte und mit Animationen gespickte Ausstellung zum Geheimnis der Buchenwälder. Das **Bistro** mit Sonnenterrasse sorgt zudem für kulinarische Erfrischungen und lässt neue Kraft schöpfen.

Welterbeforum: https://welterbeforum. koenigsstuhl.com, ab Parkplatz Stubben-

TOUR
Dem Welterbe auf der Spur

Sanfte Tritte und weite Blicke im Nationalpark Jasmund

Der Hochufer-weg wurde 2012 von der Jury der Zeitschrift »Wandermagazin« zum drittschönsten Wanderweg Deutschlands (Kategorie Tagestouren) gewählt. Sind Sie ambitioniert, laufen Sie doch von der Victoria- via Ernst-Moritz-Arndt-Sicht (s. S. 161) ca. 9 km weiter nach **Sassnitz.** Von dort fährt die Buslinie 14 nach Lohme.

Als Ausgangspunkt für Erkundungen im Nationalpark Jasmund steuern Sie den Norden der kleinen Halbinsel an. Vom Großparkplatz Hagen (s. S. 160) sind es nur ein paar Meter, bis Sie die rauschenden Buchen erreicht haben. Eine Spur idyllischer wird es, wenn Sie Ihr Auto im einstigen Fischerort **Lohme** in Hafennähe parken und die Wanderstiefel schnüren.

Vom **Hafen** gehen Sie Richtung Ortsmitte und schlagen kurz hinter der **Tourist-Info** (Arkonastr. 31) wieder den Weg Richtung Wasser ein (Parkplatz an der Ecke). Passenderweise heißt die Straße **An der Steilküste.** Nach ca. 150 m biegen Sie dann nach rechts in den Weg Zum Schwanenstein ein, der nahtlos in den **Hochuferweg** übergeht. Nach wenigen Metern gelangen Sie in einen wunderschönen **Märchenwald,** der noch bezaubernder wird bei der Vorstellung, dass nur wenige Meter weiter das kantige Ufer der Ostsee Gleichschritt hält. Zum Glück bekommen Sie bald Gelegenheit, das Meer mit eigenen Augen zu erblicken und die azurblaue bis smaragdgrüne Färbung

Start/Ziel:
Lohme, ♀ G 4

Dauer:
Wanderung, Lohme–
Victoria-Sicht
gut 2 Std., Victoria-
Sicht–Lohme
1,5 Std. (ohne Ab-
stecher Herthasee);
Bus Königsstuhl–
Parkplatz Hagen
ca. 15 Min.

Wegmarkierung:
Hochuferweg = blau-
er Querstrich, Victo-
ria-Sicht–Ranzow–
Lohme = blau-weißer
Senkrechtstrich

Hinweise:
Vorsicht an den Steil-
ufern. Bitte benutzen
Sie nur ausgewiese-
ne Wege!

**Nationalpark-Zen-
trum Königsstuhl:**
Eintritt/Zeiten
s. S. 160, dort auch
Infos zu den ver-
schiedenen Tickets
wie dem **Königs-
stuhl-Ticket**

Infos:
Wanderkarten
erhalten Sie in der
Tourist-Info Lohme
(und im Shop am
Parkplatz in Hagen).

Busse:
Pendelbus (Linie 19),
Linie 14:
www.vvr-bus.de.
Unbedingt Abfahrts-
zeiten auf der Web-
site checken!

der Fluten zu bestaunen. Die etwas erhöhte Sicht auf die Ostsee lässt vom Wanderweg wunderbar die bis zu 80 m unter der Wasseroberfläche liegenden Kreideareale erkennen.

Folgen Sie der Markierung mit dem blauen Querstrich, die Sie von nun an bis zum Königsstuhl begleiten wird. Es geht durch das **Feuchtgebiet am Hankenufer**. Über eine kleine Brücke passieren Sie den **Gesnicker Bach** und 140 m weiter die Stelle (linker Hand), wo bis zum Jahr 2002 das **Leuchtfeuer Ranzow** (Fundament erhalten) Kapitänen den Weg wies. Es steht inzwischen am Kap Arkona und ist Teil einer Ausstellung historischer Seezeichen. Die Landschaft hier ist besonders im Frühling zur Holunderblüte eine Augenweide. Sie sollten nicht die Möglichkeit verpassen, über einen der kleinen Pfade einen Abstieg an den steinigen **Strand** zu unternehmen, der sich perfekt für eine kleine Verschnaufpause oder Brotzeit eignet. Kurz danach geht es immer tiefer in den rauschenden **Buchenwald** hinein, dessen Bäume schon mal 250 Jahre auf dem Buckel haben.

Am **Nationalpark-Zentrum** muss, wer zum **Königsstuhl** möchte, sein Ticket lösen. Spätestens hier ist es mit der Ruhe erst mal vorbei. Hier teilen Sie sich den malerischen Ausblick über die Kreideküste mit unzähligen Besuchern. Etwas ruhiger ist es knapp 1 km weiter an der kleinen Aussichtsplattform der **Victoria-Sicht** (s. S. 160). Wer nun bereits erschöpft ist oder aufhören möchte, wenn's am schönsten ist, kann mit dem Pendelbus vom Königsstuhl zum Parkplatz Hagen und von dort mit dem Linienbus 14 zurück nach Lohme fahren.

Wen seine Füße noch tragen, der folgt dem Wegweiser »Lohme über Ranzow 3,7 km« und dem blau-weißen Senkrechtstrich. Kurz hinter dem Parkplatz des Pendelbusses können Sie dann auch noch einen kleinen Abstecher zum sagenumwobenen **Herthasee** (hin/zurück gut 1 km; s. S. 159) unternehmen. Danach geht es vorbei an einem urigen **Moor,** das im Sommer von einem weißen Meer aus flauschigem Wollgras überzogen ist, direkt in das kleine Örtchen **Ranzow**. Hinter Ranzow erreichen Sie schon bald wieder die Hauptstraße nach **Lohme**.

kammerstraße, Sassnitz, ca. 3 km zu Fuß
(weitere Möglichkeiten s. Website), April–Okt
tgl. 11–17, Nov.–März Fr–So 11–15.30 Uhr,
Eintritt frei, Toiletten rund um die Uhr geöffnet

Schlafen, Essen

Ich glaub, ich schlaf im Wald!

Baumhaus Hagen: Das Dorf Hagen
(Sassnitz) liegt zwar nicht im Nationalpark,
dieses Hotel – als einziges – aber schon.
Mitten im geheimnisvollen Wald lädt es zur
Nachtruhe ein. Am Abend ist ein Besuch
in der zünftigen Gaststätte Pflicht, schon
allein mangels Alternativen. Aber auch am
Nachmittag kehren viele Wanderer ein, um
auf der idyllischen Sonnenterrasse in aller
Ruhe ein Bierchen, Kaffee oder leckeren
Rhabarberstreuselkuchen zu genießen.
Stubbenkammer, T 038392 223 10, www.
baumhaus-hagen.de, je nach Saison: DZ/ÜF
ab 59 € bis ab 89 €, Apartments/ÜF ab 79 €
bis ab 105 €, Restaurant tgl. ab 11.30 Uhr

Einkaufen

Neuer Look für alte Schätze

Blattgøld Flora & Antik: alte Sachen,
Gärten, Vintage, gute Tipps und gute
Einfälle, insbesondere in Form von auf-
gearbeiteten antiken Möbeln, toller Floris-
tikkunst und lieblichen Accessoires fürs
Eigenheim. Eines der Steckenpferde von
Cornelia Goldstein ist die Fassmalerei,
also die farbliche Gestaltung von Möbeln.
Manchen auch bekannt als Shabby Chic.
Holzkoppel 1, Hagen, T 0177 231 74 99,
www.blattgold-ruegen.de, vor Besuch tel.
ankündigen bzw. Termin vereinbaren

Bewegen

Immer dem Hut nach

Wandern mit dem Ranger: Das Natio-
nalparkamt bietet zwischen Mai und Ok-

tober spannende Exkursionen und Wanderungen in die grüne Seele Rügens an.
Lassen Sie sich vom Wandel des Waldes
faszinieren, von traumhaften Panoramen
begeistern oder am Ort des Geschehens
über die uralte Kreideküste informieren.
T 038392 250 11 22, www.nationalpark-jas
mund.de, Startpunkte/-zeiten und Dauer variieren je nach Tour (s. Website), kostenlos

Infos

- **Nationalpark Jasmund/Königsstuhl
und Weltnaturerbe:** s. S. 160, 161, Tour
S. 162, www.nationalpark-jasmund.de.
- **Anreise und Parken:** Eine direkte Anreise mit dem Auto ist aus Naturschutzgründen verboten. Für Erkundungen
der Großen und Kleinen Stubbenkammer (Königsstuhl) parken Sie auf dem
Parkplatz Hagen (kostenpflichtig). Von
dort geht es in 45 Min. zu Fuß oder
mit dem VVR-Pendelbus der Linie 19
zum Nationalpark-Zentrum. Auch von
Sassnitz aus steuern Busse (Linie 23)
den Königsstuhl an. Möchten Sie in die
südliche Stubnitz, den Bereich rund ums
Welterbeforum, starten Sie am besten
von Sassnitz (Parkplatz Nationalpark,
Navi: Stubbenkammerstraße, Sassnitz)
aus (3 km).
- **Königsstuhl:** Tickets s. S. 160.

Sassnitz

Hafentreiben und Bädervillen

Ein von getreppten Gassen durchzoge-
ner alter Ortskern, weiße Bädervillen
und eine (wenn auch nicht genutzte)
Seebrücke einer- und Hafenflair an-
dererseits prägen die nördlichste Stadt
Mecklenburg-Vorpommerns – Sassnitz
ist ein reizvoller Ort, direkt südlich des
Nationalparks Jasmund.

Lieblingsort

Ein Hafen, viele Blicke

Ein echtes Multitalent, dieser **Stadthafen** ❶ (s. auch S. 166). Wunderbar eignet er sich als idyllischer Rastplatz nach einem Spaziergang entlang der schier endlosen **Ostmole** ❺ (s. S. 168), bevor in der **Hafenhalle** 🛈 (s. S. 170) kleine Kreativlädchen oder der Rügenmarkt zum Shoppen einladen – oder ein Museum zum **U-Boot-Besuch** ⓭ (s. S. 169). Aus manchen Kuttern wurden in den vergangenen Jahren Ausflugsschiffe und aus Kapitänen Reiseführer mit manch lustiger Anekdote auf der Zunge. Beeindruckend ist das Treiben am **Anlandeplatz der Fischkutter,** wo besonders am Vormittag alle naslang betagte Kähne festmachen und Ostseefänge wie Dorsch und Flunder in bunten Kisten an Land gebracht werden. Nicht überraschend, dass die vielen **Fischbuden** (ganzjährig) am Kai allesamt eine echte Empfehlung sind. Eine andere gute Option ist der **Räucherkutter Heimat** 2 (s. S. 170).

1 = Marktstr.
2 = Rosa-Luxemburg-S...
3 = Bachpromenade
4 = Uferstraße
5 = Böttcherstr.
6 = Karlstr.

Das Tor zur Welt

Anfang des 20. Jh. wurde Sassnitz mit dem alten Bauerndörfchen Crampas zusammengelegt. Aufgrund der Hanglage hatten sich beide Orte nur unmittelbar entlang der Wasserlinie ausdehnen können und waren aufeinander zugewachsen. Schon 1889 hatte Sassnitz einen größeren Fischerei- und später auch Fährhafen, den heutigen **Stadthafen** (s. u., s. Lieblingsort S. 165) sowie einen Bahnanschluss erhalten. In den 1980er-Jahren wurde dann in **Neu Mukran** ein großer Umschlaghafen geschaffen. Tausende Container werden hier jährlich vom Schiff auf die Schiene gebracht und über Stralsund und Hamburg in Europas Metropolen geschickt. Ab 1990 kam die Personenschifffahrt hinzu. Vom **Fährhafen Sassnitz/Mukran** legen heute täglich große Passagierpötte nach Bornholm (s. Tour S. 172) ab.

Badeort der ersten Stunde

Mitte/Ende des 19. Jh. begann sich das Fischerdörfchen Sassnitz zu einem mondänen Badeort zu entwickeln. Hierher kam, wer von Rang und Namen war. **Johannes Brahms** besuchte Sassnitz im Sommer 1876 und lernte den Ort lieben. Hier soll er seine berühmte Sinfonie Nr. 1 c-Moll geschrieben haben. Theo-

dor Fontane machte im aufstrebenden Seebad ebenso Urlaub wie die deutsche **Kaiserin Auguste Viktoria,** Ehefrau Wilhelms II. Allerdings währte der Status als Badeort der High Society nicht allzu lange. Selbst der Bau der **Strandpromenade** (s. S. 168) Anfang des 20. Jh. konnte nicht verhindern, dass die Sommerfrischler bald nach Binz, Baabe oder Göhren abwanderten. In der Folge wurde die Sassnitzer Altstadt stark vernachlässigt. Heute verbindet kaum jemand mit der Hafenstadt einen wunderschönen Bäderort, der er lange Zeit war – und glücklicherweise zusehends wieder wird.

Hoch lebe die Fischerei

Über die B 96 gelangen Sie auf die schnurgerade Hauptstraße von Sassnitz. Supermärkte, Drogerien und das eine oder andere Restaurant haben sich rechts und links angesiedelt und so ein kleines Einkaufsparadies für sich selbst versorgende Urlauber und die Jasmunder geschaffen.

Direkt unterhalb des Zentrums liegt der **Stadthafen** ❶ (s. auch Lieblingsort S. 165), der touristische Schwerpunkt von Sassnitz. Perfekt überblicken lässt sich das Kaikantengewusel von einem **Ausguck an der Hafenstraße.** Allerlei **Souvenir-, Handwerks- und Feinkostbüdchen** so-

Sassnitz

Ansehen
1 Stadthafen
2 Fischhalle
3 Altes Kühlhaus
4 Fußgängerbrücke
   Balkon zum Meer
5 Außen- oder
   Ostmole
6 Strandpromenade
7 Seebrücke
8 Villa Seerose
9 Villa Hertha
10 Haus Rosemarie
11 Villa Martha

12 Backsteinbau (ältestes
   Haus von Sassnitz)
13 U-Boot-Museum
14 Fischerei- und
   Hafenmuseum
15 Schmetterlingspark

Schlafen
1 Villa Katharina
2 Gutshof Dubnitz

Essen
1 Gastmahl des Meeres
2 Räucherkutter Heimat

3 Die Kleine Konditorei

Einkaufen
1 Hafenhalle
2 Inselseifen
3 Dahlmanns Bazar
4 Atelier Helmut Senf
5 Bordershop

Bewegen
1 Hanomag-Tours

Ausgehen
1 Grundtvighaus

---

wie **Museen** (s. S. 169) haben sich in den alten Hafengebäuden niedergelassen. Zudem können Landratten von hier aus mit **Ausflugsschiffen** (s. S. 171) zu den Wissower Klinken oder in die östlichen Ostseebäder aufbrechen. Morgens können sie beobachten, wie **Fischtrawler** entladen werden. Ein Knochenjob, den noch echte Originale ausüben. Ein Teil der Fänge geht wenige Minuten später in der **Fischhalle 2** über den Tresen und landet – fast immer – in den Taschen von Urlaubern. Doch ist das alte Gewerbe aufgrund von Quotenregelungen und leer gefischten Fanggründen auf dem absteigenden Ast. Zu DDR-Zeiten konnten rund 50 Schiffe jährlich 60 000 t Fisch an Land hieven, heute ist es nur noch ein Bruchteil davon.

Dass dem nicht mehr so ist, belegt auch das **Alte Kühlhaus 3** direkt am Anleger. Bis auf ein paar Großhändler, welche die Halle noch ab und an zur Zwischenlagerung nutzen, hat sie ihren Dienst weitgehend quittiert. Heutzutage nutzen Gastronomen die Fläche und die Jasmunder Plattdänzer (s. S. 179) haben hier einen Proberaum gefunden. Da vor

Kurzem bekannt wurde, dass die Statik von Fischhalle wie Kühlhaus nicht mehr allzuviel hergibt – die Pfahlgründungen müssten erneuert werden –, ist die Zukunft ungewiss. Ein Abriss des Kühlhauses ist im Gespräch, wogegen die Sassnitzer Sturm laufen, prägt die Halle doch seit den 1950er-Jahren das Hafenbild. Mit kleinem Erfolg: In einem städtebaulichen Wettbewerb sollen nun Architekten Vorschläge zur Gestaltung und weiteren Nutzung des Areals einreichen.

Balkon zum Meer
Von der Hauptstraße bzw. vom Rügenplatz im Ortszentrum von Sassnitz und dem Glasbahnhof, dem alten Fährterminal im Südwestteil des Hafens, spannt sich die 250 m lange **Fußgängerbrücke Balkon zum Meer 4**. Sie hat sich zum Wahrzeichen der Stadt gemausert. Ihre aufregende Bauweise ist den topografischen Gegebenheiten geschuldet. 22 m Höhenunterschied mussten genauso wie einige städtebauliche Objekte überwunden werden. Die Stahlseil- und Rampenkonstruktion machte dies 2007 möglich.

Ein schönes Beispiel für die Bäderarchitektur ist die Villa Hertha mit ihren filigran gestalteten, hölzernen Balustraden.

Wasserspaziergänge

Die fast 1,5 km lange **Außen- oder Ost-mole ❺**, nach der neuen Ostmole in Swinemünde (Polen) die längste Europas, ist bis zum grün-weißen Leuchtturm an ihrem Ende begehbar. Spazieren Sie einmal ›übers‹ Wasser und betrachten Sie den Hafen aus anderer Perspektive.

An der Außenmole bzw. an der Hafenstraße beginnt auch die **Strand-promenade ❻**. Mit ihren urigen, teils auch modernen Fischrestaurants eignet sie sich gut für einen Spaziergang mit kulinarischem Schuss. Direkt am Beginn der Meile stoßen Sie auf die erst nach der Wende gebaute **Seebrücke ❼**. Der Steg ist derzeit geschlossen und ein großer Streitpunkt zwischen Einwohnern und Stadtvertretung. Ein verärgerter Sassnitzer fügte kürzlich dem offiziellen Schild ein eigenes hinzu. Darauf geschrieben: »Wie viele Jahre bleibt die Seebrücke ›derzeitig‹ noch geschlossen? Wird sie absichtlich dem Verfall hingegeben?« Fakt ist, dass andere Seebäder liebevoller und nachhaltiger Sorge für ihr maritimes Aushängeschild tragen.

Im historischen Ortskern

Zwischen **Ringstraße, Bachpromenade** und **Bergstraße** werden die – nicht so zahlreichen – strahlend weißen, von den Bomben des Zweiten Weltkriegs verschonten **Bäderbauten** mit ihren Veranden, Türmchen oder Giebelchen seit der Wende sukzessive restauriert. Besonders sehenswert sind z. B. die **Villa Seerose ❽** (Ringstr. 7) oder die **Villa Hertha ❾** (Rosenstr. 4).

Nicht immer einig waren sich die Stadtarchivare in der Frage, wo all die edlen Damen und Herren unterkamen, die Sassnitz für ihre Sommerfrische wählten. Bei **Johannes Brahms** herrscht inzwischen Einigkeit: Er verbrachte seine Sommer wohl nicht, wie lange angenommen, im Hotel zum Fahrnberg, sondern bei einem gewissen Zimmermeister Wagner im **Haus Rosemarie** ❿ in der Ringstraße 16 (privat). Der Eigentümer der nun historisch bedeutenden Stätte, Max Bachmann, schien allerdings recht überrascht, als er 2013 von dieser These hörte. Noch hat der Denkmalschutz nicht an seine Tür geklopft.

Recht sicher scheint, dass **Auguste Viktoria** in der **Villa Martha** ⓫ (Ferienwohnungen, www.villa-martha-ruegen. de) in der heutigen Rosa-Luxemburg-Straße 4 residierte. Das vermutlich **älteste Haus** in Sassnitz aber ist keine weiße Bädervilla, sondern ein heute sanierter, roter **Backsteinbau** ⓬ (Böttcherstr. 2).

Fast alle diese historischen Bauten erleben ihre zweite Blütezeit als Apartmenthaus, Café, Cocktailbar oder Brasserie, von denen es in dieser Ecke nur so wimmelt.

Museen

Unterwasserkoloss
⓭ **U-Boot-Museum:** Wer über die große Hängebrücke Richtung Hafen spaziert, kann schon mal etwas Gänsehaut bekommen, wenn er das stählerne Ungetüm aus dem Wasser ragen sieht. Es ist die HMS Otus S 18. Während der 28 Jahre, die eines der weltgrößten nicht nuklearen U-Boote im Dienst der britischen Marine war, war es u. a. im Falkland-Krieg und am Persischen Golf im Einsatz. Seit 2002 dient der 28 mm dicke Druckkörper als beeindruckender Schauraum für das abenteuerlichen Alltagsleben in den Tiefen des Meeres. Tipp: mit dem Angriffsperiskop der Kommandanten einen Blick über den Sassnitzer Stadthafen werfen.

Hafenstr. 18, www.hms-otus.com, Jan./Dez. Sa/So (25. Dez.–1. Jan. Woche tgl.) 10–16, Feb.–April, Nov. tgl. 10–16, Mai/Juni, Sept./

Okt. tgl. 10–18, Juli/Aug. tgl. 10–19 Uhr, 8 €, 14–17 Jahre 6 €, 4–13 Jahre 4,50 €, Familienkarte (2 Erw. plus Kinder) 18 €

Was Sassnitz prägte
⓮ **Fischerei- und Hafenmuseum:** ein Ort, der am geschichtsträchtigsten Hafen Rügens nicht fehlen darf. Große Ausstellung rund um die Fischerei und Fischverarbeitung. Wichtigstes Exponat ist das Museumsschiff Havel gegenüber dem Museum. Es gehörte zu einer Serie von 50 Kuttern, die bis 1990 im ehemaligen Volkseigenen Betrieb (VEB) Fischfang Sassnitz zum Einsatz kamen.

Im Stadthafen, www.hafenmuseum.de, April–Okt. tgl. 10–18, 18. Dez.–12. März tgl. 11–17 Uhr, 5 €, 6–17 Jahre 3 €, Kutter Havel 3/2 €

Leichtigkeit des Lebens
⓯ **Schmetterlingspark:** Was denken Sie, wie viele Schmetterlingsarten es gibt? Schwer zu sagen, Schätzungen gehen von mindestens 160 000 aus. 140 verschiedene Falter sind im Schmetterlingspark zu Hause. Da sie den Menschen nicht als Feind sehen, sind hautnahe Erlebnisse garantiert.

Straße der Jugend 6, www.schmetterlings park-sassnitz.de, T 038392 664 22, 6,50 €, Jugendliche 5 €, Kinder 4 €, nur n. V.

Schlafen

Hoch über der Ostsee
❶ **Villa Katharina:** einmal so Urlaub machen, wie bereits Generationen Rügenurlauber zuvor. Die Villa Katharina ist eine klassische Bädervilla, liebevoll restauriert und auf Drei- bis Vier-Sterne-Niveau komfortabel ausgestattet. Dank der erhöhten Lage des Hauses bietet sich ein wunderschöner Blick über die Altstadt von Sassnitz und die Binzer Bucht. Wer mit der Bahn anreist, für den wird auf Anfrage die Abholung vom Bahnhof organisiert.

Rosa-Luxemburg-Str. 3, T 038392 351 44, www.villa-katharina-ruegen.de, Apartments/1–4 Pers. ca. 35–110 € je nach Saison und Größe, mit Nebenkosten, ohne Wäschepaket und Endreinigung, Mindestaufenthalt 3–7 Nächte

Natur und Stadt ganz nah

2 Gutshof Dubnitz: Nach dem Stadtbummel und obligatorischen Fischbrötchen am Sassnitzer Stadthafen geht es ab in die Idylle. Ruhe, Einsamkeit, Beschaulichkeit und jede Menge Erholung warten in der unberührten Natur des Gutshofs. Während Sie eine der neun modernen und stilvollen Ferienwohnungen beziehen, spielen ihre Kids noch eine Runde im Sandkasten im Garten.

Dubnitz 13, T 038392 69 10, www.gutshofdubnitz.de, Ferienwohnung (30 m²) / 2 Pers. Hauptsaison ca. 150 €/Nacht, Nebensaison ca. 100 €, mit Wäschepaket, Endreinigung, auch größere und höherwertige Wohnungen vorhanden

Essen

Traditionell, beliebt und gelobt

1 Gastmahl des Meeres: In erster Reihe am Meer und bereits von außen sehr einladend erwartet das Restaurant des gleichnamigen kleinen Hotels seine Gäste. Drinnen dominieren Seefahrerschick und frische Fische auf dem Tisch – und das schon seit einem Vierteljahrhundert. Wer keine Meeresdelikatessen mag, findet nur eine kleine Auswahl fleischiger Speisen.

Strandpromenade 2, T 038392 51 70, www.gastmahl-des-meeres-ruegen.de, tgl. 7–23 Uhr, Fischgerichte 16–20 €, DZ/ÜF 90–120 € je nach Saison

Beste Fischbrötchen

2 Räucherkutter Heimat: Hier kommt kaum ein Urlauber ohne Stopp vorbei, meist angelockt von der langen Schlange vor dem Verkaufstresen. Der alte Kutter bietet die leckersten Fischbrötchen der Stadt mit tagesfrischem Belag. Geräuchert wird vor Ort. Ausnahmsweise keine Touristenpreise – günstig, gut, lecker! Bitte in Acht nehmen, wenn die Möwen kommen …

am Beginn der Außenmole, Stadthafen, tgl. 10–15 Uhr, Fischbrötchen ab 2 €

Fast im Meer

3 Die Kleine Konditorei: Eine Außenstelle der rügenschen Bäckerei Peters (Neu Mukran). Die Lage des neu gebauten Cafés ist einzigartig. Kaffeeschlürfen und Kuchengenuss nur 5 m vom Wellengeklatsche der Ostsee. Besonders schön auch im Winter, dann allerdings mit dem Schutz der großen Glasfront.

Strandpromenade 8 a, T 038392 67 46 84, www.baeckerei-peters.de, tgl. 8 –17 Uhr, morgens auch leckeres Frühstück

Einkaufen

In der alten **Hafenhalle 1** (Hafenstr. 12) in direkter Nachbarschaft zum Alten Kühlhaus finden sich **Kreativ- und Souvenirlädchen** (meist nur in der Saison/Mai–Okt. 10/11–17 Uhr) wie die **Wunderkammer** (www.diewunderkammer-ruegen.de, Mai–Okt. tgl. 11–17 Uhr) und der **Rügenmarkt** (www.sassnitz.kutterfisch.de, Mo–Sa 10–17 Uhr).

Goldenes für die Haut

2 Inselseifen: Wer das Reich von Anke Brüdgam betritt, kommt aus dem Staunen kaum noch heraus. In der ersten Seifensiederei Rügens verzaubern farbenfrohe Seifen, duftende Badetörtchen, außergewöhnliche Cremes oder einzigartige Shampoos. Alles handgefertigt. Besonders beliebt sind die Sassnitzer Kreideseifen und transparente Bernsteinseife, in die kleine goldene Findlinge eingearbeitet sind.

Hauptstr. 10, www.inselseifen.de, Mo–Fr 10–18, Sa 10–16 Uhr

Die Welt der Inseln

3 Dahlmanns Bazar: Hier kommt alles von Inseln – Kaffee von den Galapagos-Inseln oder aus Papua-Neuguinea, Wein aus Kreta, Sardinien oder von der Insel Krk, tasmanischer Bergpfeffer, fruchtige Brotaufstriche, Honig und Bier von Rügen, Schokoladiges, Salze und, und, und. Gleichzeitig ist der Bazar Café und Bar, veranstaltet Lesungen und verkauft Bücher, in denen immer eine Insel eine Rolle spielt.

Uferstr. 1 (am Alten Markt) www.dahlmanns bazar.de, Juli–Sept. Mo–Sa 13–22, Okt.–Juni Di–Sa 13–22 Uhr, Veranstaltungen s. Website

Minigalerie im Schuppen

4 Atelier Helmut Senf: Seit 1994 werkelt der Künstler bereits in seinem Gartenschuppen an bunten Plastiken, und das ganz nach der Bauhausmaxime der Gleichberechtigung von Kunst und Handwerk. Um ihn herum hängen Unmengen an Papierarbeiten und Entwürfen. Seine minimalistischen Werke werden deutschlandweit ausgestellt und fügen sich dem Stil der konkreten Kunst.

Gerhart-Hauptmann-Ring 51, T 038392 351 39, nur nach tel. Anmeldung

Skandinavisch shoppen

5 Bordershop: Dänisches øl (Bier), Lakritzschokolade … – im ›Grenzladen‹ der Reederei Stena Line gibt's eine große Auswahl an Spezialitäten und Lebensmitteln aus Skandinavien.

Hafeneingangsgebäude, Fährhafen Sassnitz/ Mukran, Neu Mukran 20, meist ab 10 Uhr

Bewegen

Abenteuer auf vier Rädern

1 Hanomag-Tours: Etwas ober- und außerhalb von Sassnitz hat Volker Barthmann sich seinen Traum verwirklicht. Der zertifizierte Natur- und Landschaftsführer ist Herr über 13 Hanomags, die rund um das Jahr Urlauber Rügen abseits der Tou-

ristenpfade erleben lassen. Knatternd, mit frischem Wind um die Nase und bergauf im Schritttempo. Ein Erlebnis, mit dem Sie sich und die Daheimgebliebenen beeindrucken können! Tourenbeispiel: s. S. 122.

Birkengrund 1, T 0171 743 09 64, www. hanomag-tours.de, Halb- und Ganztagstouren 59–99 €, bis 12 Jahre 30–35 €, verschiedene Start- bzw. Zusteigeorte

Schiffs(rund)fahrten

Wenn Sie die **Kreidefelsen** (Königsstuhl) vom Wasser aus erleben möchten, haben Sie die Wahl. Ab **Stadthafen 1** können Sie mit der roten **MS Alexander** (www. ms-alexander.de), den **Booten der Reederei Lojewski** (www.reederei-lojewski. de) oder mit den **Adler-Schiffen** (www. adler-schiffe.de) fahren. Die Adler-Schiffe steuern auch die östlichen Seebäder an (auch als Rundfahrt möglich).

Abfahrtstag/-zeiten saisonabhängig (s. Websites), Kreidefelsen um 16 €, Kinder ca. 50 %

Schöne Aussichten

Wanderung auf dem Hochuferweg: Wenn Sie auf dem Hochuferweg (s. S. 160) nicht erst 9 km bis zur Victoria-Sicht oder zum Königsstuhl (s. S. 160, Tour S. 162) laufen möchten, bietet sich ein kleiner Ausflug zur Ernst-Moritz-Arndt-Sicht (s. S. 161) an.

Ausgehen

Erst töpfern, dann Kino

Grundtvighaus: Der Name des Mehrgenerationenhauses erinnert an den dänischen Pädagogen, Theologen, Dichter und Philosophen Nikolai Frederik Grundtvig. Das Haus steht für Gastlichkeit und Weltoffenheit. Die wird gepflegt bei Bastelnachmittagen oder Töpferkursen, die Dörte Päplow nebenan in ihrer offenen Werkstatt gibt. Im Haus finden auch Konzerte statt und das alternative **Programmkino** des Vereins Lichtspiele Sassnitz zeigt Filme.

TOUR
Inselflüchter

Einfach nur hyggelig – Stippvisite auf Bornholm

Wussten Sie, dass es von Rügen nur ein Katzensprung nach Skandinavien ist? Von Sassnitz aus erreichen Sie per komfortabler Fähre Bornholm in knapp 3,5 Std. Perfekt, um den Ostseeurlaub mit einer ganz besonderen Würze zu verfeinern.

Trinken Sie noch einen Kaffee auf der Sonnenterrasse der Inselbäckerei Peters (Fährblick 4, www.baeckerei-peters. de, tgl. 7–18 Uhr). Von der kleinen Anhöhe oberhalb des recht tristen **Fährhafens Sassnitz/Mukran** kann die Ankunft der weiß-blauen **Bornholmslinjen** beobachtet werden und bereits Vorfreude aufkommen: auf Beschaulichkeit und Momente in einer bezaubernden Stadt, umgeben von herrlicher Natur.

Nachmittags läuft die Fähre im Hafen von **Rønne** ein. Obwohl Inselhauptstadt leben hier nur etwas mehr als 13 000 Einwohner. Im Mittelalter war der malerische Ort ein geschäftiger Warenumschlagplatz. Nur ein kurzer Fußmarsch ist es vom **Hafen,** vorbei am schmalstieligen Leuchtturm, dem **Rønne Fyr,** zur **Sankt Nicolai Kirke,**

Infos

Start: Fährhafen
Sassnitz/Mukran,
♥ G 5, bzw. Hafen
Rønne

Dauer: 2 oder mehr
Tage

**Schlafen: Sverres
Hotel,** Snellemark 2,
T +45 60 14 94 11,
www.sverres-hotel.
dk, DZ/ÜF 700–775
DKK; **Hotel Post-
huzed,** Lille Torv 18,
T +45 33 15 77 00,
www.hotelposthuzed.
dk, DZ/ÜF 900 DKK

**Abendessen: Strø-
gets Spisehûz,** Store
Torvegade 39, T +45
56 95 81 69, www.
facebook.com/spise
huzed, Di–So 17–21,
Fr/Sa 17–21.30,
So 17–20.30 Uhr,
Fisch/Fleisch ab
50 DKK; **Selma's
Home Cooking,**
Tornegade 6, www.
restaurantselmas.dk,
Fr/Sa ab 17.30 Uhr,
Büfett 188 DKK,
2–11 Jahre 94 DKK,
Hauptgerichte
115–180 DKK

**Anreise: Born-
holmslinjen,** www.
bornholmlinjen.de,
Juli/Aug. tgl. 11.50
Uhr hin, 8 Uhr zurück,
sonst seltener, hin/
zurück ab 40 €,
Ticketbuchung
s. Website

**Tourist-Info/Vel-
komstcenter,** Nordre
Kystvey 3, www.born
holm.info/de

welche die Dächer der kleinen Stadt überthront. Das aus dem 13. Jh. stammende und 1918 umgebaute Gotteshaus ist eines der Wahrzeichen Rønnes. Ein Besuch lohnt nicht zuletzt wegen der beeindruckenden Freskomalereien im Inneren des Kirchenschiffs sowie des gotländischen Taufsteins aus dem Jahr 1350. Weiter ins Zentrum gelangen Sie über **schmale Gassen,** vorbei an niedlichen **Backsteinfachwerkhäusern.** Hinter den idyllisch wirkenden Behausungen verbergen sich nicht selten kleine **Innenhöfe** oder größere **Gärten.** Sehen können Sie diese selten, oft jedoch riechen und hören: Die vielen Flieder- und Obstbäume verbreiten einen betörenden Duft, der auch unzählige Vögel anlockt.

Machen Sie sich auf zum quirligen **Lille Torv.** An dem ›Kleinen Platz‹ reihen sich schmucke Boutiquen neben kleinen Cafés und Restaurants. Perfekt, um einen Moment innezuhalten und einen Kaffee zu genießen, z. B. im **Café Lille Per** (Lille Torv 13, Happy Hour tgl. 15–16 Uhr, man zahlt dann nur, was man würfelt). Einige Schritte weiter am Marktplatz **Store Torv** (Großer Platz) lohnt ein Bummel über die hier beginnende Einkaufsstraße **Snellemark.** Geschichtsinteressierte biegen am Platz rechts in die Sankt Mortens Gade zum **Bornholms Museum** (Nr. 29, Ende Okt.–Anf. Mai Mo–Fr 13–16, Sa 11–15, Mitte Mai–Mitte Okt. Mo–Sa 10–17 Uhr, 70 DKK) ab. Archäologische Exponate stellen die Seefahrer-, Bauern- und Fischertradition der Inselregion auf sehenswerte Weise vor. Die Sammlung zeigt auch zahlreiche Guldgubber, dünne, figürlich gestaltete Goldplättchen aus der Bronzezeit, die im Inselosten gefunden wurden und wahrscheinlich Grab- bzw. Opferbeigaben waren.

Sie sollten unbedingt auch Rønnes **Nørrekaas Strand** direkt neben der kleinen **Marina** einen Besuch abstatten. Der Bilderbuchstrand in perfekter Westlage verspricht traumhafte Sonnenuntergänge. Werfen Sie auf ihrem Weg dorthin einen Blick in die Fenster der Bornholmer. Oftmals sind dort Porzellanfiguren, handgemachte Gläser oder besonderes liebgewonnene Dinge ausgestellt.

Wer zwei Nächte oder länger bleibt, sollte sich ein **Fahrrad** leihen (**Bornholms Cykeludlejning,** direkt am Hafen, Nordre Kystvej 5, www.bornholms-cykeludlejning.dk, 85 €/Tag, E-Bike 200 €/Tag) und die Insel erkunden.

Seestraße 3, T 038392 577 27, www.grundt vighaus-sassnitz.de, www.kino-lichtspiele-sassnitz.de, Mo–Fr 9–18, Sa 9–13 Uhr, Kino Fr ab 20 Uhr (5 €)

Feiern

• **Rügener Hafentage:** Mitte Juli. An drei Tagen verwandeln sich Strandpromenade und Stadthafen in eine bunte Feiermeile. Die kulinarische Untermalung steht natürlich voll und ganz im Zeichen des Fisches. Im Hafen öffnen Motorboote, Fischkutter und Traditionssegler ihre Gangways für interessierte Hobbykapitäne.

Infos

• **Tourist-Service Sassnitz:** Strandpromenade 12, T 038392 64 90, www.in sassnitz.de, April–Juni, Sept./Okt. Mo–Fr 9–18, Sa/So 10–17, Juli/Aug. tgl. 9–18, Nov.–März Mo–Fr 9–17, Sa/So 10–16 Uhr. Inhabergeführt mit nettem Service, Vermittlung von Unterkünften, Ausflügen, Tickets und Informationen rund um Sassnitz und die Halbinsel Jasmund.
• **Verkehr:** Sassnitz bildet den nördlichsten Punkt des **DB-Schienennetzes** und ist im 2-Std.-Takt an Stralsund angebunden. Wer mit dem **Auto** anreist, findet vor allem entlang der Hauptstraße Lücken oder parkt im großen Parkhaus am Stadthafen. Vom **Fährhafen Sassnitz/ Mukran** (www.mukran-port.de) geht es nach Rønne (Bornholm); s. Tour S. 172.

Sagard   ♥ F4/5

Vom Bad zum Rad
Wer heute in Sagard Urlaub macht, kommt vor allem wegen des ländlichen Flairs – und zum Radfahren. Die zentrale Lage auf Jasmund eignet sich perfekt für **Pedalabenteuer** nach Sassnitz, Lietzow oder in das beschauliche Dörfchen **Bobbin** mit seiner kleinen Feldsteinkirche und der Aussichtsplattform am Tempelberg, die einen prächtigen Blick über den Jasmunder Bodden offenbart. Alles ist weniger als 10 km entfernt.

Dennoch steht das historische Fleckchen in einer Reihe mit Putbus, Sassnitz oder Göhren. Warum? Sagard war wie sie einst eine Hochburg für Sommerfrischler. Schon 1750 begann hier der Bade- und Kurbetrieb, 1795 folgte die Gründung der Bade-, Brunnen- und Vergnügungsanstalt Gesundbrunnen. Sowohl Heinrich von Kleist als auch Wilhelm von Humboldt suchten hier Erholung. Doch dann kam das Baden im Meer in Mode und der Kurbetrieb im 19. Jh. zum Erliegen. So geht es auf Sagards Straßen heute verhältnismäßig ruhig zu.

Altes Schätzchen
Der **historische Ortskern** lohnt einen Besuch. Er ist noch gut erhalten, besonders in der **Ernst-Thälmann-Straße,** wo die wunderschönen Fassaden einiger Bürgerhäuser deutlich machen, wie stolz Sagard einst daherkam.

Wie es früher üblich war, wurden Häuser in Städten und größeren Orten rund um die Kirche gebaut. Auch in Sagard bildet das sakrale Heiligtum den Mittelpunkt. Die **St.-Michaelis-Kirche** ist aber nicht irgendein Gotteshaus, sondern zählt zu den vier ältesten Kirchen der Insel. Um 1210 wurde sie als einschiffige romanische Hallenkirche errichtet und später erweitert. Die gotische Überwölbung des Hauptschiffs erfolgte um 1500. Der feierliche Innenraum gehört mit seinem barocken Altaraufsatz und der größten Barockorgel der Insel zu den schönsten Kirchengestaltungen überhaupt. Wer schon mal drin ist, sollte sich die beeindruckende Fotoausstellung zur Kirchengeschichte anschauen.

Die Natur hat sich den stillgelegten Kreidebruch am Kreidemuseum Gummanz zurückerobert.

Zwischen August-Bebel-Str. und Appolonien-markt, Schlüssel bei Familie Lüpke, Appoloni-enmarkt 12

Ein bisschen Wasser ist doch da

Von Osten nach Westen fließt der renaturierte Sagarder Bach durch den Ort und ist ein wahrer Schatz. Nördlich der Kirche verläuft er durch die **Historische Parkanlage Brunnenaue.** Der ehemalige Kurpark ist eines der letzten Überbleibsel der Blütezeit des Gesundbrunnens Sagard. Mit seinem außerirdisch wirkenden Pavillon ist er eine echte Augenweide und einer der Wegpunkte bei einem Bummel durch die Stadt.

Verschmähte Liebe?

Es war einmal eine Riesin, die Interesse am Fürsten von Rügen fand. Doch dieser erwiderte ihre Gefühle nicht. Das aber wollte die Riesin nicht ungestraft hinnehmen. Sie befahl ihren Leuten, die Landenge zwischen dem Großen und Kleinen Jasmunder Bodden mit Sand und Steinen aufzuschütten, damit sie die Fürsten aufsuchen und ihm den Garaus machen könne. Sie selbst half mit, doch ihre Schürze voller Steine riss … Zu finden ist der Steinhaufen heute noch als **Dobberworth,** eine bewaldete Erhebung am südlichen Rand von Sagard. Experten erklären allerdings, dass es sich hierbei um eines der größten **Hügelgräber** Norddeutschlands aus der Bronzezeit handelt, das größte Rügens.

Museen

Alles auf Weiß

Kreidemuseum Gummanz: Wissen Sie, wie die zerbrechliche Kreide abgebaut wird? Und wo? Und warum? Alle Fragen rund um die traditionelle Kreideför-

GRUSELSCHLOSS ODER WOHLFÜHLPALAST? **G**

Nach dem Ende des Dreißigjährigen Krieges schenkt die schwedische Königin ihrem Feldmarschall Graf Carl Gustav von Wrangel (1613– 76) **Schloss Spyker.** Am Abend vor Wrangels Tod soll in dem Schloss ein Scharfrichter aus Stralsund in einer regelrechten Orgie einer vermummten Person, die einen seidenen Schlafrock trug und ein Buch in den Händen hielt, den Kopf abgeschlagen haben. Ob es Wrangel selbst gewesen ist? Keine Ahnung. Zu neuerer Zeit scheint das mögliche Grauen jedenfalls vergessen zu sein. Nach einigen Jahren im Besitz des Fürsten von Putbus und als FDGB-Ferienheim checken hier heute zahlende Gäste ein.

(s. Kasten links). Heute logieren Gäste mit Anspruch in dem wunderschönen, falunroten Märchenenschloss. Sie genießen die Lage in Sichtweite des Spyker Sees, die Turmzimmer mit oder ohne Whirlpool, die Maisonettes oder die Zimmer mit eigener Infrarotsauna. Besuchenswertes Restaurant im Gewölbekeller (s. S. 177).
Schlossallee 1, Spyker, Glowe, T 03802 770, www.schloss-spyker.de, DZ/ÜF 90–180 € je nach Saison und Kategorie

Familienparadies auf dem Land
Precise Resort Rügen: der wohl bekannteste Bau in ganz Neddesitz (ca. 4 km vom Gemeindesitz Sagard). Ursprünglich 1901 als Gutsherrenhaus errichtet, residiert hier heute eine große Ferienanlage für Familien. Sie erstreckt sich fast über das gesamte Dorf – die mehr als 129 Zimmer, vornehmlich Apartments, brauchen eben ihren Platz. Genauso wie die 500 m entfernte, hoteleigene und für Hausgäste kostenlose riesige Wasser- und Indoor-Erlebniswelt Splash (s. S. 177). Ein, wenn nicht das, Eldorado für kleine Urlauber im Norden Rügens!
Am Taubenberg 1, Neddesitz, T 038302 95, www.precisehotelruegen.de, Familienzimmer/ HP (2 Erw. / 2 Kinder) ca. 170–280 € je nach Saison, häufig Deals und tolle Arrangements, Hauptsaison Mindestaufenthalt 3 Nächtet

derung auf Rügen beantwortet das einzige Kreidemuseum Europas. Dazu müssen Sie allerdings den Fußmarsch vom Parkplatz zum Museum meistern (je nach Route 400–700 m). Die Ausstellung in der alten Werkhalle ist interaktiv. Draußen kann sogar ein ehemaliger Kreidebruch besichtigt werden. Von Mai bis Oktober werden dort auch Fossilienexkursionen angeboten (rechtzeitig anmelden).
Gummanz 3 a, Neddesitz, Sagard (4 km vom Zentrum), Parkplatz: Gummanzer Str. gegenüber Erlebniswelt Splash, www.kreidemuseum.de, April–Okt. tgl. 10–17, Nov.–März Di–So 10–16 Uhr, 4,80 €, 7–16 Jahre 2,50 €

Schlafen

Wohnen im Schloss
Schloss Spyker: Im einstigen Schloss des schwedischen Feldmarschalls Wrangel muss sich niemand mehr gruseln

Von Land und Leuten umgarnt
Der wilde Schwan: wunderschön gebettet in die sanfte Hügellandschaft des Jasmunder Boddens, zwischen duftenden Blumenwiesen und dem prächtigen Blick auf Wasser. Das Team um Hausherrin Linda Neisener ist ungemein herzlich, nicht nur beim liebevoll zubereiteten Frühstück. Für Schwanenkinder gibt es einen großen Spielplatz, kleine Streicheltiere und eine Scherenkegelbahn.
Neuhof 10, T 038302 80 30, www.hotel-der-wilde-schwan.de, DZ/ÜF um 115 €, Juli/Aug 145 €, ab 100 €, Anf. Jan.–Mitte März/Anf. April geschlossen

Essen

Der Adel ruft zum Abendbrot
Restaurant Wrangel: Im niedrigen Gewölbekeller von Schloss Spyker, wo der schwedische Graf wahrscheinlich einst seine geraubten Schätze lagerte, wird deftige mecklenburgische Küche serviert. Beim Genießen der fein abgestimmten Speisen werden Sie von Ritter Runkel beäugt, der im schweren Blechgewand die ein oder andere Ecke im Restaurant ziert. Schloss Spyker, s. S. 176, April–Dez. tgl. 12–21 Uhr, Hauptgerichte ca. 12–20 €

Auf zum Fischgrillabend
Peters Fisch: Vor allem die Rüganer kennen das Fischmobil der Familie Peters, das in Binz und Umgebung regelmäßig Brötchen mit Meeresdelikatessen an Mann und Frau bringt. Im kleinen Boddendörfchen Polchow betreiben sie auch noch ein Fischrestaurant und neuerdings sogar einen Onlinehandel für Ware aus dem Wasser und/oder dem Räucherofen. Mal was anderes sind die Fischgrillabende im Sommer zum All-you-can-eat-Preis von 18,90 € (Reservierung nötig). Dorfstr. 38, Polchow, Glowe, T 038302 780 30, www.peters-fisch.de, tgl. 11.30–20 Uhr

Einkaufen

Bio über bio
Hof Bobbin: Ein schöner Naturkostladen in einer alten Backsteinscheune, wo auch die Einheimischen gerne ihren Bioapfelsaft kaufen. Urlauber wuseln zwischen handgemachten Mitbringseln wie Schafmilchseife, Rügener Heilkreide oder Sanddornsaft. Auch gut zum Kaffeetrinken auf dem Nachhauseweg geeignet – die selbst gebackenen Kuchen zum Kaffee oder Biotee sind ein Traum.

Oberdorf 5 a, T 038302 88 77 57, www.hofladen-bobbin.de, März–April, Okt./Nov. Mo–Sa 10–17, Mai–Sept. Mo–Sa 10–18, Dez.–Feb. Di–Fr 10–16 Uhr (kurze Winterpause)

Bewegen

Buaaahhh!
Dinosaurierland: Erschrecken erlaubt! Auf dem 1,5 km langen Erlebnispfad warten packend reale Dinomodelle. In Lebensgröße. Mit Gebrüll. Ein echtes Erlebnis, nicht nur für Kinder, denen allerdings mit Fossiliensuchen, Abenteuerspielplätzen oder Dinosaurierausgrabungen ganz schön viel geboten wird. Am Spyker See 2 a (Navi: Hausnr. 3), T 038302 71 98 74, www.dinosaurierland-ruegen.de, März–Nov. zumeist 10–17 Uhr geöffnet, Erw. 9,50 €, Kinder 7 €

Badefreuden, aber nicht im Meer
Erlebniswelt Splash: Eine riesengroße Wassererlebnislandschaft mit Innen- und Außenpools, Rutschen, Indoorspielplatz, Klettertürmen und vielem mehr. Sie ist Teil des Precise Resorts (s. S. 176), dessen Gäste kostenlosen Spaß erleben. Quoltitzer Str. 1, Neddesitz, Sagard, www.splash-ruegen.de, tgl. 8–22 Uhr, 13 €/4 Std., 19 €/Tag, bis 15 Jahre 9/13 €

ECHT ALT – FEUERSTEINE

Vor noch nicht allzu langer Zeit wurde in Lietzow ein riesiger archäologischer Fund gemacht. Sage und schreibe 20 000 zu Äxten, Beilen und Sägen verarbeitete Feuersteine und Keramiken mit Opfergaben wurden ausgegraben. Wahrscheinlich stammt das Material von den Feuersteinfeldern (s. S. 89) auf der Schmalen Heide nahe Prora.

Lietzow

Spuk der Natur

An der B 96 lohnt kurz vor Lietzow ein Stopp im verzauberten **Waldpark Semper.** Besonders im Herbst, wenn die Nebelschwaden durch das Dickicht ziehen und es im Gehölz knackt und knarrt, wird der Spaziergang zum Abenteuer. Im sogenannten Hexenwald stehen verwunschene **Krüppelbuchen,** die wie dicke Schlangen ineinander verästelt sind und genauso wie die Überreste eines alten **Wasserturms** unbedingt einen längeren Blick wert sind. Das **Schloss Semper,** das in den 38 ha großen Park gebettet ist, wurde jahrzehntelang als paramilitärische Ausbildungsstätte genutzt und ist heute in Privatbesitz.

Ein echter Hingucker …

… ist das **Lietzower Schloss** (privat) mit seinem hoch empor ragenden, weißen Turm. Bei manchen wird es Erinnerungen wecken an Schloss Lichtenstein, das Märchenschloss Württembergs am Rand der Schwäbischen Alb. Die Rügener Version der romantischen Festung hat sich einst der Erbauer der Eisenbahnlinie Stralsund–Sassnitz als Sommerresidenz errichten lassen. Der Herr von Rang ist längst weg, die Bahn fährt immer noch durch Lietzow, das ein zentraler Knotenpunkt für Bahnreisende sowohl mit dem Ziel Jasmund als auch Binz ist.

Und er teilte das Meer …

Ein schmaler **Damm,** der erst 1869 durch Aufschüttungen entstanden ist, teilt den Jasmunder Bodden in Großen und Kleinen Bodden. Im Sommer ist die **Schleuse** in der Mitte der brückenartigen Straße ein beliebter Treffpunkt von Urlaubern. Ein kurzer Halt, ein Foto und … oftmals ein Fischbrötchenstopp in dem urigen Ponton-Restaurant (s. u.), das am kleinen Schleusenkai festgemacht hat.

Ein Stück weiter geht das durch wilde, Schilfbüschel verzierte Ufer in einen malerischen weißen **Sandstrand** über. Fast Karibik-Feeling vermittelt die 400 m lange und sehr flach abfallende Oase, die dank Volleyball-, Grill- und Spielplatz auch durchaus ein Ganztagesziel ist. Wer sein Auto einfach einmal einen Tag vor der Ferienwohnung stehen lassen will, kann bequem mit der Bahn anreisen. Der Boddenstrand ist niemals überlaufen.

Essen

Leider kein Geheimtipp mehr
Fisch aus Rauch und Pfanne: Dieser Name prangt auf dem dunklen Holz des urigen schwimmenden Etwas. Frischer kann der Fisch kaum sein, nicht idyllischer der Ausblick über den weiten Bodden und Rügens prachtvolle Natur. Vor dem ersten Besuch wollen Sie am Restaurant vorbeifahren und sich denken »Ach hätte ich mal gehalten.« Beim zweiten Mal wissen Sie, dass 80 m weiter auf der anderen Straßenseite ein kleiner Parkplatz kommt. Boddenstr. 1, Sommer tgl. 12–19 Uhr

Einkaufen

Rügen kreativ
Strandwerker-Meile: Das passende Mitbringsel für die Liebsten daheim findet sich garantiert beim Schlendern über diesen Kreativmarkt am Boddenstrand. Gefilztes und Geflochtenes wird genauso feilgeboten wie Küstenmagnete aus Strandgut und handgeschliffener Bernstein. Nebenbei wird Muddings Lesungen und Livemusik von regionalen Virtuosen gelauscht. Willkommen im Urlaub! Übrigens: Mitmachen können Sie auch. Boddenstrand, www.ruegen-kreativ.de, Juni–Sept. Mi 9–16 Uhr

Zugabe
De Jasmunder Plattdänzer

Tanzend über die Insel

Die jungen Tänzerinnen und Tänzer halten mit ihren Fischertrachten die Jasmunder Traditionen hoch.

Junge Leute in alten Trachten, flott tanzend und begeistert bejubelt. Wenn die Jungs und Mädels von (Tanz-)Lehrerin Heike Grawwert einen ihrer Auftritte haben, ziehen sie alle Blicke auf sich. Ob beim sommerlichen Intermezzo auf dem Kurplatz von Binz, beim Dorffest im schnuckeligen Wiek auf Wittow oder gar auf der Hochzeit im romantischen Gutshaus – gekonnt, mit historischen Charme und auch dem ein oder anderen Witz tanzen sich De Jasmunder Plattdänzer in die Herzen der Zuschauer.

Los ging alles im März 1988 mit einem Kindertanzkreis in Sassnitz. Und mit Heikes Tochter Henriette. Die war nämlich Schülerin in dem Ensemble und wurde hin und wieder von Mutter Heike begleitet. Bis Letztere eines Tages selbst das Zepter in die Hand nahm und eine Tanzleiter-Ausbildung für Folklore machte. Der bisherige Chef des Tanzkreises konnte aufgrund der erforderlichen ständigen Pendelei zu seinem Wohnort Magdeburg den regelmäßigen Probenbetrieb nicht mehr gewährleisten.

Tochter Henriette lebt inzwischen u. a. als Musicaldarstellerin in Hamburg und Heike Grawwert selbst ist heute die Choreografin der Jasmunder Plattdänzer – so nennt sich die

Alle Trachten sind selbst genäht, …

Gruppe nun seit über 30 Jahren. Sie trainiert mehr als 60 aktive Mitglieder im Alter zwischen fünf und 23 Jahren.

Dabei kümmert sie sich nicht nur um den schicken Gleichschritt ihrer Schützlinge, sondern auch um deren schicken Schnitt. Alle Trachten sind selbst genäht, die Hauben der Deerns nach Originalanleitung hergestellt. Teilweise ließ Grawwert sogar extra Stoffe weben, um die historische Nähe herzustellen. Geprobt wird – bisher – im stillgelegten Alten Kühlhaus direkt am Stadthafen von Sassnitz. Man könnte meinen, der perfekte Ort, um der ›platten‹ Tanzkultur zu frönen und sich vorzubereiten, auf flotte Tänze mit Witz und Charme, auf dem Parkett der Insel Rügen.

Rügens Westen und die Insel Ummanz

Luftig leicht — Beschaulichkeit an zerklüfteten Bodden-ufern, weite Wiesen und verschlafene Dörfer.

Seite 187
Halbinsel Lieschow

Flaches Land, kleine Dörfchen, schöne Radwege, leere Land-straßen und dazwischen einzelne Bauernhöfe, die Spaß, Spiel und mehr bieten.

Seite 190
Suhrendorf

Hier läuft fast jeder in Neopren herum. Der Hotspot für Wind- und Kitesurfer lockt mit bes-ten Flachwasserbedin-gungen und zählt zu den größten Stehrevieren Deutschlands. Nicht von ungefähr ist Suhrendorf auf Ummanz unter Surfern als Ummaii bekannt.

Auf der Insel Öhe leben 55 Mal mehr Kühe als Menschen.

Eintauchen

Seite 191
Runde Sache

Rund zwei Stunden brauchen Sie, um sich ab Waase den Süd-teil von Ummanz zu erradeln. Gemütlich und gemächlich geht es durch Boddenwiesen nach Freesenort und über einen Deichradweg nach Haide.

Seite 194
Auf Tuchfühlung

Im Frühjahr oder Herbst lohnt es sich, das Fernglas einzupacken und zu den Kranichen zu wandern. Die Vogel-beobachtungsstation in Tankow ist eine der spektakulärsten Stellen, um die Vögel des Glücks zu beobachten.

Seite 196

Haflingerzucht

Die wunderschönen Haflinger der einzigen Zucht im Nordosten Deutschlands, in Waase auf Ummanz, sind treue Gefährten bei Kremser- und manchmal sogar Schlittenfahrten.

Seite 198

Schaprode

Für die einen nur ein Durchgangsort auf dem Weg nach Hiddensee, für die anderen ein wunderbares Urlaubs- idyll mit malerischem Ortskern, alten Kapi- tänskaten, niedlichen Restaurants und einem kinderfreundlichen Strand.

Seite 197

Kunstscheune Vaschvitz

Ein Haus am Meer wie aus dem Bilderbuch: virtuose Klassik und ein traumhafter Blick auf den Rassower Strom.

Seite 205

Briesemeisters Stutenmilch

Norbert Briesemeister ist es zu verdanken, dass die Haflingerzucht auf Ummanz bestehen blieb – und dass hier »der göttliche Nektar«, die Stutenmilch, erzeugt und vermarktet wird.

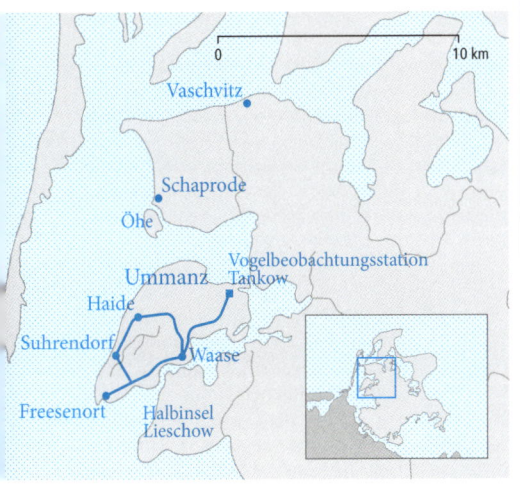

Es soll Umman- zer geben, die wirklich jeden Einwohner der Insel persönlich kennen.

Strand (kaum) in Sicht! Im Westen Rügens gibt es weniger klassische Badeparadiese als endlose Wiesen, die meist unmittelbar im Wasser münden.

erleben

Watt mutt, dat mutt

D

Die recht dünne Besiedelung auf dem Muttland im westlichen Rügen führte im Winter nicht selten dazu, dass das Leben in der Region gänzlich erlahmte. Besonders schlimm war es 1893, als viele Ortschaften so stark eingeschneit wurden, dass nichts mehr ging. Über den Strelasund fuhren damals Koitkähne, Lastenschlitten, gezogen von kräftigen Pferden. Die Fahrt über das Eis hatte jedoch so ihre Tücken und war mitunter lebensgefährlich. Immer wieder führten plötzliche Spannungen in der gefrorenen Tragschicht zur Bildung von Schollen. Ein Ummanzer musste in diesem Jahr zwei Tage und zwei Nächte auf einer Eisscholle ausharren, bevor er wohlbehalten gerettet werden konnte.

Fisch oder Feld

Wenn die Boddengewässer vor Ummanz oder zwischen der Udarser Wiek und Hiddensee zugefroren waren, hatte das auch schwerwiegende Folgen für den Fischfang. Dieser war für viele Küstenbewohner oftmals der einzige Gelderwerb. Da kam es vor, dass Fischer zeitweise nur eine Mark in der Woche verdienten. Zum Vergleich: Ein Pfund Zucker kostete 50 Pfennig. Lu-

ORIENTIERUNG

Information: Neue Str. 63 a,
T 038305 81 30, www.ruegenin
sel-ummanz.de, Insel Ummanz, Mo–
Fr 10–16.30 Uhr Kleine Tourist-Info
in wunderschönem Fachwerkhaus
mit Reetdach.
Unterwegs: Ohne Auto geht fast
nichts im **Westen Rügens.** Zwar
werden Orte wie Schaprode, Trent
oder Gingst von VVR-Bussen
(www.vvr-bus.de) angesteuert,
eine Rundreise ist aufgrund wenig
abgestimmter Fahrpläne jedoch
mit langen Wartezeiten verbunden.
Direkt auf **Ummanz** sind Sie am
besten mit dem Fahrrad oder der
Kutsche unterwegs.

krativer und beständiger war da die Landwirtschaft, das zweitwichtigste Standbein für die Menschen, um ihren Lebensunterhalt zu verdienen.

Noch heute prägen die weiten und flachen Wiesen- und Feldlandschaften die Region und bieten beste Voraussetzungen für endlose Spaziergänge durch herrschaftliche Parks, Ausritte in den Sonnenuntergang, Ausflüge mit dem Rad und, wenn die Küstenlinie endlich in Sicht kommt, perfekte Bedingungen für Neoprenjünger.

Gingst 📍C6

Beschaulicher Ort

Die meisten Urlauber besuchen auf der Durchreise nach Ummanz (nur 15 Min. per Auto), Wittow oder Hiddensee die Gemeinde Gingst. Im liebevoll sanierten Ortskern lässt sich die Vergangenheit des 1300-Einwohner-Ortes entdecken, der wiederholt zum schönsten Dorf Rügens gekürt wurde. Viele Gäste planen Gingst aber auch ein, um den Rügen Park (s. S. 184) zu besuchen.

Alter Handelsplatz

Die kleine Stadt am Tor zur Insel Ummanz galt lange Zeit als bedeutendes Handwerker- und Handelszentrum. Daran erinnern die Historischen Handwerkerstuben (s. S. 184). Wo heute klassische Kleinstadtbauten den **Marktplatz** umstehen, standen früher Reetdachhäuser, die um die 50 verschiedene Gewerke beherbergten. Da Gingst schon im Mittelalter das Marktrecht besaß, genossen seine Handwerker besondere Vorteile. So durften etwa Stralsunder Tuchhändler ihre Waren nicht in Gingst verkaufen, was wiederum den heimischen Tuchhändlern ihr Einkommen sicherte.

Von Bränden gezeichnet

Spätestens die **Steinplastik** auf dem Marktplatz führt vor Augen, dass die Zeiten für Gingst und seine Bewohner nicht immer rosig waren. 1950 kam es im Ortszentrum zu einem Großbrand, in dessen Folge die meisten Häuser rund um den Markt abbrannten. 120 Menschen wurden innerhalb weniger Minuten obdachlos.

In den Historischen Handwerkerstuben erfahren Sie nicht nur, mit welchen Gerätschaften Schuster früher arbeiteten.

SEEADLER GEGEN WINDKRAFT **S**

Eigentlich sollte in Gingst in Kürze ein Windpark entstehen. Das bereits fortgeschrittene Planungsverfahren liegt allerdings auf Eis. Der Grund: Es wurde ein Seeadlerhorst gefunden und das Landesnaturschutzgesetz von Mecklenburg-Vorpommern verbietet, in der Horstschutzzone I und im Umkreis bis 300 m um den Standort in der Zeit von März bis August land-, forst- und fischereiwirtschaftliche Maßnahmen durchzuführen. Pech für die einen, Glück für die anderen.

Über 200 Jahre zuvor hatte bereits einmal ein heftiges Feuer im Ort gewütet und die riesige spätgotische Pfarrkirche **St. Jacobi** (Kirchplatz 1), die zweitgrößte auf Rügen, schwer beschädigt. Die heutige barock geprägte Innenausstattung der Kirche geht auf die Zeit nach diesem Schicksalsschlag zurück. Auch ihr Herzstück, eine Orgel des Stralsunder Baumeisters Christian Kindt, wurde erst 1790 eingebaut. Sie ist heute die älteste Orgel Rügens.

Eine spaßige Ecke
Am westlichen Ortsrand von Gingst liegt der **Rügen Park.** Er gilt als größter Freizeitpark der Insel – spätestens seit dem Aufstreben und der hohen Beliebtheit von Karls Erlebnis-Dorf in Zirkow (s. Kasten S. 96) lässt sich hierüber jedoch streiten. Mit unglaublicher Raffinesse und Detailtreue finden sich Miniaturen berühmter Bauwerke aus aller Welt, zumeist im Maßstab 1:25. Blicken Sie in die Börse von Kopenhagen, betrachten Sie den Reichstag von oben oder schlendern Sie vorbei an den Pyramiden von Gizeh. Für Abwechslung bei den jüngeren Besuchern sorgt ein großer Spielplatz mit Streichel-

zoo sowie Fahrgeschäfte wie das Wildwasserrondell oder eine Holidayschaukel. Mühlenstr. 22 b, T 038305 550 55, www.ruegenpark.de, April–Mitte Juni Di–So 10–18, Mitte Juni–Mitte/Ende Aug. tgl. 10–18, letzte Aug.-Woche–1. Nov. Di–So 10–17 Uhr, ab 12 Jahre 9,90 €, bis 11 Jahre nach Größe 3–7,90 €

Ausflug nach Pansevitz (Kluis) ♦D6

Aktiv im Garten
Der 12 ha große **Landschaftspark Pansevitz** liegt mit seiner hügeligen Wiesen- und Teichlandschaft rund 4 km östlich von Gingst. Er ist einer der sehenswertesten Landschaftsgärten auf Rügen und ideal für einen nachmittäglichen Spaziergang. Vom Parkplatz aus gehen Sie am besten zunächst zur **Ruine des alten Renaissanceschlosses,** das nach der Enteignung der Familie Graf zu Innhausen und Knyphausen im Jahr 1945 zerfiel. Weiter geht es rund um den **Wundersee,** in dessen Mitte die **Liebesinsel** thront, zur **Nordallee** mit ihren prachtvollen Lindenbäumen. Am **Kavaliershaus** beenden Sie Ihre rund 2 km lange Runde.
Pansevitz (Kluis), immer geöffnet, Eintritt frei

Museen

Schwing den Hammer
Historische Handwerkerstuben: Das einzige Handwerkermuseum Rügens erinnert an Gingsts Zeit als Handwerkerzentrum. Im **Efeuhaus** des ortsmittig gelegenen Reetdachensembles klappert z. B. ab und an noch ein alter Webstuhl, an dem Weberinnen wie Gudrun Pietsch Leinen oder Tücher im Waffelmuster herstellen. Das **Haus Kremke** gibt Einblicke in die Arbeits- und Wohnräume einer Schuster- und Schneiderfamilie, während auf dem **Hof** der

Museumsanlage traditionelle Dreschkäs-
ten und historische Milchwagen ausgestellt
sind. Auch eine alte Schmiede ist vorhanden. Der Gingster Hans-Otto Knuth holte
ihr Inventar vor einigen Jahren aus dem
nahe gelegenen Berglase. Im Sommer
findet auf dem Museumshof regelmäßig
ein **Markt** (s. Lieblingsort S. 186) statt.
Karl-Marx-Str. 19, T 038305 304, www.histo
rische-handwerkerstuben-gingst.de, Mai–Okt.
Di–So 10–16 Uhr, 2 €, Familien 5 €

Schlafen

Zentral, stilvoll, privat
Alte Post: Direkt im alten Posthaus am
Markt betreiben Michael und Simone Gohl-
ke eine Weinhandlung mit Weinstube und
Café und vermieten eine Ferienwohnung.
Das fast 60 m² große Urlaubsdomizil ist
modern ausgestattet und wurde 2016
komplett renoviert. Guter Ausgangspunkt,
um Gingst zu Fuß zu erkunden. Die Besit-
zer geben gern Infos zu Ausflügen.
Markt 14, T 038305 53 98 37, www.alte
post-ruegen.de, Ferienwohnung ab 339 €/
Woche (maxiimal 2 Erw. und 2 Kinder), mit
Wäschepaket, Endreinigung 30 €

Ländliches Idyll für Familien
Eichenkaten: fernab der nächsten
Landstraße im kleinen beschaulichen Dorf
Pansevitz gelegen, nahe der bekannten
Schlossruine und dem Landschaftspark
Pansevitz (s. S. 184). Die alte Bau-
ernkate stammt aus dem 19. Jh. und ist
umrahmt von einem schönen Garten mit
alten Eichen. Sie haben die Wahl zwischen Wohnung Klara und Wohnung Roswitha. Beide sind mit fünf Sternen des
Deutschen Tourismusverbands zertifiziert
und mit allem Pipapo ausgestattet. Auch
äußerst kinderfreundlich!
Pansevitz 8 a, Kluis, T 035201 707 73, www.
eichenkaten-ruegen.de, 100–150 €/Nacht
(maximal 6 Pers.), mit Wäschepaket und
Endreinigung

Essen

Kaffee schlürfen wie früher
Museumscafé: Ein echter Wohlfühlort,
in jedem Fall mehr als nur ein Café. Hier
wird der Dorftratsch ausgetauscht und regelmäßig Literarisches oder Musikalisches
zum Genießen gereicht. Natürlich äußerst
lecker begleitet von selbst gemachten Kuchen und, zur Mittagszeit, auch kleineren
Imbissen wie Quiche Lorraine oder einer
Brotzeit. Alles verpackt in der wunderschönen Kulisse einer 200 Jahre alten Fach-
werkscheune auf dem Museumshof. Tipp:
Rezepte zum Nachbacken auf der Website.
Handwerkerstuben, Karl-Marx-Str. 19 a,
T 038305 53 99 93, www.museumscafe-
gingst.de, in der Nebensaison in der Regel
Do–Di 12–17, Juli/Aug. 11–18 Uhr, an Markt-
tagen (s. Lieblingsort S. 186) ab 10 Uhr

Nette Gespräche am Tresen
Gingster Eck: Das Lokal direkt am Marktplatz ist für seine tollen Büfets bekannt,
die reichlich geliefert und geliebt werden.
Aber es eignet sich auch gut für ein Bier
am Abend. Über die Öffnungszeiten brauchen Sie sich keine Gedanken zu machen.
Das Restaurant hat, außer während einer
klitzekleinen Winterpause, täglich geöffnet.
Markt 1, T 038305 555 18, tgl. 11.30–
21 Uhr, viele Gerichte, etwa Aufläufe, bereits
unter 10 €

Regionales am Nadelöhr
Nordstern: An der engsten Stelle der
Karl-Marx-Straße, schräg gegenüber vom
Marktplatz, lockt seit Kurzem ein neues
Restaurant mit regionaler und frischer
Küche. Die Fischgerichte bilden die Aus-
nahme – Rotbarsch oder Tiefseekrabben
werden in Norwegen gekauft. Gemütlich,
einfach, gut – auch wenn, das Haus nach
zwei Jahren Leerstand noch den ein oder
anderen Pinselstrich vertragen kann. Das
Haus ist auch Pension, sodass Sie hier
auch übernachten können.

Lieblingsort

Ein Markt im Grünen

Unaufgeregt idyllisch geht es einen jeden Sommer samstags beim **Grünen Markt** auf dem **Museumshof** der beschaulichen **Historischen Handwerkerstuben** in **Gingst** (◉ C 6) zu. Zwischen schattenspendenden Bäumen, umrahmt von niedlichen Reetdachhäusern mit buntverzierten Holztüren haben einige Kunsthandwerker, Maler und Bauern ihre improvisierten Stände aufgebaut. Mal größer in Form eines historischen Verkaufshängers, mal kleiner auf einem juteummantelten Tisch, mal ganz klein auf der bloßen Wiese. Es scheint, als wären die fliegenden Händler eine große Familie, so liebevoll ist der Umgang. Fast alle kommen aus der näheren Umgebung. Es finden sich einzigartige Keramiken von Gingster Töpfermeistern, frisch gebackenes Brot und Kuchen von Naturkosthändlern, edle Tropfen aus der 1sten Rügener Edeldestillerie (s. S. 189) aus dem nur wenige Kilometer entfernten Lieschow, Strickereien von rüstigen Rentnerinnen, Wollwaren aus einer Bergener Manufaktur und leckerer Sanddornwein vom Ökobauern Thom um die Ecke. Ein ganz besonderes Flair, das be- und verzaubert. Schauen Sie mal vorbei (Museumshof bei den Historischen Handwerkerstuben, s. S. 184, Pfingsten–1. Okt. Sa 10–16 Uhr).

Markt 8, T 038305 53 57 53, www.nordstern-ruegen.de, in der Saison tgl. 11–22 Uhr, Mittagstisch 5 €, DZ ab 79 €, Frühstück 7,50 €

Kochklasse

Alte Schule: In der Küche werden gerne auch mal grüne Delikatessen von Rügens Wiesen verarbeitet. Raus kommen Gerichte wie Piccata vom Dorsch auf Bärlauch-Pasta. Das Ambiente ist urig und es gibt monatlich wechselnde Themenabende. Nach dem gut bürgerlichen Essen lohnt ein Verdauungsspaziergang im nahe gelegenen Landschaftspark Pansevitz (s. S. 184).

Schulstr. 1, Gagern, Kluis, T 038305 366, auf Facebook, Mi–So ab 17 Uhr, Hauptgerichte 10–20 €

Einkaufen

Gelbes Haus, buntes Allerlei

Töpferei und feinste Regionalwaren: ein Eingang, zwei Läden. Während Naturkosthändler Lothar Seewald in seinem Bioladen regionale Käse-, Wurst- und Sanddornspezialitäten (nebst einiger Karten und Souvenirs) vertreibt, sitzt hinter dem anderen Fenster seine Ehefrau Roswitha, um wunderschöne Keramikarbeiten aus eigener Herstellung an Frau und Mann zu bringen. Ein Geheimtipp ist die kleine Ferienwohnung direkt über den Läden.

Markt 4, T 038305 600 86, www.toepferei-regionalwaren.de, Mai–Okt. Mo–Fr 10–18, Sa 10–14, Nov.–April Mi–Fr 10, Sa 10–14 Uhr

Bewegen

Auf alten Rädern zum Picknick

Oldtimer Rügen: Eigentlich ist Uwe Bansemer Fahrlehrer. Vielleicht rührt daher die Leidenschaft für alte Autos, die er sammelt – und vermietet. So können Sie mit einem Citroën AC4 (Baujahr 1929) zur Picknicktour ins Grüne fahren oder mit dem historischen Cabrio Citroën B12 aus dem Jahr 1926 über das flache Land brausen (immer mit Chauffeur). Es können auch Hochzeitsfahrten, Rundfahrten und Ausflüge organisiert werden.

Johann-Gottlieb-Picht-Str. 4 b, T 0163 254 69 72, www.oldtimer-ruegen.de, Preis abhängig von Route etc.

Per Drahtesel übers Land

Fahrrad-Vermietung Peter Baaske: Auf dem Hof einer alten Autowerkstatt erhalten Sie Hilfe, wenn Ihr Rad eine Panne hat. Oder Sie leihen sich gleich eines der E-Bikes oder Tourenräder für den Tagesausflug auf die Nachbarinsel Ummanz aus. Beliebt ist der Hol- und Bringservice von Peter, der im ganzen Westen von Rügen seine Drahtesel bereitstellt.

Ummanzer Chaussee 8, T 038305 53 57 28, 0151 18 36 08 28, Tourenrad 8 €/Tag

Infos

● **Tourist-Information:** Historische Handwerkerstuben, Karl-Marx-Str. 19, T 038305 435, www.westruegen.net, nur im Sommer tgl. 10–17 Uhr. Unterstützung bei der Zimmervermittlung, Tipps für Veranstaltungen und Ausflüge.

Halbinsel Lieschow ⊙ B/C6

Noch bevor Sie die Insel Ummanz erreichen, fahren Sie über die Halbinsel Lieschow, deren Bewohner sich ebenfalls als Ummanzer ausweisen. Das hat einen einfachen Grund: Lieschow gehört zur Inselgemeinde Ummanz. Zurecht, die Landschaft auf dem weitläufigen Zipfel am Kubitzer Bodden bietet bereits einen guten Vorgeschmack auf das, was auf dem

*Auf dem Bauernhof Kliewe werden
Kinderträume wahr.*

echten Eiland wartet. Flaches Land, kleine
Dörfchen, leere Landstraßen, wunderschöne Radwege und zwischendrin ein
paar Bauernhöfe und Hofläden.

Bauernhöfe

Apropos Bauernhöfe. Die spielen auf Lieschow eine besonders wichtige Rolle, vor
allem für Urlauber. Die größten Landwirte
der Halbinsel haben vor einigen Jahren
beschlossen sich dem Tourismus zu öffnen
und wunderbare Erlebnishöfe kreiert. In
Mursewiek hat **Bauer Kliewe,** der eigentlich Geflügel züchtet, ein Paradies für Familien aufgebaut. Ihre Jüngsten können
mit dem Kettcar über den Hof brausen,
Ziegen im kleinen Streichelzoo besuchen,
Reitstunden in Pony Paulchens Reitschule
nehmen oder junge Küken unter der Rot-
lichtlampe beäugen. Ähnlich geht es bei
Bauer Lange (s. S. 189) keine 2 km weiter
im Süden zu. Man könnte fast meinen,

man sei auf einer Ranch. Ein uriger Bauernmarkt, abenteuerliche Spielgeräte, ein
Palettenpool und jede Menge Aktionen
wie Brotbacken oder Spanferkelabende
am Lagerfeuer sorgen für Abwechslung
bei den kleinen und großen Gästen.

Schlafen, Essen

Klein, individuell und authentisch

Landhotel Kiebitzort: Genau die richtige
Größe, um sich nicht allein zu fühlen und
doch einen ruhigen Urlaub in der Natur
zu genießen. Von den Gartenterrassen
der gemütlichen Doppelzimmer (es gibt
auch DZ ohne Terrasse) können Sie Stille förmlich hören. Wer mehr Platz benötigt
oder mit der Familie kommt, mietet sich in
großzügigen Ferienwohnungen oder charmanten, kleinen Sommerhäuschen ein. Es
gibt auch ein kleines **Restaurant** (Mai–Okt.
ab 18 Uhr, Hauptgerichte 12–20 €), in
dem man sich gern zur ›Blauen Stunde‹
(18–19 Uhr) an der Bar trifft. Auch externe Gäste sind willkommen. Auf den Tisch
kommt regionale Küche mit Fischgerichten
und Gemüse von der Insel Rügen.

Lieschow Nr. 26, Ummanz, T 038305 551 66,
www.kiebitzort-ruegen.de, je nach Saison und
Kategorie: DZ/ÜF 67–87/106 €, Sommer-
häuschen/2 Pers. 67–87 €, mit Wäschepaket,
Nebenkosten und Endreinigung; Ferienwoh-
nung/4 Pers. 700–840 €, mit Wäschepaket
und Nebenkosten, Endreinigung 45–50 €

Land erleben

Bauernhof Kliewe: Mehr als 55 ha
Wiesen und Ackerflächen bewirtschaftet
Holger Kliewe, wobei die Geflügelzucht
sein Hauptsteckenpferd ist. Wie Küken aufwachsen und die ersten Tage unter dem
Rotlicht verbringen, kann schon beim Frühstück im **Restaurant/Café** (offen für alle,
tgl. 8–20 Uhr, warme Küche ab 11.30 Uhr,
Hauptgerichte um 10 €) hinter einer Glas-
scheibe beobachtet werden. Aufgestanden
sind Sie zuvor in einer der neun soliden
Ferienwohnungen (maximal 4–8 Pers.), die

ohne viele Schnörkel daherkommen. Ihren Kindern wird es egal sein – solange das Kettcar noch vor der Wohnungstür steht und die Reitstunde organisiert ist.

Mursewiek 1, T 038305 53 00 10, www.bauernhof-kliewe.de, Ferienwohnung 59–139 €/ 4 Pers., Mai–Aug. Mindestaufenthalt 1 Woche, sonst ab 3 Tage/Kurzzeitzuschlag, Frühstück, Mittag- und Abendessen möglich

Einkaufen

Krempel und Kartoffeln

Bauer Lange: Ein kunterbunter Erlebnisbauernhof zum Übernachten, Toben, Essen und Erleben. Es wird auch Ackerbau und Schweinezucht betrieben. Zwar könnte man meinen, eher zu Showzwecken, aber: Der Mix aus Stall, Restaurant, Hofladen und Abenteuerspielplatz kommt gut an. Seit einiger Zeit können Sie sogar in einem Antik- und Trödelmarkt zwischen alter Keramik, Schallplatten aus den 1970er-Jahren, DDR-Sofas und Votivschiffen stöbern.

Hof Nr. 37, Lieschow, T 038305 551 50, www.bauer-lange.de, März 9–17, April 8–18, Mai/Juni, Sept./Okt. 8–20, warme Küche bis 19, Juli/Aug. 8–21 Uhr, Nov.–Feb. nur zu Veranstaltungen

Darauf einen feinen Tropfen!

1ste Edeldestillerie: Hier wird noch in Handarbeit Schnaps gebrannt. In die gusseisernen Kessel der kleinen Hofdestillerie kommt ausschließlich Obst von eigenen Bäumen, das Maren und Rainer Hessenius gemeinsam mit ihren vier Mitarbeitern selbst ernten. Rund 20 biozertifizierte Spezialitäten werden hergestellt, darunter Obstbrand oder Sanddornlikör. Übrigens: Die Brände von der Halbinsel Lieschow wurden bereits Bush und Co. beim G8-Gipfel in Heiligendamm kredenzt.

Lieschow 17, T 038305 553 00, www.1ste-edeldestillerie.de, April Mo–Fr 10–18, Mai–Okt. Mo–Fr 10–18, Sa 10–12.30, 13.30–18, Nov.–März Mo–Fr 10–16 Uhr

Insel Ummanz

📍 B/C 5/6

Eine andere Welt

Weite, Stille und Abgeschiedenheit statt großer Hotels, Promenaden und Schnellstraßen. Naturerlebnisse statt Wellnesskuren. Die Insel Ummanz ist der unberührte Westen Rügens par excellence und Teil des Nationalparks Vorpommersche Boddenlandschaft.

Zeit genug, um ihre einzigartige Naturerlebnislandschaft zu entwickeln, hatte die rund 20 km² große Insel genug. Erst 1901 wurde Ummanz durch eine Holzbrücke mit der großen Schwester verbunden. Ganz bequem geht es seitdem in wenigen Sekunden über den Focker Strom. Heute ist das Tragwerk aus Beton. Die Brücke trennt Welten. Es scheint, als würde beim Passieren ein Filter zum Einsatz kommen, der jeglichen

---

WATT FÜR'N PLATT

Auf Ummanz wird ein besonderes Platt gesprochen, das selbst Rüganer nur schwer verstehen. Damit die Mundart nicht ausstirbt, treffen sich die Ummanzer regelmäßig zum **Plattschnacken** im **Landclub Lieschow.** Eine, die das Platt des Eilands noch besonders gut beherrscht, ist die ehemalige Lehrerin Rita Hoff. Sie sorgt mit regelmäßigen Kolumnen in Lokalzeitungen oder bei Lesungen dafür, dass es nicht in Vergessenheit gerät. Im Jahr 2019 hat sie das Buch »Ummanzer Geschichten« veröffentlicht. Mit Witz, Blick fürs Detail und viel Wissen erzählt sie darin Anekdoten und Geschichten über die Insel. Auf Hochdeutsch.

Lärm, Hektik und Trubel ausblendet. Sie werden es sofort merken! Auf Ummanz, das zehnmal so groß ist wie das Fürstentum Monaco, leben nur 650 Menschen, in Monaco 40 000!

Übrigens erleben Sie auf der Brücke den schönsten Sonnenuntergang Rügens (Ummanz gehört zu Rügen). Das sagen die Einheimischen.

Leuchtturm in Sicht

Beim Passieren der Brücke fällt das Wahrzeichen und meist fotografierte Motiv von Ummanz gleich in den Blick. Direkt am Focker Strom liegt auch Uwe Holzerland, der hier auch ein Fischlokal betreibt, 1997 diesen kleinen, nur 7 m hohen **Leuchtturm** errichtet. Ein Leuchtturm, der keiner ist, denn zum Schutz der Wasservögel bleibt die Lampe aus. Ein paar alte Fischerboote dümpeln unterhalb im Wasser.

Alte Kirche

Nur ein kleines Stück weiter steht im Hauptort der Insel, in **Waase,** mit **St. Marien** die einzige Kirche der Insel. Bereits 1291 hatten hier Zisterziensermönche eine Kapelle errichtet. Das äußere Erscheinungsbild des heutigen backsteinernen Gotteshauses geht auf die Jahre 1440 bis ca. 1500 zurück. Im Inneren besonders sehenswert ist der frühgotische **Klappaltar,** der zu den bedeutendsten kirchlichen Kunstwerken in Norddeutschland gehört. Insgesamt sechs aufwendig geschnitzte und mit Blattgold verzierte Tafelbilder zeigen u. a. Szenen aus der Passionsgeschichte des englischen Lordkanzlers Thomas Becket (1118–70). Der Altar stammt aus einer Antwerpener Werkstatt und wurde zunächst an die Stralsunder Nikolaikirche verkauft. Als die Schnitzarbeit dann Anfang des 18. Jh. als unmodern galt, veräußerte man das Werk für schlappe 50 Taler an Ummanz.

Am Focker Strom, Waase, Ostern–Okt. Di–Fr 11–14.30, Mitte Mai–Ende Sept. 11–16 Uhr, Sa/So, Fei 14–15 Uhr

Wo bitte geht's zum Wasser?

Auf Ummanz müssen Sie im Grunde genommen von Waase aus immer nur der Hauptstraße folgen, um die Insel entdecken und erleben zu können. Gute 3 km sind es, bis Sie im kleinen Inselidyll **Haide** an der **Boddenküste** ankommen. Ohne Höhen und Tiefen verläuft der Weg, meist schnurgerade und ohne Besonderheiten – wenn nicht gerade ein paar Kraniche auf den Feldern oder über ihren Köpfen zum Anhalten zwingen und ihre volle Bewunderung verlangen.

Haide mal zwei

Haide selbst gibt es übrigens im Doppelpack. Etwa die Hälfte der gut 20 Einwohner lebt heute in **Haide-Siedlung.** Die Hausnummern 1–5 sind über einen kleinen Weg zu erreichen, der gleich hinter Waase links ab geht. Vier der fünf Häuser errichtete der nationalsozialistische Reichsarbeitsdienst (RAD). Nachdem der RAD Ende der 1930er-Jahre wieder von Ummanz verschwand, zogen 1944 die ersten Flüchtlinge in den Ort. 1984 wurden die Häuser schließlich privatisiert. Käufer war u. a. Detlef Diedrich, einer der letzten Berufsfischer in Mecklenburg-Vorpommern. Diedrichs Frau entstammt einer alteingesessenen Ummanzer Familie, die seit dem 14. Jh. im Süden der Insel lebt. Seine Mutter erblickte das Licht der Welt im Haide-Hof (s. S. 195), der zu **Haide** selbst gehört und inzwischen eine beliebte Pension mit Café ist. Dieser ältere und größere Teil von Haide ist es auch, der Urlauber anzieht. Ein langer Deich schützt ihn vor Überschwemmungen.

Willkommen in Ummaii

Wenn Sie der Straße von Haide aus nach Süden folgen, erreichen Sie das Örtchen **Suhrendorf,** das vor allem Surffreaks ein Begriff ist. Direkt vor der Haustür der **Ummanzer Wassersportstation** (s. S. 196) wartet dank des flachen Boddens zwischen Ummanz und Hiddensee

TOUR
Runde Sache

Auf zwei Rädern über die Insel Ummanz

Infos

Start/Ziel:
Waase, Ummanz,
📍 B/C 6

Länge/Dauer:
ca. 13 km, ca. 2 Std.
ohne Pausen

Fahrradverleih:
s. S. 196

Los geht es auf dem **Schotterparkplatz** gegenüber dem kleinen Fachwerkhäuschen der **Ummanz-Info** in **Waase**. Von dort folgen Sie der schmalen Hauptstraße nach Südwesten. Immer am Wasser entlang, vorbei am **Café Ummanz** (s. S. 193) und weiten Boddenwiesen mit grasenden Haflingern erreichen Sie Wusse. Hier lohnt ein Abstecher nach links in den Pappelweg, wo Susanne Schmorell in einer kleinen **Töpferwerkstatt** ihre mit regionalen Motiven gespickte Ummanz Keramik (Pappelweg 1, T 038305 81 11, Besichtigung n. V.) herstellt.

Zurück auf dem Rad unterbrechen Sie Ihre Inselumrundung am Abzweig nach Suhrendorf, um über einen Betonplattenweg nach **Freesenort** (s. S. 192) zu gelangen. Vier Katen stehen auf der Wiese des denkmalgeschützten urigen Dörfchens, unter ihnen das älteste bewohnte niederdeutsche Hallenhaus Rügens: die **Ha(a)senburg** aus dem 17. Jh. Sie ist nahezu im Originalzustand erhalten. Gegenüber erspähen Sie bei guter Sicht die Salzgraslandinsel **Heuwiese**. Sie steht unter Naturschutz und diente früher als Futterreservoir für die Weidetiere der Region. Heute rasten hier unzählige See- und Küstenvögel, rund 20 000 brüten auf dem Eiland.

Wieder auf der Hauptstraße geht es an die Boddenküste und auf dem Deichradweg Richtung **Haide**, begleitet von unzähligen Kitesurfern, welche die stetigen Winde nutzen. Im Hintergrund ist Hiddensee auszumachen. Unweit des **Haide-Hofs** (s. S. 195, Rast möglich) stoßen Sie auf die **Neue Straße**, die Sie vorbei an kleinen Wäldern und weiten Feldern zurück nach **Waase** lotst. Dort können sie z. B. noch den Laden von **Ummanz Keramik** (s. S. 195) besuchen.

Im Örtchen Wusse verbirgt sich ein kleiner, wunderbarer Platz für eine Pause: das Café Zuckerkuss (s. S. 195).

ein riesiges Stehrevier auf Wind- und Kitesurfer. Egal zu welcher Jahreszeit: Hier wimmelt es auf dem Wasser nur so von Surfern, denn Wind ist hier quasi immer vorhanden. Er macht das Wasser leicht kabbelig und perfekt für akrobatische Sprünge und Wellenritte. Eine Kulisse wie im Bilderbuch, zumindest wie in einem fernen Land. Deshalb wurde sogar ein eigener kleiner ›Staat‹ gegründet: das Surferparadies **Ummaii.** Die Einreise ist dank Schengener Abkommen unproblematisch, allerdings sollten Sie für Ihren Cocktail ein paar Ummaii-Rupia einstecken haben, die (in)offizielle Währung der Region. Zur Not werden aber auch Euro akzeptiert. Das Surfschauspiel auf dem Bodden können Sie am besten vom Rad aus oder zu Fuß erleben, wenn Sie oberhalb des grünen Ufers auf dem **Deichweg** unterwegs sind. Etwas weiter südlich, in Höhe des Campingplatzes liegt die beliebteste Einstiegsstelle der sportlichen

Wasserratten. Die breite Wiese bietet viel Platz, um in den Neoprenanzug zu schlüpfen und den Drachen betriebsfertig zu machen.

Ein Dorf als Denkmal

Ganz im Südwesten von Ummanz erreichen Sie über eine holprige Stichstraße **Freesenort.** Von dort öffnet sich ein schöner Blick auf die kleine Insel Heuwiese und die Hansestadt Stralsund. Das Dorf besteht nur aus vier Reetdachhäusern, die allesamt unter Denkmalschutz stehen. Hier haben Sie jede Menge Ruhe, abgesehen von pfeifenden und piependen Vögeln, von denen es dank des Nationalparkstatus nur so wimmelt. Etwas versteckt hinter Bäumen liegt das älteste Wohngebäude des Ortes – und vermutlich sogar ganz Rügens. Die **Ha(a)senburg** wurde bereits Anfang des 17. Jh. gebaut und nach den ehemaligen Besitzern, der Familie Haase, benannt. Das weit ausladende Reetdach im sogenannten Zuckerhutstil – vier gleich lange und tief heruntergezogene Seiten – wird Ihnen sofort ins Auge fallen. Die übrigen drei Häuser, allesamt Querflurhäuser, d. h. die Eingangstür ist nicht auf der Giebelseite, stammen aus dem 19. Jh.

Schlafen

Urlaub auf dem Töpferhof
Ferienwohnung Schmorell: Gleich über der kleinen Werkstatt der Töpferin Susan Schmorell (s. S. 195) findet sich die 40 m^2 große Ferienwohnung. Es ist alles da, was Urlauber begehren, wenngleich die Einrichtung etwas in die Jahre gekommen ist. Die heimelige Sonnenterrasse und der Blick hinter die Kulissen der Töpferkunst holen es dreifach wieder raus. Pappelweg 1, Wusse, T 038305 81 11, www.ruegenmagic.de/ferienwohnung-um manz.htm, 48–60 €/2 Pers. je nach Saison, Juni–Sept. Mindestaufenthalt 5, sonst 2 Nächte, mit Nebenkosten, ohne Endreinigung

Campingidylle am Wasser
Ostseecamp Suhrendorf: Campingurlaub der anderen Art. Viel Grün und Gelassenheit prägen den am Naturbadestrand (flacher Zugang und bewacht!) gelegenen Platz. Im Sommer bevölkern viele junge Leute die Wiese, die hier ihre Kite-Drachen aufspannen. Ältere Semester finden schöne Wanderwege in der Umgebung, die durch schattige Wäldchen und klitzekleine Dörfer führen. Wer nicht im eigenen Zelt oder Wohnmobil schläft, kann eines der modernen Ferienchalets mieten. Zur Anlage gehören außerdem 70 Bootsliegeplätze, eine Minigolfanlage, eine Märchenecke, ein Spielebus, und, und, und. Suhrendorf 4, T 038305 822 34, www.ost seecamp-suhrendorf.de, April–Okt., Zeltplatz/ Pkw-Stellplatz/2 Pers. 19–28 € nach Saison, ohne Strom etc., Chalets im Sommer ab 120 €/Nacht/bis 5 Pers. (mind. 7 Nächte), mit Wäschepaket, Strom und Endreinigung, Bootsliegeplätze tageweise buchbar

Für Neuzeithippies
Ummaii Surfhostel mit Baumhaus: Ein Traum für (junge) Möchtegern-Aussteiger, freakige Surfer und Teilzeithippies. In den fünf Bungalows sind jeweils mehrere Sechs- und Acht-Bett-Zimmer untergebracht, renoviert und mit viel Holz. Ein Sanitärtrakt steht zur Verfügung. 2019 kamen im Haupthaus einige Zwei- und Vier-Bett-Zimmer mit Etagenbad dazu. Besonders urig ist das 6 m hohen Baumhaus, aus dem sich traumhafte Sonnenuntergänge über dem Bodden genießen lassen. Mindestens einmal sollten Sie auf einen Cocktail in der stylishen Tikibar einkehren. Suhrendorf 8, T 038305 56 50 56, www. ummaii.de, Bett ab 18 €/Pers. (Bettwäsche kann geliehen werden, 5 €), Baumhaus/ÜF/ 2Pers., Bettwäsche inklusive 100 €/Nacht, auch Übernachtung in Bulli/Wohnwagen/Zelt, 10 €/Pers., Frühstück/Abendessen je 7,50 €

Originelles Unterfangen
Zirkus Eutopia: Haben Sie schon einmal in einem Zirkuswagen übernachtet? Steffen Leistikow hat eine dieser fahrbaren Schaustellerbehausungen liebevoll und mit Pfiff umgebaut und 50 m vom Wasser mit freiem Blick zur Insel Hiddensee platziert. Der Wohnstandard muss sich nicht hinter einer hochwertigen Ferienwohnung verstecken. Es gibt einen Kamin, eine kleine Küche und eine Sitzgruppe. Perfekt für Familien, die etwas zusammenrücken, oder Studierende, die sogar noch Rabatt auf den Übernachtungspreis bekommen. Suhrendorf 6, T 0162 563 68 43, www. zirkus-eutopia.de, 79 € in der Nebensaison, 99 € im Sommer, mit Bettwäsche und kleinen Handtüchern

Essen

Ein Traum mit Ausblick
Café Ummanz: Petra Köhler ist eine vielbeschäftigte Tortenbäckerin, die morgens zuerst die Hotels der Region mit ih-

TOUR
Auf Tuchfühlung

Kranichwanderung auf der Insel Ummanz

Infos

Start:
Parkplatz gegenüber
Ummanz Information,
Neue Str., Waase,
📍 B/C 5/6

Länge/Dauer:
ca. 3,5 km, 45 Min.
(eine Strecke)

Infos:
beste Zeit März/April,
Ende Sept.–Nov.,
Sonnenuntergang; an
Fernglas und Kamera
(Teleobjektiv) denken;
individuell oder mit
Ranger (www.rue
geninsel-ummanz.de)

Der Tag neigt sich dem Ende. Gut ein bis zwei Stunden vor Sonnenuntergang stellen Sie Ihr Auto auf dem kleinen Schotterparkplatz gleich gegenüber der **Ummanz Information** in **Waase** ab. Etwa 850 m geht es entlang der wenig befahrenen Hauptstraße, die einmal um die Insel führt. Dabei passieren Sie die **Haflingerzucht** und halten sich 200 m weiter an der Gabelung rechts. Mit Glück können Sie auf den weiten, flachen Feldern bereits *Grus grus* sehen, eifrig dabei die letzten Maiskörner aus dem abgeernteten Acker zu picken.

Schnurgerade führt der Weg bis zu einer Wendeschleife. Eine gute Gelegenheit, um das Fernglas zu zücken. Vor Ihnen liegt der Zugweg Tausender Kraniche, die allabendlich die **Udarser Wiek** aufsuchen, um in der lagunenartigen Bucht die Nacht zu verbringen. Gehen Sie rund 200 m weiter geradeaus Richtung Bodden. Rechter Hand taucht im Dickicht eine massiv gezimmerte Aussichtsplattform auf. An diesem spektakulären **Beobachtungspunkt** in **Tankow** gilt es abzuwarten, bis sich der weite Himmel blutrot verfärbt und die mächtigen Vögel langsam, aber sicher vor Ihren Augen an Höhe gewinnen, um ihr Nachtlager anzusteuern.

Möchten Sie die Kraniche hautnah spüren, können Sie auch an der Wendeschleife links abbiegen und dem Weg parallel zum Ufer folgen. Der Weg führt nach einigen Metern direkt an der Bucht entlang. Bitte stören Sie die Kraniche nicht, die bereits ihr Nachtquartier gefunden haben – dies würde an den für den Weiterflug benötigten Fettreserven zehren.

ren Kreationen versorgt. Danach steht das Café Ummanz auf dem Zettel: Nach langer Restaurierung hat Petra Köhler in der alten Waaser Pfarrscheune ein helles, luftiges Café eröffnet. Wenn die Sonne scheint, sollten Sie auf der schmalen Terrasse Platz nehmen und Ihren Kaffee mit Blick auf den Focker Strom schlürfen. Kinder vergnügen sich in einer kleinen Spielecke.

Am Focker Strom 1 e, Waase, T 038305 56 50 46, www.cafe-ummanz-ruegen.de, Do–Mo 12–17 Uhr

Garten mit Boddenblick

Café Zuckerkuss: Das wohl schnuckeligste Gartencafé Rügens (Abb. S. 192). Nur ein kleines Schild macht auf das Idyll aufmerksam. Wer den schmalen Privatweg gefunden hat, sollte direkt auf die Terrasse gehen. Die liebevoll gedeckten Holztischchen sind ein Traum, genauso wie die selbst gebackenen Kuchen und der weite Blick über die Boddenwiesen bis zum Wasser. Im Sommer werden auch Weinproben angeboten.

Dorfstr. 11, Wusse, T 038305 53 71 16, www.kubitzerbodden.de, Mai–Anf. Okt. tgl. 12–17 Uhr

Genuss hinterm Deich

Haide-Hof: Gibt es schon seit Urzeiten, wahrscheinlich auch schon seitdem bekannt für gute, bodenständige Küche. Vieles kommt aus der Region, im Frühjahr gibt es Heringe vom Boddenfischer und im Sommer Spargel vom Bauern um die Ecke. Es werden auch mehrtägige Heilfasten-Arrangements angeboten. Geschlafen wird in der hauseigenen Pension.

Haide 15, T 038305 55360, www.pension ruegen.de, morgens u. abends geöffnet

Einkaufen

Wo sich die Scheibe dreht

Ummanz Keramik: Ein kleiner mit Keramik beladener Handwagen weist den Weg

KRANICHRAST

Mit dem Herbstwind treffen auf Ummanz ganz besondere Touristenschwärme aus Skandinavien ein. Die **Grauen Kraniche** (*Grus grus*), auch Vögel des Glücks genannt, gleiten über die westliche Zugroute zu ihren Winterquartieren in Spanien, Portugal und Marokko und machen dabei Rast im Westen Rügens. Die stille, dünn besiedelte Landschaft mit ihren Moorwiesen, Röhrichten und versteckten Lagunen bietet den Kranichen ideale Bedingungen, um noch einmal Kraft zu tanken für diese enorme Flugstrecke. Insgesamt rund 50 000 der majestätischen Vögel werden jedes Jahr in der Region erwartet. Im Frühjahr bietet sich übrigens das gleiche Spektakel – dann geht es zurück in den Norden. Das **Netzwerk Rügeninsel Ummanz** (www.ruegeninsel-ummanz.de) bietet zwischen Ende Sepember und Ende Oktober Infoabende mit Ausflug zu einem Aussichtspunkt an (2 Std., 10 €, inklusive Broschüre). Denken Sie an Ihr Fernglas!

in einen Hinterhof, der sich an die wunderschöne Kate der Ummanz Information anschließt. Hier ist das Reich von Susan Schmorell. In dem kleinen Hofladen wird neben regionalem Kunsthandwerk allerlei Getöpfertes verkauft, das sie und ihr Team in einer 2 km entfernten Werkstatt (s. Tour S. 191) mit viel Liebe und in hoher Qualität produzieren. Manchmal avanciert der kleine reetgedeckte Stall des Pfarrensembles auch direkt zur Töpferstube. Die mit leuchtendem Sanddorn oder segelnden Schiffen verzierten Teller und Tassen sind ein Hingucker. Genauso wie dieser wunderbare Ort selbst.

Neue Str. 63 b, zwischen St. Marien und Ummanz Information, Waase, www.ruegen insel-ummanz.de/netzwerkpartner/ummanz-kera mik, April Mo–Fr 10–16, Mai–Okt. Mo–Sa 10–16.30, Nov.–März eingeschränkt

Bewegen

Mit der Kutsche um die Insel

Haflingerzucht: Die Österreicherin Elena Priglhofer betreibt den alten Pferde-hof weiter, den der berühmte Umman-zer Weißbart Norbert Briesemeister (s. S. 205) aufgebaut hat. Die sanftmüti-gen Haflinger des Hofes eignen sich gut für all diejenigen, die bisher kaum oder keinen Kontakt zu Pferden hatten. Auch Kinder lernen hier das Reiten im Handumdrehen. Beliebt sind die Kutschfahrten, die rund um die beschauliche Insel führen.

Neue Straße 30 a, Waase, T 0151 20 88 44 22, www.haflingerzucht-ruegen.de, Mo–Fr 8–12, 13–17 Uhr, Sa/So, Fei nur auf Anfrage, bitte Termine grundsätzlich vorher telefonisch vereinbaren

Bretterspaß auf dem Bodden

Ummanzer Wassersportstation: Hawaii und Fuerteventura waren gestern, heutzutage geht's zum Kiten nach Ummaii. In der Kite- und Surfschule werden Anfän-ger gut und professionell bei ersten Steh-versuchen begleitet. Alte Hasen können mit noch älteren Hasen fachsimpeln und in Surfcamps neue Moves üben.

Suhrendorf 4 (Ostseecamp), T 038305 822 40, www.ummaii.de, Schnuppertag Kiten 4 Std./99 €, Privatkurs 3 Std./169 €

Wie gemacht fürs Rad

Fahrradverleih Prüßing: Bei Sigrid und Walter Prüßings kleiner Fahrradver-mietung, die in einem alten Hühnerstall untergebracht ist, bekommen Sie gute und günstige Tourenräder.

Neue Str. 7, Waase, T 038305 551 14, in der Saison tgl. 9–20 Uhr, Rad/Tag 6 €

Infos

• **Ummanz Information:** Alte Schule, Neue Str. 63 a, Waase, T 038305 534 81, www.ruegeninsel-ummanz.de, Mo–Fr April–Okt. 10–17, Nov.–März 10–16 Uhr. Seit einigen Jahren setzt sich das Netzwerk Rügeninsel Ummanz dafür ein, Gastgeber der Insel zu vernetzen und das Urlaubser-lebnis auf der Insel zu perfektionieren. Die Mitarbeiter kennen alle und jeden auf Um-manz, geben gerne Tipps und unterstützen bei der Buchung von Unterkünften.

Trent   ♥ C5

Im Zeichen des Adlers

Ein kleiner Halt kann sich durchaus loh-nen, auch wenn das Ziel des Tages die Insel Hiddensee oder der Norden Rügens ist. Eine große Abzweigung nach Schaprode und zur Wittower Fähre dominiert den rü-gentypischen Ort, der sommers wie win-ters recht verschlafen wirkt. Nur wenige der rund 900 Einwohner treffen Sie auch direkt in Trent. Die meisten verteilen sich auf die riesige Gemeindefläche, die sich von der **Udarser Wiek** im Süden bis zum **Brassower Strom** im Norden erstreckt. Wenn Sie in diesem Naturparadies unter-wegs sind, sollten Sie unbedingt Ausschau nach **Seeadlern** halten. Zahlreiche Könige der Lüfte sind im wasserreichen Re-vier rund um Trent unterwegs. Das führte übrigens dazu, dass die Gemeinde 2001 beschloss, den Seeadler sogar in das Wap-pen der Region aufzunehmen.

Backsteingotik

Schon von Weitem sichtbar ist die präch-tige, aus Backstein errichtete **St.-Kathari-nen-Kirche** (Dorfstr., Ortszentrum, Ap-ril–Okt. tgl. 9.30–17 Uhr) von 1318. Sie wurde mehrfach umgebaut und Jahrzehn-

Lieblingsort

Das Meer und die Stille

Es ist nicht das Ende der Welt, aber weit scheint es nicht mehr bis dahin zu sein. Etliche Hundert Meter geht es die Stichstraße entlang, bis zum kleinen Örtchen Vaschvitz. Hinter einigen Baumreihen wartet mit einer Gutsanlage aus dem späten 18. Jh. ein Anwesen, das für sich genommen nicht wirklich interessant ist. Anders gesagt: Die Lage macht's. Traumhaft situiert am Wiesenufer der Rassower Bucht können Sie auf **Gut Vaschvitz** bei Konzerten und Lesungen ihren Blick aus den Fenstern der backsteinernen **Kunstscheune** gen Wasser schweifen und Gedanken freien Lauf lassen. Oder Sie bahnen sich Ihren Weg durch das dichte Grün des urtümlichen Gartens an die Wasserkante und nehmen Platz auf einem der verlassenen Stühle. Neben Ihnen plätschern ein paar alte Boote lose vertäut an Pfählen. Ab und an zieht eine Möwe kreischend ihre Runde, während das Schilf im Takt der schwachen Böen hin und her wiegt (Karow 3, Vaschvitz, Trent, ♀ C 5, www.vaschvitz.de, regelmäßig Konzerte des Festspielfrühlings Rügen, s. S. 281).

WASSER MARSCH

Da war vielleicht was los im kleinen Trent. Mehr als 400 Nachwuchs-feuerwehrleute von der Insel Rügen trafen sich im September 2018 auf dem Sportplatz des Ortes, um um den begehrten Inselpokal zu ringen. Die Gewinner in Sachen Löschangriff, Schlauchausrollen und Knotenbinden war der Gastgeber selbst. Sie können sich beim Urlaub in und um Trent also schon mal sicher fühlen …

te mit einem dreistöckigen Turm ergänzt. Besonders sehenswert im Kircheninnern ist das Kreuzrippengewölbe des Chores (um 1400). Als Wegekirche bietet sie heute Reisenden und Einheimischen einen Ort der Stille und des Innehaltens.

Zum Vorzeigen
Eines der bekanntesten Gebäude auf dem Gebiet der Gemeinde Trent ist das wunderschöne, **Gutshaus Libnitz** (Libnitz 4, nur von außen zu besichtigen) mit seinen zahlreichen Stallungen und einem Mausoleum. Einer der früheren Gutsherren ließ die Familiengrabstätte nach einem antiken griechischen Vorbild im Park des Anwesens errichten.

Schlafen

Erlebnis Landurlaub
Gutshaus Strobel: Die Zimmer und Ferienapartments heißen Gutsherr, Magd oder Stallbursche, im Garten schwirren die Bienen und die Zicklein geben sich im Streichelzoo ein Stelldichein. Aber auch drinnen wird einiges geboten – unter dem Motto »Pure Entspannung«. Sei es im haus-eigenen Spa während ausgiebiger Heilkrei-depackungen oder bei Basenfastenkuren.

Ganschvitz 4, Ganschvitz, Trent, T 038309 13 28, www.gutshaus-strobel.de, Apartment/ÜF/2 Pers. ab ca. 90 € (Hauptsaison ca. 110 €), mit Wäschepaket

Komfort in jeder Ecke
Lindner Hotel & Spa: sehr schön gelegen und umgeben von Wiesen, Feldgehölzen und schilfgesäumten Ufern. Wenn Sie nicht gerade spazierengehen oder auf dem Rad unterwegs sind, genießen Sie die Ruhe und den Komfort in den skandinavisch angehauchten Zimmern oder im tollen Wellnessbereich. Zu Abend wird aufgrund fehlender Alternativen in der Umgebung am besten auch im Hotel gegessen. Es lohnt sich – das Küchenteam verwendet nahezu ausschließlich regionale Produkte. Vaschvitz 17, T 038309 220, www.lindner.de, DZ um 110 €

Essen

Eckkneipe mit Eisladen
Gasthof Fähr Eck: unmittelbar an der Durchgangsstraße und kaum zu übersehen. Wer das rustikale, kinderfreundliche Restaurant verlässt, schwärmt vor allem von den Eisspezialitäten, die zu den besten auf der ganzen Insel zählen sollen. Aber auch der Fisch ist empfehlenswert. Dorfstr. 25, T 038309 13 51, auf Facebook, Di–So 11–21/22 Uhr (Jan./Feb. meist geschlossen), Hauptgerichte bereits unter 10 €

Schaprode ♀ B 5

Auf dem Sprung
Viele Rügenurlauber finden früher oder später den Weg nach Schaprode, nehmen sich aber selten Zeit, das hübsche kleine Fischerdorf in Augenschein zu nehmen. Ihr Ziel ist meist Hiddensee, schnell wird

auf einem der großen Parkplätze am Ortsrand geparkt, um noch rechtzeitig die Fähre zum ›Länneken‹ zu erreichen.

Altes Zentrum

Doch ein kleiner Spaziergang durchs alte Ortszentrum lohnt sich. Während es das heutige Zentrum von Schaprode, den Hafen, bereits zur Zeit der Eroberungszüge des Dänenfürsten Waldemar I. gab, lag zur Seefahrerzeit der Mittelpunkt des Ortes etwas weiter nördlich. Rund um die backsteinerne **St.-Johannis-Kirche** (Lange Str. 46, Mai–Okt. ab 10 Uhr, mittags geschlossen), die drittältesten Kirche Rügens, hat sich ein Dorfkern gebildet, der sich malerisch von anderen auf Rügen abhebt. Straßenmarkierungen werden in Schaprode gerne mal durch weiße Findlinge ersetzt, die rechts und links den Weg begrenzen. Bürgersteige sind kleine ungepflasterte Schotterwege, wenn es sie überhaupt gibt. Es ist kleinweltlicher, beschaulicher, liebenswürdiger.

Einige wunderschöne alte **Kapitänskaten** aus dem 17. und 18. Jh. reihen sich entlang des Hafenwegs. Heute müssen sie zumeist als Ferienwohnsitze von Exil-Rüganern herhalten oder werden an Gäste vermietet. Zu erkennen sind sie an den kleinen Treppen, die zur Tür führen – Fischerkaten dagegen bieten meist einen ebenerdigen Zugang.

Viel los am Hafen

Im Sommerhalbjahr tummeln sich tagtäglich Tausende Fährgäste am **Hafen,** entsprechend trubelig geht es zu. Wenn dann noch die Kapitäne der flinken Wassertaxis – der kleinen, aber feinen Konkurrenz der Hiddensee-Fähren – wie Marktschreier um Passagiere buhlen, kommt man sich fast vor wie am Hamburger Hafen. Planen Sie auch hier möglichst etwas Zeit ein und unternehmen Sie einen kurzen Spazier-

Sowohl im Ortskern als auch am alten Hafenweg in Schaprode steht noch so manch hübsches, altes Haus – wie diese Fischerkate.

gang entlang der **Mole**, bei dem Sie u. a. einen alten an Land gesetzten **Fischkutter** bestaunen können. Ein wenig weiter südöstlich erreichen Sie die **Marina** des Ortes. Der Blick auf die zig schwankenden Maste der kleinen und großen Segler, die hier Rast machen, wirkt ungemein beruhigend. Probieren Sie es aus!

Schlafen

Meer, Hafen und Kraniche

Zur alten Schmiede: Das aufwendig restaurierte Gehöft rund 2 km nördlich vom Hafenort Schaprode sorgt für einen entspannten Urlaub am Wasser. Kinder können auf dem riesigen Gelände toben, während Mama und Papa am Kamin entspannen oder zwischen Dampfbad und Sauna pendeln. Besonders schön sind auch die Ferienwohnungen im reetgedeckten Ferienhaus gleich um die Ecke. Tipp für Naturfreunde: Am besten zwischen Mitte September und Mitte November ein Zimmer buchen. Dann rasten unzählige Kraniche rund um den Ortsteil Poggenhof. Poggenhof 25, Poggenhof, Trent, T 038309 705 00, www.ruegenschmiede.de, DZ/ÜF 73–113 € je nach Saison und Kategorie, auch schöne Arrangements

---

DIE MORDWANGE **M**

Am Ortsausgang von Schaprode steht ein sagenumwobener Sühnestein von annodazumal. 2,40 m ist der Koloss hoch. Eine Handvoll Theorien ranken sich um dieses alte, verwitterte Monument mit zwei komischen Ohren am kreisförmigen Kopf. Berichtet wird von zwei Mönchen, die hier im Duell gefallen sein sollen. Auch der Tod eines Bischofs wird im Zusammenhang mit der Mordwange erwähnt. Eine ganz andere Theorie hat ein Stettiner Wissenschaftler zu berichten. Seiner Forschung nach soll an dieser Stelle am 15. Juli 1368 ein gewisser Ritter Reynwart von Platen gemeinsam mit seinen Söhnen erschlagen worden sein. Wer weiß, was wirklich passierte. In jedem Fall scheint es tragisch geendet zu haben …

Essen

Zum Glück ohne Rohrstock

Alte Schule: Lassen Sie Ihre Hefte im Ranzen und ihre Stullen sowieso. In der ehemaligen kleinen Dorfschule von Schaprode gibt es eine glatte Eins auf den Tisch – in Form leckerer pommerscher Küche. Dazu gehört in aller erster Linie Fisch, der teils so schön mit Blüten und Tamtam dekoriert ist, dass man kaum die Gabel heben mag. Ein tolles Erlebnis, nicht zuletzt dank des netten und flinken Services. Lange Str. 32 a, T 038309 14 54, www.face book.com/Fischrestaurant-Zur-Alten-Schu le-269185899761651, tgl. 11.30–21 Uhr, Hauptgerichte um 15 €

Regional, traditionell, charmant

Schillings Gasthof, Fischhaus und Hofladen: Weit hat es Mathias Schilling nicht, von seiner Privatinsel Öhe nach Schaprode. Es sind nur wenige Meter. Entsprechend frisch sind die Burger, die mit Fleisch von Öher Rindern serviert werden. Fischfreunde schlemmen sich durch einfache, aber äußerst leckere Gerichte mit Delikatessen von Hiddenseer Fischern. Alle Zutaten einzeln gibt es im Hofladen bzw. im Fischhaus. Mehr über Mathias Schilling und seine Projekte lesen Sie auch im Hiddensee-Teil und im Magazin ab S. 264. Hafenweg 45, T 038309 12 16, www.schil lings-gasthof.de; **Gasthof:** Mitte März–Okt. tgl. 11–21, sonst Mo/Di, Do/Fr 16–22, Sa/So 12–22 Uhr, Fischbrötchen um 5 €, Burger ab

11 €; **Hofladen:** tgl. 8–18 Uhr; **Fischhaus:** Mai–Okt. Fr–So 12–17 Uhr

Ein Traum aus Sahne

Eishafen: schnuckeliger Eisladen mit großer Fangemeinde. In liebevoller Handarbeit produziert Nadin Zimmermann täglich frisch und ohne künstliche Zusatzstoffe. Das Tonka-Vanille- oder Karamell-Brownie-Eis lässt sich genussvoll am nur wenige Schritte entfernten Hafen genießen. Lange Str. 40, www.eishafen.de, in der Saison Mi–So 12–18 Uhr

Infos

- **Fähre Schaprode–Hiddensee:** s. S. 230.

Neuenkirchen ♀D4

Frischer Fisch von den Hiddenseer Kutterfischern kommt in Schillings Gasthof auf den Tisch.

Glockenklang

Wenn die Glocken in dem kleinen Boddendorf Neuenkirchen läuten, sollten Sie ganz genau hinhören. Dem eindrucksvollen Booang, Booang des gusseisernen Klangkörpers lauschten bereits die Menschen um das Jahr 1400, die sich in der Region niedergelassen hatten – die Glocke der **Maria-Magdalena-Kirche** (Dorfstr. 24) ist die älteste auf ganz Rügen.

Aussicht und Marina

Knapp 2 km nördlich vom Ortskern liegt eine kleine von Wald bestandene Anhöhe, der Hoch Hilgor mit dem Grümbke-Turm. Bekannt wurde der Turm, der eine schöne Aussicht über die grüne Insel Liddow vespricht, nach dem Hauslehrer, Maler und Arztsohn Johann Jacob Grümbke (1771–1849), der vor allem durch seine umfangreichen Forschungen zur Insel Rügen Bekanntheit erlangte. Haben Sie die Plattform erklommen, befinden Sie sich 50 m über dem Meeresspiegel. Höher hinauf geht es auf der Halbinsel Lebbin nicht. Der stahlverzinkte Turm wurde 2019/20 als Ersatz für einen hölzernen Vorgängerbau fertiggestellt.

Direkt am Breetzer Bodden liegt der Ortsteil Vieregge. Da darf ein kleiner Jachthafen nicht fehlen. Die Marina säumen einige Reetdachbauten (s. Hafendorf Vieregge S. 202) neueren Datums.

»Hallo Robbie«

Erinnern Sie sich noch an »Hallo Robbie«? Gedreht wurden die acht Staffeln der beliebten Fernsehserie mit dem Seelöwen Anfang der 2000er-Jahre auf Rügen, genauer auf der **Halbinsel Liddow,** die ebenfalls zu Neuenkirchen gehört. Im Gutshaus bzw. **Rittergut Liddow** (www. rittergut-liddow.de, privat), das über eine lange Holzbrücke von Laase aus zu erreichen ist, wohnte der Fernsehdoktor Dr. Lennart mit seiner Tochter – und mit

Robbie. Die Dreharbeiten sind längst abgeschlossen und die Schauspieler vom Pech verfolgt: Karsten Speck musste ins Gefängnis und einer der drei tierischen Darsteller der Seelöwin Robbie starb an Herzschwäche. Die Landschaft auf Liddow besticht aber nach wie vor, auch wenn der Weg über die Betonplatten eine Prüfung für Stoßdämpfer und Rücken sind.

Schlafen

Herrschaftlich gebettet

Gut Grubnow: Wenn der Raps blüht, verschmilzt das gelblich schimmernde Gutshaus mit seiner lieblichen Umgebung. Zu dieser zählt in nächster Nähe der Bodden, ein eigener Bootsanleger und ein großer Garten – neben der Sauna und dem Kamin ein weiterer perfekter Ort zum Entschleunigen. Für genervte Großstädter oder geschaffte Arbeitstiere.

Grubnow 7, Grubnow, Neuenkirchen, T 0172 402 02 80, www.gut-grubnow.de, Ferienwohnung ganzjährig 80–150 €/Nacht je nach Saison und Kategorie, Endreinigung/Wäschepaket 50 €, Hauptsaison nur wochenweise Sa/Sa, bitte beachten: kein Restaurant in der Nähe

Neues Idyll

Natur Resort Gut Lebbin: Nagelneues Urlaubsparadies im Nordosten der Halbinsel Lebbin. Acht Jahre lang haben die Besitzer an dem Gästehaus gebaut und die dicken Mauern aus extra angefertigten Ziegelsteinen hochgezogen. Dahinter: eine Gewölbesauna und neun Suiten mit Boddenblick und direktem Gartenzugang. Hell, freundlich und einfach einladend gestaltet. Übrigens: Mit Carola Wetzel ist eine leidenschaftliche Hunde- und Pferdeflüsterin vor Ort, die auch Kurse und Trainings anbietet. Ihre Vierbeiner sind also gerne gesehen.

Lebbin 1, Lebbin, T 0170 501 00 00, www.gutlebbin.de, 2-Pers.-Suite/ÜF/210–260 €, Drei-Vier-Pers.-Suite/ÜF 210–300 €, Vier-Pers./Suite/ÜF/1 Hund 240–280 €

Geheimtipp am Wasser

Hafendorf Vieregge: 24 reetgedeckte Ferienhäuser, neun Ferienwohnungen und ein Jachthafen bilden den Mittelpunkt des Urlaubsdorfs, das weit weg vom Trubel für Erholung sorgt. Die Feriendomizile sind großzügig gestaltet und teilweise mit Sauna und direktem Hafenblick ausgestattet. Für Brötchen am Morgen und Wein am Abend sorgt ein kleiner Shop an der Kaikante. Wer größeren Hunger hat, fährt ins 4 km entfernte Neuenkirchen.

Am Breetzer Bodden, Vieregge, Neuenkirchen T 03342 25 99 38, www.ruegen-feriendorf. de, Ferienwohnung/4 Pers. 70–155 € mit Nebenkosten je nach Saison und Kategorie, Mindestaufenthalt 3 Nächte, Hauptsaison 7 Nächte, Endreinigung 75 €, Wäschepaket 12 €, Sauna oder Kaminholz gegen Aufpreis

Essen

Einer unter wenigen

Wirtshaus Neuenkirchen: 150 Jahre hat das einzige Restaurant des Ortes inzwischen auf dem Buckel. An sieht man es ihm nicht. Helle Farben und Holzmöbel, ein Kachelofen und eine schöne Beleuchtung schaffen modernes Flair. Die Karte ist mit zehn Gerichten übersichtlich und schafft den Spagat zwischen griechischem Salat und Rügener Roter Grütze.

Dorfstr. 12, T 038309 703 60, www.wirts hausneuenkirchen.de, Mai–Okt. tgl. 12–15, 18–21 Uhr, Hauptgerichte bereits unter 10 €

Rappin ♀ D/E5

Weites Land

Auf schmalen Wegen, teils alten Betonplattenstraßen oder ungeteerten Feldwegen durchstreifen Sie die nahezu unberührte Landschaft rund um den **Tetzitzer See.** Kleinere Dörfer, die meist aus nur ein, zwei Häusern bestehen, werden genauso passiert wie prächtige Anwesen, etwa das **Gut Tribbevitz** mit seiner hochdekorierten Trakehnerzucht– bis mit **Rappin** ein kleines Zentrum erreicht wird.

Unverhofft kommt oft

Im Mittelpunkt **Rappins** thront die **St.-Andreas-Kirche,** zu der sich ein hölzerner Glockenturm gesellt. Es ist nicht der originale. Nach einem Einsturz des im 14. Jh. errichteten Bauwerks wurde etwas weiter südwestlich ein neuer Turm für die Kirche gezimmert.

Im Sommer sind in Rappin fast mehr Urlauber als Einwohner anzutreffen, die abseits der touristischen Zentren die Beschaulichkeit des Großen Jasmunder Boddens erleben möchten.

Nur rund 800 m sind die wunderschönen **Naturbadestellen** vom Ortskern entfernt.

Ebenfalls nur wenige Hundert Meter sind es bis zum achteckigen **Göpelhaus** in **Tetzitz,** das sich heute im Dornröschenschlaf befindet. In den 1990er-Jahren plante eine Schweizer Firma rund um das historische Gebäude 150 Wohnungen. Nach dem Tod des Inhabers und der dann doch recht unwirtschaftlichen Lage des Dorfes gab man das Projekt 2009 auf. So hieß es vom neuen Geschäftsführer: »Wir haben viel Herzblut investiert. Aber Urlaub macht man eher in Binz oder Teneriffa.« Die Einwohner von Rappin stört es nicht weiter, sie genießen ohnehin viel lieber ihre Ruhe.

7 ha Pracht

Etwas außerhalb von Rappin liegt **Gut Kartzitz** (Gebäude nicht von innen zu

Fast ein Muss, wenn Sie in der Gegend sind, ist ein Abstecher zum Gut Kartzitz. Der englische Landschaftsgarten verführt zu einem ausgiebigen Spaziergang.

besichtigen), die einzige auf Rügen erhaltene Barockanlage (erbaut 1760–80). Der 7 ha große **Park** ist der perfekte Platz, um Sightseeing und Bewegung zu verbinden. Der größte Teil (hinter dem Herrenhaus) ist als englischer Landschaftsgarten gestaltet und gehört zu den größten und schönsten Anlagen seiner Art auf Rügen. Dieser Bereich ist ganzjährig zugänglich. Spazieren Sie vorbei an alten Gedenksteinen, Teichen und Wasserläufen, an 200 Jahre alten Rotbuchen oder über idyllische Brücken. Am Park 6, Kartzitz, Rappin, www.kld-ruegen. de

Schlafen

Ideal mit Kindern

Campingplatz Banzelvitzer Berge: Wenn es einen Ort zwischen Tetzitzer See und dem Großen Jasmunder Bodden gibt, wo richtig was los ist, dann hier. Ein toller und äußert familienfreundlicher Campingplatz mit Streichelzoo, Ruderbootverleih und Kinderbetreuung. Sehr schön gelegen an der Steilküste und mit Anschluss an zahlreiche Wander- und Radwege. Es werden auch Ferienhäuser vermietet. Groß Bazelvitz, Rappin, T 03838 312 48, www.banzelvitz.de, Stellplatz für Caravan, Wohnmobil oder großes Zelt für 2 Erwachsene und 1 Kind 24/38 €/Tag je nach Saison, auch Sparwochen, 1 Woche Ponyferien im Ferienhaus für die ganze Familie ab 299 €

Bi Mudder Witsch

Hexenhaus Rügen: Der Name trifft es. Ein kleines verwunschenes Reetdachhaus mit einer wunderschön verzierten Eingangstür. Im Inneren dominieren freigelegte Fachwerkverbünde, alte Pflastersteine und rustikale Holztreppen. Die zwei Ferienwohnungen im Haus sind dennoch urig-modern eingerichtet und haben durchaus Vier-Sterne-Niveau.

Heimelig wird es in den Betten unterm Spitzdach. Dorfstr. 14, T 0178 1456178, www.hexen haus-auf-ruegen.de, Ferienwohnung/ 2 Pers./69–85 €, mit Strom und Wäschepaket, Endreinigung 40 €

Essen

Nichts mit Provinz

andernorts auf Rügen: Rund um den Dorfplatz von Rappin reihen sich einige alte Backsteingebäude, die nach ökologischen Gesichtspunkten saniert wurden. Hier ist ein entzückender Landgasthof untergebracht, der vom Stil her eher nach Binz passen würde. Serviert werden frische, regionale und Biogerichte. Und wer bleiben möchte: Es gibt auch Ferienwohnungen. Dorfstr. 8–9, T 03838 403 56 00, www.an dernorts-auf-ruegen.de, Mi–Mo 11–21 Uhr, Mittagstisch ab 5 € (z. B. Kartoffelsuppe mit Bockwurst oder Königsberger Klopse)

Bewegen

Reiten auf dem wilden Land

Ponyhof Rügen: Der alte Landsitz wurde in den 1990er-Jahren von seinen Besitzern in Eigenregie grundlegend saniert und mit Ferienwohnungen versehen. Die weite Natur rund um das historische Anwesen zog bereits damals Ferienkinder an, die auf dem Heuboden tobten oder zwischen wild wucherndem Löwenzahn fangen spielten. Nach einem Brand im Jahr 1999 folgte die Metamorphose – seither erstrahlt der Familienferienhof als Ponyhof. Neben Ausritten werden hier auch Kutschfahrten und Leihräder angeboten. Dorfstr. 1, T 0171 545 79 74, www.pony hof-ruegen.de, Kutschfahrt pro Pers./Std. 10 €, Shetland-Pony Basispass (20 x 45 Min.) 50 €, Ferienwohnungen für 4–6 Pers. 65–85 €/Nacht je nach Saison und Kategorie

Zugabe
Briesemeisters Stutenmilch

Aus dem Stall in die Apotheke

Ursprünglich sind Haflinger genügsame Gebirgspferde, die auf Hochalmen, zuerst in Südtirol, gezüchtet wurden.

Norbert Briesemeister ist ein echtes Urgestein auf Um-manz. Nach dem Krieg und der Flucht aus Berlin ins sach-sen-anhaltinische Freyburg kam der gelernte Landwirt 1974 auf die kleine Insel, um dort eine Pferdezucht aufzubauen. Zunächst grasten nur drei Haflinger auf den salzigen Wiesen rund um den Hof, bis durch stetige Zukäufe und eigene Zucht bis zu 70 Pferde hier zu Hause waren. Um die Jahrtausendwende drohte dem Hof der Konkurs. Briesemeister erwarb kurzerhand das Gut und bewahrte die Zucht vor dem Niedergang.

Besonders bekannt wurde Norbert Briesemeister für den Gewinn und Vertrieb von Stutenmilch. Der »göttliche Nektar« galt bereits vor über 3000 Jahren in China als Heilmittel, vor allem die Kaiser der Ming-Dynastie (1368–1644) schworen auf das Wundermittel.

Auch heute gilt Stutenmilch zu Recht als ein wertvolles Naturprodukt. Doch der Aufwand, will man sie verantwortungsvoll gewinnen, ist groß. Bei guter Fütterung lassen sich in dem kleinen Melkstall des Gutes täglich nur maximal 2,5 l

Zunächst grasten nur drei Haflinger auf den salzigen Wiesen …

gewinnen, ohne die Entwicklung des Fohlens zu gefährden.

Die gewonnene Haflingermilch wird sofort nach dem Melken unbehandelt auf -25 °C tiefgefroren. Da sie der menschlichen Muttermilch ähnlicher ist als Kuhmilch, kann sie Babys als Ersatz gefüttert werden. Für Leute mit Laktoseintoleranz dagegen ist sie nicht geeignet, weil ihr Laktosegehalt sogar höher ist als der von Kuhmilch. Die Haflingermilch wird auch für Lotions und Peelings verwendet. Die fertigt u. a. Axel Poggendorf in seiner Bergener Apotheke – allerdings inzwischen für Elena Priglhofer, die die Zügel der Ummanzer Haflingerzucht vom fast 80-jährigen Multitalent Briesemeyer übernommen hat. ∎

Insel Hiddensee

Autofreies Naturparadies — Wenn der Matrose die Fender auswirft, warten schon die Kutschen, um über holprige Heidewege und zu wildschönen Sandstränden zu klackern. Getreu dem Motto: Weniger ist mehr.

Seite 209

Kloster ⭐

Der meistbesuchte Ort auf der Insel ist auch ihr kulturelles Zentrum. Aber keine Sorge, trotz der Scharen von Urlaubern, die im Sommer hierhin strömen, bleibt die Beschaulichkeit nicht auf der Strecke. Vor allem nicht am bildschönen Hafen.

Seite 209

Inselkirche

Das letzte erhaltene Bauwerk aus der Zeit der Zisterzienser. Als Pfarrkirche für Fischer und Bauern der Insel geweiht, beeindruckt sie heute mit einem blassblauen Himmelsgewölbe voller Rosenblüten.

Ist das Stachelzeug mit den Beeren in Orange alles Sanddorn?

Eintauchen

Seite 211

Gerhart-Hauptmann-Haus

Wer in Kloster durch den großen Garten hindurch in das typische Hiddenseer Haus geht, bekommt den Eindruck, der Dichter höchstpersönlich käme gleich um die Ecke.

Seite 212

Kiefern, Klippen, Busch- und Wiesenland

Den Dornbusch, eine Hochlandebene, können Sie auf malerischen Wanderwegen erkunden. Bekannt ist er aber vor allem für seinen Bilderbuchleuchtturm, das beliebteste Fotomotiv der Insel.

Seite 215

Strand von Kloster

Steinig ist er, der Strand. Doch hinter dem Heimatmuseum ist er ein Hotspot für Bernsteinsucher.

Seite 216

Wo Künstler wirkten und wirken

Zu Fuß unterwegs auf den Spuren von Literaten und Künstlerinnen, verstorbenen Legenden und heutigen Kreativen in Kloster und Vitte.

Seite 221

Zeesensegelei

Kapitän Eckart Friese nimmt Sie an Bord seiner Sophia Theresa. Unter braunen Segeln erleben Sie die Boddenlandschaft zwischen Hiddensee und Rügen auf dem Nachbau eines alten Fischer- und Lastenseglers. Los geht es in Vitte.

Seite 220, 224, 227

Wunderkammer

Da schlummern sie in der Homunkulus-Figurensammlung: Rotkäppchen und der Pirat John Silver, der Hase und der Igel und Pinocchio, King Kong und Ebenezer Scrooge – bis der begnadete Puppenspieler Karl Huck die lebensnahen Holzfiguren auf die Seebühne in Vitte bringt …

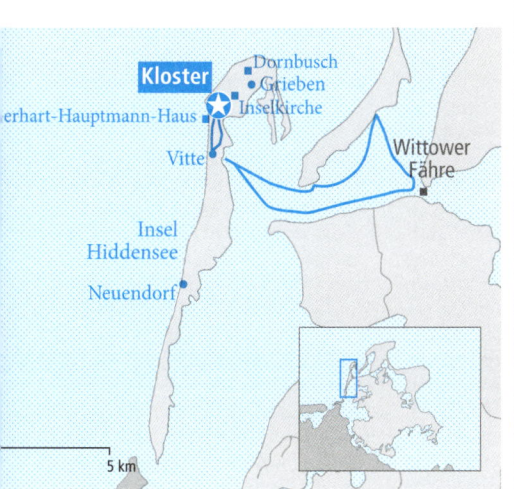

»Hiddensee ist die Antithese zu Sylt«, lässt der langjährige Kurdirektor Alfred C. Langemeyer wissen.

Es gibt nur vier Ortschaften auf Hiddensee: Grieben, Kloster, Vitte und Neuendorf. In Kloster sitzt die Verwaltung der Insel.

Schöne kleine Schwester

W

Wer sich bereits in die Insel Rügen verguckt hat, wird auf Hiddensee nicht mehr aus dem Schwärmen kommen. Hiddensee liegt im Nationalpark Vorpommersche Boddenlandschaft, nur Teilbereiche der Insel sind davon ausgenommen. Das Eiland ist zwanzigmal kleiner als sein Nachbar, nicht einmal 17 km lang und an der schmalsten Stelle nur 250 m breit, rund 1000 Menschen leben fest auf der Insel. Weite Weidelandschaften treffen auf sanfte Dünen und liebliche Häfen, leuchtende Sanddornbüsche zieren kleine, aber feine Sandstrände und unzählige Pferde genießen ihr Dasein auf schier endlosen Wiesen. Zumindest, wenn sie gerade nicht gebraucht werden, um Urlauber mit der Kutsche über die Insel zu karren. Doch das beliebteste Fortbewegungsmittel hat noch nicht einmal eine Pferdestärke. An fast jeder Ecke kann eines der unzähligen Fahrräder ausgeliehen werden. Ob Amsterdam da mithalten kann?

Vor allem Ruhe

Die meisten Besucher, die auf dem ›söten Länneken‹, dem ›süßen Ländchen‹, anlanden, sind Tagesgäste.

ORIENTIERUNG ⓞ

Infos: www.seebad-hiddensee.de. Die Seite listet Veranstaltungshöhepunkte und Sehenswürdigkeiten. Vor allem können hier die vielen Ferienwohnungen und Pensionen gebucht werden (oft exklusiv).
Anreise: Von Stralsund im Sommer mit der Fähre bis zu 4 x tgl.; die Hauptfährverbindung geht von Schaprode nach Neuendorf, Vitte oder Kloster; s. hierzu ausführlicher S. 230.
Verkehr: Eine Buslinie fährt alle wichtigen Orte der Insel an. An den Häfen von Vitte und Kloster sowie an zentralen Plätzen der Insel stehen Kutschen bereit. Oder Sie nehmen das Fahrrad.

Mehrere Tausend sind es an manchen Tagen. Und trotzdem wirkt Hiddensee nie überlaufen. Unternehmen Sie endlose Spaziergänge über Schotterwege, Wiesenpfade oder am lang gezogenen Strand. Wie gemalt wirken die teils alten, teils nagelneuen Reetdachhäuser, die in regelmäßigem Abstand auf das flache Land gesetzt wurden. Einfach nur kurios oder gar Absicht ist, dass manchmal noch nicht einmal Fußwege zu den Häusern führen.

Kloster ⭐ 📍B4

Überall was los

Bis ins 20. Jh. hinein standen in Kloster nur ein paar Häuschen, bevor sich der 270-Einwohner-Ort mehr und mehr Zugereisten und Urlaubern öffnete. Inzwischen erstrecken sich bis zur angrenzenden Hügellandschaft Gäste-, Wohn- und Ferienhäuser. Wenn die Einheimischen vor die Tür gehen, trifft man sie oft rund um den Frischemarkt im Kirchweg an. An der ungepflasterten Straße reihen sich auch unzählige Souvenirläden, Cafés und Galerien, wie die hübsche Bretterbude Haus am See (Kirchweg 39 a).

Gelbe Rosen soll es regnen

Auf einem kleinen Hügel am Kirchweg steht die **Inselkirche** (Kirchweg 42, www. kirche-hiddensee.de, Mai–Okt. tgl. 10–17 Uhr), das letzte erhaltene Bauwerk der Zisterzienser auf Hiddensee. Bekannt ist die Kirche vor allem für die Heckenrosen, die vom hellblauen Deckengewölbe zu regnen scheinen. Die Hiddenseer nennen es deshalb liebevoll auch ihren Rosenhimmel. Den verdanken sie dem Berliner Nikolaus Niemeier, der ihn 1922 gestaltete. Geweiht wurde die Kirche schon 1322. Sie stand außerhalb der Klostermauern und war für die Bewohner Hiddensees gedacht. Der heutige Bau vom Ende des 17. Jh. wurde 1781/82 noch einmal umgestaltet und erhielt damals sein Tonnengewölbe.

Unterhalb der Kirche können Sie mit den manchmal etwas schnippischen, aber immer herzlichen Kutschern ins Gespräch kommen, die ihren Gäulen gerade eine wohlverdiente Pause gönnen.

Dreh am Hafen

Im **Hafen** des alten Zisterzienserorts dümpeln ein paar alte Segler neben ein paar schnittigen Familienjachten, die von einigen wenigen Schlenderern neugierig beäugt werden. Doch wenn die Fähre oder eines der rasend schnellen Wassertaxis aus Schaprode anlanden, geht es an der Kaikante der heimlichen Inselhauptstadt schon mal trubelig zu. Wie aus Mäuselöchern strömen die Urlauber zur Wasserlinie, wo sich nicht zuletzt deshalb zahlreiche kleine **Boutiquen** und **Restaurants** angesiedelt haben. Aus denen können Sie übrigens auch gut und regelmäßig den Wetterfrosch des Norddeutschen Rundfunks beobachten, der meist direkt am Hafen in einer Ein-Mann-Produktion den abendlichen Wetterbericht aufzeichnet.

Museen

Gemeinschaftswerk

Heimatmuseum: Ermöglicht wurde die Einrichtung des Museums in der früheren

Hiddensees Rosenhimmel schmückt die ansonsten schlichte Inselkirche.

Lieblingsort

Besser als Kino

Ein Weg führt vom Wahrzeichen Hiddensees, dem Leuchtturm Dornbusch (s. Tour S. 212), hinab ins kleine Hafenörtchen Kloster. Malerisch zieht sich der Weg über den **Dornbusch** (📍 B 4) vorbei an Sanddornsträuchern und durch eukalyptusartige Küstenwälder. Doch was ist das? Rund 500 m, nachdem der Rucksack aufgesetzt wurde, öffnet eine kleine Lichtung einen malerischen Blick über die Insel und ihre Sandbänke – der wunderschöne **Aussichtspunkt Inselblick**. Perfekt, dass die Hiddenseer genau an diese Stelle ein **Bett** gestellt haben. Ein Bett? Ein Bett. Zwar nur das Gestell aus Holz, aber das tut der Seelenschmeichelei keinen Abbruch. Machen Sie ein kleines Päuschen, lehnen Sie sich zurück und schauen Sie fern. Ja, genau, durch den kleinen, hölzernen Fernseher, der natürlich zur gelungenen Rast dazugehört. Wie gut, dass das Programm schon läuft …

Seenotrettungsstation durch Sach- und Geldspenden der Hiddenseer. Hier erfahren Sie etwas über das Alltagsleben auf der Insel, die Geschichte des Klosters und über Hiddensees Künstlerkolonie.

Kirchweg 1, www.heimatmuseum-hiddensee.de, April–Okt. tgl. 10–16, Nov.–März Do–Sa 11–15 Uhr, 5/3,50/2 €, bis 12 Jahre Eintritt frei

Der Hauptmann kommt

Gerhart-Hauptmann-Haus: Anfang des 20. Jh. ging hier der wohl bedeutendste deutsche Dramatiker ein und aus. Hauptmann kaufte 1930 das Haus Seedorn, in dem die Sommermonate mit seiner Geliebten und späteren Frau Margarete Marschalk verbracht hatte. Wenn Sie sich fragen, wie ein solcher Herr von Rang seine wertvolle Freizeit genoss, sollten Sie einen Blick hineinwerfen. Die Wohnräume des Schriftstellers sind noch im Originalzustand erhalten (s. auch Tour S. 216).

Kirchweg 13, www.hauptmannhaus.de, Feb.–Anf. April, Nov.–Mitte Dez. Di–Sa 11–15, Anf.–Ende April tgl. 11–16, Mai–Okt. Mo–Sa 10–17, So 13–17 Uhr, 6/4 €

Schlafen

Auf des Malers Burg

Lietzenburg: Die prächtige, auf einer Anhöhe am nordwestlichen Rand gelegene Burg (Abb. S. 214) ist wohl jedem Hiddenseebesucher schon einmal ins Auge gefallen. Hier wohnte Ende des 19. Jh. der Berliner Maler Oskar Kruse, der aufgrund seiner teils grotesken Erzählungen bei manchen auch als neuer Münchhausen galt. Öffentlich zugänglich ist das Haus nicht, aber Sie können in der denkmalgeschützten Villa nächtigen. Aus dem kleinen Türmchen genießen Sie einen der besten Blicke auf die Insel.

Zum Hochland, T 038300 608 60, www.hiddenseeservice.de, 60-m²-Apartment für 2–4 Pers. 80–160 €/Nacht, mit Nebenkosten, Wäschepaket 12 €/Pers., Endreinigung 80 €

KÜNSTLERKOLONIE HIDDENSEE

Neben Literaten waren es vor allem Malerinnen und Maler, welche die Insel besuchten oder sich auf ihr niederließen. Malerinnen wie Elisabeth Büchsel oder Henni Lehmann (Hiddensoer Künstlerinnenbund, s. Tour S. 216) gehörten ebenso dazu wie die Brücke-Maler Otto Mueller und Erich Heckel oder Alexander Kanoldt als Vertreter der Neuen Sachlichkeit. Hiddensee ist Mitglied im Verbund **Norddeutsche Künstlerkolonien** (www.norddeutsche-kuenstlerkolonien.de) und von **euroArt** (www.euroArt.eu), der europäischen Vereinigung der Künstlerkolonien. Bis heute lassen sich Kreative und Kunstschaffende von der Atmosphäre Hiddensees inspirieren.

Wo die Prominenz einkehrte

Wieseneck: Eines der ältesten Gasthäuser der Insel, in dem bereits Asta Nielsen und Gerhart Hauptmann ein- und ausgingen. Die Zimmer sind fantasievoll und unkonventionell restauriert und wunderbar maritim gestaltet. Alles Wichtige ist vorhanden, gutes Drei-Sterne-Niveau. Auch ein rustikales Restaurant, in dem vor allem Hiddenseer Fischspezialitäten gereicht werden, ist im Haus (zugleich Café).

Kirchweg 18, T 038300 316, www.wieseneck-hiddensee.de, DZ/ÜF 50–115 €, Gerichte ca. 10–20 €

Klein und fein

Rabennest: Klassisches Hiddenseer Ferienhaus mit liebevoller und familienfreundlicher Ausstattung, nur fünf Minuten zu Fuß vom Hafen entfernt. Gleich neben dem idyllischen Grundstück bietet Vermieterin Katrin Döde auch die Kleine weiße Villa, das Spatzennest und das Meisenheim an.

TOUR
Kiefern, Klippen, Busch- und Wiesenland

Wanderung über den Dornbusch

Im äußersten Nordosten Hiddensees liegt der Dornbusch. Auf fast 9 km² erstreckt sich das Hügelland aus eiszeitlichen Ablagerungen, durchzogen von malerischen Wanderwegen. Die höchste natürliche Erhebung ist der Bakenberg (72,5 m). Er wird vom Wahrzeichen Hiddensees, dem Leuchtturm Dornbusch auf dem 72 m hohen Schlucksiek, mächtig überthront. Wer sich hier auf Wanderschaft begibt, durchstreift eine Landschaft mit **Ginster- und Sanddornbüschen,** schattigen **Waldstücken** und saftigen **Wiesen.**

Ein guter Startpunkt ist die **Lietzenburg** (s. S. 211) in Kloster, von wo aus Sie zügig auf dem **Hochuferweg** sind. An der **Hucke** mit dem **Aussichtspunkt Dornbusch** mit gutem Blick über die Steilküste schwenkt der Weg nach rechts ab und verläuft weiter durch den

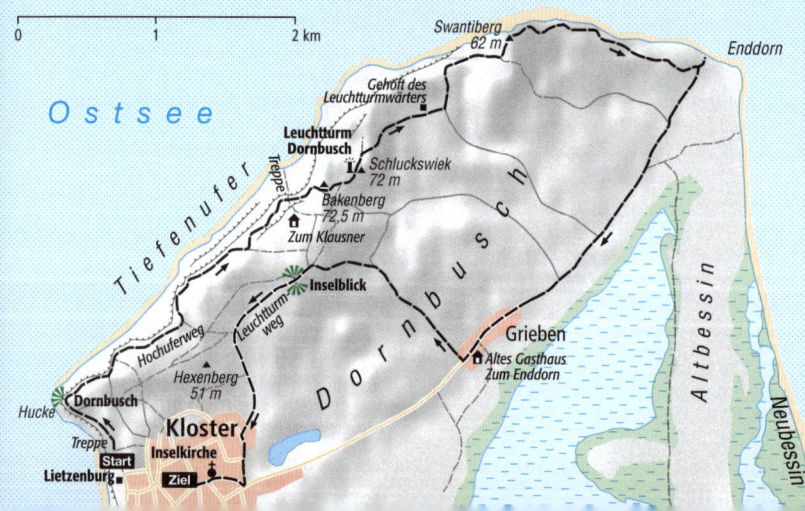

Infos

Start:
Lietzenburg, Kloster,
📍 B 4

Länge/Dauer:
Rundwanderung
ca. 9,5 km, ohne Ein-
kehr ca. 3 Std., kurze
Runde gut 4 km

**Leuchtturm Dorn-
busch:**
nur bei trockenem
Wetter, ausrei-
chender Sicht und
maximal Windstärke
6, Mai–Okt. tgl.
10.30–16 Uhr, 3 €,
6–17 Jahre 1,50 €,
kein Zugang für Kin-
der unter 6 Jahren

Küstenwald zum **Bakenberg.** Kurz vorher können Sie in der Gaststätte **Zum Klausner** (s. S. 214) eine Rast einlegen. Das könnte nötig sein, falls Sie zuvor die **Klausner Treppe** hinunter zum Wasser und wieder hinaufgestiegen sein sollten.

Danach geht es am **Bakenberg** vorbei zum **Leuchtturm Dornbusch,** der 27,50 m hoch auf dem Schluckswiek aufragt. Der Blick von der Leuchtturmkuppel ist traumhaft. Wer nun nicht bis zur Nordspitze weiterwandern möchte, kann einen Weg hinunter zu einem weiteren herrlichen Aussichtspunkt – mit Bett (s. Lieblingsort S. 210) –, dem **Inselblick,** nehmen und nach Kloster zurückkehren.

Ansonsten steuern Sie nun auf das **Gehöft des Leuchtturmwärters** zu. Dort geht es dann links ab zum **Swantiberg** (62 m) an der nördlichen Steilküste. Vom Swantiberg aus verläuft der Weg weiter bis zum **Enddorn.** Auch hier können Sie hinunter zum Strand gehen. Von oben haben Sie einen Blick auf die beiden Nehrungshaken **Alt-** und **Neubessin.** Sie stehen unter Naturschutz und dürfen daher gar nicht (Neubessin) oder nur auf einem einzigen Weg (Altbessin) betreten werden. Damit sollen u. a. die vielen hier rastenden Vogelarten geschützt werden.

Dann beginnt der Rückweg gen Süden. Anders als im Westen mit seiner Steilküste fällt das Land hier im Osten sanft zum Bodden hin ab. Ein Betonplattenweg führt Sie ins alte Dörfchen **Grieben** (s. S. 218), wo Sie sich im **Alten Gasthaus Zum Enddorn** (s. S. 219) noch einmal stärken können. Kurz dahinter zweigt nach rechts ein Weg zur Inselmitte ab. Den schlagen Sie ein und halten sich nach 600 m an der Gabelung links. Nach knapp 1 km stoßen Sie auf den **Leuchtturmweg,** dem Sie nach links folgen. Gar nicht lange und auch Sie kommen – wie alle, die schon am Leuchtturm kehrtgemacht haben – auf einen kleinen Platz mit hölzernen Objekten, dem **Inselblick** mit **Bett** (s. Lieblingsort S. 210). Legen Sie doch noch eine kurze Rast ein und schauen Sie ein bisschen fern …

Danach müssen Sie nur noch dem Weg weiter zurück nach Kloster folgen.

Der **Leuchtturm Dornbusch** wurde 1888 in Betrieb genommen und strahlt bis zu 45 km hinaus auf die offene Ostsee.

Der Maler Oskar Kruse ließ 1904/05 die Lietzenburg, eine Jugendstilvilla, errichtete. Heute können Sie hier übernachten.

Alle Unterkünfte können auch von pflegebedürftigen Urlaubern gemietet werden, für die eine Pflegekraft organisiert wird. Mühlberg 16, T 038300 603 35, www.klosternester-hiddensee.de, Rabennest 55–80 €/ Nacht für 2 Erwachsene, mit Wäschepaket, Zwischen- und Endreinigung

Historische Gemäuer
Pension zur Post: Das Backsteingebäude des damaligen Amtsvorstehers von Kloster wurde 1997 von einem Berliner Fotografen gekauft und liebevoll rekonstruiert. Freundliche und moderne Zimmer, von denen Sie es auch nicht weit ins Seminarhaus haben. Hier werden Yoga-, Meditations- und Fastenkurse angeboten. Mühlberg 17, T 0151 24 13 12 44, www.ostseeurlaub-hiddensee-zurpost.de, Ferienwoh-

nung rund 100 €, DZ rund 85 €, Frühstück 12 €, Ferienwohnungen 90–120 €, Yogawoche bei Übernachtung im DZ mit vegetarischer Halbpension 850 € (als EZ 920 €)

Beliebt zum Entspannen
Appartement-Haus Dornbusch: Inge Meisel, Thomas Mann oder Gret Palucca – sie alle genossen bereits eines der voll ausgestatteten Apartments, die, etwas erhöht gelegen, einen tollen Blick auf die Boddenlandschaft offenbaren. Für das körperliche Wohl sorgen ein romantisch beleuchtetes Schwimmbad und die hauseigene Sauna. Weißer Weg 2/3, T 038399 604 00, www.appartementhaus-dornbusch.m-vp.de, Apartment/Terrasse/2 Pers. 80–140 €, Apartment/Balkon/4 Pers. 100–170 €

Essen

Auf Krusos Spuren
Zum Klausner: Nach dem Unfalltod seiner Freundin flüchtet Edgar vor dem Leben nach Hiddensee. Im Zum Klausner heuert er als Saisonkraft an. Dabei lernt er Kruso kennen, den heimlichen Guru der Ausflugsgaststätte … Wie die Geschichte des bekannten Romans ausgeht, können Sie sich noch einmal am originalen Ort ins Gedächtnis rufen – oder vom Wirt erzählen lassen. Dabei genießen Sie regionale Küche, Schwerpunkt Fischgerichte. Im Dornbuschwald 1, T 038300 66 10, www.klausner-hiddensee.de, Mai–Sept. tgl. 11–22 Uhr, Winter unregelmäßig, um 10 €

Maritim und geerdet
Schillings Hafenamt: Das noch recht neue Restaurant und Café in erster Reihe am Hafen wird von Familie Schilling betrieben, die auch in Vitte und Schaprode Gasthäuser betreibt. Fast alles, was auf den Tisch kommt, hat seinen Ursprung auf den Inseln Öhe oder Hiddensee, z. B. die Currywurst oder die Fischsuppe. Wem es geschmeckt hat, der kann sich gleich

vor Ort mit den regionalen Spezialitäten eindecken (s. auch S. 264).

Hafenweg 11, T 038309 70 85 99, www.schil lings-hafenamt.de, März–Okt. tgl. 11.30–20, Küche bis 19.30 Uhr, Imbissgerichte unter 5 €, Öhe-Burger oder Schnitzel um 12 €

Huberts Hafenschmaus

Fischkutter Willi: Selbst die Hiddenseer kaufen bei Hubert Thürke, auch Fischwilli genannt, ihr Aalbrötchen. Dabei fliegt ihnen nicht selten ein frecher Spruch um die Ohren. Wie das halt so ist bei einem Fischer, der übrigens auch noch der letzte von ganz Kloster ist. Alles frisch aus eigenem Fang und sogar aus eigener Räucherung. Ein Pflichtgenuss, am besten auf einer Bank am Hafen!

Am Hafen, nur in der Saison, dann meist von vormittags bis 18 Uhr, Fischbrötchen ab 3 €

Alles da, was Urlauber brauchen

SchmuckBar: von außen recht unscheinbar und wie ein Wohnhaus aussehend, im Inneren aufregend und abwechslungsreich gestaltet. Wie der Name schon sagt, gibt es Schmuck, den Inhaberin Marthe selbst herstellt. Die meisten kommen allerdings wegen des Kuchens, der über den Klee gelobt wird. Daneben werden auch Kunsthandwerk, Souvenirs und Kleidung feilgeboten.

Zum Hochland 1, T 0157 72 54 08 13, www. facebook.com/schmuckbar.hiddensee.de, Ostern–Okt. tgl. 10–17 Uhr

Einkaufen

Komm, wir machen das einfach!

Fischuppen: Von Stralsund haben Antje und Conny ihren Laden nach Hiddensee verlegt, notgedrungen, weil die Pacht auslief. Auch hier werden regionale Künstler ihre Produkte präsentieren und verkaufen. Spontane Ideen sollen weiterhin umgesetzt werden. Vielleicht lebt ja die romantische Show »Und nun, liebe Mädels, wer darf euer Herzblatt sein?« wieder auf. Zusammengefasst: charmant, authentisch, norddeutsch.

Kirchweg 38, www.fischuppen.de, Zeiten zzt. variabel

Alles, was Hiddensee hergibt

Strandkiste: Handtücher, Flaggen, Topflappen oder was man sonst noch mit Wäscheklammern an einer Leine in den Wind hängen kann, machen neugierig auf das knuffige, kleine Häuschen am Hafen. Im Inneren gibt es genau diese Bandbreite. Fast alle Mitbringsel, Leckereien und Naturtextilien kommen von der Insel. Perfekt, um die Wartezeit bis zur Fährüberfahrt zu verkürzen.

Hafenweg 10, T 0171 510 21 70, Ostern–Okt. tgl. 10–19 Uhr

Bewegen

Bernsteinsuche

Strand von Kloster: Der recht steinige Strand von Kloster ist sehr ruhig. Er ist FKK-Freunden vorbehalten, aber direkt hinter dem Heimatmuseum auch ein Hotspot für professionelle und Hobby-Bernsteinsucher. Waren Sie erfolgreich, können Sie sich an einen der Bernsteinläden im Ort oder in Vitte wenden. Sie helfen Ihnen, das berühmte Bernsteingold zum Vorschein zu bringen. Aber bitte Vorsicht! Immer ein Metallkästchen mit sich führen und den Bernstein darin transportieren. Mit Pech haben Sie keinen Bernstein, sondern weißen Phosphor gefunden, der hochentzündlich ist. Eine Altlast aus dem Zweiten Weltkrieg.

Für Pferdeliebhaber

Fuhrmannshof Neubauer: Die stattlichen Kaltblüter des Hofes empfangen Sie meist schon am Vitter Hafen. Unmittelbarer wird das Pferdeerlebnis bei Ausritten am Strand, durchs Wasser oder in der Heide.

TOUR
Wo Künstler wirkten und wirken

Unterwegs im Norden von Hiddensee

Infos

Start/Ziel:
Hafen von Kloster,
📍 B 4

Länge/Dauer:
ca. 5,5 km, mit
Besichtigungen ca.
3 Std.

Einkehr:
In Kloster
(s. S. 214) und Vitte
(s. S. 223) gibt es
diverse Optionen.

Führungen:
www.seebad-hid
densee.de. Die
Kurverwaltung bietet
regelmäßig ähnliche
Rundgänge an.

»Fischerhütten,
schöne Villen grü-
ßen sich vernünftig
freundlich, steht
ein Häuschen in
der Mitte, rund und
rührend zum Ver-
lieben«, dichtete
Joachim Ringelnatz
über das Ferien-
häuschen Asta
Nielsens.

Ob Leni Riefenstahl, Sigmund Freud oder George
Grosz, die Abgeschiedenheit Hiddensees zieht seit
vielen Jahren Autoren und Kunstschaffende auf das
kleine Eiland. Viele der Häuser und Orte, an denen
die Meister ihres Fachs das friedliche Leben abseits der
Prominenz genossen, können heute noch besichtigt
und nacherlebt werden.

Starten Sie Ihren Rundgang direkt am **Hafen von Kloster**
(s. S. 209). Nur wenige Schritte sind es zur **Bernsteinwerkstatt** von Henry Engels (Mühlberg 17 a, https://
bernstein-werkstatt-hiddensee.de, tgl. 10–17 Uhr). Der
kreative Kopf veredelt seit Jahrzehnten das Gold der Ostsee, das er schon mit seinem bernsteinversessenen Vater
am Strand der Ostsee gekeschert hat. Danach geht es auf
dem belebten Kirchweg zum **Wieseneck** (s. S. 211).
Das Gasthaus spannt einen Bogen zur Bleibe eines der
bekanntesten Autoren der Insel. Hier kehrte nämlich
regelmäßig Gerhart Hauptmann ein, dessen nahe gele-
genes Ferienhaus heute als **Gerhart-Hauptmann-Haus**
(Kirchweg 13, s. S. 211) einer der Besuchermagneten
Hiddensees ist und mit einem Museum aufwartet. Sein
Arbeitszimmer beeindruckt noch heute: Der Flügel steht
am alten Platz, auch das Pult, an dem Hauptmann oft
gearbeitet hat, und die riesige Bücherwand mit Hun-
derten von Titeln.

Ein schöner **Strandspaziergang,** den auch die Schriftsteller **Gottfried Benn** und **Carl Zuckmayer** genossen,
führt zum **Nationalparkhaus Hiddensee** (Norderende 2, s. S. 220) in **Vitte,** wo Sie einen Schlenker
nach links machen und das **Asta-Nielsen-Haus** (Zum
Seglerhafen 7, s. S. 222) ansteuern, heute ebenfalls
ein Museum. Die dänische Schauspielerin kaufte sich
Ende der 1920er-Jahre das als **Karusel** bekannte Haus,
in das sie jeden Sommer Freunde und Kollegen aus

der Künstlerszene Berlins einlud. Auch ihr guter Freund **Joachim Ringelnatz** fand hier oft Unterschlupf. Das von dem Bauhaus-Architekten **Max Taut** entworfene Haus fällt schon durch seine abgerundeten Ecken ins Auge und fügt sich dennoch sanft in die Umgebung ein. Seine Form war für die Nielsen Grund genug, es Karusel zu nennen.

Der rustikal gepflasterte Weg Norderende führt geradewegs auf die **Blaue Scheune** (Wiesenweg 1) zu, in der im Sommer wechselnde Künstlerinnen und Künstler aus der Region regelmäßig ihre Werke über Land und Leute präsentieren. Das hat Tradition, denn hier fanden in den 1920er-Jahren zahlreiche Ausstellungen des **Hiddensoer Künstlerinnenbunds** statt. Ein Mitglied war die Malerin Henni Lehmann. Sie hatte das Haus um 1920 erworben – und leuchtend Blau anstreichen lassen. Hier arbeitete sie, hier trafen sich die Künstlerinnen und hier stellten sie regelmäßig aus. Als politisch engagierte und jüdische Künstlerin wurde Henni Lehmann im Dritten Reich verfolgt und nahm sich 1937 das Leben. In den 1950er-Jahren erwarb der Landschaftsmaler Günter Fink das versteckt gelegene Reetdachhaus. Er verstarb im Jahr 2000.

Im **Künstlerinnenbund** schlossen sich um 1920 Malerinnen zusammen, die sich für die Motive, die Hiddensee bot, begeisterten. Zu den Mitgliedern der ersten Stunde zählten Elisabeth Büchsel, Clara Arnheim und Henni Lehmann.

Nur ein paar Schritte weiter erleben Sie im zweiten Stock des **Henni-Lehmann-Hauses** (Haus des Gastes, Wiesenweg 2), wie Kunstschaffende im 21. Jh. Hiddensee empfinden und in Farbe festhalten. Inselmalerin **Ulrike Northing** (www.ulrike-northing.de) ist vor mehr als 25 Jahren auf das autofreie Idyll gezogen, denn sie hat sich in die wilde Weite und die herbe Natur mit ihrer unendlichen Vielfalt verliebt. In ihrem kleinen, aber feinen **Atelier** lernen Sie genau diese Vielfalt kennen und garantiert auch lieben. Anschließend geht es, vielleicht nach einem Einkehrstopp, vorbei an der Marina von Vitte und entlang des Hiddenseer Ostufers zurück nach Kloster.

RAUS AUFS MEER

Zu DDR-Zeiten fuhren weit mehr als 100 Fischer von den Hiddenseer Häfen raus auf die Ostsee, um Dorsch, Hering, Scholle und Hecht zu fangen. Nach der Wende ging es aufgrund fehlender Fangprämien und gesicherter Absatzmengen schnell bergab mit der Fischerei. Dazu stiegen die Spritpreise und auch die Wartung der Ausrüstung war kaum noch bezahlbar. Heute gibt es noch etwas mehr als zehn Fischer auf der Insel, die meisten von ihnen haben ihren Heimathafen in Vitte oder Neuendorf. Nur einer fährt noch von Kloster aus hinaus: Hubert Thürke. Fast jeden Morgen geht es mit seinem Kutter VIT 009 Richtung Ostsee oder Bodden. Ab dem Vormittag gibt es die Delikatessen unbehandelt oder geräuchert an seinem **Fischkutter Willi** (s. S. 215) am Hafen.

Mühlberg 21, T 0171 715 38 09, www. hiddensee-kutschfahrten.de, Ausritt 20 €/Std. (Voranmeldung nötig), auch im Winter

Noch kein Rad?

Fahrradverleih Mirko Pehl: nur einer von mehreren Fahrradvermietern in Kloster, jedoch mit gutem Ruf und inselweitem (kostenlosen) Pannenservice.
Hafenweg 4, T 038300 437, Kinder- und Tourenräder um 30 €/Woche, auch Tandems

Infos

• **Tourist-Information:** Inselinformation Hiddensee, am Hafen, T 038300 606 54, www.seebad-hiddensee.de, Mai–Sept. Mo–Fr 9.30–17.30, Sa/So 9–15, Okt.–April Mo–Fr 9–15.30 Uhr.

• **Kutsche:** Mit der Kutsche können Sie bequem Kloster oder die nähere Umgebung erkunden. Zu den Anbietern gehört der Fuhrmannshof Neubauer (s. S. 215).

Grieben 📍 B3/4

Unbekannte Schönheit

Vielleicht durchstreifen Sie den verschlafenen kleinen Ort nur zufällig auf Ihrem Rückweg vom Dornbusch (s. Tour S. 212) nach Kloster. Vielleicht zieht es Sie aber auch bewusst in das idyllische Dorf, das als ältestes auf Hiddensee gilt und sich noch ein Leben abseits des Tourismus bewahrt hat. Na gut, es gibt ein Gasthaus, ein Hotel und das eine oder andere Ferienhaus, darunter eine kleine, reetgedeckte Fischerkate, die bereits 1720 gebaut wurde. Aber sonst herrscht Ruhe, wenn nicht gerade der Traktor von Bauer Harms über die Hauptstraße Richtung Enddorn tuckert.

Wo sind all die Pilze hin?

Viele Griebener leben heute weiterhin von der Landwirtschaft, die auf Hiddensee im Vergleich zu anderen Regionen Rügens nur noch recht zurückhaltend betrieben wird. Das liegt schlicht und einfach daran, dass in Grieben zwischen den rund zwei Dutzend Häusern und der Boddenküste einige Meter nutzbares Land liegen. Auch die Ortsbezeichnung deutet darauf hin, dass einst weniger auf dem Meer gefischt als an Land geerntet wurde. Grieben kommt vom slawischen Wortstamm *grib*, was Pilz bedeutet. Anscheinend wuchsen auf den Wiesen rund um das Dorf besonders viele Champignons. Sie können auch heute noch an vielen Stellen in Niederungen und auf den Höhen gefunden werden. **Aber Vorsicht:** Betreten Sie bei der Pilzsuche nicht den Doppelhaken **Alt- und Neubessin** (s. Tour S. 212).

Schlafen, Essen

Dörflich schick

Hotel Enddorn: recht opulent am Wegesrand liegend und mit tollen Zimmern mit Boddenblick. Genießen Sie die Ruhe, im Hotel und drum herum, wenn es auf Wanderschaft über den Dornbusch oder gen Kloster geht. Sollte es lieber Kutsche oder Pferd sein, können Sie Fahrten und Ausritte direkt im Haus buchen.

Dorfstr. 6, T 038300 460, www.enddorn. de, Winter-Apartment (Nov.–März) ab 49 € plus 15 € Nebenkosten/Pers. und 35 € Endreinigung, DZ/ÜF im Sommer rund 100 €, Mindestaufenthalte beachten!

Kultige Bilderkneipe

Altes Gasthaus Zum Enddorn: Den rustikalen Dorfkrug gab es schon zur Schwedenzeit, als Inseloriginal Alexander Ettenburg die Bauernschänke betrieb. Zwar ist das Gebäude zwischenzeitlich abgerissen und neu gebaut worden, doch hat sich der Charme von anno dazumal erhalten. Besonders zu empfehlen ist die hausgemachte Sanddorntorte, bei deren Genuss Sie die stimmungsvollen Stillleben oder Landschaftsbilder an der Wand betrachten sollten.

Dorfstr. 8, T 038300 304, 038300 608 33, auf Facebook, tgl. 12–20/21.30 Uhr, Hauptgerichte ab 10 €

Vitte 📍B4

Trotz Trubel gelassen

In Vitte, dem Sitz der Inselverwaltung, geht es für Hiddenseer Verhältnisse recht trubelig zu. Überall wuseln Urlauber mit Handys und Spiegelreflexkameras umher, um den so ganz anderen Alltag der Fischköppe einzufangen. Dazwischen findet das geschäftige Leben der Insulaner statt, die mit ihren Rädern wie auf einer Autobahn über die zwei zentralen Straßen des Ortes brausen. In Vitte treffen sich alle, ob beim Einkauf im großen Supermarkt, am einzigen Bankautomaten der Insel, beim Arzt oder zum Klönschnack in einem der urigen Cafés und Restaurants. Regelmäßig jedoch auch am Hafen, wenn sich die große Lastfähre mit Bestellungen, Lebensmitteln und in Ausnahmefällen sogar mit dem einen oder anderen motorisierten Gefährt auf der Laderampe ankündigt. Fischer aber, die die Tradition des alten Fischerorts – der Name kommt vom mittelalterlichen *vitten,* Fischfang- und Fischhandelsplatz – hochhalten, gibt es kaum noch.

FISCH AUS DER DOSE

Hätten Sie gedacht, dass Napoleon wegbereitend für die Erfindung der Konservendose war? Er wollte schlichtweg seine Truppen mit haltbaren Lebensmitteln versorgen und setzte eine Geldprämie aus. Die erhielt 1810 der Franzose Nicolas Appert für seine Idee, Lebensmittel zu erhitzen, luftdicht zu verpacken und so zu konservieren. Appert arbeitete mit Glasbehältern. Doch noch im selben Jahr griff der Brite Peter Durand den Gedanken auf – und ließ sich die vakuumierte Blechdose patentieren. Ab 1813 wurde die britische, nicht die französische, Armee mit Konservendosen beliefert. Beide Aufbewahrungsformen – Glasbehältnisse und blecherne Dosen – gibt es bis heute. Letztere auch im Vitter **Konservenladen** (s. S. 223) von Mathias Schilling der sie nutzt, um Fisch aus Hiddenseer Gewässern zu konservieren und an die Kundschaft zu bringen.

HEX, HEX, HURRA! **H**

Wie das **Hexenhaus** zu seinem Namen kam? Seinen Namen verdankt es wohl einer früheren Bewohnerin. Die Frau soll mit ihren Kräutern viele Hiddenseer geheilt haben und war daher als Kräuterhexe bekannt.

In der Mitte

Der **Hafen** ist Anziehungspunkt Nummer eins. Zumindest im Sommer, wenn sich Hunderte Urlauber rund um das Sträßchen **Achtern Diek** aufhalten, durch Souvenirlädchen schlendern, an Fischbuden schlemmen oder sich im grünen Zeltkino (Achtern Diek 21, www.zeltkino-hidden see-aktuell.com, April–Okt.) amüsieren.

Nur gute fünf Minuten Fußweg sind es bis zur **Blauen Scheune** (Norderende 175, s. Tour S. 216), dem meistfotografierten Haus auf Hiddensee.

Wider den rechten Terror

Am Süderende 105 steht eine wunderhübsche, reetgedeckte Fischerkate, das **Hexenhaus von Hiddensee,** mit spannender Geschichte: 1755 gebaut – damit gehört es zu den ältesten Häusern auf dem ›söten Lännekenc –, 1915–30 im Besitz der Malerin Elisabeth Büttner (Hiddensoer Künstlerinnenbund; s. Tour S. 216), die es 1930 an Annemarie Pallat verkaufte. Und hier beginnt der Grund dafür, dass die Kate heute unter Denkmalschutz steht. Pallats Tochter Rosemarie Reichwein verbrachte hier mit ihrer Familie den Sommerurlaub. Reichwein? Klingelt da etwas bei Ihnen? Ja, sie war die Frau Adolf Reichweins, der als Mitglied des Kreisauer Kreises dem Widerstand gegen Hitler angehörte und am 20. Oktober 1944 in Plötzensee gehenkt wurde. Die heutige Besitzerin Sabine Reichwein (geb. 1941) ist eines seiner vier Kinder. Ein Stolperstein erinnert an ihren Vater. Am Tag des Offenen Denk-

mals öffnet sie, die meist in Berlin lebt, ihr Haus auf Hiddensee und erzählt von der Geschichte, selten von der Herkunft des Namens Hexenhaus (s. Kasten links).

Wasser, Strand und Dünen

Ein klares Indiz dafür, dass Vitte das touristische Zentrum der Insel markiert, ist der **Seglerhafen** im Nordosten des Dorfes. Über den schnurgeraden Deichweg gelangen Sie zum kleinen Naturhafen, in dessen Nähe auch die dänische Stummfilmlegende Asta Nielsen ihr Ferienhaus Karusel, heute das **Asta-Nielsen-Haus** (s. S. 222, Tour S. 216), besaß.

Auf der anderen Seite des Dorfes erstreckt sich der **Strand von Vitte,** der wohl beliebteste auf Hiddensee – feinsandig und 5 km lang. Sanft fällt er ins Wasser ab, Sandbänke brechen die Wellen, sodass sich hier auch Familien mit Kindern gern aufhalten.

In der wundervollen Dünenlandschaft hinter dem Strand, am direkten Weg nach Kloster liegt das **Nationalparkhaus Hiddensee** des Nationalparks Vorpommersche Boddenlandschaft. Vor allem Kinder werden von dem riesigen Open-Air-Spielplatz oder dem Naturlehrpfad De Lütt Küst begeistert sein, bevor im Haus spannende Fragen beantwortet werden. So erfahren Sie z. B., wie sich Zugvögel orientieren, wo die Kreuzkröte lebt oder wie überhaupt Hiddensee entstanden ist.

Nationalparkhaus: Norderende 2, www.natio nalpark-vorpommersche-boddenlandschaft. de, Jan.–März Mo–Sa 13–16, April–Okt. tgl. 10–16, Nov./Dez. tgl. 10–15 Uhr

Museen

Viel Fantasie

Homunkulus-Figurensammlung: Der Puppenspieler Karl Huck hat hier eine Heimstatt für all die Puppen, Marionetten und Requisiten erschaffen, die er für seine Aufführungen auf der Seebühne

TOUR
Zeesensegelei

Per Zeesboot kreuz und quer über den Bodden

Infos

Start/Ziel:
Hafen Vitte, ♀ B 4

Dauer:
Bootstour: 3–5 Std.

Kapitän Eckart Friese:
T 0172 382 64 04,
www.hiddensee-
segeln.de, Ende
Mai–Anf. Okt., Tour
bei Tag (4–5 Std.),
Abfahrt 11 Uhr,
35 €, Abendtour
(2–3 Std.), Abfahrt
18 Uhr, 25 €, bis
12 Jahre 50 %

Hinweis:
Je nach Wetter
variiert die Route,
dargestellt ist grob
der Verlauf nach dem
hier beschriebenen
Beispiel.

Perfekt angepasst an die flachen Boddengewässer, surrten bereits im 15. Jh. **Zeesboote** mit braunen Segeln zwischen Hiddensee und Rügen durch die sanften Wellen. Der breite Rumpf und der niedrige Tiefgang der Fischer- und Lastenboote waren nötig, um durch das teils nur 50 cm tiefe Gewässer zu manövrieren.

Am kleinen **Fischerhafen von Vitte** geht es über ein paar hölzerne Planken auf die rund 12 m lange **Sophia Theresa**, einen originalgetreuen Zeesboot-Nachbau. Eigner und Kapitän Eckart Friese wartet bereits an Bord, um kurz darauf auf der Seekarte den Kurs des Tages abzustecken. Der Wind gibt die Richtung vor. So kann es zunächst mit strengem Ostkurs und hochgezogenen Segeln zur **Halbinsel Bug** gehen, die viele Jahrzehnte militärischer Stützpunkt und Sperrgebiet war. Der alte **Teerhafen** im Osten bietet eine der wenigen Gelegenheiten, anzulanden. Perfekt, um bei einem kurzen Spaziergang die fast unberührte Natur der unbesiedelten Gegend zu erkunden.

Zwischen hohen Brombeerhecken und durch fast kniehohes Gras führt der Weg zurück an Bord, um mit dem kleinen Hilfsmotor wieder loszutuckern. Vorsichtig manövriert Kapitän Friese sein Boot durch die schmale Fahrrinne unweit der **Wittower Fähre**, die **Trent** und **Wiek** verbindet. Nach einem Schlenker werden in Höhe der **Seehofer Landspitze** wieder die markanten Segel gesetzt, um gemächlich zurück in den **Heimathafen** zu gleiten.

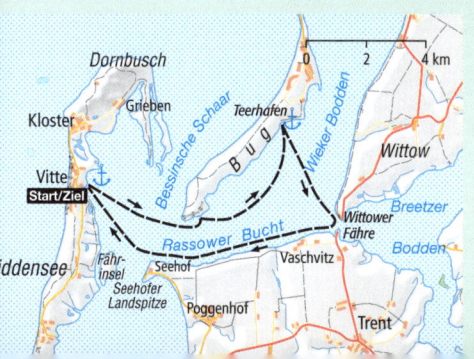

Ganz in der Tradition des Hiddensoer Künstlerinnenbundes finden in der Blauen Scheune, die Henni Lehmann um 1920 in unübersehbarem Blau hatte streichen lassen, noch heute Kunstausstellungen statt.

und andernorts gebraucht hat oder noch braucht. In dem aus Lärchenholz errichteten, schlichten Bau können Sie träumen, sich in andere Welten entführen lassen und die stillen Protagonisten betrachten (s. auch S. 224, 227).
Norderende 183, www.homunkulus.de, Ende März–Okt. tgl. 11–14 Uhr, Eintritt frei

Erinnerung an große Künstler
Asta-Nielsen-Haus: Die dänische Stummfilmlegende Asta Nielsen verbrachte im Sommer oft mehrere Monate mit Tochter und Mann in ihrem Ferienhaus auf Hiddensee. Mit der Machtergreifung der Nationalsozialisten kehrte sie Deutschland den Rücken und ließ das Haus mitsamt Inventar zurück. Heute ist das Karusel denkmalgerecht saniert und eine Ausstellung bringt den Besuchern das Leben und Wirken von Asta Nielsen und Max Taut nahe.

Zum Seglerhafen 7, www.asta-nielsen-haus. de, Mai–Okt. Mo/Di, Do–Sa 11–16 Uhr, sonst verkürzte Zeiten, 2,50 €, mit Führung 7 €

Schlafen

Zu Recht beliebt
Post Hiddensee Appartements: Die 13 stilvollen Apartments des Hauses zählen zu den schönsten auf Hiddensee. Reichlich Platz ist in den bis zu 100 m² großen Wohnungen vorhanden. Wer mehr braucht, geht in den schönen Garten, wo auch ein kleiner Spielplatz zum Toben einlädt. Kleiner, aber ebenso behaglich sind die fünf Doppelzimmer. Ein Frühstück kann gegen Aufpreis gebucht werden, die Sauna ist im Preis mit drin.
Wiesenweg 26, T 038300 64 30, www.hotel-post-hiddensee.de, Apartments für 2 oder

4 Pers. 70–170 € je nach Saison und Größe Endreinigung 40–80 €, DZ 65–75 € je nach Saison, Brötchenservice möglich

Achtern Diek 24, T 038309 70 85 99, www. hafenkater.de, Anf. April–Okt. tgl. 11–18 Uhr, Preise eher gehoben (Burger z. B. 12,50 €)

Wunderschön und direkt am Meer

Ferienhaus Seeblick: Friedlich liegt er da, der Traum aus Reet. Kein Straßenlärm, dafür begleitet Sie Meeresrauschen in den Schlaf. Die drei Wohnungen sind modern eingerichtet und gut ausgestattet, u. a. mit Kaminofen. Wer mit Familie reist, sollte die Wohnung II buchen – auf dem Dachboden gibt es ein gemütliches ›Krabbelzimmer‹.

Süderende 42 b, T 038300 631 28, www. seeblick-hiddensee.de, Ferienwohnung/ 4 Pers. 60–180 € je nach Saison und Größe, mit Wäschepaket, Endreinigung 60–75 €

Essen

Kaffee und Regionales

Tante Hedwig: Seit 2018 gibt es den Hofladen mit Café. Hübsch und modern maritim eingerichtet, mit kleiner Wurst- und Käsetheke, an der auch Rindfleischspezialitäten der Nachbarinsel Öhe gereicht werden. Der Knaller sind die veganen Schokoladen-Himbeer-Brownies (die gleich auf der kleinen Sonnenterrasse genossen werden sollten). Im selben Komplex liegt auch der **Konservenladen** (www.hiddenseer-kutterfisch.de). Dort bekommen Sie regionalen Fisch in Dosen.

Wiesenweg 8/Wallweg, www.tante-hed wigs-hofladen.de, tgl. 8–16 Uhr

»Mit dem Hering fest im Maul«

Hafenkater: Der große, schwarze Kater ist das Erkennungszeichen des Fischlokals direkt am Vitter Hafen. Beim Blick auf die ein- und ausfahrenden Fährschiffe und Fischkutter schmecken der frische Pfannenfisch oder Klopse vom Hecht gleich doppelt so gut. Oder Sie nehmen im kleinen Fischkiosk des Restaurants einfach ein Backfischbrötchen auf die Hand mit.

Himmlisch fruchtig

Eismanufaktur Hiddensee: Vielleicht verzichten Sie dieses eine Mal auf Ihre geliebte Schokokugel und probieren etwas anderes aus. Bis zu 20 Sorten Eis werden angeboten, insbesondere fruchtiger Art. Lassen Sie sich das Mango- oder Johannisbeereis auf der schattigen Terrasse schmecken und bummeln Sie dann durch den angrenzenden Souvenirladen. Im integrierten Bistro gibt es auch Kringel, die bereits Asta Nielsen vom Hocker hauten.

Norderende 156, T 038300 60 39 51, www. facebook.com/eismanufakturhiddensee, Do– Di 12–17 Uhr

Fisch in der richtigen Kulisse

Buhne XI: Wenn Sie die leckeren Sanddorngerichte oder regionalen Fischspezialitäten probieren, lassen Sie sich nicht ablenken von den unzähligen Reusen, Fischernetzen, Rettungsringen und sonstigem Gedöns, das Sie umgibt. Ein uriges kleines Museum mit kulinarischem Angebot ohne viel Brimborium.

Norderende 104 a, T 038300 299, www. hiddensee-buhne11.de, Do–Di 12–22 Uhr

Einkaufen

Fischer und Kelten

Eisbär: schnuckeliger Laden mit einem bunten Krimskramsmix. Ganzer Stolz sind die super verarbeiteten Fischerhemden, auf die sich das Geschäft spezialisiert hat. Daneben gibt es Regenbekleidung und hochwertige Seemannspullover, keltischen Silberschmuck und antiquarischen Lesestoff. Ach ja, mit kleinen Speisen und dem Käffchen to go wird auch für das leibliche Wohl gesorgt.

Norderende 178 a, www.eisbaer-hiddensee. de, Mai–Okt. Mo–Sa 10–19 Uhr

Einfach goldig
Bernsteinwerkstatt Vitte: Ingolf Engels hat sich ein kleines Paradies geschaffen. Seit 1970 sucht und bearbeitet der Insulaner die kristallinen ›Goldfunde‹. Die Ergebnisse lassen sich in Form von Skulpturen mit Bernsteinbesatz oder kleinen Handschmeichlern in seinem Atelier finden. Er hilft aber auch, selbst gefundene Steine zu bestimmen, und bietet Kurse im Bernsteinschleifen vor seinem in die Jahre gekommenen Holzhäuschen an.

Norderende 142, T 038300 60 70 30, Mo–Sa 11–13, 14–17 Uhr, Bernstein selbst schleifen: Mo–Fr 10–11 Uhr vor der Werkstatt (Anmeldung erwünscht)

Bewegen

Zeesensegelei
Kapitän Eckart Friese: Ihren Namen verdanken Zeesboote dem seitlich ausgeworfenen Schleppnetz, der Zeese (Altdeutsch für ›großer Sack‹); s. Tour S. 221.

Ab auf die Wellen
Surf und Segel Hiddensee: Hippe Surfer treffen auf alternative Geister und junge Familien. Ein kleiner Hof mit roten Bretterbuden, wo Sie die Sonne genießen und dänisches Eis schlecken können. Nicht zwingend müssen Sie mit den Profis der Segel- und Surfschule aufs Wasser.

Norderende 163, www.surfundsegelhidden see.de, Mai–Okt. tgl. 10–18 Uhr, Einsteiger-Windsurf-Kurs 170 € (3 Tage)

Ausgehen

Ein neuer Dreh- und Angelpunkt?
Das Rote Haus: Aus dem Roten Affen wurde unter Mathias Schilling (s. S. 264) das Rote Haus. Das von großen Bäumen beschattete Haus wirkt wie ein kleines Stück idyllisches Bullerbü. Im Inneren mal Bar, mal Bühne, mal Restaurant. Die ehemalige Kultkaschemme wurde in den baulichen Urzustand von 1920 zurückversetzt und lädt nun im modern-historischen Ambiente zu Themen-Abendessen wie dem Hiddensee-Dinner oder zu einer Käsereise durch Vorpommerns Käsereien ein. Im Sommer auch Livemusik und andere Veranstaltungen.

Wallweg 2, www.dasrotehaushiddensee.de, in der Saison meist ab 12 Uhr bis spätabends, im Winter (bis auf Ausnahmen) geschlossen

Gehört einfach zur Insel
Seebühne Hiddensee: Puppenspieler Karl Huck hat den giebelständigen Holzschuppen kurz vor der Jahrtausendwende gekauft. Seitdem treffen Sie hier den Fischer und seine Frau, Pinocchio oder sogar King Kong an. Kinder sind gern gesehen, die Stücke wenden sich jedoch eher an Erwachsene (s. auch S. 220, 227).

Wallweg 2, T 038300 605 93 (auch Kartenbestellung), www.theater.hiddensee buehne.de, in der Saison tgl. 20, Sa/So auch 15/15.30 Uhr

Neuendorf ♀B5

Alt, urig, schön
Nicht viele Hiddenseeurlauber haben den kleinen, aber weitläufigen Ort im Süden der Insel auf dem Schirm. Auch wenn der Hafen von Neuendorf standardmäßig auf der Route aller Fährverbindungen liegt. Dafür kann es Ihnen passieren, dass Sie bei Ihrer Ankunft plötzlich Teil eines Grillfests werden, das die Insulaner spontan im Hafenimbiss an der Kaikante veranstaltet haben. Das freut auch den einen oder anderen Segler, der im kleinen Jachthafen ein Plätzchen für die Nacht gefunden hat.

Wo bitte geht's zum Zentrum?

Die Straße **Königsbarg** führt Sie in die Ortsmitte. Regelmäßig zweigen Querstraßen von der Hauptstraße ab, an denen sich neu gebaute, restaurierte und in die Jahre gekommene Reetdachhäuser reihen. Dazwischen fast klischeehaft Leinen mit wehender Bettwäsche. Dabei sehen die weißen Häuser aus, als wären sie aus einem Würfelbecher gekullert und hätten daraufhin auf der wilden Wiesenlandschaft zwischen seichten Sandwällen Wurzeln geschlagen. Wenn überhaupt einmal direkt Wege zu den Häusern führen, sind es kleine Trampelpfade aus Schotter oder Sand. Meist allerdings wandeln Sie durch die unberührte Natur, bis Sie unvermittelt vor einer der schönen Holztüren der wenigen Pensionen und Gasthäuser stehen. Die meisten Häuser in Neuendorf sind in West-Ost-Richtung gebaut und die Wohnräume nach Süden ausgerichtet. So kann besonders viel Wärme und Licht eingefangen werden.

Doppelt geschützt

Neuendorf ist ein Doppeldorf, zu dem auch **Plogshagen** gehört. Plogshagen liegt etwas weiter südlich, ist um einiges älter als sein Zwilling und besteht nur aus wenigen Häusern. Benannt wurde es nach dem ersten Bewohner, der hier um 1400 herum lebte: Peter Plog. Zu dieser Zeit dominierte der Fischfang das Erwerbsleben im heute komplett denkmalgeschützten Dorf, in dem noch immer einige Fischer regelmäßig mit ihrem Kutter vom Boddenhafen aufbrechen und auf Dorsch- oder Hechtfang gehen. Die Geschichte können Sie im kleinen **Fischereimuseum** authentisch erleben.

Museen

Fischerhandwerk

Fischereimuseum Lütt Partie: Der ehemalige Reusenschuppen Lütt Partie

In der Lütt Partie wurden früher Netze bzw. Reusen gelagert.

wurde von Neuendorfer Fischern selbst gestaltet und eingerichtet.
Pluderbarg 9, T 038300 642 29, Mai–Sept. Mo–Sa 14–17, Führungen Mai–Okt. Mo, Fr 11 Uhr, Eintritt frei, Spende erbeten

Schlafen

Immer was los

Pension Stranddistel: Das über 100 Jahre alte Haus hat sich einen Namen für tolle Konzerte, Kabarettabende und Tanzveranstaltungen gemacht. Da sind die Übernachtungen in den einfach und schlicht gehaltenen Pensionszimmern gute Mittel zum Zweck. Zu empfehlen ist am Abend auch das hauseigene Restaurant, das frische und abwechslungsreiche Büfetts anbietet – und das auf der Insel gebraute Hiddenseer Pils.
Plogshagen 15, T 038300 393, www. stranddistel-hiddensee.de, DZ 55/65 €, Hauptsaison: 65/75 €, Mindestaufenthalt 3 Nächte, Frühstück 11,50 €, keine Kartenzahlung

Potenzial genutzt

Süderhaus: Noch vor ein paar Jahren wusste niemand, was aus der charmanten Ferienanlage und den zwölf Apartments werden würde. Doch seitdem das Plogshagener Anwesen 2016 für knapp 1,8 Mio. € den Besitzer gewechselt hat, erstrahlt es wieder in alter Schönheit. Direkt im Haus werden auch mehrtägige Fastenseminare und Yogakurse angeboten.

Plogshagen 35, T 038300 60 63 13, Apartment/2 Pers. ab ca. 40 € (Mindestaufenthalt 4 Nächte), buchbar über gängige Hotel- und Ferienhausportale

Essen

Rustikal und maritim

Gasthaus zur Boje: Im größten Restaurant des Ortes kommen Sie sich vor, als seien Sie auf einem Piratenschiff auf hoher See unterwegs. Serviert wird alles, was unterm Kiel lebt. Vom lütten Matjessalat über Heringsteller bis zur Räucherfischsuppe. Wenn Sie am Nachmittag vorbeikommen, probieren Sie unbedingt den Sanddorn-Marzipan-Eisstrudel!

S

STRANDSPASS IN NEUENDORF

Direkt hinter den mit Strandhafer bewachsenen Dünen finden Sie einen feinen, flachen Sandstrand, der zu den schönsten auf Hiddensee gehört. Suchen Sie sich eine der versteckten Sandkuhlen und genießen Sie Ruhe, Weite und grandiosen Badespaß. Oder sammeln Sie ein paar Muscheln und verfolgen Sie anschließend den himmlischen Wolkenzug vom Handtuch aus. Gestört werden Sie jedenfalls nicht. Der Strandabschnitt ist selbst in der Hochsaison nahezu menschenleer.

Königsbarg 18, T 038300 65 20, www. zur-boje-hiddensee.de, Ostern–Okt. Do–Di ab 8, warme Küche ab 11 Uhr, Winter verkürzte Zeiten, Hauptgerichte ca. 12–20 €

Einfach guter Blick

Zum Süder: Für den kleinen Fisch- oder Kuchenimbiss, bevor es wieder auf die Fähre geht. Unkompliziertes und einfaches Bistro, das unmittelbar am Kai liegt. Im Sommer beliebter Anlaufpunkt von Radfahrern, die hier ihre Inselumrundung starten oder beenden.

Am Bollwerk 3, T 038300 604 84, tgl. 11–18 Uhr, Fischbrötchen um 3,50 €

Wie gemalt

Reusenschuppen Groot Partie: Der grundlegend restaurierte Schuppen einer Reusengemeinschaft aus dem 19. Jh. liegt etwas verloren auf einer großen Wiese – ohne Zaun, ohne Bäume, ohne jegliche Einfriedung. Beobachtet brauchen Sie sich aber nicht fühlen auf der kleinen Terrasse vor dem Schuppen, wenn Sie ein Käffchen zum Kuchen schlürfen. Touristenströme sind in dieser Ecke Hiddensees nicht zu erwarten. Auch eine kleine Ausstellung zu den Themen Fischerei und Inselköök ist zu sehen.

Königsbarg 10, T 038300 60 35 70, Nebensaison meist Di–Do 12–16, Hauptsaison tgl. 11–18 Uhr

Einkaufen

Wo die Fischer ihr Latein erzählen

Hafenkontor: Ist irgendetwas zwischen Snackbar und Tante-Emma-Laden. Für das Bier zum Sonnenuntergang am Hafen oder Knabbereien für den abendlichen Spieleabend in der Ferienwohnung ist auf jeden Fall gesorgt. Kostenlos gibt's einen lustigen Spruch der Einheimischen, die sich hier quasi täglich zum Schnack treffen.

Am Bollwerk 6, Fr–Mi 9–19 Uhr, manchmal auch länger

Zugabe
Wunderkammer

*Karl Huck und die
Homunkulus-Figurensammlung*

*Meister Huck und seine hölzernen
Schätze vor der Kulisse ihrer
Hiddenseer Heimat*

Wie von Zauberhand tänzeln die stummen Figuren auf der kleinen Bühne unweit des Vitter Hafens zu Geschichten der Weltliteratur. Wohl an keinem anderen Ort kann man bedeutenden Akteuren so nahe sein. Etwa Doktor Faustus oder Mister Scrooge, dem Griesgram aus Charles Dickens' Weihnachtsmärchen. Lebendig werden sie durch die geschickten Hände von Karl Huck, der mit seinen Holzpuppen Klassisches in die Moderne transportiert. Gewürzt mit klassischem Gedankengut und dem einen oder anderen geistvollen Witz.

Nach dem Abschluss des Studiums reiste Huck als frisch gebackener Diplom-Puppenspieler um die Welt. In Indien und Südamerika ließ er Kinderaugen strahlen, bevor er 1997 auf der Insel Hiddensee eine alte Werkstatt pachtete. Wo sich zuvor noch ein alter Tauchshop befunden hatte, entstand nach und nach das urige Kammertheater Seebühne Hiddensee.

Im Lauf der Zeit wuchs die Sammlung zusehends. Über 1000 Marionetten und Puppen suchten inzwischen einen Unterschlupf, den die alte Seebühne kaum noch bieten konnte. Dazu

»Gewürzt mit klassischem Gedankengut …«

quollen die hölzernen Arme und Beine in der kalten Jahreszeit regelmäßig auf und mussten im Frühjahr ebenso regelmäßig einer Regenerationskur unterzogen werden. Welch ein Glück, dass plötzlich ein Grundstück in Vitte zum Verkauf stand. Meister Huck sicherte es sich und ließ eine neue Heimstatt für Hase, Igel und Co. zimmern. Das hölzerne Museum mit der beträchtlichen Figuren- und Requisitenausstellung beherbergt ganz nebenbei auch noch eine Probenbühne und ein schnuckeliges Café, das mit Kaffee und Kuchen auf knallroten Stühlen zum Verweilen einlädt. In diesem Sinne: herzlich willkommen in der Welt von Homunkulus. Oder wie sein Erschaffer zu sagen pflegt: »So schreitet in dem engen Bretterhaus den ganzen Kreis der Schöpfung aus. Und wandelt mit bedächtiger Schnelle, vom Himmel durch die Welt zur Hölle.« ∎

Das Kleingedruckte

An der Ostseeküste hoffen die meisten Urlauber, Bernstein zu finden. Aber auch Herzmuscheln haben ihren Reiz.

Anreise

... mit dem Auto über Rügen-brücke oder Rügendamm

Die bequemste und beliebteste Route führt über die mautfreie **Rügenbrücke.** Daneben verläuft der 1937 gebaute **Rügendamm,** der weiterhin für den Fahrzeugverkehr geöffnet ist. Beachten Sie die Öffnungszeiten der Brücke für den Schiffsverkehr (5–6 x tgl., dadurch gegebenenfalls Wartezeiten bis zu 20 Min.). Insbesondere während der Saison müssen Sie auf der Rügenbrücke mit Stau oder zähfließendem Verkehr rechnen, auf dem Damm ist es meist ruhig.

Aus dem Westen Deutschlands: via A 1 bis Lübeck, dann auf der A 20 und B 194 bis Stralsund bzw. auf der B 96 direkt zur Rügenbrücke bzw. zum Rügendamm. Haben Sie auf der A 1 Hamburg erst einmal passiert, geht's wie im Flug auf die Insel. Der Verkehr läuft danach bis auf wenige Stoßzeiten in der Hauptsaison meist flüssig. **Aus dem Süden Deutschlands via Berlin:** ab Berlin auf der A 10, dann auf der A 19 bis Kreuz Rostock, weiter wie oben. Alternativ: auf der A 20 via Prenzlau und Neubrandenburg zur B 96, weiter wie oben. Fahrtdauer Berlin–Rügenbrücke: unter 2 Std.

... per Auto und Fähre nach Rügen

Von Mai bis Ende Oktober verkehrt die **Rügen-Fähre** (tgl. 6.30–19.45 Uhr, alle 20–30 Min.), eine Autofähre zwischen Stahlbrode und Glewitz (Halbinsel Zudar) auf Rügen. Perfekt für alle, die sich ihrem Ziel auf Rügen langsam und beschaulich nähern wollen oder auf der **Halbinsel Zudar** ihr Domizil gebucht haben.

www.weisse-flotte.de, Stahlbrode–Glewitz/ Glewitz–Stahlbrode tgl. alle 20–30 Min., Anf. April–Mitte Juni, 2. Sept.-Woche–Ende Okt. 6.30–19.30/6.45–19.45, Mitte Juni– 1. Sept.-Woche 6.30–21/6.45–21.15 Uhr, Pkw/Anhänger bis 3 t hin/zurück 11 € (inkl. Fahrer), zzgl. je Strecke 1,50 €/Pers. (4–11 Jahre 1 €), weitere Preise s. Website

STECKBRIEF RÜGEN S

Lage: Die Hansestadt Stralsund ist das Tor zur Insel Rügen, die vor der Ostseeküste Vorpommerns im äußersten Nordosten Mecklenburg-Vorpommerns liegt. Deutschlands größte Ostseeinsel gehört zum Landkreis Vorpommern-Rügen.

Größe: Die Gesamtfläche beträgt knapp 1000 m^2 – damit ist Rügen etwas größer als Berlin. Rügen hat einen Durchmesser von gut 50 km.

Geografie: Die Eiszeit hat auf Rügen Hügel, Seen und Bodden (Lagunen) hervorgebracht. Meeresbuchten und Halbinseln sind ebenfalls charakteristisch für die Insel. Beeindruckend sind der gewaltige Buchenbestand und die mächtigen Kreidefelsen im Nationalpark Jasmund.

Einwohner: 77 000

Zentrum: Bergen auf Rügen

Wirtschaft: Die Region ist stark vom Tourismus geprägt. Fast alle Rüganer sind direkt oder indirekt im Hotel- und Gastgewerbe beschäftigt. Die Insel ist innerhalb des Urlaubslands Mecklenburg-Vorpommern die beliebteste Region. Für Stralsund gilt Ähnliches, wobei die MV-Werften als größter Arbeitgeber der Stadt einen weiteren wichtigen Wirtschaftszweig bilden.

... mit der Bahn

Umweltfreundlicher und ohne Stau reisen Sie mit der Deutschen Bahn (www.bahn.de) an. Überregionaler Zielbahnhof ist **Bergen auf Rügen.** Von dort erreichen Sie mit Regionalbahnen oder Bussen (www.vvr-bus.de; s. S. 241) bequem fast jeden Ort auf der Insel. Die Fahrzeit ab Bergen beträgt nie mehr als eine Stunde. **Ab Rostock** fahren Züge im Zweistundentakt über Stralsund nach Bergen. Zudem bestehen zahlreiche umsteigefreie **IC-Verbindungen** u. a. aus den Regionen Rhein/Ruhr, Rhein/Main und Ostdeutschland nach Bergen auf Rügen.

Aus Süddeutschland, der Schweiz und Österreich können Sie sowohl Tagesverbindungen mit ICE-Zügen als auch Nachtzugverbindungen nach Berlin und Hamburg mit Anschlüssen weiter nach Rügen nutzen.

... mit dem Fernbus

Noch recht neu, aber gut und günstig ist die Anreise mit dem Fernbus. Sie haben z. B. mehrmals täglich die Möglichkeit, aus Dresden, Leipzig oder Berlin in die Ostseebäder zu gelangen oder die Linienverbindungen zu nutzen, die über Berlin eine Anbindung aus Amsterdam, Wien oder dem westdeutschen Raum gewährleisten. Fast alle Fernbusse bieten kostenloses WLAN, die Preise pro Strecke liegen innerhalb Deutschlands meist unter 50 €. Der wichtigste Anbieter ist Flixbus (www.flixbus.de), aber auch die UBB-Fernbusse (www.ubb-online.com) steuern Rügen an. Eine Übersicht über alle Anbieter und Preise erhalten Sie unter **www.buslinensuche.de.**

... mit dem Flugzeug

Der nächste internationale Flughafen ist **Rostock-Laage** (www.rostock-airport.de). Der Airport wird von Maschinen aus München, Stuttgart oder dem Ruhrgebiet (www.lufthansa.de, www.eurowings.de) teils täglich, teils mehrmals wöchentlich angeflogen. Die Flugpreise sind jedoch recht hoch im Vergleich zu einer Anreise mit Bahn, Bus und Auto. Zudem müssen noch etwa 1,5 Std. Fahrt mit dem Mietwagen nach Rügen eingeplant werden.

... direkt nach Hiddensee

Die **Reederei Hiddensee** (www.reederei-hiddensee.de) bringt Sie von Schaprode oder Stralsund nach Hiddensee. Da Hiddensee autofrei ist, können Sie nur als Fußgänger oder mit dem Fahrrad übersetzen. Die Fähren steuern auf Hiddensee die Orte Neuenburg, Vitte und Kloster an.

Schaprode–Hiddensee: je nach Zielort und Verbindung ca. 25–90 Min. nach Hiddensee. Die Hin- und Rückfahrt kostet 22 € (4–14 Jahre 12,60 €, Familienkarte 57 €), Fahrrad 7 €; weitere Preise s. Website. Alternativ können Sie die schnelleren Wassertaxis nutzen, bis 7 Personen 75–80 €. Ihr Auto können Sie im Hafenort Schaprode auf Rügen parken: Großparkplätze am Ortseingang (3,50 €/Tag, ab 2 Tagen 2,50 €/Tag) und direkt am Hafen (5 €/Tag, ab 2 Tagen 4 €/Tag). Der Anleger ist zu Fuß oder vom Ortseingang in der Saison per Bimmelbahn (hin/zurück 1,60 €, bis 11 Jahre 0,80 €) erreichbar. Günstiger sind die privaten Parkplätze im Ort (oft nur 2 €/Tag), die von den Einwohnern in Garagenkomplexen oder in Hinterhöfen vermietet werden. Selbst in der Hochsaison werden Sie immer ein Plätzchen für Ihr Auto finden, auch ohne Reservierung.

Stralsund–Hiddensee: Von Stralsund aus beträgt die Fährzeit je nach Zielort und Verbindung ca. 1,5–2 Std. (Zeiten s. Website). Die Hin- und Rückfahrt kostet 25,50 € (4–14 Jahre 13,40 €, Familienkarte 64,30 €), Fahrrad 8,20 €; weitere Preise s. Website, Wassertaxi bis 7 Personen 250 €. In Stralsund müssen Sie mit Parkkosten von 10 €/Tag aufwärts in einem der Parkhäuser rechnen.

Bewegen und Entschleunigen

Angeln

Ob Aal, Dorsch, Flunder, Hornhecht, Hering oder Meeresforelle – Rügen ist ein Paradies für Petrijünger. Auch ohne Angelschein können Sie auf Fischfang gehen: Mit dem Touristenfischereischein und einer zeitlich befristeten Angelerlaubnis, die u. a. von Gemeindeverwaltungen der Ostseebäder, Tourist-Informationen oder einigen Campingplatzbetreibern ausgestellt wird, kann eine Genehmigung für die Küstengewässer erworben werden. Mit den Ausweisen ist es u. a. möglich, von den Seebrücken in Binz oder Sellin aus zu angeln. **Infos:** www.lallf.de, www.ruegen.de/angeln, www.angeln-ruegen.de, www.ruegenfishing.de.

Baden und Strände

Baden können Sie vor allem im **Osten** Rügens. Fast alle Strandabschnitte **zwischen Prora und Göhren** sind in der Hauptsaison von Rettungsschwimmern der DLRG bewacht. Die Badequalität ist überall hervorragend (Blaue Flagge). Der Strand ist zumeist flach abfallend und die Wellenbrandung niedrig, sodass kleinere Kinder sorgenfreie Planschfreuden genießen können. Auch Toiletten sowie barrierefreie Strandzugänge sind in regelmäßigem Abstand vorhanden.

Der längste (und einsamste Strand) zieht sich mit 11 km im Nordosten Rügens **zwischen Breege/Juliusruh und Glowe** entlang der Tromper Wiek. Der Strand ist an nur wenigen Stellen bewacht.

FKK-Anhänger finden überall extra ausgewiesene Abschnitte. Besonders empfehlenswert ist der südöstliche Zipfel um **Thiessow** herum, wo auf 5 km Länge der Freikörperkultur gefrönt werden kann.

Auf **Hiddensee** ist das gesamte westliche Ufer **zwischen Kloster und Neuendorf** für Sonnenanbeter und Badefreudige reserviert.

Radfahren

Mit seinem guten Radwegenetz, nur wenigen – und wenn, sanften – Hügeln und jeder Menge Vermietstationen ist **Rügen** perfekt für Pedalritter geeignet. Die prachtvolle Natur, die als schöne Kulisse herhält, birgt mitunter ihre Tücken. Viele Routen verlaufen über Kopfsteinpflasterstraßen oder Feldwege, weshalb am besten ein Trekkingrad gemietet oder mitgebracht wird. **Tourentipps und alle Fahrradverleiher:** www.ruegen.de/aktivitaeten/radfahren.

Wollen Sie Rügen ausschließlich per Fahrrad erkunden oder sogar umrunden, folgen Sie einfach der Route des **Ostseeküstenradwegs,** der die Insel auf gut 250 km einmal umkreist. Organisierte Touren mit Leihrad, Übernachtungen und Gepäckservice gibt es bei der Mecklenburger Radtour (www.mecklenburger-radtour.de).

Von Mitte Mai bis Ende Oktober verkehren die **RADzfatz-Busse** (www.vvr-bus.de). Ihr Fahrrad können Sie auf dem Hänger ganz einfach mitnehmen.

Auf **Hiddensee** kommen Sie sogar nur per Rad voran, wenn Sie nicht zu Fuß bzw. per Kutsche oder Inselbus unterwegs sein möchten.

Reiten

Rügen ist ein echtes Paradies für Pferdeliebhaber. Etwa zehn Pferde- und Reiterhöfe, darunter die Reitanlage Kasselvitz-Ausbau (s. S. 44), bieten auf der Insel neben Reitstunden und Ausritten meist auch Kutschfahrten und Übernachtungen an. Wälder, Felder und Seen bieten ideale Bedingungen für einmalige Naturerlebnisse. **Infos,** auch zu Strandausritten und Gastboxen auf: www.ruegen.de/aktivitaeten/reiten, www.auf-nach-mv.de/reiten. Etwas Besonderes sind der Islandpferdehof (s. S. 157) oder die Möglichkeit, Westernreiten auszuprobieren (www.westernreiten-ruegen.de).

Segeln

Dank seiner zerklüfteten Küste ist Rügen ein außergewöhnliches Segelrevier. Überall finden sich Buchten, Wieken und mit den Bodden herausfordernde Flachwassergebiete. Die Küstenlänge beträgt stolze 600 km. Entsprechend gibt es viele Marinas und Häfen – einer der schönsten liegt zweifelsohne in Seedorf (s. S. 101) im Südosten der Insel. Die Segelbedingungen sind was für Profis: Häufig wechselnde Winde und Strömungen und die flachen Gewässer fordern Konzentration und Erfahrung. Teile Rügens und Hiddensees sowie die Inseln Greifswalder Oie und Vilm sind ausgewiesene Schutzgebiete und nur mit Sondergenehmigung anfahrbar.

Landratten können bei zahlreichen Anbietern (z. B.: www.manati-sailing.de, www.segelurlaub-ruegen.de) **Tages- und Mehrtagestörns** buchen und Seeluft schnuppern. Die Touren führen u. a. zur Insel Hiddensee, zum Kap Arkona, zu den bekannten Ostseebädern Binz und Sellin oder entlang der Kreideküste der Halbinsel Jasmund bis nach Sassnitz. Die Preise liegen meist unter 150 €/Tag. Zwischen Stralsund und Rügen gibt es zudem viele **Segelschulen** (www.im-jaich.de, www.segelschule-ruegen.de), die Urlauber in kürzester Zeit zum Segelschein führen.

Surfen, Kiten, Stand-up-Paddling

Auf Rügen befindet sich Deutschlands größtes Stehrevier. Es liegt auf der Insel Ummanz vor Suhrendorf. Hier schwirren und schweben bei prächtigen Winden die Kite- und Windsurfer über Wellen und durch die Luft. Aber auch am Ostufer des Wieker Boddens, in Thiessow oder am Surfspot Rosengarten im Süden Rügens warten hervorragende Bedingungen. In nahezu jedem Ostseebad gibt es Anbieter für Wind- oder Kitesurfen und Stand-Up-Paddling. Der bekannteste mit Stationen auf der ganzen Insel ist **Sail & Surf Rügen** (www.segelschule-ruegen.de).

Wellness und Gesundheit

Die Insel blickt auf eine lange Tradition im Bade- und Kurwesen zurück. Insbesondere aufgrund des Ostsee-Reizklimas, das Atemwegsleiden lindern kann. Dazu warten natürliche Heilmittel wie mineralreiche Moore, Heilkreide, Vitamin-C-reicher Sanddorn, zertifizierte Sole-Heilwässer und natürlich das Meer selbst, um ideale Entspannung zu bieten und Leiden zu bessern. Vor allem in den Ostseebädern **Binz, Sellin und Göhren** widmen sich Hotels mit speziellen Angeboten dem Thema Gesundheitsurlaub, z. B. das Waldhotel Göhren. Hotels wie das Parkhotel Rügen in **Bergen** bieten Möglichkeiten zum Basenfasten an. Darüber hinaus hat fast jedes größere Hotel einen Spa- und Wellnessbereich, in dem Anwendungen gebucht werden können. **Übersicht über Hotels mit entsprechenden Arrangements:** www.gesundes-mv.de.

Wandern

Mehr als 800 km ausgewiesene **Wanderwege** locken lauffreudige Urlauber an. Es geht vorbei an feinsandigen Meeresbuchten und tollen Naturstränden oder entlang der Hochufer der Halbinseln Wittow und Jasmund im Norden bzw. des Mönchguts im Süden. Viele Wanderwege sind ausgezeichnet, etwa der Hochuferweg im Nationalpark Jasmund, s. S. 160). Manche Orte erreichen Sie gar nur zu Fuß, wie das wunderschöne Fischerdörfchen Vitt (s. S. 146) nahe Kap Arkona. Ideal für Aktivurlauber: Jedes Jahr im Frühjahr und im Herbst organisiert Rügens Tourismuszentrale einen **Wanderfrühling bzw. Aktivherbst** (www.ruegen.de/wandern) mit zahlreichen kostenlosen Führungen und Exkursionen.

Essen und Trinken

Die Küche auf Rügen

Rüganer lieben die deftige und rustikale Küche Mecklenburgs und Vorpommerns. Die geografische Trennung der Insel vom Festland ist in Bezug auf kulinarische Vorlieben kaum auszumachen. Mittags kommen nicht selten **Königsberger Klopse, Gulasch, Senfeier, Kohlgerichte** oder – in ostdeutscher Tradition – **Soljanka** auf den Tisch. Satt sollen die Gerichte machen, vor allem schmecken. So sind bis heute Präpositionen wie ›an‹ oder ›auf‹ auf Speisekarten fremd – abgesehen von einigen exklusiven Restaurants, die sich vor allem in Binz und Sellin befinden. Übrigens: Der Camembert **Rügener Badejunge** wird seit 2019 nicht mehr auf der Insel produziert und auch die Milch stammt nicht von Rügener Kühen.

Die klare Nummer eins auf dem Herd aber ist **Fisch.** Frischer als hier geht es ja auch kaum. Das lieben anscheinend auch die Urlauber und so ist die Dichte an Fischimbissen, Fischbrötchenständen und Fischrestaurants enorm. Eine Spezialität ist der Rügener **Rökeraal,** der auf

GEPRÜFTE RÜGENPRODUKTE R

Rügen hat im Lauf der Jahre einige Initiativen und Prüfsiegel hervorgebracht, die frische Produkte aus der Region kennzeichnen und ihren Wert hervorheben. Bei allen landwirtschaftlichen Produkten, auf denen das **Siegel des Rügen Produkte Vereins e. V.** abgedruckt ist, können Sie sicher sein, dass sie nachhaltig erwirtschaftet wurden und naturbelassen sind. Der Verein ist auch Zertifikatgeber für die Auszeichnung **Regionale Eßkultur.** In allen Restaurants und Gasthäusern, die das Logo mit der weißen Kochmütze auf blauem Grund zeigen, genießen Sie das Beste von Rügen: pflanzliche oder tierische Lebensmittel, die auf Rügen geerntet, veredelt und verpackt wurden. Das Gütesiegel wird maximal für zwei Jahre vergeben, dann wird streng nachgeprüft.

der Insel vorwiegend pur genossen wird. Aal-Variationen sind **Rügener Aalsuppe** oder **Schmoraal,** der insbesondere auf Hiddensee gegen gutes Geld angeboten wird. Wenn im Frühjahr »dei **Hering** kommt«, kommt auch die Zeit der kreativen Inselköche. Sie wetteifern um das ausgefallenste und beste Rezept für den beliebten Fisch. Im Mai hat der **Hornfisch** seine Zeit: Dann schwimmt er vom Atlantik in die Ostsee und laicht dort. Weitere beliebte Meeresdelikatessen sind die **Flunder** (Mai–Aug.) und der **Dorsch** (Sept.–April). Wer Fisch von Rügen mit nach Hause nehmen möchte, kann z. B. zu **Fischkonserven** von Rügenfisch in Sassnitz greifen.

Feiertage

1. Jan.: Neujahr
März/April: Karfreitag, Ostern
1. Mai: Tag der Arbeit
Mai: Christi Himmelfahrt
Mai/Juni: Pfingsten
3. Okt.: Tag der Deutschen Einheit
31. Okt.: Reformationstag
25./26. Dez.: Weihnachten

Informationsquellen

Tourist-Infos und Kurverwaltungen

Alle Ostseebäder und touristischen Orte haben mindestens eine Tourist-Info, meist betrieben von den Kurverwaltungen, manchmal auch von Vereinen oder Unternehmen. Selbst kleinere Dörfer halten Urlauber oft auf dem Laufenden. Die Informationen sind in der Hauptsaison (Mai/Juni–Aug.) meist täglich geöffnet, außerhalb der Saison am Wochenende häufig geschlossen (außer in den größeren Ostseebädern). Die genauen Adressen und Öffnungszeiten sind im Reiseteil vermerkt. Möchten Sie sich bereits vor der Abreise auf den Urlaub einstimmen oder Gastgeber nicht im Internet suchen, können Sie sich von den Kurverwaltungen Broschüren und Gastgeberverzeichnisse zuschicken lassen oder diese im Internet runterladen.

Im Internet

www.stralsundtourismus.de: gute und ausführliche Seite zu touristischen Angeboten in Stralsund, darunter Stadtführungen, Restaurants, Unterkünfte und Museen. Infos zur Backstein-Geschichte der Stadt.
www.ruegen.de: Website der Tourismuszentrale Rügen GmbH für die Insel. Ausführliche Infos zu Regionen, aktuellen Veranstaltungen, Gastgeberübersicht, Rad- und Wandertourentipps sowie kostenlose Downloads von Broschüren, z. B. zum Wanderfrühling.
www.seebad-hiddensee.de: Der Hiddenseer Hafen- und Kurbetrieb informiert über Aktivitäten und kulturelle Höhepunkte auf der Insel. Dazu werden Anreiseinformationen gegeben und Gastgeber (mit Buchungsmöglichkeit) vorgestellt.
www.auf-nach-mv.de/ruegen-hiddensee: Der Tourismusverband Mecklenburg-Vorpommern bietet eine prägnante Übersicht über die Besonderheiten Rügens und einen Imagefilm.
www.wirsindinsel.de: Reportagen, Glossen und vieles mehr rund um die Insel Rügen. Bereisen Sie Rügen durch die Hintertür und lesen Sie tolle Artikel von Inselexperten über Lebensgeschichten und den einen oder anderen Geheimtipp.
www.nationalpark-vorpommersche-boddenlandschaft.de, www.nationalpark-jasmund.de: offizielle Websites der Nationalparks von Rügen mit Hintergrundinfos zur Pflanzen- und Tierwelt, zu Führungen, Festen und Verhaltensregeln.
www.paradies-ruegen.de: Die Website präsentiert eine große Auswahl an Ferienhäusern und -wohnungen, die auch direkt buchbar sind. Der Rügen-Blog der Seite stellt die einzelnen Regionen der Insel ausführlich und lesenswert vor, listet Neuigkeiten auf und gibt Ausflugstipps.

Apps und Hashtags

Rügen-App: www.ruegen-app.de, Rügen-Infos von Orten über Essen und Ausgehen bis zu Gesundheit, Stränden, Wetter und vielem mehr.
Beliebte Hashtags: #ruegen, #inselruegen, #ostsee, #strand, #meer, #ummaii, #mvtutgut, #aufnachmv, #kaparkona, #wirsindinsel, #balticsea, #sellin, #binzmoment, #kitesurfing, #beach, #nature, #insel, #beachesandbeeches, #mecklenburgvorpommern.

Internetzugang

WLAN-Hotspots

Fast alle Hotels und die meisten Ferienwohnungen in Stralsund und auf Rügen bieten WLAN-Zugang an. Manchmal ist jedoch eine Pauschale zu entrichten (bei der Buchung oder an der Rezeption der Unterkunft erfahren Sie die Preise).

Auch Kurverwaltungen und Bibliotheken (oftmals im Haus des Gastes untergebracht) sowie Cafés bieten meist die Möglichkeit, teils gegen, teils ohne Gebühr das Internet zu nutzen.

Seit einiger Zeit können Sie auch im Strandkorb E-Mails checken oder auf dem Ausflugsboot den Tisch für das Abendessen im Restaurant reservieren. Die größten Hotspot-Anbieter sind T-Mobile (www.hotspot.de) und Vodafone (www.vodafone.de/hotspot). Letzterer unterhält ca. 3000 Empfangspunkte in der Region. Auch Nichtkunden können nach dem Log-in bis zu 30 Min./Tag kostenlos surfen, bei Bedarf kaufen Sie ein Zeitpaket. Weitere Hotspots auf www.hotsplots.de.

Kinder

Eine große Auswahl an kinderfreundlichen Einrichtungen sowie die vielen, meist breiten Strände mit ihren flachen Meereszugängen bieten ideale Voraussetzungen für einen Familienurlaub. Auch außerhalb der Sommersaison bietet **Rügen** vielfältige Möglichkeiten für einen Urlaub mit Kind. So gibt es etwa in Binz einen öffentlichen **Kids Club** (www.facebook.com/kidsclubbinz), in Putbus die **Pirateninsel Rügen** (s. S. 62) und in Sagard das **Dinosaurierland** (s. S. 177) sowie Indoor-Wassererlebniswelten wie die **Erlebniswelt Splash** (s. S. 177) in Neddesitz bei Sagard und **Ahoi Rügen** (s. S. 106). in Sellin. Spannend sind auch das **Naturerbe Zentrum Rügen** (s. Lieblingsort S. 90) in Prora oder das **Nationalpark-Zentrum Königsstuhl** (s. S. 160). Der beliebteste Anlaufpunkt für Familien ist **Karls Erlebnis-Dorf Zirkow** (s. Kasten S. 96). Viele der Einrichtungen und Gastgeber wissen nicht nur, was urlaubsreife Familien wollen, sondern tragen auch das Qualitätssiegel des Landestourismusverbands Mecklenburg-Vorpommern für familienfreundlichen Urlaub: Achten Sie auf das Logo mit dem **Urlaubskönig Gustav** am Eingang der Unterkunft oder auf deren Website.

Hiddensee ist kinder- und familienfreundlich: Es fahren nahezu keine Autos, die weiten Sandstrände sind ein Eldorado für Hobbypiraten und Spielplätze gibt es auch (in Vitte, Höhe Norderende 210, in Neuendorf vor den Dünen am Weststrand und im Pastorenweg in Kloster). Fast alle Vermieter stellen eine Kleinkindausstattung zur Verfügung, besonders kinderfreundlich sind die Post Hiddensee Appartements (s. S. 222, Vitte) und das AppartementHaus Dornbusch (s. S. 214, Kloster).

Klima und Reisezeit

Sie haben bestimmt schon vom Schietwetter gehört, das tagein, tagaus im Norden herrschen soll, während im Süden Deutschlands die Sonne strahlt. Doch tatsächlich gehört die Insel Rügen zu den sonnigsten Regionen der Republik, ganz vorne mit dabei das Kap Arkona und die unbewohnte

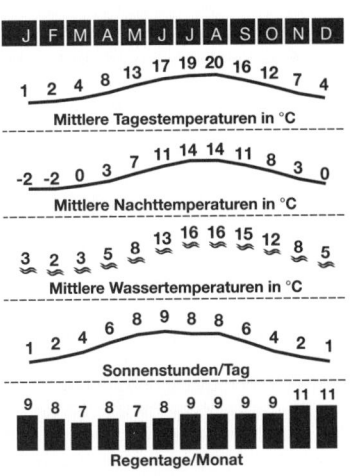

So ist das Wetter auf Rügen.

Insel Greifswalder Oie, wo die Sonne nicht selten 1800 Stunden und mehr im Jahr freie Bahn hat. Einer der Gründe für die beeindruckenden Zahlen ist natürlich auch, dass die Zeit zwischen dem Sonnenauf und -untergang in den Sommermonaten länger ist als in Bayern.

Trotz der Sonne und der Temperaturen, die zwischen **Juni und August** regelmäßig an den 30 °C kratzen, sollten Sie auch im Sommer stets einen leichten Pullover oder Windbreaker im Gepäck haben. Der **Wind** ist an Rügens Küste ein ständiger Begleiter. Perfekt im Übrigen für Gesundheitsurlauber, die dadurch fast überall auf der Insel die jodhaltige Brise einatmen. Auch Schatzsucher schätzen das Naturphänomen. Vor allem im Herbst, wenn Stürme und Böen fossilen Bernstein an die Strände spülen.

Sie lieben die Natur? Dann sollten Sie in den Frühjahrsmonaten **März und April** auf die Insel kommen. Die Wälder und Wiesen erblühen farbenfroh und unzählige Anemonen lassen Rügen erstrahlen. Ideale Voraussetzungen für einen Spaziergang in den Nationalparks oder über das hügelige

Mönchgut. Rund um **Ostern** sollten Sie einen Ausflug nach Putbus einplanen. Hier finden die jährlichen Bärlauchtage statt.

Für Sonnenanbeter eignen sich auch die Monate **Mai** und vor allem **Juni**. Die Lufttemperatur liegt zwischen 15 °C und 20 °C, die Wassertemperatur ist ähnlich. Dazu finden Sie jederzeit einen Platz am Strand, was im Juli und August schon zur Herausforderung werden kann.

Im **September** ist die größte Urlaubswelle abgeebbt und das Preis-Leistungs-Verhältnis geht auf Normalniveau zurück. Meist ist es noch sehr warm und die Ostsee hat auch noch um 20 °C.

Die norddeutsche Variante des **Indian Summer** erwartet Sie von **Oktober bis Anfang November,** wenn die Blätter der Küstenwaldbäume ihr leuchtendes Farbspiel aufführen. In dieser Zeit lockt der **Aktivherbst** mehrere Wochen mit tollen Ausflügen und Exkursionen vor die Hoteltüren.

Im **Dezember** sind viele Dörfer – und selbst die Ostseebäder – wie ausgestorben, da die meisten Ferienhäuser und kleinere Hotels geschlossen haben. Nur rund um **Weihnachten** und den **Jahreswechsel** wird es noch einmal richtig voll in den Küstenorten. Mummeln Sie sich dick ein und drehen Sie eine Runde am Strand – so geht Winter auf Norddeutsch!

Lesetipps

Ob **Klippenmord, Der Tote im Strandkorb** oder **Möwenfraß** – so richtig gut kommt Rügen in der Literatur nicht weg. Dank toller Krimiautorinnen wie Katharina Peters oder Klara Holm, die spannungsgeladene Romane verfasst haben.
Kreibohms Wetter! Sonne, Regen – und die Kunst der Vorhersage, Kreibohm, Stefan: Woher genau das Nass von oben kommt oder der Wind von der Seite, erklärt Rügens Wetterfrosch Nummer eins.
Bernsteinmord. Ein Rügen-Krimi, Peters, Katharina: Wer die Sumpfleiche im

Schmachter See überstanden hat, der kann sich weiteren mysteriösen Fällen der Komissarin Romy Beccare zuwenden.
52 kleine und große Eskapaden auf und um Rügen. Ab nach draußen! Jeske, Cornelia und Rößiger, Monika: Nicht faul rumliegen am Strand – die Autorinnen haben eine klare Meinung, wie Urlaub auf Rügen auszusehen hat. Genug Gründe (und amüsant beschriebene Touren) listen sie in ihrem Reiseführer der anderen Art.
Das alte Rügen, Petrick, Fritz und Wartenberg, Heiko: Wie Deutschlands größte Ostseeinsel wohl früher ausgesehen hat? Eindrucksvolle Fotografien versprechen eine Zeitreise in die Wende zum 20. Jh. und belegen die eindrucksvolle Entwicklung der touristischen Infrastruktur.
Rügen schmeckt. Rezepte von Peter Knobloch, Knobloch, Peter und Grünke, Lutz: Einer von Rügens besten Köchen, der als Ausbilder auch viele Nachwuchshaubenträger das Handwerk gelehrt hat, stellt Gerichte mit regionaler Note und ohne chemische Zusatzstoffe vor.
Geschichten und Anekdoten aus Stralsund. Um drei in der Fährstraße!, Berndt, Birgit: Ob der »Mittagstreff beim Doktor« oder die Straßenbahn, die einst kreuz und quer durch die Stadt klimperte – Berndt zeichnet eine amüsante Stadtgeschichte.
Kruso, Seiler, Lutz: Edgar Bendler findet Zuflucht auf einer Insel außerhalb der Zeit und jenseits der Nachrichten. Im Abwasch des Klausners, einer Kneipe hoch über dem Meer auf dem ›söten Länneken‹ (Hiddensee) lernt er Alexander Krusowitsch kennen, genannt Kruso. Der Roman erzählt von einem spannenden Inselabenteuer, einer mit Ritualen durchsetzten Freundschaft und den Erschütterungen des Herbstes 1989. Prima Urlaubslektüre, packende Landeskunde inklusive.
Mit Ringelnatz auf Hiddensee. Ein poetischer Spaziergang, Fritzsch, Ute: Mit viel Liebe gibt die Autorin Einblicke in Bilder, Briefe und Dokumente des Dichters, der immer wieder Zeit auf dem ›sö-

ten Länneken‹ verbrachte. Das Beste: Der poetische Spaziergang ist nacherlebbar! **Fietje – Die Abenteuer einer Mönchguter Trachtenfledermaus,** Lindemann, Janet und Meierewert, Frank: die perfekte Gute-Nacht-Geschichte für Ihre Kleinsten. Lesen Sie die spannende und toll bebilderte Geschichte von der liebenswerten Fledermaus und ihrer Suche nach einem Schatz.

Reisen mit Handicap

Der Tourismusverband Mecklenburg-Vorpommern zeichnet seit vielen Jahren Unterkünfte für ihre Barrierefreiheit aus. Die zertifizierten Unterkünfte sind an dem Siegel **Reisen für Alle** zu erkennen: **www. auf-nach-mv.de/reisen-fuer-alle.**

Fast jedes Ostseebad auf Rügen bietet **Strandzugänge,** die auch mit dem Rollstuhl befahrbar sind – in Baabe gibt es im Sommer sogar Gerätschaften, die Gehbehinderten ein Bad im Meer ermöglichen (s. Kasten S. 111). Der **Bahnhof Bergen** hat ganzjährig eine Hebebühne und einen Fahrstuhl vor Ort, alle Türen des Bahnhofsgebäudes öffnen automatisch. Im **Bahnhof Binz** gibt es eine Rampe für Fahrstuhlfahrer und eine Hebebühne, allerdings keine Automatiktüren. **Busse der VVR** (s. S. 241) setzen auf vielen Strecken Niederflurbusse (mit Rampen) ein. Eine vorherige Anmeldung ist zu empfehlen (T 038326 60 00, www.vvr-bus.de). Information zur **Beförderung von Rollstuhlfahrern,** die selbstständig in das Taxi einsteigen können, erhalten Sie unter T 03838 25 26 27.

Reiseplanung

Welche Inselregion passt zu mir?
Ruhig und beschaulich geht es im Südwesten von Rügen zu. Vogelfreunde, Wanderer und Leseratten mieten sich auf Zudar oder in Putbus eine Ferienwohnung und genießen das ungezwungene Leben

Viele Orte auf Rügen sind als Kurorte, Erholungsorte oder Seebäder klassifiziert. Entsprechend wird eine **Kurtaxe** fällig, die u. a. für Reinigungs- und Instandhaltungsarbeiten, öffentliche Freizeitanlagen oder auch kulturelle Angebote verwendet wird.

am Meer. Wer Trubel mag und nicht allzu mobil ist, sucht sich eines der Ostseebäder im Osten aus. Binz, Sellin oder Göhren bieten Tag und Nacht tolle Erlebnisse für Klein und Groß sowie eine hervorragende kulinarische Landschaft. Kennen Sie Rügen schon wie Ihre Westentasche? Dann planen Sie Ihren Urlaub auf der kleinen, autofreien Schwesterinsel Hiddensee.

Wo muss ich unbedingt hin?
Drei Orte sollten Sie sich notieren. Waren Sie in Binz, im **Nationalpark Jasmund am Königsstuhl** und bei den **Störtebeker Festspielen** in **Ralswiek,** dann können Sie mitreden – über historische Bäderarchitektur, endlose Spaziergänge an der Strandpromenade mit Planschausflug in die Ostsee, die einmalige Naturlandschaft der Insel und über ihr berühmtestes Gesicht, das in der Stubbenkammer auf Rügen einen Schatz versteckt haben soll …

Eine Woche, eine Insel – einmal alles bitte!
Wenn Sie zu der Spezies gehören, die erst einmal den perfekten Überblick benötigt oder schlicht überaus neugierig ist, unternehmen Sie doch einfach eine **Rundreise.** Nach einem Tag zwischen alten Backsteingemäuern und historischen Einkaufsgässchen in **Stralsund** steuern Sie das malerische **Altefähr** auf der anderen Seite des Strelasunds an. Am folgenden Tag schlendern Sie durch **Putbus** und staunen über die Hinterlassenschaft des

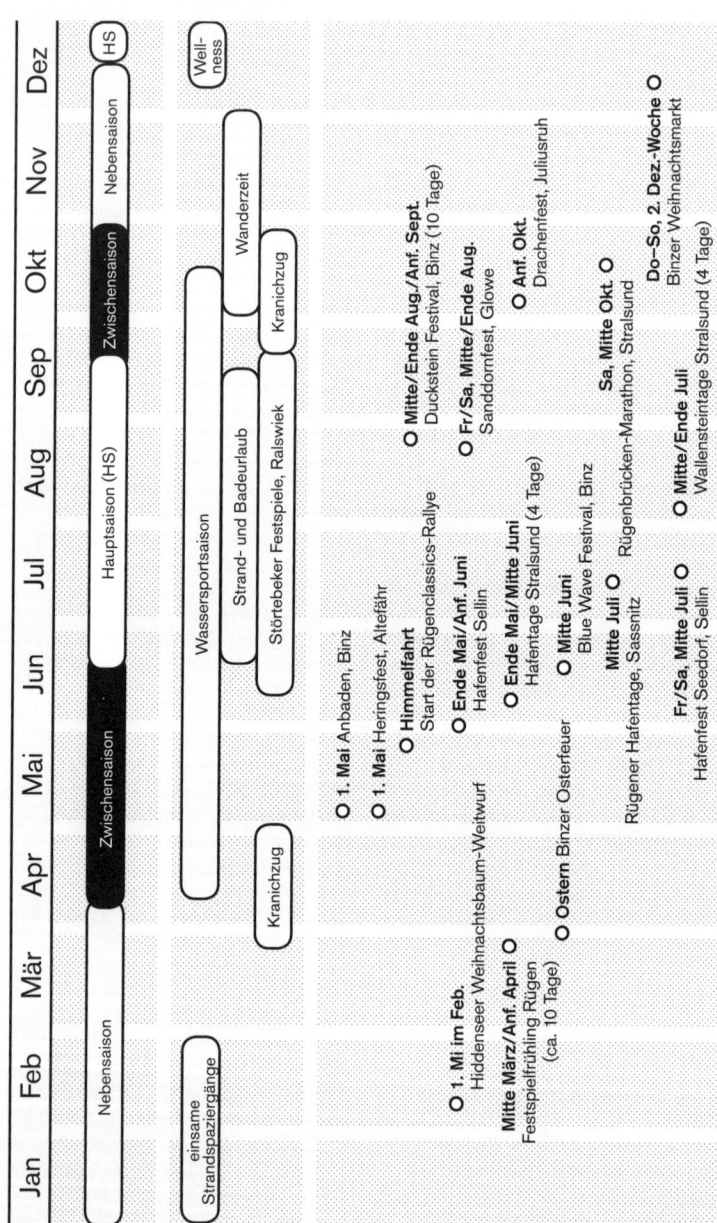

Jan	Feb	Mär	Apr	Mai	Jun	Jul	Aug	Sep	Okt	Nov	Dez

Nebensaison — Zwischensaison — Hauptsaison (HS) — Zwischensaison — Nebensaison

HS

einsame Strandspaziergänge

Wellness

Kranichzug — Wassersportsaison — Kranichzug

Strand- und Badeurlaub — Wanderzeit

Störtebeker Festspiele, Ralswiek

○ 1. Mi im Feb.
Hiddenseer Weihnachtsbaum-Weitwurf

Mitte März/Anf. April ○
Festspielfrühling Rügen
(ca. 10 Tage)

○ Ostern Binzer Osterfeuer

○ 1. Mai Anbaden, Binz

○ 1. Mai Heringsfest, Altefähr

○ Himmelfahrt
Start der Rügenclassics-Rallye

○ Ende Mai/Anf. Juni
Hafenfest Sellin

○ Ende Mai/Mitte Juni
Hafentage Stralsund (4 Tage)

○ Mitte Juni
Blue Wave Festival, Binz

Mitte Juli ○
Rügenbrücken-Marathon, Stralsund

Rügener Hafentage, Sassnitz

Fr/Sa, Mitte Juli ○
Hafenfest Seedorf, Sellin

○ Mitte/Ende Aug./Anf. Sept.
Duckstein Festival, Binz (10 Tage)

○ Fr/Sa, Mitte/Ende Aug.
Sanddornfest, Glowe

○ Anf. Okt.
Drachenfest, Juliusruh

Sa, Mitte Okt. ○

○ Mitte/Ende Juli
Wallensteintage Stralsund (4 Tage)

Do–So, 2. Dez.-Woche ○
Binzer Weihnachtsmarkt

wohl bekanntesten Fürsten der Insel Rügen, Wilhelm Malte I. Eine Tagestour über das **Mönchgut** lässt Sie am späten Abend des dritten Tages in einer **Binzer Bädervilla** einkehren und schon Pläne schmieden für Ihre Weiterreise zum mächtigen Kreidefelsen im **Nationalpark Jasmund.** Vorbei an der **Tromper Wiek** und dem längsten Sandstrand Rügens, trinken Sie im kleinen Fischerort **Vitt** einen Kaffee im malerischen Café am Meer. Entscheiden Sie selbst, ob Sie direkt am **Kap Arkona** oder im beschaulichen **Wiek** übernachten. Den nächsten Tag sollten Sie in jedem Fall gänzlich der Insel **Hiddensee** widmen – Ihr Auto parken Sie bequem für wenige Euro am Fähranleger in Schaprode. Auf Ihrer Rückfahrt nach Stralsund machen Sie einen kleinen Schlenker über die Insel **Ummanz.** Vielleicht haben Sie Glück und Sie sehen den beeindruckenden Einflug der Kraniche, die hier im Frühjahr und Herbst rasten.

Sicherheit und Notfälle

Notrufnummern
Polizei: T 110
Feuerwehr: T 112
ADAC-Pannenhilfe: T 01802 22 22 22 (0,06 €/dt. Festnetz), Mobil 22 22 22 (Gebühren je nach Netzbetreiber)
Sperrung Bank-/Kreditkarten/Handys: T 116 116
Ärztlicher Bereitschaftsdienst: T 116 117 (bei dringenden medizinischen Problemen in der Nacht, am Wochenende oder an Feiertagen)
Apothekennotdienst: T 0800 002 28 33

Übernachten

Nahezu jeder touristische Ort, insbesondere die Ostseebäder, und auch die Städte Bergen auf Rügen und Stralsund halten **Gastgeberverzeichnisse** bereit, die in Tourist-Infos bzw. Kurverwaltungen oder im Internet kostenlos zu erhalten sind. Diese listen meist sogar mehr Unterkünfte als die gängigen Buchungsplattformen, das gilt insbesondere für die Insel Hiddensee. **Hotels** sind über alle gängigen Buchungsplattformen im Internet zu finden. Es lohnt sich aber häufig, die Preise mit denen auf den hauseigenen Websites zu vergleichen. **Ferienwohnungen** listen insbesondere Vermittler und Suchportale wie www.traumferienwohnungen.de, www.hometogo.de, www.fewo-direkt.de, www.casamundo.de, www.ruegenmagic.de.

Preise: Hotels und Ferienwohnungen im Binnenland sind erheblich günstiger als in den Küstenorten. Am teuersten sind die Ostseebäder Binz, Sellin, Baabe und Göhren. Die preislichen Unterschiede zwischen Neben- und Hauptsaison sind teils extrem, so kann das Hotelzimmer im Sommer schnell fünfmal so viel wie im Winter kosten. Sollten Sie in Ferienzeiträumen, insbesondere im Juli und August, nach Rügen reisen wollen, buchen Sie möglichst frühzeitig.

Jugendherbergen
Jugendherbergen des DJH sind in Prora, Binz und Sellin zu finden. Sie liegen allesamt nah an der Ostsee. Die modernste und gleichzeitig längste Herberge der Welt ist in einem ehemaligen Block des sogenannten Kolosses von Prora (s. S. 92) untergebracht. Betten (im Sommer allerdings regelmäßig ausgebucht) sind oft bereits für unter 30 € zu bekommen. Wollen Sie hier Urlaubsfreuden genießen, müssen Sie eine DJH-Mitgliedschaft besitzen oder direkt vor Ort abschließen. Infos: www.jugendherbergen-mv.de.

Camping
Auf Hiddensee sowie in der freien Natur ist Camping grundsätzlich verboten, auf Rügen finden Sie knapp 20 Campingplätze – vom einfachen Naturzeltplatz bis zum Fünf-Sterne-Camping-Resort. Die meisten Anbieter haben in den letzten Jahren ihre Anlagen, die teilweise schon zu DDR-Zei-

ten Urlauber anlockten, auf Vordermann gebracht, Sanitäranlagen erneuert und z. B. Spielplätze und Wellnesszentren gebaut. Auch mietbare Mobilheime, Chalets und Hütten wurden errichtet. In einigen Orten, etwa auf dem Regenbogen-Campingplatz in Göhren (www.regenbogen.ag) kann auch im Winter gecampt werden. Eine Übersicht über alle Plätze und Preise gibt es bei dem Bundesverband der Campingwirtschaft: www.bvcd-mv.de.

Auf dem Wasser
Wenn Sie von sanften Wellen in den Schlaf geschaukelt werden wollen, mieten Sie sich in einer der schwimmenden Unterkünfte auf Rügen ein. Der größte Anbieter von Urlaub dieser Art ist die Wasserferienwelt Rügen (Im Jaich, Lauterbach, s. S. 65). In Gager (s. S. 124) auf dem Mönchgut oder im Hafendorf Wiek im Norden Rügens können Sie Hausboote beziehen und sich am Abend das Essen selber angeln. In Stralsund bietet das Hausboot Dänholm (über Buchungsportale) einen maritimen Urlaub der Extraklasse.

Der Umwelt zuliebe – nachhaltig reisen

Rügen strotzt nur so vor Natur. Nachhaltigkeit und ein umsichtiger Umgang mit der Umwelt haben bei vielen Rüganern und Urlaubsanbietern einen hohen Stellenwert. Deshalb wurde vor einigen Jahren von dem Biosphärenreservat Südost-Rügen, der Tourismuszentrale Rügen, dem Rügen Produkte Verein e. V. und vielen weiteren Partnern die **Woche der Nachhaltigkeit** ins Leben gerufen. Sie findet jährlich Mitte Oktober statt und lädt zum gemeinsamen Bäumepflanzen ein, zu geführten Wanderungen durch die herbstliche Insellandschaft, in Mitmach-Werkstätten, auf Safaris zu den Wasserbüffeln und in eine Kinderuni. Beim abschließenden **Markt der nachhaltigen Alternativen** im Naturerbe

OHNE AUTO

Ein Urlaub in Deutschland ohne das eigene Auto? Im Nordosten des Landes nicht unmöglich, vereinzelt sogar nicht anders erlaubt, z. B. auf **Hiddensee**, wo (fast) ausschließlich Fahrräder, handbetriebene Transportwagen und Kutschen die Fortbewegung ermöglichen. In **Stralsund** und auf **Rügen** sorgt ein gut ausgebauter Personennahverkehr für Mobilität – in Baabe, Göhren und Sellin kann dieser mit der Kurkarte kostenlos genutzt werden. Im Sommer fahren zudem RADzfatz-Busse (Busse mit Fahrradanhängern) auf touristisch relevanten Routen.

Zentrum Prora gilt es regionale Köstlichkeiten zu kosten und für gut zu befinden.
2019 starteten die Insulaner mit der Hansestadt Stralsund das Projekt **Weniger fürs Meer.** Ziel ist es, unnötigen Müll zu vermeiden, das Umweltbewusstsein zu stärken und die Ostsee vor Verschmutzung zu bewahren. Konkret bedeutet das: Verbannen Sie Einwegplastik aus Ihrem (Urlaubs-)Alltag! Eine Maßnahme im Rahmen des Projekts ist die Einführung des Mehrwegbecher-Pfandsystems des Unternehmens reCup. Zu den ersten Partnern, die auf Einweg-Kaffeebecher verzichten wollen, zählen die Bäckerei Peters auf Rügen sowie die Backfactory in Stralsund.
Konkrete Termine, Aktionen und Informationen gibt es unter **www.ruegen. de/nachhaltigkeit.**

Verkehrsmittel

… in Stralsund
Ein gutes und eng getaktetes Stadtbusnetz stellt die Beförderung im Innenstadtbereich sicher. Stralsund ist nicht allzu groß, sodass

Sie auch kostengünstig mit dem Taxi von A nach B gelangen. Selten kostet es mehr als 15 €.

... auf Rügen

Außer den kleinen Fischerort Vitt am Kap Arkona können Sie auf der Insel nahezu jedes Ziel mit dem Auto erreichen. Eine Maut wird – auch für die Fahrt über die Rügenbrücke – nirgendwo erhoben. Allerdings kommen Sie ab und zu um eine kurze Fährfahrt nicht herum, etwa, wenn Sie von Trent nach Wiek unterwegs sind (Wittower Fähre, www.weisse-flotte.de, einfache Fahrt 4,50 €). Die Website **www.vmv-mbh.de** liefert Fahrplaninfos für Bahn, Bus und Fährverbindungen.

Bahn: Auf Rügen verkehren Regionalbahnen vom Ostseebad Binz über Prora Ost, Prora und Lietzow sowie von Sassnitz über Lancken-Granitz, Sagard, Lietzow, Bergen, Teschenhagen, Samtens, Rambin und Altefähr. Haben Sie Zeit und Muße – oder sind Sie ein Fan von historischen Dampfloks –, dann unternehmen Sie eine Fahrt mit der **Rügenschen Bäderbahn Rasender Roland**. Seit 1895 verbindet die Schmalspurbahn die Seebäder im Südosten der Insel mit Putbus bzw. Mitte Mai–Mitte Okt. mit Lauterbach (www.rue gensche-baederbahn.de, ab Putbus tgl. ca. 8–18, ab Göhren tgl. ca. 10–20 Uhr, alle 2 Std., Mitte Mai –Mitte Okt. zusätzliche Fahrten, ab 2,40 €). Die Fahrtzeit beträgt rund 70 Min.

Bus: Mit den knapp 40 Buslinien der VVR (Verkehrsgesellschaft Vorpommern-Rügen, www.vvr-bus.de) erreichen Sie touristische Orte gut ohne eigenes Auto, teils sogar kostenlos (s. Kasten oben) und mit dem Rad im Gepäck (RADzfatz-Busse, s. S. 231).

Fähre nach Hiddensee: s. S. 230.

Funktaxi Rügen: T 038392 30 30.

... auf Hiddensee

Ohne **Fahrrad** geht es kaum auf dem ›söten Lännekenk. Fast jeder Einwohner hat

BUSFAHREN INKLUSIVE

Der Verkehrsverbund Vorpommern bietet im Bereich der Ostseebäder Sellin, Baabe und Göhren sowie im südöstlichen Teil des Biosphärenreservats Südost-Rügen **»Bus frei – kostenlos mobil mit Kurkarte«** an. Kurkarteninhaber der genannten Ostseebäder und der Gemeinde Mönchgut können die Busse der VVR ganzjährig kostenlos nutzen.

eines und für jeden Urlauber wird eines in den unzähligen Mietstationen bereitgehalten (achten Sie auf die Schilder am Straßenrand, 6–10 €/Tag). Viele Hotels und Pensionen stellen zudem Kofferanhänger am Hafen in Neuendorf, Vitte oder Kloster bereit, mit dem Sie unkompliziert Ihr Hab und Gut zur Unterkunft befördern können. Für längere Strecken eignet sich die **Kutsche** oder der elektrisch betriebene **Inselbus** (www.seebad-hiddensee.de/service/wissenswertes/inselbus).

SCHIFFSRUNDFAHRTEN

Von keinem Ort auf Rügen sind es mehr als 7 km zum Wasser. Da ist nachvollziehbar, dass sich unzählige Anbieter von Schiffsausflügen in der Region angesiedelt haben. Neben moderierten Fährüberfahrten gibt es Robbenexkursionen (im Südosten), Touren zu interessanten Inseln (z. B. Vilm oder Greifswalder Oie) oder Kranichausfahrten. Die meisten Schiffsrundfahrten werden von der Reederei Hiddensee (www.reederei-hiddensee.de), den Adler-Schiffen (www.adler-schiffe.de) oder der Weißen Flotte (www.weisse-flotte.de) angeboten.

Plattdeutsch für den Urlaub

Moin Moin

Guten Morgen, guten Tag, guten Abend – eigentlich zu jeder Tageszeit wirft man sich diese Begrüßungsformel an den Kopf. Ob beim Einchecken im Hotel oder an der Kasse im Supermarkt. Manchmal übrigens auch zum Verabschieden.

Denn man tau, Kinnings

Ihre Jüngsten bummeln mal wieder und zieren sich vor dem Einstieg in das Familiengefährt? Schimpfen Sie nicht. Probieren Sie es doch einfach mal mit diesem harmonischeren Ausruf.

Dröömbaddel

Oder träumt Ihr Nachwuchs einfach nur in der Gegend rum? Wat för en Dröömbaddel!

Min Fru

Kennen Sie die Geschichte »Vom Fischer und sin Fru?« Dann wissen Sie bereits, es geht um Frauen. Im konkreten Fall um die eigene.

Schietwetter

Sollten Sie bei Ihrem Spaziergang an der Strandpromenade auf einen Einheimischen treffen und gefragt werden: »Gauden Tach ook, Schietwetter hüt, nich wa?«, dann schauen Sie einmal in den Himmel und Sie verstehen, dass es das Wetter heute nicht gut mit Ihnen meint. Trotz der vielen Sonnenstunden auf Rügen kann auch das natürlich vorkommen.

Wat mutt, dat mutt

Manchmal kann man Dinge einfach nicht ändern. Das Wetter nicht, die Leute nicht, das schlechte Zimmer nicht. Nehmen Sie die ungünstige Situation an und machen Sie das Beste daraus, Ihnen bleibt manchmal einfach nichts anderes übrig.

Ik glööf dat nich

Wenn der besagte Regen nicht aufhört oder gerade doch aufhört, bringen Sie diesen Satz hervor: ›Das glaub' ich nicht‹, im Sinne von: Das ist ja nicht zu glauben!

Nähm di nix vör

Heute Wasser, morgen wandern, übermorgen Wellness. Werfen Sie Ihre Planung über den Haufen und leben Sie Ihre Urlaubswoche von Tag zu Tag! Machen Sie es wie die Einheimischen, die es frei und schlau nach dem Motto halten: »Nähm di nix vör, denn sleiht di nix fähl« (wörtl.: Nimm dir nichts vor, dann schlägt dir nichts fehl, also: Nimm dir nichts vor, dann geht auch nichts schief).

Trekk di ut

Wie Sie sicher wissen, hat die Freikörperkultur im Osten Deutschlands – und damit insbesondere auf Rügen – einen hohen Stellenwert. Damit es losgehen kann, muss abgelegt werden, was Gott nicht erschaffen hat. Es ist aber auch der perfekte Ausspruch, wenn Ihr Kind sich aus seinen triefend nassen Schwimmklamotten pellen soll: »So meen lütt Schiet-

Plattdeutsch für den Urlaub **243**

büddel, nu küm eis rut ut de Plünnen un treek di wat Dröges an. Trekk di ut.« Hört sich doch irgendwie netter an als die gleichen Worte auf Hochdeutsch: ›So, mein kleines Scheißerchen, nun komm erst mal raus den Klamotten und zieh dir was Trockenes an. Zieh dich aus.‹

Ik heff döst
Sie stehen an der Bar und warten. Und warten. Und warten. Rufen Sie dem Ober frech und frei zu, dass Sie Durst (döst) haben. Was im Hochdeutschen zu direkt klingt, ist up Platt genau die richtige Tonalität.

Wo geiht die dat?
Das werden Sie wahrscheinlich des Öfteren gefragt werden. Ihnen geht es natürlich gut, Sie sind schließlich im Urlaub. Antworten Sie also gekonnt »Mi geiht dat good« oder – wie echte Norddeutsche – »Dat is at dat is« (Es ist, wie es ist; frei übersetzt: wie immer).

Vun wo kummst du?
Dem Rüganer ist es nicht entgangen, dass Sie nicht von der Insel kommen. Sei es, weil Sie aufgeregt mit dem Fotoapparat von A nach B flitzen oder sich unter der Mittagssonne mit Tausenden anderen Urlaubern am Binzer Hauptstrand tummeln. Stellen Sie sich darauf ein, dass Sie in liebevollem Platt gefragt werden, aus welcher Ecke der Welt Sie kommen.

Säute Diern
Reisen Sie mit Ihrer Tochter, die sich gerade für die abendliche Party fertig macht, rufen Sie ihr zu: «Min säute Diern, schnieke süchst ut, ne wat bisde moi.« Wir weisen vorsorglich darauf hin, dass dieser Satz eher im familiären Zusammenhang benutzt werden sollte.

Swienplietsch
Schwer zu übersetzen, da es kein vergleichbares Wort im Hochdeutschen

gibt. Wir versuchen es mal so: Wenn Ihnen der Gast am Nachbartisch wieder eine seiner halbgaren Weisheiten für wahr verkaufen will, rufen Sie ihm zu: »Dat müssen Sie uns aber ma 'n bisschen genauer erklären.« Schon fliegt seine Bauernschlauheit auf. Wörtlich wohl ›schweineschlau‹.

Vertäl mee lever nix
Haben Sie die Schnauze voll? Warten Sie schon seit Stunden auf den Schlüssel für Ihre Ferienwohnung. Lassen Sie sich keine Lügengeschichten erzählen!

Dat is Tüddelkram
Eine andere Art, seinen Unmut auszudrücken: »Goh mi af, dat is Tüddelkram.«

Wo geiht dat lang na …
Müssen Sie nun rechts oder links abbiegen, um zu dem Museum zu kommen? Fragen Sie doch einfach den nächstbesten Passanten am Wegesrand.

An'n Strann utpedden
Sie sind angekommen. Die Koffer sind ausgepackt, die ersten Momente der Ruhe genossen. Laden Sie Ihre Liebste zu einer ersten Stippvisite an den Strand ein und fragen Sie: »Na meen Tüdi, wüllen we an'n Strann utpedden?«

Meen Kopp deit weh
Mann will heute einfach mal im Bett bleiben, Frau will aber zum Shoppen nach Binz? Eine kleine Notlüge hat noch keinem geschadet.

Tschüs, bit anner Maal
Der letzte Tag Ihres Urlaubs ist angebrochen. Wehmütig geht es an die Rezeption, um die Zimmerschlüssel abzugeben. Lassen Sie dem Portier noch einen letzten Gruß zum Abschied zukommen und fügen Sie hinzu: »Et waas moi bi juch.« Er wird Ihnen lächelnd sagen »Maak dat godt un holl di fuchtig.«

Das

Magazin

Auf Hiddensee haben sich die Kutterfischer zusammengeschlossen und vermarkten ihre Fänge gemeinsam.

Wo der Osten
Urlaub machte

Begehrt schon zu DDR-Zeiten — Auf Rügen warteten Kinderferienheime, Sandstrände, FKK-Idyllen und eine Verschnaufpause vom nicht immer leichten Alltag. Die Möglichkeiten für einen Traumurlaub waren damals begrenzt …

Zieht man die Statistik zurate kam jeder Bürger der DDR nur etwa alle zehn Jahre einmal nach Rügen. Damit war ein Rügen-Ferienscheck des Freien Deutschen Gewerkschaftsbunds (FDGB) für viele Familien wie ein Sechser im Lotto. Vor allem für jene Bürger, die sich nicht gerade durch ihr herausragendes gesellschaftliches Engagement hervorhoben oder in einer ausgezeichneten Brigade arbeiteten.

Wer zu den Glücklichen zählte, packte zwischen Anfang Juli und Ende August, wenn die Republik ihre großen Ferien machte, die Koffer. Wer dem Massenurlaub in einem der Ferienheime mit organisierter Fröhlichkeit und Verpflegung entrinnen wollte, hatte es schwer. Nicht nur die hohen Kosten standen eigenen Bemühungen entgegen, auch die Hotels des Reisebüros der DDR waren dünn gesät und Zimmer nur mit sehr viel Geduld und Glück zu erhalten. Private Ferienunterkünfte gab es so gut wie gar nicht. Selbst um zu campen, waren gute ›Beziehungen‹ nötig, da die Campingplätze an der Ostseeküste in den Sommerferien regelmäßig restlos überfüllt waren.

Diese beiden Frauen zählten in den 1960er-Jahren zu den Glücklichen, die auf Rügen ihren Urlaub verbringen durften.

Auch in den 1980er-Jahren pendelte die Wittower Fähre zwischen Trent und Wiek.

Erholung staatlich organisiert

Erst mit der Zeit entstand in der Bevölkerung überhaupt ein Sinn für Urlaub, genauso langsam entwickelte sich die Sehnsucht nach ihm. Gab es Ende der 1940er-Jahre rund 17 500 Ferienreisen, boten in den 1970er-Jahren bereits rund 1200 FDGB-Ferienheime in allen Regionen der Republik erschwingliche Urlaubsplätze an, Schwerpunkt Ostseeküste. Ein Sieben-Tage-Urlaub im Ferienheim kostete meist unter 50 Mark, all inclusive versteht sich. Allein in Binz erholten sich zu dieser Zeit bereits 150 000 Gäste jährlich, Tendenz steigend. Immer mehr große Ferienheime, meist schmucklose Plattenbauten, entstanden, deren glänzende Lage am feinen Ostseestrand allerdings einiges wettmachte. Das größte dieser Heime war das Arkona in Binz. Die mehr als 1500 Gäste des Hauses waren fast ausschließlich Arbeiter und Angestellte aus den Volkseigenen Betrieben des Landes. Ihre Versorgung war akkurat im Drei-Schicht-System geregelt und

lieblos. Die Zimmer bestanden lediglich aus einem Bett, einem Stuhl und einem Kleiderschrank. Aber keiner klagte. Die Freude über einen Ferienplatz auf Rügen war einfach zu groß.

Übrigens durfte der Strand nach 20 Uhr nicht mehr betreten werden … Daran gehalten hat sich aber kaum jemand.

Prominent müsste man sein – oder Rentner

Für die Elite der DDR galten natürlich Sonderrechte. Chefärzte, Professoren, Schauspieler oder herausragende Wissenschaftler buchten ihre Ferien z. B. im Kurhaus Binz, das bis 1989 als exklusive Urlaubsanlage vom Reisebüro der DDR betrieben wurde. Im Gegensatz zum FDGB-Heim ein Paradies auf Erden. Prächtig ausgestattete Suiten, hochwertige Spirituosen und ein gediegenes Ambiente sorgten für eine gelungene Erholung auf westlichem Niveau.

Auch die SED schätzte die Ostseeinseln. Mitglieder des Zentralkomitees erhielten die Möglichkeit, in einem Haus auf Hiddensee, auf der Insel Vilm oder im 1978 errichteten Erholungsheim in Sellin auf Rügen unterzukommen und einen Strandurlaub zu genießen. Schon der Selliner Bau an sich sticht heraus und ist keinesfalls im typischen Plattenbaustil errichtet. Bis heute wird gemunkelt, das Gebäude sei nach Vorstellungen des Bauhausmeisters Mies van der Rohe geplant worden. Auch im Inneren konnte es sich sehen lassen: Ein 2000 m² großes Schwimmbad, eine Kegelbahn und ein Kinosaal waren nur einige der Annehmlichkeiten. Die frühere Topadresse ist eine geblieben: Als Cliff Hotel Rügen Resort & Spa lockt es heute auf Fünf-Sterne-Niveau zum Urlaubsrendezvous.

Seit dem Mauerbau am 13. August 1961 blieben Besuche in Paris, London,

New York oder Wien schier unerfüllbare Träume für die allermeisten DDR-Bürger. Vorbehaltlos reisen durften nur Rentner. Wenn sie drüben blieben, sparte sich die DDR die Rente …

FKK – ein Stück Freiheit

Die Freikörperkultur wurde quasi in der DDR erfunden. Sonnenhungrige Nackedeis schwärmten jeden Sommer in die großen Ostseebäder Rügens aus, wo es fast immer abgesteckte FKK-Bereiche gab. Doch auch außerhalb dieser Areale hat man sich oft streifenfrei gebräunt. Obwohl sich niemand darüber beschwerte, war das Nacktbaden eigentlich nicht im Sinne der prüden DDR-Regierung. Diese hatte das Baden ohne Badebekleidung 1954 sogar offiziell verboten, nachdem ein erbitterter Streit zwischen FKK-Anhängern und der Führung der Republik eskaliert war. Zumindest bis 1956. Proteste stoppten die Regelung und zwangen die Obrigkeit zum Kurswechsel. Nun galt die neue »Anordnung zur Regelung des Freibadwesens«, nach der hüllenloses Baden an gekennzeichneten Stränden erlaubt war. Die DDR-Bürger waren stolz auf ihre zurückeroberte Freiheit und machten das FKK-Baden zum Massenphänomen.

Ein Auf und Ab

Mit der Wiedervereinigung fiel die Urlaubsinsel Rügen in einen Schock. Das bis dahin staatlich organisierte Erholungswesen brach zusammen und die unzähligen Ferienheime des FDGB und der SED-Elite wurden geschlossen. In der Folge verfielen die ehemaligen Prestigeobjekte, bevor sie Jahre später privatisiert und teilweise saniert wurden. Parallel setzte Mitte der 1990er-Jahre der Bauboom ein, um einer neuen Touristmuswelle standzuhalten. Campingplätze wurden modernisiert, neue Resorts und Pensionen entstanden, der private Ferienwohnungsmarkt boomte. Immer mehr Ostdeutsche erinnerten sich ihrer Urlaubsfreuden auf Rügen und immer mehr Westdeutsche lernten die Insel kennen und lieben. Heute erinnert nur noch wenig an die wechselvolle Urlaubsgeschichte der DDR. Einst verfallene Bäderbauten erstrahlen in neuem Glanz, eine hervorragende touristische Erlebnislandschaft hat sich etabliert und mit der Eröffnung der neuen Strelasund-Brücke 2007 verschwand auch die letzte große Hürde. Ein Erfolgsrezept, dass fast 30 Jahre nach der Wende jährlich wieder mehr als 1,3 Mio. Menschen anlockt. ∎

URLAUB IM DDR-STYLE

1986 wurde das Betriebsferienlager der VEB Rationalisierung Gera im Norden Rügens eingerichtet. Insgesamt 13 Bungalows zählten zu der Anlage, die sich direkt auf dem Küstenschutzstreifen am Meer befand. Das Besondere: Die Domizile empfangen noch heute Urlauber – und zwar im Originalzustand von 1986. Allzu viel Komfort sollten Sie nicht erwarten, dafür eine schlichte Einrichtung mit Gebrauchsspuren, kein fließendes Wasser, kein Fernsehen und erst recht kein WLAN. Doch immerhin wurden die Gästezimmer mit neuen Matratzen und Bettzeug, neuen Kochplatten, Wasserkochern, Kaffeemaschinen und Mini-Kühlschränken ausgestattet – während das DDR-Radio noch immer vor sich hin knarzt (Nonnevitz 17/Bakenberg, Dranske, www.deinbungalow.de, Bahn bis Sagard, dann Bus B13 bis Bakenberg Strand, Bungalow/2 Pers. in der Hochsaison ca. 1 100 €/Woche).

Eine Insel geht wandern

Zweimal jährlich ruft die Wildnis — Wanderfrühling und Aktivherbst sind feste Größen im Veranstaltungskalender Rügens. Beliebt sind die Streifzüge des passionierten Naturführers René Geyer, der sich mit Urlaubern auf die Pirsch begibt.

Gleich zu Beginn des Ausflugs zaubert René Geyer seinem wandernden Gefolge ein Schmunzeln ins Gesicht: »Wer mit einem Geyer unterwegs ist, sieht auch Seeadler.« Die Anekdote mit dem unvermittelten Ausruf eines ehemaligen Tourenteilnehmers legt die Messlatte hoch und macht zugleich Lust. Lust auf einen Ausflug abseits des Trubels, in unberührte Natur, zu duftenden Kräutern und wilden Tieren, in die Geschichte und Kultur der Insel Rügen.

Tief verwurzelt

Seit über 15 Jahren führt der ehrenamtliche Bodendenkmalpfleger und passionierte Naturführer Urlauber zu geflecktem Ferkelkraut und jahrtausendealten Hünengräbern auf Deutschlands größtem Eiland. Eine Liebe, die im wahrsten Sinne des Wortes tief verwurzelt und doch von Höhen und Tiefen geprägt ist. Geyer wurde zwar auf Rügen geboren, doch zog die Familie schon bald ins hanseatische Greifswald, in dessen Nähe sein Vater in einem Kernkraftwerk als Ingenieur arbeitete. Regelmäßige Sommerurlaube bei der Oma im kleinen Seebad Baabe weckten stetig die Sehnsucht nach seiner Heimat, in die er 2003, mehr als dreißig Jahre später, zurückkehrte.

Am Wegesrand

Nach einer kurzen Einführung an der Infotafel des Naturschutzgebiets geht es los. »Bitte bleiben Sie auf den Wegen und leinen Sie Ihre Hunde an«, hallt es, als sich die ersten Teilnehmer und ihre Vierbeiner den bunten Gewächsen am Wegesrand nicht entziehen können. Vorbei an gänzlich unbehandelten Feldern, die zum Biosphärenreservat Südost-Rügen gehören, geht es auf schmalen Pfaden Richtung Westen. Immer wieder fallen mal lila schimmerndes Grün, mal

Mit Leib und Seele Rügen verbunden ist René Geyer. Seine Gäste lässt er tief in die Natur der Insel eintauchen.

roter Wildwuchs an den Rändern der Felder auf. »Das sind Ackerbegleitpflanzen«, teilt Geyer mit und geht in die Hocke. »Ein seltenes Gut, das hier noch sein darf.«

Wenige Schritte später können endlich die ersten Wildkräuter erspäht werden. Ganz zart erblühen sie auf sogenannten Halb- oder Magertrockenrasen, wie René Geyer wissen lässt. »Das Besondere an diesen Wiesen ist der Artenreichtum und, dass die meisten Pflanzen dieser wertvollen Flächen auf der Roten Liste stehen«, sagt er und nimmt eine Nase voll ihres frischen Duftes. Während es gemächlich auf die sanften Erhebungen des Zicker Höftes zugeht, begleitet die Gruppe lautstark der schmetternde Frühlingsgesang der Feldlerchen. »Ein akustischer Schmaus, der sich nur noch selten so intensiv wie an diesem Fleckchen Rügen erleben lässt.«

Flatterndes, Huschendes und Sagenhaftes

Auf den Höhen des Höftes richtet sich aller Blick vom Boden in die Ferne und wird nur durch das aufgeregte Flattern der ersten Zitronenfalter des Frühlings unterbrochen. Ein grandioser Ausblick über die malerische Halbinsel Mönchgut bis zum vorpommerschen Festland fasziniert und motiviert für die nächsten Naturentdeckungen, die nicht lange auf sich warten lassen. Genauso wenig wie die nächste spannende Geschichte, die Kräuter-Geyer bereits mit strahlenden Augen ankündigt. Am sagenumwobenen Nonnenloch, das direkt am Ufer des Boddens mit einem Meer aus purpurfarbenen Leberblümchen und Lerchenspornen über dem noch graubraunen Waldboden aufwartet, legt er los. Während es vor lauter Idylle schwerfällt, den Blick zu fokussieren, lauschen die Tourteilnehmer der Sage von den »Witten Wiwern«, die tagein, tagaus auf den Steinen am Wasser ihr goldenes Haar kämmten und die strahlende Sonne genossen.

Plötzlich huscht eine Waldeidechse über den Fuß des Naturexperten. Fünf Minuten lang verweilt sie zwischen dem Schnürsenkel und dem dicken schwarzen Leder der viel genutzten Wanderschuhe. Während der filigrane Sonnenanbeter zum Fotoobjekt des Tages wird, ist weit oben das Schreien eines Seeadlers zu hören. ∎

WANDERFRÜHLING UND AKTIVHERBST

Wanderfrühling: www.ruegen.de/aktiv-und-natur/wandern/wanderfruehling, eine Woche im April.

Aktivherbst: www.ruegen.de/aktiv-und-natur/wandern/aktivherbst, sechs Wochen zwischen Mitte September und Ende Oktober.

Programm: jeweils bis zu 50 Angebote, Übersicht rund zwei Monate vor den Veranstaltungen auf oben genannter Website.

Teilnahme: vereinzelt Anmeldung nötig, meist kostenfreie Teilnahme

Hinweise: Alle Touren sind von Gelegenheitswanderern zu meistern und dauern meist 3–5 Std. Gutes, festes Schuhwerk ist zu empfehlen. Es gibt auch einzelne Angebote für Radfahrer.

René Geyer: www.naturgeyer.de. Wer zu anderen Zeiten auf Rügen ist, kann dennoch mit René Geyer wandern. Zwischen April und September/Oktober bietet er u. a. Kräuterwanderungen, und Touren zu Großsteingräbern an.

Die liebe Sonne

Rügen bricht Rekorde — 1800 Sonnenstunden pro Jahr, nicht immer und nicht überall, doch Rügen zählt zu den Topadressen für sonnenhungrige Urlauber in Deutschland.

Erst kürzlich zwitscherte der Deutsche Wetterdienst wieder die Nachricht: »Kap Arkona auf Rügen sonnigster Ort Deutschlands«. Ob die Meldung bereits als Vorlage bei den Wetterexperten in der Schublade liegt, kann nur vermutet werden. Fakt ist, dass seit Jahrzehnten Rügen die ersten Plätze in der Statistik der meistbesonnten Orte in der Bundesrepublik für sich beansprucht. Alleine in den Sommermonaten scheint die Sonne auf Rügen nicht selten rund 900 Stunden. Damit kann die Ostseeinsel durchaus mit dem Mittelmeer mithalten. Selbst Rom kommt nur auf durchschnittlich 925 Sonnenstunden in der warmen Jahreszeit. Da liegt es nahe, dass auch eine Zehn-Jahres-Statistik (2006–15) zugunsten der Insel ausfällt. Genau 19 520 Stunden strahlte die Sonne über dem Kap Arkona. Platz zwei geht an die Insel Hiddensee, Platz drei dann schon wieder an Rügen, und zwar an das Ostseebad Juliusruh. Zum Vergleich: Die sonnigste Stadt Deutschlands, München, konnte im gleichen Zeitraum lediglich 18 560 Stunden auf ihrem Konto verbuchen.

Aber warum ist das eigentlich so? Und warum stimmt das Klischee nicht so ganz, dass es im Süden immer sonnig und im Norden immer schmuddelig ist?
Ganz banale Tatsachen sind der Grund dafür, dass vor allem der Alpenrand oder eben die Ostseeinseln (neben Rügen auch die selbst erklärte Sonneninsel Usedom) auf den ersten Plätzen der Sonnenstatistiken liegen. Dem äußersten Nordosten Deutschlands kommt das kontinentale Klima zugute, der Wind und die nördlichen Breitengrade. Anders gesagt: Die Lage am Wasser ist das Zünglein an der Waage. Gerade bei wechselhaften Wetterlagen kommt es über dem Festland zu einer stärkeren Wolkenbildung, da sich die Luft dort schneller erwärmt.

Zudem ist im Sommer mehr Licht vorhanden als andernorts in Deutschland. Von wegen, es sei im Norden immer schmuddelig … Allerdings ist es im Winter genau umgekehrt. Dann scheint die Sonne länger, je weiter man im Süden ist. Dies trägt automatisch dazu bei, dass der Süden aufholt. Hinzu kommen Föhneffekte in den Alpen, die oft Wolken fernhalten.

Aber wo und wann auch immer die Sonne über Ihren Köpfen scheint oder eben nicht – lassen Sie sich nicht beirren und wählen Sie Ihren Urlaubsort nicht nach der Dauer der Sonnenstunden aus. Denn Fakt ist auch: Überall und immer kann es zu Niederschlag, Wolkenbildung und windigen Böen kommen. Schauen Sie lieber auf die Angebote vor Ort und nutzen Sie weniger schöne Tage für erholsame Wellnessangebote oder verbringen Sie Zeit in einem der Indoorerlebniszentren auf der Insel. Rügen bietet nicht nur Strand, sondern noch viel mehr. ∎

Strandschönmacher

Pures Vergnügen — Der Binzer Strand ist feinsandig, breit, steinfrei und kilometerlang. Damit er an Schönheit nicht verliert, wird jeden Morgen schweres Geschütz aufgefahren. Mathias Christmann begleitet Fred Schnitt bei seiner Arbeit.

»Einen wunderschönen guten Morgen«, klingt es gut gelaunt aus dem Führerhaus des riesigen Gefährts. Als ich mit dem ersten Möwengeschrei um 6 Uhr am Strand zu Fred Schnitt in den Traktor klettere, hat das Rügener Original bereits einen Teil seiner Arbeit hinter sich. »Gut 1 km Sandstrand muss um 9 Uhr gereinigt sein, da heißt es früh aufstehen.« Da der Strand des Ostseebads insgesamt knapp 6 km lang ist, wird er etappenweise gereinigt. »Anders wäre das gar nicht zu schaffen.« Heute steht das Herzstück rund um die malerische Seebrücke auf dem Plan.

Einer ist nicht genug

Eingesetzt wird Fred Schnitt von der Kurverwaltung Binz, die sich wie einige andere Ostseebäder auf der Insel Rügen die tägliche Strandreinigung in der Sai-

son leistet. »Ein ganzes Team kümmert sich bei uns darum, dass der Strand einladend und so wunderschön wie auf den Postkarten aussieht«, erklärt der erfahrene Techniker. Ein sogenannter Strandläufer ist entlang der Strandpromenade unterwegs und reinigt die Flaniermeile und den oberen Teil des Strandes, zwei weitere Mitarbeiter fahren mit dem Auto und leeren die mehr als 180 Mülleimer, die in Sichtweite zum Meer aufgestellt sind.

Per Traktor über den Sand

Doch den spannendsten Job scheint Schnitt zu haben. Der Tempomat steuert den gewöhnlichen Traktor über den weichen Untergrund. Mit dem blauen Ungetüm am Haken geht es dann etwas ungewöhnlicher zu. Ein Fahrzeugbauer hat sich auf die Anfertigung der Strandreinigungsgeräte spezialisiert und die sogenannten BeachTech-Anhänger erfunden. Eine Walze siebt am vorderen Teil der schräg nach oben ragenden Konstruktion den Sand. Alles, was größer als ein Korn ist, landet im riesigen Auffangbehälter. »Funktioniert ähnlich wie ein Kartoffelroder auf dem Feld«, erklärt Fred Schnitt. Am Heck des Geräts glättet eine Bürste den Sand, um ihn von Sandburgen, Unebenheiten und den Fahrspuren des tonnenschweren Traktors zu befreien. Ein ziemlich praktisches System.

»Bis zu 10 m³ Müll holen wir jede Woche alleine aus dem Sand«, berichtet Schnitt. »Bei Veranstaltungen wie Strandfestivals oder Beachvolleyball-Turnieren noch mehr.« Der große Schatz war allerdings noch nicht dabei,

Ein Ungetüm, das Krach macht, aber ganz im Sinne der Urlauber allmorgendlich für einen sauberen, gepflegten Strand sorgt.

STRANDREINIGUNG **S**

Die Strandreinigung in Binz findet zwischen April und Oktober täglich zwischen 5 und 9 Uhr statt. Rund um den Binzer Strand werden in der Saison sage und schreibe über 5 000 000 l Müll gesammelt. Anders gesagt: 750 randvolle Container!
Auch andere Orte auf Rügen säubern regelmäßig den Strand, u. a. die Ostseebäder Sellin, Baabe oder Juliusruh.

»dafür jede Menge Spielzeug, Badekleidung und die eine oder andere Münze.« Spannender sei, was rechts und links der Strandkörbe zu mancher frühen Morgenstunde zu finden sei, erzählt der Strandsäuberer und fügt lachend hinzu: »Es ist halt Sommer.«

Ruckelnd wendet Fred Schnitt den Traktor, bevor die auslaufende Granitz mit ihrem Küstenwald den Strand in die Schranken weist. Bei Fischer Kruse, der direkt an der sandigen Liegewiese eine kleine Räucherei und einen Imbiss betreibt, geht es über eine breite Betonrampe zurück auf befestigte Wege. Nicht ohne zuvor einen Schlenker um die ersten Sonnenanbeter des Tages zu machen, die sich ungestylt und mit der Brötchentüte in der Hand von dem aufgehenden Feuerball am Horizont verzaubern lassen.

Wie lange Fred Schnitt noch jeden Morgen in aller Frühe an den Strand fährt, weiß er nicht. »Die Arbeit ist dankbar«, sagt der 59-Jährige, der bereits seit Mitte der 1990er-Jahre für die Kurverwaltung im Einsatz ist. »Während andere Aufgaben in meinem Alter nicht mehr so leicht von der Hand gehen, fühl ich mich hier am Strand pudelwohl.« ■

Aus alt mach reich

Ein kolossales Bauwerk — prägt den kleinen Ort Prora. Wie aus einem NS-Bau ein Luxusferienparadies wurde. Die Geschichte einer kuriosen Verwandlung und die Frage nach Ethik.

Auf einer Länge von 4,5 km bauten die Nationalsozialisten riesige, uniforme sechsgeschossige Bauten, in denen mehr als 20 000 Urlauber zur selben Zeit wohlige Urlaubsfreuden genießen sollten. Der Plan ging nicht auf. Dafür der eines Planungsbüros in Berlin, das kürzlich an gleicher Stelle ein Luxusferienparadies eröffnete.

Der Beginn

Am 2. Mai 1936 wurde der Grundstein für die Ferienanlage in Prora gelegt, die unter der NS-Herrschaft letztlich nie fertiggestellt werden sollte. 10 000 kleine Zimmer mit Meerblick wurden geplant, ein jedes nicht größer als 2,5 x 5 m. Zwei große Wellenschwimmbäder sollten entstehen, auch ein riesiger Aufmarschplatz und ein Kino für die abendliche Belustigung der volkstreuen Gäste. Auch wenn der letzte Schliff an den acht aneinandergereihten Häuserblöcken fehlte, ist das Monumentalprojekt der Nationalsozialisten eine Metapher für den Größenwahn der Hitlerzeit. Sage und schreibe 237,5 Mio. Reichsmark sollte der Propagandabau kosten. Heutiger Wert: fast 1 Mrd. €.

Der Plan geht nicht auf

Die Wirrungen des Zweiten Weltkriegs zerstörten im wahrsten Sinne die Träume der Führungsriege. 1939 war gerade einmal der Rohbau der Wohnungen fertig, als die Bauarbeiten abrupt gestoppt und die halbfertigen Räumlichkeiten zur Ausbildungsstätte für Luftwaffenhelferinnen und ein Polizeibataillon umfunktioniert wurden. Kurze Zeit später zogen einige ausgebombte Hanseaten in notdürftig zusammengezimmerte Wohnungen ein. Bis das Projekt 1945 endgültig scheiterte, als die Rote Armee Teile des Nordflügels auf 2,5 km Länge zerstörte.

Ein Bonbon für die DDR

Nach Kriegsende und dem Ende der sowjetischen Kontrolle über die Insel Rügen wurden die verbliebenen gut 2 km des Kolosses von Prora, wie er seit jeher genannt wird, zunächst zur Unterbringung von Heimatvertriebenen genutzt. In den 1950er-Jahren zog dann die Nationale Volksarmee (NVA) der DDR in die Anlage ein. Bis zu 10 000 Soldaten waren hier gleichzeitig stationiert und wurden auf dem zum Sperrgebiet deklarierten Areal ausgebildet und geschult. Auch einige Hundert Bausoldaten, die an der Errichtung des Fährhafens Mukrans beteiligt waren, waren auf Zeit in Prora beheimatet. Platz war ja genug vorhanden. Im südlichen Teil der Anlage wurde der Erholungscharakter, den bereits die Nationalsozialisten im Sinn hatten, etabliert. Angehörige von Soldaten der NVA oder vom Grenzschutz, aber auch Kinder urlaubten in extra eingerichteten Ferienlagern.

Aus großen Teilen des lange vernachlässigten Betonkolosses von Prora wurden in den vergangenen Jahren Luxuswohnungen. Grundsaniert, modernisiert, außen mit Balkons und innen mit großzügigen Wohnungen versehen. Alles State of the Art, für die, die es sich leisten können.

Die Verwandlung beginnt

Nach der Wende und einer kurzen Übergangszeit, in der die Bundeswehr die Anlage erhielt, wurden die Gebäude ab 1992 mehr oder weniger links liegen gelassen.

Seit 1993 ist das Gelände wieder öffentlich zugänglich, seit 1994 steht es sogar unter Denkmalschutz und in einem Dokumentationszentrum (s. S. 91) kann die Geschichte der Riesenbauten nachvollzogen werden. Die meisten Blöcke verfielen jedoch stetig – bis im Jahr 2003 das Jugendtreffen Prora03 auf Rügen stattfand. Erklärtes Ziel: Prora aus dem Dornröschenschlaf erwecken. Acht Jahre später eröffnete im sogenannten Block 5 eine riesige 400-Zimmer-Jugendherberge – übrigens die weltweit längste – in strahlendem Weiß und in 1-a-Strandlage ihre Pforten. Der positive Zuspruch der Binzer, vor allem aber der vielen Tausend Urlauber lockte Investoren an, die nach und nach Gebäudeteile für Millionenbeträge kauften. Der Bund erhielt für die gesamte Anlage rund 3,45 Mio. €.

80 % sind bereits saniert

Inzwischen sind alle Blöcke verkauft. Unter dem Motto »Neues Prora« sollte der gesamte Ortsteil umgekrempelt werden und ein Ferienparadies für Residenten und Urlauber entstehen. Doch kurz vor dem Abschluss der Arbeiten geriet das Vorhaben ins Stocken. So titelte Mitte 2018 ein Blatt, dass der Berliner Investor, der das 100-Mio.-€-Projekt angefasst hatte, Insolvenz anmelden musste. Das hatte Folgen, nicht zuletzt waren unzählige Firmen aus der Region als Subunternehmer am Umbau beteiligt und nun zum Stillstand verdammt. Trotz der Schwierigkeiten sollen bis 2022 alle fünf Prora-Blöcke saniert sein und mehr als 5500 Menschen ein neues Zuhause oder Feriendomizil bieten.

Der Vorzeigeblock

Für einen Durchbruch sorgte ein anderer Berliner Investor und Projektentwickler. Ulrich Busch, Sohn des 1980 verstorbenen Arbeitsliedsängers Ernst Busch, kaufte Block 2 und schaffte es, den rigorosen Denkmalschutz und seine Auflagen in wesentlichen Punkten zu lockern. So durften nun auch Balkone angebracht werden und der Verteilungsschlüssel zwischen Ferien- und Dauerwohnungen wurde zugunsten Ersterer verschoben. Ulrich Busch sanierte in Windeseile und gab dem Block den Namen Hotel Solitaire. Wer heute in die Lobby des repräsentativen Gebäudes eintritt, wird fast erschlagen von riesigen Türen, Holzvertäfelungen und der Kassettenbauweise. Fast 6 m hoch ist die Decke des Eingangsbereichs. Aber auch die ersten Schwimmbäder, Außenpools, Parkhäuser, Bäckereien, Friseure und, und, und sind fertiggestellt. Eine Infrastruktur, die Prora leben lässt – und eine Idee der schlimmen Vergangenheit am Leben erhält.

Die Quadratmeterpreise der Luxuswohnungen erreichen heute bis zu 7000 €. Zu NS-Zeiten hätte ein Tag Urlaub im Bad der KdF-Organisation zwei Reichsmark gekostet.

Die Frage nach der Verantwortung

Ulrich Busch ist sich nach eigenen Aussagen der Verantwortung für die Geschichte des Kolosses von Prora bewusst. Vor seinem Block, in dem alleine 350 Apartments und das Hotel untergebracht sind, sollen Infoschaukästen zur Geschichte der Meile aufgestellt werden. Aber reicht das aus? Ist es legitim, den roten Faden des Prestigeobjekts der Nationalsozialisten aufzunehmen und guten Gewissens Urlaubsfreuden verkaufen? ∎

Der Letzte seiner Art

»Hier wirst du einfach Fischer!« — Für Roberto Brandt gab es damals keine andere Wahl. Daran schuld war Onkel Hubert. Und Baabe. Doch Zeiten ändern sich …

Dicke Rauchschwaden ziehen an diesem Morgen über die alte Bollwerkstraße, die geradewegs zum kleinen Hafen an der Havinger Bucht führt. Sie kommen von einem unscheinbaren Hof, der nicht unbedingt als eines der schönsten Fischrestaurants der Insel auszumachen ist. Vielleicht, weil hier früher nicht tonnenweise frische Aale oder Forellen geräuchert wurden, sondern Autos parkten. 1992 kamen die Autos raus, es wurde renoviert und Fisch verkauft. Kurze Zeit später eröffnete Familie Brandt dann auch ihr Restaurant.

Seit den 1960er-Jahren auf dem Wasser

Brandt kennt sich eben aus. Seine Familie lebt bereits seit 1847 von dem, was die Ostsee bereithält. Mit zwölf Jahren hat er die ersten Stellnetze im Selliner See gesetzt, mit 14 gemeinsam mit Onkel Hubert Junker in den Ferien Fische ins Boot gezogen. Und wurde dabei zum Glück nicht von der Fischereiaufsicht erwischt, sonst wäre er wahrscheinlich nie zur Hochseefischereiausbildung nach Rostock gegangen. Doch auch der Weg in die Berufsfischerei hatte seine Tücken. Die Branche boomte, in Sassnitz fuhren tagtäglich die großen Fischtrawler ein, an den Stränden landeten allmorgendlich unzählige Strandfischer an. Lehrstellen waren meist schnell vergeben. So ging es von Rostock aus auf große Fahrt in die Barentssee und nach Grönland. Sogar vor der kanadischen Küste wurden die

Vom Fischfang allein kann auch Roberto Brandt nicht mehr leben. Also musste er neue Wege beschreiten.

Strandfischerei ist die natürlichste aller Fischereiformen. Mit Muskelkraft werden die leicht motorisierten Holzboote ins Meer geschoben und später wieder an den Strand gezogen. Rechts im Bild: Roberto Brandt.

Wer heute als Strandfischer überleben will, muss seinen Fang direkt vermarkten, räuchern oder wie die Brandts auch im eigenen Lokal servieren.

»Platt wie eine Flunder« – sie geht in der Ostsee wie im Bodden ins Netz.

Netze ausgelegt. Von der Pike auf hat das Fischerurgestein das Handwerk gelernt. Zu einer Zeit, als die Netze noch mühsam mit Brettern und Rollen gehievt wurden und nicht bequem und rückenschonend per Seilwinde.

Vom Trawler an den Strand

1976 kehrte der Seemann zurück in seinen Geburtsort Baabe und wandte sich der für die Region typischen und ertragreichen Strandfischerei zu. Zunächst mit Langleinen und Stellnetzen, später begann er dann mit der Reusenfischerei. Jeden Morgen zum Sonnenaufgang ging es raus. Mit der Zwei-Mann-Crew und dem alten Holzkutter. Meist nicht länger als eine halbe Stunde musste der kleine Außenborder tuckern, bis die ersten Aalreusen erreicht wurden. Neben Aal wurde vor allem Hering eingeholt, bis einige Jahrzehnte später Quotenregelungen und Begrenzungen ein Umdenken nötig machten.

Die fetten Jahre sind vorbei

Bis zu 30 t an Meeresdelikatessen zog Brandt jährlich an Land. Heute sind es meist nicht mehr als 7 t. Viele seiner Kollegen in den Strandfischerhochburgen, etwa in Binz, haben bereits aufgegeben und sich den immer stärkeren Fangrestriktionen und der mächtigen Fischereikonkurrenz gebeugt. Zu gering ist der Ertrag von zu viel die Arbeit, um mit den Dumpingpreisen der unzähligen Hochseefischer, die alltäglich in großen Häfen anlanden, zu konkurrieren. In Baabe waren im Jahr 1990 noch 15 Berufsfischer aktiv. Heute ist Roberto Brandt der Letzte seiner Zunft. Da gilt es zu wirtschaften und neue Wege in der Vermarktung zu überlegen.

Die Baaber Fischerfamilie setzt vor allem auf die Veredelung und den direkten Vertrieb des Fisches. Der Großteil des Fanges, den er jeden Morgen gemeinsam mit seinem Sohn Jan und einem angestellten Fischer am Strand anlandet, wird in der hauseigenen Räucherei mit einem glänzenden Goldschimmer überzogen und oft bereits direkt vom Ofen an die reiche Laufkundschaft verkauft. Aber auch Fischbuletten, süß-sauer eingelegter Brathering oder Matjestatar werden in der kleinen Küche des Restaurants hergestellt und an der Fischtheke zum Verkauf angeboten. Wer mag, kann sich gleich vor Ort von den meerwasserfrischen Delikatessen überzeugen. Bei Aalbrot oder gebratenen Heringen. ∎

DAS SILBER DES MEERES

Begeben Sie sich mit dem Fahrrad auf den Themenweg »Das Silber des Meeres« (Abriss der Tour auf: www.outdooractive.com, www. radfahrland-mv.de/radwege/ radfernwege/themenweg-das-silber-des-meeres) um noch tiefer in die Geschichte der Fischerei auf Rügen einzusteigen. Unterwegs können Sie an Häfen stoppen, Fisch kaufen, Fisch essen, in Sassnitz das Hafen- und Fischereimuseum besuchen. Nebenbei erfahren Sie etwas über Fangmethoden, Fanggemeinschaften, Fischverarbeitung oder traditionelle Zubereitung.
Besuche im **Hafen- und Fischereimuseum** (s. S. 169) in Sassnitz, im **Museum Seefahrerhaus** (s. S. 104) in Sellin oder im ehemaligen Reusenschuppen, dem kleinen **Fischereimuseum Lütt Partie** (s. S. 225), in Neuendorf auf Hiddensee komplettieren den Ausflug in die Welt der Fischer.

Mönchgauder Spaukgeschichten

Viel, um sich zu gruseln, gibt es nicht auf Rügen — denn glücklicherweise nur erfunden sind die Spukgeschichten von Fritz Worm.

Wir schreiben das Jahr 1898. Im vorpommerschen Barth packt der Lehrer Fritz Worm seine sieben Sachen, um ins kleine Fischerdörfchen Alt Reddevitz umzusiedeln. Parallel zu seinem Lehrerdasein frönt der Neurüganer auf dem Mönchgut seiner Neugier und seiner Leidenschaft für alles Historische. Fritz Worm erkundet die neue Heimat und führt sogar Suchgrabungen durch. Ganz nebenbei und dank mündlicher Überlieferungen kann er so einen Sensationsfund verbuchen: das sogenannte Herzogsgrab in der Baaber Heide – ein Hünengrab, das mit rund 40 menschlichen Überresten, vor allem jedoch mit reichen Beigaben aus der Jungsteinzeit Aufsehen erregt. Ein gewaltiger, 46 t schwerer Stein im Wasser vor dem Lobber Ort wurde später zu Ehren des neugierigen Lehrers Fritz-Worm-Stein genannt. Der Stein war 1913/14 bei einer Sturmflut aus dem dortigen Kliff herausgebrochen. Doch bekannt ist Fritz Worm vor allem für seine Schriftstücke, die er standes- und zeitgemäß *up Platt* verfasste.

Rügens dunkle Seite

In seinen »Mönchgauder Spaukgeschichten un Allerhand Döntgens von'n Drak un Puk, von de Unnerirdischen, den Nachtjäger u. s. w.« (1898) geht es um unterirdische und grimassenschneidende Eindringlinge, Hokuspokus und jede Menge handfeste Keilereien zwischen Männern und Weibern. Haben Sie Lust, sich ein wenig auf Altrüganisch zu gruseln? Ein kleiner Leckerbissen – »Up'n groden Hamburger Dreimaster, dor fohrte eis 'n Zimmerman, de was von Mönchgaud« – frech und frei nacherzählt:

Auf einem großen Hamburger Dreimaster fuhr einst ein waschechter Mönchguter mit. Eines Abends, als das Schiff

AUF DEN SPUREN VON FRITZ WORM

Die Mönchguter Museen im Ostseebad Göhren widmen sich u. a. dem Heimatforscher und Dichter Fritz Worm, der mehr als 30 Jahre in der Region lebte, arbeitete und wirkte. Hier sind auch originale Schriftstücke wie die »Mönchgauder Spaukgeschichten« zu finden, in die Sie nach Voranmeldung Einsicht nehmen können.

Kontakt Museumsverwaltung: Haus Damp, Thiessower Str. 7, Göhren, T 038308 21 75, museum@goehren-ruegen.de, www.moenchguter-museen.de.

Mitte des 19. Jh. wurde das heutige Heimatmuseum in Göhren als Bauern-, Fischer- und Lotsenhaus errichtet. Hier verwahrte Texte von Fritz Worm können Sie allerdings nur nach vorheriger Absprache in Augenschein nehmen (s. Kasten links).

gerade im englischen Plymouth lag, war der gelernte Zimmermann noch bis spät abends an Land gewesen und als Letzter an Bord zurückgekehrt. Als er so mir nichts, dir nichts über die Reling stieg, trat ihm plötzlich eine Gestalt entgegen. Winzig war sie und beschwert mit einem großen Bündel im Nacken. Diesen kleinen Gnom kannte der Zimmermann gut. Es war der Klabautermann, sein alter, treuer Helfer, der schon genauso lange wie der Zimmermann selbst zur Schiffsbesatzung gehörte. Als dieser den Klabautermann reisefertig sah, fragte er: »Warum willst du gehen, hett di wer wat dahn?« »Nee«, sagte der Klabautermann und fügte hinzu, dass der Zimmermann mitkommen solle, wenn ihm sein Leben lieb sei. Genauer gesagt: Mann und Maus würden auf der nächsten Reise mit der Bark untergehen. Der Zimmermann bekam es mit der Angst zu tun und wollte schnell noch ei-

nige seiner Kameraden warnen. Doch der Klabautermann ließ das nicht zu und trieb ihn umgehend von Bord. Zum Glück, wie Fritz Worm seine Leser wissen lässt. Der Dreimaster stach in See – und blieb mitsamt der Mannschaft bis zum heutigen Tage verschwunden. ∎

Öhe ahoi!

Ein einsames Eiland in der Ostsee — Fast unbekannt und voller natürlicher Schönheit. Sie denken, das gibt es nicht mehr? Dann haben Sie wohl noch nicht von der Öhe gehört.

Gegenüber dem Fährhafen Schaprode – dem Tor zur Insel Hiddensee – liegt das 72 ha große, Touristen nicht zugängliche Eiland Öhe (www.insel-oehe.de). Sein höchster Punkt, der Fuchsberg, erhebt sich nur 3,30 m über den Meeresspiegel. Öhe gehört Mathias Schilling (geb. 1981), der dort gemeinsam mit seiner Familie, 140 Rindern und 60 Heidschnucken lebt. Dabei wagt er immer mehr den Blick über das Wasser. Ein Interview von Mathias Christmann mit einem Visionär im Schafspelz.

Öhe schmiegt sich an die Westküste Rügens und liegt in direkter Nachbarschaft zur Insel Hiddensee. Wie hat es Sie hier hingezogen?

»Die Insel Öhe ist seit über 700 Jahren in Familienbesitz. Bereits meine Großeltern lebten hier. Zwar war mein Vater 1965 über die Ostsee geflohen und ich bin in Schleswig-Holstein aufgewachsen, doch der Ruf der Insel holte mich schnell wieder zurück. Gemeinsam mit meiner Frau zog ich kurz nach der Jahrtausendwende wieder nach Öhe – seit 2009 haben wir hier unseren Lebensmittelpunkt.«

Ihr privates Paradies ist also seit Jahrhunderten in Familienbesitz. Besucher kommen aber nur wenige. Unter den seltenen Gästen sollen allerdings berühmte Schriftsteller gewesen sein …

»Ja, u. a. Günter Grass. Er hatte gerade das Buch »Der Butt« fertiggeschrieben, als bereits erste Auszüge daraus in großen deutschen Zeitungen und Magazinen kursierten. In diesen war von meiner Großmutter Wera zu lesen, die von einer einsamen Insel aufs Festland führe, um Schafskäse zu verkaufen und mit einem ›Büddelchen‹ zurückgekommen sei. Die Erwähnung kam aufgrund interessanter Verbindungen zustande: Eine gewisse Familie Erhardt –

Auf den Salzwiesen seiner Insel hält Mathias Schilling Rinder.

Günter Grass' Frau Ute stammte aus dieser Familie – lebte seit etwa 1945 auf Hiddensee. Vater Erhardt war dort Dorfarzt und mein Großvater Dorfarzt in Schaprode auf Rügen. Aus alter Freundschaft wollten Ute und Günter 1972 nach Öhe zu Besuch kommen, aber meine Großmutter lehnte das vehement ab. Sie meinte, dieser Schmierfink solle nicht mehr auf die Insel kommen. Günter war aber in den Jahren danach dennoch noch oft da.«

Öhe ist eines der letzten Naturparadiese im Nordwesten Deutschlands. Was bedeutet Ihnen die Insel?

»Die Insel Öhe ist unser Ankerpunkt. Sie ist Kraftquelle, Rückzugsgebiet und Lebensfreude. Wir freuen uns jeden Tag aufs Neue, dass unsere Kinder hier voll und ganz im Einklang mit der Natur aufwachsen. Gleichzeitig stellt die Insel die Grundlage unserer beruflichen Existenz dar.«

Apropos berufliche Existenz. Heute ist der Name Schilling über Öhes Grenzen hinaus bekannt. Wie kam es dazu, dass Sie heute zahlreiche Hofläden und Restaurants auf Rügen und Hiddensee betreiben?

»Es fing an mit einem einfachen Motiv: Wir wollten hier leben können. Im Jahr 2006 begannen wir, wieder Landwirtschaft auf Öhe zu betreiben. Wir haben einen recht erfolgreichen Vertrieb mit der Frischeparadies-Gruppe aufgebaut, dann aber mit dem Kauf des Gasthofs in Schaprode angefangen, vertikal zu integrieren – also die Wertschöpfungskette zu optimieren. Anders war keine Wirtschaftlichkeit zu erzielen. In der Folge haben wir einen Hofladen eröffnet und das Fischhaus in Schaprode ergänzt. Im Jahr 2017 haben wir begonnen, die Projekte auf Hiddensee auszuweiten. Der Grund ist, dass wir in einen neuen Markt eintraten und die Fischvermarktung, die wir mit Hiddenseer Fischern aufgebaut hatten,

GENUSS À LA SCHILLING

Schillings Gasthof, Fischhaus, Hofladen: Schaprode (Rügen), s. S. 200.
Hafenkater: Vitte (Hiddensee), s. S. 223.
Schillings Hafenamt: Kloster (Hiddensee), s. S. 214
Tante Hedwig, Hiddenseer Kutterfisch – Konservenladen: Vitte (Hiddensee), s. S. 223.
Das Rote Haus: Vitte (Hiddensee), s. S. 224.

perfektionieren wollten. Gleichzeitig lag es uns am Herzen, die Region kulinarisch zu vernetzen, Werte zu schaffen und Gästen einzigartige Momente an erlebenswerten Orten zu bereiten. So kamen über die Jahre immer mehr Betriebe hinzu. Heute laden wir zum Besuch in Schillings Gasthof, in Schillings Fischhaus Hafenkater, ins Bistro Schillings Hafenamt, in das Kaffeehaus mit Hofladen Tante Hedwig, in den Konservenladen Hiddenseer Kutterfisch und in das Restaurant Das Rote Haus.«

Wie wird Schillings Geschichte weitergeschrieben?

»Das Tor zu Hiddensee und West-Rügen war schon immer die Hansestadt Stralsund. Hier wird es weitergehen, denn schon heute wird ein Großteil unseres Fisches hier verarbeitet und eingedost. Es wird sich somit wieder um Fisch, eine gute Zeit und schöne Orte drehen.«

Kurz nach dem Interview musste auch Mathias Schilling angesichts der im Frühjahr 2020 einsetzenden Coronavirus-Pandemie alle seine Läden schließen, einzig der Onlinehandel konnte noch stattfinden. Welche langfristigen Auswirkungen die Krise auf das Familienunternehmen hat, wird die Zeit zeigen … ∎

Das zählt

Zahlen sind schnell überlesen — aber sie können die Augen öffnen. Nehmen Sie sich Zeit für ein paar Überraschende Einblicke. Und lesen Sie, was auf Rügen zählt.

10

Prozent der Küstenlinie der Insel Rügen bestehen aus puderweichen Sandstränden. Neben den 56 Kilometer langen Sonnenidyllen gibt es 27 Kilometer Naturstränden und fast drei Kilometer Boddenstrände.

53

Häfen gibt es auf Rügen. In Breege befindet sich die älteste und wohl schönste Marina der Insel. Für viele Segelschiffe war der Ort Heimathafen, wohlhabende Kapitäne bauten reetgedeckte Häuser, die noch heute den Ort prägen. Der größte Hafen kann in Sassnitz angesteuert werden.

1.000.000

Euro kann eine 100-Quadratmeter-Wohnung in bester Lage des Ostseebads Binz locker kosten. Rügen hat die höchsten Immobilienpreise in Mecklenburg-Vorpommern. Damit kann die Insel allerdings nicht mit der Nordsee mithalten: Auf Sylt zahlen Sie gut und gerne das Doppelte.

11.000

Tonnen wog die schwerste und größte Sandburg der Welt, die 20 Künstler im Sommer 2019 in Binz auf Rügen bauten. Das Bauwerk glich einem riesigen Märchenschloss und war fast 18 Meter hoch.

120

Zentimeter dick war die Schneedecke Anfang Januar 1979 auf Rügen. Kein anderer Ort im Nordosten Deutschlands konnte da mithalten.

65

Prozent der Inselfläche stehen unter Naturschutz. Es gibt zwei Nationalparks und ein Biosphärenreservat auf Rügen. Dies ist auf so engem Raum einmalig in Deutschland.

5

Kilogramm Wolle liefert das Rauwollige Pommernschaf jedes Jahr. Die Rasse war noch vor Kurzem vom Aussterben bedroht. Der Mönchguter Bootsbauer Nils-Torsten Volk rettete sie und lässt die Schafe heute auf seinem Hof nahe Göhren grasen. Das Start-up Nordwolle bietet in Putbus und auf Hiddensee tolle Kleidung aus der dichten Wolle an.

35

Tonnen wiegt ein Findling, der 1996 bei Bauarbeiten auf dem Bergener Markt am Hotel Ratskeller gefunden wurde, so viel wie zehn Elefanten. Der acht Kubikmeter große Stein hat im Mittelalter höchstwahrscheinlich als Gerichtsplatz gedient.

70.000

Einwohner (ungefähr) leben auf Rügen. Wussten Sie, dass Rügen zehnmal größer als Sylt ist, aber nur dreimal so viele Einwohner hat?

161

Meter sind es ab dem Meeresspiegel der Ostsee bis zur Spitze des Piekbergs. Er liegt südwestlich der Stubbenkammer auf der Halbinsel Jasmund und markiert die höchste Erhebung Rügens.

6.500.000

Millionen Übernachtungen zählt Rügen mit seinen Nachbarinseln im Jahr. Das sind rund ein Fünftel aller Übernachtungen in Mecklenburg-Vorpommern.

137

Jahre ist es 2020 her, dass Elise Bartelmann an der Ostseeküste Mecklenburgs die weltweit erste Strandkorbvermietung eröffnete. Die Erfolgsgeschichte fand ihren Höhepunkt rund um das Aufkommen der Sommerfrische zur vorigen Jahrhundertwende auf Rügen. Noch heute können Sie sich sicher keinen Strand der Insel ohne die gestreiften Korbmöbel vorstellen.

2.600.000

Liter Wasser fasst das Becken Offener Atlantik im Ozeaneum Stralsund. Von zwei Ebenen aus können Sie seine riesigen Dimensionen mit einer Tiefe von 9 Metern und einem Durchmesser von 17 Metern betrachten. Die Scheibe des 50 Quadratmeter großen Panoramafensters ist 30 Zentimeter dick, um dem Wasserdruck standhalten zu können.

Masse oder Klasse?

6,5 Mio. Übernachtungen im Jahr — Rügen als Urlaubsinsel boomt. Aber ist der Ansturm auf die Abertausenden von
Betten gesund oder droht der Tourismusinfarkt? Eine Debatte,
die fester Bestandteil der rügenschen Stammtischkultur ist.

Glücksfall Tourismus

Mehr als 1000 Seen, kaum Industrie, dafür
unzählige Naturschätze wie die strahlend
weißen Kreidefelsen am Königsstuhl, weite Buchenwälder im Nationalpark Jasmund und natürlich die Ostseeküste – auf
der Habenseite notiert Rügen jede Menge
Goldstücke. Diese natürlichen Rahmenbe-
dingungen bescherten in den vergangenen
Jahrzehnten der Insel Rügen einen Zulauf,
der Investoren, Städte und Gemeinden
veranlasste, eine hervorragende touristische Infrastruktur zu errichten. Logische
Folge: Arbeitsplätze wurden geschaffen,
das Lohnniveau stieg im Vergleich zu anderen Regionen Ostdeutschlands auf ein
Hoch und der Wohlstand der Rüganer ist
auf absehbare Zeit gesichert.

Wäre diese Entwicklung an Rügen
vorbeigegangen, wo stünde die Insel heute? Jahrhundertelang sicherten der Fischfang und die Landwirtschaft das Einkommen der Bewohner. Quotenregelungen,
die systematische Bewirtschaftung und
Nutzung von Meeren über Aquakultu-
ren, die globale Schleppnetzfischerei
und ein entsprechendes Absinken der
Preise auf dem Fischmarkt, aber auch
der Klimawandel führten dazu, dass die
Strand- und Kutterfischerei auf Rügen
nahezu zum Erliegen gekommen ist. Die
Landwirtschaft würde dank fruchtbarer
Böden das Binnenland der Insel dominieren und eine Abwanderung junger
Leute in Ballungsregionen fördern.

Bleibt festzustellen: Der Tourismus
war ein Glücksfall für die Insel und ihre
Bewohner. Und auch, wenn an manchen Wochen im Sommer Strände und
Strandkörbe aus allen Nähten platzen,
findet jeder noch seine ganz persönliche
Idylle. Ob beim Kaffee mit Meerblick im
kleinen Café Moccavino im Dörfchen Alt
Reddevitz, am endlosen Strand zwischen
Glowe und Juliusruh oder auch auf der
privaten Terrasse seines Ferienhauses auf
der beschaulichen Halbinsel Zudar.

Auf dem Weg zur ›Versyltung‹

Mehr als 1,3 Mio. Gäste passieren alljährlich die Rügenbrücke von Stralsund nach
Altefähr – damit gibt es dieser Tage rund
15-mal so viele Urlauber wie Einwohner
auf Deutschlands größter Ostseeinsel. Ein
Verhältnis, das es sonst selbst im beliebtesten deutschen Urlaubsland Mecklenburg-Vorpommern kein zweites Mal gibt.
Und das, obwohl sich hier touristische
Schwergewichte wie die Insel Usedom
und Ostseebäder wie Kühlungsborn
oder Warnemünde befinden. Einzig die
schleswig-holsteinische Nordseeinsel Sylt,
wo sogar 50 Gäste auf jeden Einwohner
kommen, kann mithalten. Doch können
diese Verhältnisse wirklich gewünscht
sein? Sollen Urlaubsorte im Winter zu
Geisterdörfern werden, wenn Hotels
und Lokale geschlossen und Ferien-

häuser verwaist sind? Was machen die vielen Saisonarbeitskräfte, die im Winter keine Arbeit haben?

Viele Insulaner teilen die Meinung, dass Rügen an die Grenzen des Wachstums gestoßen sei. Die Proportionen würden nicht mehr passen, wenn große Investoren Urlaubshochburgen wie Prora mit Tausenden Betten entstehen lassen und die wenigen Hundert Einwohner des Ortsteils ihrem Schicksal ausliefern würden. Für junge, einheimische Familien sei es schwierig bis unmöglich geworden, bezahlbares Bauland zu bekommen, und selbst die Mietpreise in Mehrfamilienhäusern in Küstennähe seien kaum noch erschwinglich. Nicht zuletzt, da das Einkommen auch dreißig Jahre nach der Wende nahezu unverändert auf ostdeutschem Niveau liege.

44 neue Ferienhäuser will ein Hamburger Investor auf der Halbinsel Zudar errichten, sogar auf dem Wittower Bug sollen 400 Ferienhäuser entstehen. »Kannibalisch« nennt selbst der Vorsitzende des Tourismusverbandes Rügen, Knut Schäfer, die Situation. Man würde einfach in Beton investieren, ohne sich daran zu erinnern, dass all die neuen Betten auch belegt werden müssen, so Schäfer weiter. Doch ob und wann die Entwicklung auf Rügen eine positive Wende nimmt und der Anreiz einer schnellen Refinanzierung von gut gelegenen und touristisch nutzbaren Immobilien verschwindet, ist ungewiss. Wahrscheinlich muss es erst zum Tourismusinfarkt kommen: zum Einbrechen der Buchungen, zum Rückgang des Urlauberstroms und zum Verwaisen der touristischen Infrastruktur. Zu wünschen wäre es dem Eiland allerdings nicht. ∎

Ein Strandkorb neben dem anderen: Das verheißt gute Einnahmen, zeigt aber auch, dass der Rügentourismus an seine Grenzen stößt, soll noch ein Rest Ursprünglichkeit erhalten und Natur bewahrt werden.

Natürlich feine Kost

Lässige Sterneküche — Ralf Haug ist der Koch von Rügen. Vom Guide Michelin hoch dekoriert und durch die Natur der Insel inspiriert.

Mathias Christmann hat mit dem Küchenchef gesprochen. Der gebürtige Schwarzwälder kam dank seiner Frau und einer kuriosen Abmachung an die Küste.

Seit dem Jahr 2013 laden Sie in Binz zu kulinarischen Reisen in Ihr Restaurant Freustil und dessen kleine, freche Schwester Canteen ein. Sie stammen ja nicht aus Deutschlands Norden. Was hat sie nach Rügen verschlagen?
»Mit Rügen hatte ich im Grunde gar nichts am Hut. Ich komme eigentlich aus Freudenstadt im Schwarzwald. Dort habe ich meine Ausbildung gemacht und auch meine spätere Frau kennengelernt. Mit ihr hatte ich die Abmachung getroffen, dass jeder einmal sagen darf, wohin die Reise gehen soll. Weil ich gerne Snowboard fahre, sind wir gleich nach der Lehre nach St.

Moritz gegangen. Dann war meine Frau dran, mit dem langweiligen Heidelberg (lacht). So ging das hin und her. Irgendwann wurde mir dann der Wunsch aufgetischt, auf die Insel Usedom an die Küste zu ziehen. Da war der Sprung nach Rügen nicht mehr weit.«

Haben Sie bei so vielen Stationen eine kulinarische Linie finden können, die Sie lieben und verfolgen?
»Es war – und ist teilweise noch – eine ständige Suche. Zehn Jahre lang habe ich jedes Jahr Praktika in ganz Europa gemacht, um mich inspirieren zu lassen und meinen Horizont zu erweitern. Inzwischen bin ich natürlich fester geworden. Das A und O ist, eine naturverbundene Küche zu liefern, insbesondere bei der Auswahl der Zutaten, aber auch bei der Anrichteweise und dem Geschmack. Wir versuchen z. B. nicht, Dinge einzulegen, bei denen der Gast am Ende gar nicht mehr merkt, was das eigentliche Thema des Gerichts ist. Bei uns ist entscheidend, dass eine Karotte nach Karotte schmeckt und vielleicht sogar so aussieht, als wäre sie auf Rügen gewachsen.«

Das bedeutet, die Insel Rügen prägt Ihre Küche von Grund auf. Kommt Fisch von den Färöer-Inseln oder

---

HAUGS KÜCHE KOSTEN **H**

Ralf Haugs Lokale **Freustil** (s. S. 92) und **Canteen** finden Sie im Binzer Hotel Vier Jahreszeiten. Infos auch auf der Website www.freustil.de.

Käse aus der Schweiz grundsätzlich nicht auf den Teller?

»Wir machen, was und wo es geht. Manchmal ist es ganz einfach. In den Sommermonaten etwa spiele ich jeden Tag vor der Arbeit eine Runde Golf. Da gibt es diese eine Stelle, wo die Wasserkresse wächst … Ich bin aber nicht mehr so streng mit mir selbst. An einem durchschnittlichen Tag im Juli haben wir über 100 Gäste in unserem Restaurant. Da lassen sich leider nicht genügend regionale Produzenten finden, die die Menge und Qualität, die wir benötigen, vorrätig haben. Beispielsweise kann ein Jäger auf der Insel Rügen manchmal nur zwei Rehrücken bieten, von denen auch noch einer angeschossen ist. Da müssen wir die Regionalität mitunter auf Meck-Pomm ausweiten.«

Der typische Urlauber macht nicht selten einen großen Bogen um Sternerestaurants. Sei es, weil man hochpreisige Gerichte vermutet oder denkt, dass lange vor dem Urlaub bereits der Tisch reserviert werden muss. Wie sieht Ihr Publikum aus?

»Wir servieren Lunch und Abendessen. Insbesondere für den Mittagstisch gilt, dass unsere Gerichte satt machen sollen. Nicht, dass es heißt, Sterneküche macht nicht satt und man muss hinterher noch einen Döner essen. Das Ganze soll so etwas wie ein Türöffner sein. Und das klappt ganz gut.«

Stehen Sie eigentlich noch tagtäglich selbst hinterm Herd?

»Ja klar. Dabei koche ich im Tagesgeschäft größtenteils einfachere Posten. Die wesentlichen Gerichte übernimmt mittlerweile mein Souschef David, der bereits im elften Jahr an meiner Seite ist. Dafür mache ich mir nebenbei Gedanken um neue Menüs, probiere mich aus. Aber eher ungezwungen.« ∎

Bei Ralf Haugs (oberes Bild) Kreationen soll bei aller Raffinesse der natürliche Geschmack der einzelnen Zutaten unverkennbar bleiben.

Eine alte Landkarte von Rügen – erinnert heutzutage an eine Schatzkarte.

Lubins Rügenkarte von 1608.
Angeblicher Maßstab 1 : 288 000, wirklicher Maßstab 1 : 192 000; verkleinert auf 1 : 300 00

Reise durch Zeit & Raum

Ein Fürst als Wegbegleiter im Urlaub — Wilhelm Malte I. war Anfang des 19. Jh. zur richtigen Zeit am richtigen Ort. Was er errichten ließ, prägt die touristische Landschaft bis heute.

Die Ranen kommen
ab 700 n. Chr.

Um das Jahr 700 besiedelten die slawischen Ranen die Insel Rügen, die seit der Zeit der Völkerwanderung zwischen dem 3. und 6. Jh. n. Chr. nahezu unbewohnt war. Sie errichteten erste Verwaltungsgebäude, Tempel und mehrere Burgwälle als Befestigungsanlagen, die zugleich Kultstätten waren. Die ranische Bevölkerung konzentrierte sich auf die Festung Arkona, in der sich mit dem Monument des vierköpfigen Svantevits, dem Gott des Friedens und der Fruchtbarkeit, das Hauptheiligtum befand. Weitere Burgen, die gleichzeitig Markplatz und Versammlungsstätte waren, lagen am Rugard nahe dem heutigen Bergen und in Garz. Beliebt waren die Ranen im Ostseeraum nicht. Sie galten wegen ihrer blitzartigen Überfälle als gefürchtete Seeräuber und verbreiten überall, wo man sie antraf, Angst und Schrecken.
Zum Anschauen:
Slawischer Burgwall von Garz, S. 49

Die Christianisierung beginnt
1168–1600

Insbesondere den Dänen waren die Ranen ein Dorn im Auge. In der Schlacht von Arkona im Jahr 1168 unterwarf sich Stammesfürst Jaromar I. Dänenkönig Waldemar I. und nahm den christlichen Glauben an – die Christianisierung begann. Gleichzeitig erhielt Jaromar I. die Insel als dänisches Lehen. Auf das slawisch geprägte Siedlungsbild nahmen die Dänen kaum Einfluss. Anders verhielt es sich mit den Zuwanderern aus dem westfälischen, niedersächsischen und fränkischen Raum, die ab dem 13. Jh. nach Rügen gekommen sein sollen. Da sie allerdings gute Kenntnisse im Ackerbau besaßen, wurden sie wohlwollend aufgenommen. Nach dem Tod des letzten slawischen Fürsten von Rügen, Wizlaw III., 1325 trat ein Erbvertrag mit den deutschen Herzögen von Pommern-Wolgast in Kraft. Unter den nun regierenden Pommernfürsten verloren die Dänen an Einfluss. Mit dem beginnenden 15. Jh. verschwand durch die deutsche Dominanz dann auch die slawische Sprache, an die heute nur noch Ortsnamen wie Kussewitz oder Güttin erinnern.
Zum Anschauen:
Wallensteintage in Stralsund, S. 36

Keimende Sommerfrische
1816–1920

Bis um 1800 herum lebten die Bewohner Rügens hauptsächlich von der Landwirtschaft und dem Fischfang. Das sollte sich mit Fürst Wilhelm Malte I. ändern. Er machte 1810 Putbus zu seiner Residenzstadt und richtete nur sechs Jahre später am Strand von Neuendorf das erste Seebad der Insel ein. Drei Jahre später folgte die Gründung von Lauterbach. Etwa 1830 kamen bereits einige Hundert Gäste in die Region, um sich zu erholen. Zunächst mussten die Besucher in Unterkünften von Fischern und Bauern unterkommen, bis 1869 das erste Hotel eröffnete. Nicht schnell, aber stetig entwickelte sich Rügen zu einer der beliebtesten Regionen für Sommerfrischler. Aus kleinen Fischerdörfern wie Binz, Baabe oder Göhren wurden Badeorte. Ganz klare Nummer eins war seinerzeit jedoch noch Sassnitz. Um mit dem wachsenden Besucherstrom fertig zu werden, wurde die Infrastruktur der Insel verändert. Fährverbindungen entstanden, Cafés und Restaurants eröffneten, Promenaden wurden gebaut und auch die Rügener Dampfbahntrasse wurde 1899 fertig. Damit änderte sich das Leben der Inselbewohner: Fischerei und Landwirtschaft gingen zurück zugunsten von lohnenden Tätigkeiten im Tourismus. In den 1920er-Jahren war Rügen bereits eines der beliebtesten Reiseziele des Deutschen Reiches.

Die Seebrücke in Sellin auf einer kolorierten Postkarte (um 1909): Die Zeit des Strandtourismus hat begonnen.

Zum Anschauen:
Koloss von Prora, S. 88

Zum Anschauen:
Uhren- und Musikgeräte-Museum (ehem. Seewasser-Warmbad) in Putbus, S. 58, Bäderarchitektur, S. 94, Fahrt mit dem Rasenden Roland, S. 116

Dunkle Schatten
1936–1945

Gerade erst war der fast 3 km lange Rügendamm fertiggestellt, da begannen die Nationalsozialisten mit dem Bau der KdF-Ferienstadt Prora, stellten sie aber nie fertig. Vom Zweiten Weltkrieg blieb Rügen weitgehend verschont. Am 6. März 1945 erfolgte der einzige große Luftangriff der Alliierten auf die Insel, bei dem einige Häuser und Häfen zerstört wurden. Am 2. Mai 1945 sprengte eine deutsche Kommandoeinheit den Damm.

Einheitsbrei
1945–1989

Nach dem Krieg enteignete die sowjetische Besatzungsmacht die Großgrundbesitzer, die mehr als 60 % der landwirtschaftlichen Fläche der Insel besaßen. Diese wurde unter Bauern und Landarbeitern aufgeteilt, kurz darauf wurde der Zusammenschluss zu Landwirtschaftlichen Produktionsgenossenschaften (LPG) durchgesetzt. Viele Bauern weigerten sich, sodass die Sozialistische Einheitspartei Deutschlands (SED) 1960 die noch freien Bauern zwangskollektivierte. Mit der Aktion Rose wurden zudem 1953 die Hotel- und Pensionsbesitzer enteignet. Die meisten Häuser gingen in die Hand des DDR-Gewerkschaftsbunds FDGB (Freier Deutscher Gewerkschaftsbund) über, die besten Hotels konfiszierte die SED. Trotz der Willkür des Staates entwickelte sich ab 1955 der Tourismus weiter.

Damit möglichst vielen Bürgern ein Urlaub auf der Ostseeinsel ermöglicht werden konnte, wurden entlang der Küste unzählige Unterkünfte wie Campingplätze, Jugendferieneinrichtungen oder Ferienheime geschaffen. In den 1970er-Jahren entwickelte sich vor allem Binz zum Ferienort des FDGB. Bis zur Wendezeit wuchs die Beliebtheit der Urlaubsinsel Rügen stetig. 1989 wurde hier erstmals – zunächst friedlich – gegen die SED-Regierung demonstriert. Versammlungen in der Marienkirche in Bergen und anderen Orten im äußersten Nordosten Deutschlands nahmen zu. Kurz bevor die Mauer fiel, wurden noch weite Teile der Insel unter Naturschutz gestellt.

Zum Anschauen:
Cliff Hotel in Sellin, S. 104

Der Boom beginnt
seit 1990

Nach der Wiedervereinigung, im Zuge derer Rügen, Hiddensee und Stralsund zum Bundesland Mecklenburg-Vorpommern zugehörig erklärt wurden, änderte sich der Tourismus komplett. Das staatlich organisierte Erholungswesen hatte ausgedient, viele Bungalowsiedlungen und Campingplätze verfielen, da sie meist erst Jahre später privatisiert wurden. Bereits ab 1991 setzte ein Bauboom ein, der bis heute anhält. Einige Jahre später wurden auch die alten, teils verfallenen Bädervillen liebevoll saniert und für Urlauber geöffnet. Dem Massentourismus der DDR-Zeit folgte eine neue Tourismuswelle. Im Jahr 2002 wurde die Altstadt von Stralsund in die Welterbeliste der UNESCO aufgenommen. Ein Jahr später entstand im Rahmen der Internationalen Gartenbauausstellung (IGA, Rostock) der Garten der Sinne in Binz. Währenddessen entwickelten sich auf Rügen immer mehr Spannungen zwischen Naturschützern und Immobilienspekulanten. Erstere verbuchten wichtige Erfolge, u. a. mit dem 2004 eröffneten Nationalpark-Zentrum Königsstuhl, das in einem ehemaligen Gebäude der Nationalen Volksarmee (NVA) untergebracht wurde. Ab dem Jahr 2007 stiegen die Investitionen in die touristische Infrastruktur der Insel Rügen nochmals an. Zunächst wurde mit der neuen Hochbrücke über den Strelasund (dreispurig) eine zusätzliche, permanent geöffnete Inselzufahrt für Kraftfahrzeuge eröffnet. Mit dieser verbesserten Verkehrsanbindung und der Fertigstellung der A 20 können Reisende aus dem Westen und Osten Deutschlands bis zu 60 Minuten Fahrzeit einsparen. Einige Jahre später, im Frühsommer 2019, wurde ein 3 Mio. € teurer Fahrradweg von Sassnitz zum Königsstuhl freigegeben. Nach dem Bau der ›Rügenautobahn‹, der B 96 zwischen Altefähr und Bergen auf Rügen, gehört seit dem Sommer 2019 auch der letzte große Engpass auf der Insel der Vergangenheit an.

Zum Anschauen:
Nationalpark-Zentrum Königsstuhl, S. 160

Seit 2007 spannt sich die Rügenbrücke über den Strelasund und verbindet Stralsund mit Rügen.

Wiege der Romantik

Sehnsuchtsort Rügen — Caspar David Friedrich und viele seiner Weggefährten ließen sich auf und von dem Eiland inspirieren. Eine Spurensuche.

Das wohl berühmteste Bild der Norddeutschen Romantik entstand auf Rügen. Gemalt hat es kein Geringerer als Caspar David Friedrich (1774–1840), der die Ostseeinsel zum Sehnsuchtsort machte.

Im Nordosten der Insel scheint die Zeit stehen geblieben zu sein. In den alten Buchenwäldern des Nationalparks Jasmund rauscht immer noch ein Hauch der Erhabenheit und natürlichen Schönheit durch die Blätter, wie er bereits die Romantiker vor mehr als 200 Jahren verzauberte. Einer der bekanntesten von ihnen ist Caspar David Friedrich, der als wahrhaftiger Rügenfan in die Geschichte eingegangen ist. Immer wieder bereiste er die Region, mal zu Fuß, mal alleine, allzeit im Gepäck einen Skizzenblock und Zeichenstift. Als Ausgangspunkt diente die Hansestadt Stralsund, wo er nicht selten am Abend vor der Überfahrt noch die romantische Hafenkulisse auf Papier gebracht hat.

Ein Mann, ein Bild

Zweifellos das bekannteste Gemälde eines Romantikers ist Caspar David Friedrichs »Kreidefelsen auf Rügen«. Es entstand 1818 an der Victoria-Sicht unweit des Königsstuhls. Die bizarre Steilküste mit ihren grellweißen Felsen und den einrahmenden Buchen, unter denen sich zwei Männer und eine Frau der berauschenden Meeresstimmung hingeben, ist zum Sinnbild seiner Zeit geworden.

Auch weiter nördlich zog es den Kunstbarden. Über Lohme gelangte Friedrich etwa zum Großsteingrab Noddin oder in das kleine Örtchen Vitt am Kap Arkona, das heutzutage für Urlauber nur zu Fuß erreichbar ist. Vom winzigen Dorf blickte er über die zumeist flache See bis ans Kap und verewigte die dramatische Steilküste auf Papier. Besonders angetan hatte es Friedrich die Uferkapelle, vor der er oft und gerne Skizzen anfertigte. Das kleine Gotteshaus hatte der Pfarrer, Dichter und Maler Ludwig Gotthard Kosegarten (1758–1818) ab 1806 nach Plänen von Karl Friedrich Schinkel erbauen lassen.

Treffpunkt großer Namen

Auch viele andere Romantiker folgten dem Ruf Rügens, dessen prachtvol-

AUF DEN SPUREN DER ROMANTIKER ⬛ **R**

www.auf-nach-mv.de/romantik: Infos zur und Orte der Norddeutschen Romantik auf Rügen finden Sie auf der Website des Tourismusverbands Mecklenburg-Vorpommern. **Mecklenburger Radtour:** www.mecklenburger-radtour.de. Der Radreiseveranstalter bietet eine rundum organisierte Radreise auf den Spuren der Romantiker an. **Hochuferweg Lohme–Stubbenkammer:** s. S. 160.

Caspar David Friedrich ließ sich immer wieder von Rügen inspirieren. »Die Lebensstufen« zeigen eine Strandszene in Wiek (Öl auf Leinwand, 73 x 94 cm, um 1834, Museum der bildenden Künste, Leipzig).

le Natur als Gleichnis der göttlichen Ordnung gesehen wurde und als nahezu perfekt galt. Ernst Moritz Arndt (1769–1860), der einst bei Kosegarten Hauslehrer war, reiste nach Rügen, Philipp Otto Runge (1777–1810) war ebenfalls ein enger Vertrauter des Pfarrers aus Altenkirchen. Der Maler und Naturphilosoph Carl Gustav Carus (1789–1869) durchquerte vor allem den Südosten der Insel und war so beeindruckt, dass er mitunter den Zeichenstift wegwarf und sich der Erhabenheit der Natur gänzlich ergab. Oder wie Carus es direkt ausdrückte: »Ich wüßte gar keine Gegend so geeignet, sich seinen Gedanken und Gefühlen ganz dahinzugeben, als diese.« Zum Glück wurde er nicht immer von seinen Gefühlen überwältigt, sodass einzigartige Werke wie »Mondnacht auf Rügen« oder »Eichen am Meer« (nahe Lauterbach) entstehen konnten.

Alles nur Schmu?

Sollten Sie nach der Lektüre Rügen mit der Brille der Romantiker erkunden wollen, seien Sie nicht enttäuscht. Nicht nur die Landschaft hat sich seit Friedrich und Co. vielerorts verändert, auch die Sicht auf sie. Dazu sind viele Bilder, wohl auch das berühmte Kreidefelsen-Bild, der aktuellen Forschung nach wohl eher Kompositionen und realitätsnahe Werke als 1:1-Abbildungen der grandiosen Naturidyllen. Die einen sagen, der Maler stünde an der Victoria-Sicht, andere sind sich sicher, das Gemälde sei rund um die Wissower Klinken entstanden. Friedrich selbst machte kein Hehl aus der romantischen Illusion: »Der Maler soll nicht bloß malen, was er vor sich sieht, sondern auch, was er in sich sieht. Sieht er aber nichts in sich, so unterlasse er auch zu malen, was er vor sich sieht. Sonst werden seine Bilder den Spanischen Wänden gleichen, hinter denen man nur Kranke und Tote erwartet.« ∎

Nah ans Wasser gebaut

Schwebende Konstruktionen — Sie schrieben Architektur-
geschichte. Der Rügener Architekt und Bauunternehmer Ulrich
Müther entwarf filigrane Schalenbauten, die jeder in der DDR
kannte.

Er faltete Beton auf eine vorher nie bekannte Weise, legte ihn wie Samt aus oder
hisste ihn wie Segel gegen den Wind. Ulrich Müther (1934–2007) ist auf Rügen
bekannt wie ein bunter Hund. Zahlreiche
wunderliche Bauten, meist nicht weit vom
Wasser entfernt, entwarf er in der Vor-
wendezeit auf der Insel. Was hatte ihn
inspiriert? Die Geschichte ist kurz erzählt:
Als Kind hatte er am Binzer Ostseestrand
mit Muscheln gespielt und war fasziniert
von ihrer dünnen, gleichzeitig enorm be-
lastbaren Schale. Das sollte sein Stil werden. Getrieben von den Visionen seiner
Kindheit realisierte er wenige Jahre später
seine fantastisch anmutenden Schalen-
tragwerke und wurde zum Aushängeschild der architektonischen Moderne.

Vom Zimmermann zum Schalenexperten

Als 24-Jähriger übernahm der Binzer als
ausgelernter Zimmermann und Absol-
vent der Ingenieurschule Neustrelitz die
elterliche Baufirma. Das Familienunternehmen war zwischenzeitlich im Rahmen
der sogenannten Aktion Rose durch die
sozialistische Staatsmacht enteignet, 1953
aber zunächst wieder zurückgegeben worden. Bereits zu diesem Zeitpunkt interessierte sich Müther für außergewöhnliche
Schalenbautheorien ungarischer und ru-
mänischer Mathematiker. Begegnungen
mit bekannten Schalenbauern während
einer Bauausstellung in Budapest inspi-

rierten und ermutigten ihn schließlich
zu ersten Versuchen mit Modellbauten
aus Segeltuch und zu Gussformen aus
Sandhügeln. Im Jahr 1963 entwarf Ulrich
Müther als Diplomarbeit eine gekrümm-
te Spritzbetonplatte als Terrassenüber-
dachung, eine ›fliegende Platte‹, für ein
Binzer Ferienheim.

Zwar galt Beton damals als Baustoff
der unbegrenzten Möglichkeiten, aber
noch niemand war in der Lage, die Kraftverläufe solcher Konstruktionen exakt
zu berechnen. Müthers Expertenwissen
wurde geschätzt und so erhielt er einen
neu eingerichteten Lehrstuhl in Berlin.
Vier Monate lang experimentierte er mit
Modellen, 14 Monate lang berechnete er
Kraftverläufe, bevor erste Bauversuche an-
standen. Sein erstes Meisterstück erregte
großes Aufsehen. Der Staatsrat persönlich
orderte kurze Zeit später ein freitragendes
Dach für ein Ferienlager auf Rügen. Bald
häuften sich die Aufträge. Müther nutzte
die Gunst, um immer wieder Maße und
Krümmungen seiner Betonschalen zu
variieren. Tagsüber leitete er die geerbte
Baufirma, am Feierabend tüftelte er an
Konstruktionen mit mehrfach gebogenen
Flächenschalen.

Ein Lebenswerk bröckelt

Nach 1990 waren immer mehr der vom
Binzer Architekten errichteten Gebäude
mangels Nutzung vom Abriss bedroht
und verfielen. Auch wenn Müther selbst

die Sanierung einiger seiner Bauten an der Küste in die Hand genommen hatte, blieben die nach wie vor modern anmutenden Bauwerke nicht überall erhalten. Die von ihm entwickelte Schalenbauweise war materialsparend und zeitaufwendig, was zu den wirtschaftlichen Bedingungen der DDR passte, aber keine Zukunft in der Bundesrepublik versprach.

Warten oder heiraten

Das Ostseebad Binz war für den Ingenieur Ulrich Müther Inspirationsort und zugleich Erprobungsraum. Hier nahm alles seinen Anfang, hier entstanden die Ideen und erste Umsetzungen der charakteristischen Betonschalen. Bereits 1964, noch mitten im Studium, plante der Bauvirtuose in Binz das Dach für einen Mehrzwecksaal im damaligen Haus der Stahlwerker. Das futuristisch aussehende Bauwerk wurde wie so viele seiner Objekte etwas später wieder abgerissen. Heute befindet sich an gleicher Stelle das Hotel Vier Jahreszeiten.

Anders erging es dem 1967 errichteten Buswartehaus (s. S. 88), das mit einer in der Mitte spitz zulaufenden Überdachung architektonische Frische ausstrahlt und noch heute als Wartehäuschen Schutz vor Wind und Wetter bietet. Dabei war das Tragwerk ursprünglich als Mess- und Versuchsbau für eine Mehrzweckhalle in Rostock konzipiert worden.

Wesentlich auffälliger lugt am südlichen Ende des Binzer Strandes ein stielaugenähnliches Bauwerk aus den Dünen. Die surreal anmutende Hyperschalenkonstruktion zieht bereits seit 1981 neugierige Blicke auf sich. Rundlich, glatt und nach allen vier Seiten mit großen, ovalen Fenstern versehen, steht die etwas klobig wirkende Betonkapsel auf einem schma-

Ulrich Müther konzipierte das Pilzschalendach des Restaurants Inselparadies in Baabe.

*Ulrich Müther vor dem ehemaligen,
1968 erbauten Rettungsturm in Binz*

len Fuß und setzt einen unerwarteteten Kontrast zu den vielen modernisierten Bädervillen und restaurierten Logierhäusern. Ulrich Müther hat hier mit einem Rettungsturm (s. S. 88) in außergewöhnlicher Optik eines seiner kleinsten Bauwerke umgesetzt. Ungewöhnlich lange, bis 2004, erfüllte der Turm seinen Zweck als Ausguck für Rettungsschwimmer. Sie hatten von hier einen klaren Rundumblick auf das maritime Geschehen. Nach einer umfassenden Sanierung öffnete der Turm 2006 erneut seine Türen, nun allerdings für die Öffentlichkeit: Als zweite Außenstelle des Binzer Standesamtes empfängt er regelmäßig Verliebte, die vor romantischer Ostseekulisse in den Hafen der Ehe einlaufen möchten.

Das Erbe eines Bauvisionärs

Ulrich Müther liebte die Ostseeküste und seine Heimat Rügen. Nicht verwunderlich ist daher, dass eine Vielzahl seiner Schalenkonstruktionen hier verwirklicht wurden. Die touristische Prägung der Region bot auch Müther den idealen Boden, um seine Ideen zu verwirklichen. Gleich bei seinem zweiten Projekt, dem Dach für den Speisesaal des Pionierferienlagers Ernst Thälmann in Borchtitz (heute in Privatbesitz), wandte er seinen neu entwickelten Bautyp des Schalendachs an. Diese Speisesaalüberdachung ist heute die älteste noch erhaltene Schalenkonstruktion des bekannten Architekten. Kurze Zeit später, 1966, realisierte Ulrich Müther gemeinsam mit dem Berliner Architekten Ingo Schönrock seine dritte Betonschale, die rund 320 m² weit gespannte Überdachung des Restaurants Inselparadies (www.inselpa radies-baabe.de, Abb. S. 229) in Baabe auf Rügen. Sie war zugleich seine erste in Form einer Pilzschale.

Mit dem Strandrestaurant Ostseeperle (s. S. 154) in Glowe auf Rügen, das Ende der 1960er-Jahre errichtet wurde, erhielt die Insel ein weiteres spektakuläres Gebäude. Müther ließ direkt an der Meereslinie ein zum Wasser hin spitz in die Höhe zulaufendes Dach bauen – eine sogenannte angekippte Hyparschale. Die gesamte Front ist verglast und bietet einen freien Blick auf das Meer. Nach der Wende lange Zeit ungenutzt, befindet sich heute in dem außergewöhnlichen Gebäude auf 400 m² wieder ein Restaurant.

Mit der Schwimmhalle des Cliff Hotels (s. S. 104) in Sellin oder der Stadthalle in Neubrandenburg ließe sich die Reihe repräsentativer Betonschalenbauten und Zeugen zeitgenössischer Urlaubsarchitektur in Mecklenburg-Vorpommern fortführen. Eines ist allen gemeinsam: Statt klassischer Kantholz- und Bretterkonstruktionen ragen Müthers Projekte als mächtige Betontragwerke aus der Landschaft. Bei ihrem Anblick mag man sich fragen: Schaut man in die Vergangenheit, die Gegenwart oder doch eher in die Zukunft? ∎

Lasst Musik sprechen!

Einzigartige Klänge an schönsten Orten — Es ist Festspielfrühling auf Rügen. Internationale und nationale Stars erfüllen alte und außergewöhnliche Gemäuer mit Musik. Hochgenuss ist vorprogrammiert.

Mehr als 90 000 Besucher besuchen jedes Jahr zwischen März und Dezember die Konzerte der Festspiele Mecklenburg-Vorpommern – eines der größten Klassikfestivals in Deutschland. Den Auftakt des Musikspektakels bildet alljährlich der Festspielfrühling Rügen, der an zehn Tagen zu musikalischen Entdeckungen, Gesprächen, Lesungen und persönlichen Konzerten mit erlesenen Künstlern lädt.

Herausragende Künstler – etwa der Pianist Maxim Lando, die Violoncellistin Josephine Knight oder der Schauspieler Sebastian Koch – sind das eine. Doch die heimlichen Stars der Veranstaltungsreihe sind andere. Beeindruckende Herrenhäuser, verwunschene Scheunen am Wasser, pompöse Kurhaussäle oder alte Dorfkirchen bilden die Kulissen der hochkarätig besetzten Konzerte und verzaubern mit ihrem ganz besonderen Flair. Eine Reise über die Insel.

Zum Glück nicht gesprengt

Knapp 100 Jahre bevor Putbus 1810 von Fürst Wilhelm Malte I. zur Residenzstadt erwählt und ausgebaut wurde, ließ ein Graf an gleicher Stelle einen Park im französischen Stil anlegen. Im 19. Jh. erfolgte dann die Umgestaltung in einen englischen Landschaftspark, dessen Mitte traditionsgemäß das Schloss bildete. 1962 wurde es trotz großen Protests in der Bevölkerung gesprengt. Die verbliebenen Gebäude im wohl schönsten Park

PROGRAMM, TICKETS, INFOS

Das komplette Programm und alle Spielstätten sind unter **www.festspiele-mv.de/festspielfruehling** einsehbar. Tickets für die Konzerte sind heiß begehrt. Sichern Sie sich am besten gleich nach der Buchung des Hotels oder der Ferienwohnung Ihre Karten (10–50 €). Der allgemeine **Vorverkauf** startet im August des Vorjahrs. Konzertkarten können auch im **Arrangement mit Übernachtungen** in den Partnerunterkünften des Festspielfrühlings Rügen gebucht werden, u. a. beim niXe-Hotel (Binz, www.nixe-hotel.de), dem Hotel Badehaus Goor (s. S. 65) in Putbus, dem Parkhotel Rügen (s. S. 41) in Bergen oder bei den Boldevitzer Rügenkaten (www.ruegenkaten.de).

Rügens blieben glücklicherweise von der Willkür der DDR-Führungsregie verschont. Eines von ihnen ist der 1821–24 gebaute klassizistische Marstall (s. auch Tour S. 56). Nachdem er viele Jahre zusehends verfiel, entdeckten ihn nach der Wende die Festspiele als Spielstätte für Operninszenierungen wieder – und für den Festspielfrühling Rügen.

Ein Traum am Meer

Die Kunstscheune Vaschvitz (s. Lieblingsort S. 197) im Nordwesten Rügens gehörte einst zu den ältesten Besitzungen des Klosters Bergen. Während des Zweiten Weltkriegs diente das Gehöft als Aufnahmeort und Zwischenstation für Flüchtlinge, um nur kurz darauf in einen Dornröschenschlaf zu fallen. Eine Berliner Familie nahm sich des idyllischen Kleinods an und sanierte mit Liebe und Weitsicht die Gebäude. Besondere Aufmerksamkeit schenkten sie dem ehemaligen Stall, der zu einem Raum für Konzerte, Lesungen und Ausstellungen umgebaut wurde. Wagen Sie während des Konzerts mal einen Blick nach draußen. Wenn es immer wieder kurz aufblitzt, keine Sorge. Das sind die Lichtstrahlen des Hiddenseer Leuchtturms.

Zwischen Chirurgie und Akustik

Haben Sie schon einmal etwas von Theodor Billroth (1829–94) gehört? Der in Bergen auf Rügen geborene Arzt gilt als einer der bedeutendsten Mediziner des 19. Jh. Sein Hauptverdienst war die Entwicklung neuer Operationsmethoden für Magenresektionen. Nach der Wende konnte die Deutsche Gesellschaft für Chirurgie sein vom Verfall bedrohtes Geburtshaus erwerben, um die Pilgerstätte für Ärzte aus dem In- und Ausland wieder auf Vordermann zu bringen. Neben medizinischen Veranstaltungen

lockt das hübsche Walmgiebelhaus in Rügens Inselhauptstadt jedes Jahr im Frühjahr zu Auftritten von Jazzmusikern oder zu Kammerkonzerten.

Abends auf der Brücke

Eines der meistfotografierten Motive auf Rügen und rundum von Wasser umgeben. Kommen Sie drauf? Ein Blick auf die Selliner Seebrücke (s. S. 100) gehört zu jeder Rügenreise einfach dazu. Nicht jeder wirft allerdings auch einen Blick in das Brückenhaus, das als einziges Gebäude den großen Brand von 1920 überdauerte – und dennoch gegen den Widerstand der Selliner 1978 abgerissen wurde. Erst 1998 eröffnete der Neubau mit einer Architektur nach historischem Vorbild wieder seine Türen, hinter denen Sie jede Menge Fotografien des verstorbenen Seebrückenfotografen Hans Knospe bestaunen, Kuchen oder Fisch genießen und den Ausflugsschiffen nachspähen können. Oder sich eben von Künstlern verzaubern lassen. Ein Genuss für Augen und Ohren!

Ernsthaft, ein Café?

Wir fallen mal gleich mit der Tür ins Haus. Ein Konzert in der Backstube. Nicht so eine, wie Sie jetzt vielleicht denken mögen. Steril geht es zu, gläsern, mit hohen Decken und viel Platz für Hunderte von Backblechen, Bäckerkisten und Kuchenformen. Und auch genug Platz für viele Besucher, die genau hier den Klängen von virtuosen Pianisten lauschen. Die Bäckerei Peters liegt unweit des Fährhafens Sassnitz (Ortsteil Mukran) direkt am Meer und beliefert elf Filialen auf der ganzen Insel. Die Arbeit beginnt jede Nacht um 1 Uhr, damit pünktlich ab 7 Uhr das Frühstück serviert werden kann. Für die Bäcker geht es anschließend ins Bett – außer an einem Nachmittag im März … ∎

Einer der Spielorte mit besonderer Atmosphäre ist der Marstall in Putbus.

Rügens grüner Kurs

Erst war die Insel, dann kam das Erlebnis — Rügen lebt das Prinzip der Nachhaltigkeit auf besondere Art und Weise. Kommen Sie mit auf Baumwipfel, knipsen Sie Kraniche im Sonnenuntergang und lassen Sie sich von wolkig-weicher Wolle zäher Pommernschafe verwöhnen.

Urlaub im Einklang mit der Natur …

Viele werben damit, Rügen macht ernst. Wann es damit losging und wer den Startschuss gab, lässt sich schwer ermitteln. Fakt ist, dass die Insel wie kaum eine andere Erlebnisregion auf den unmittelbaren Kontakt mit der Natur setzt. Mit alten Buchenwäldern, mehr als 100 m hohen, kalkweißen Kreidefelsen, schilfgesäumten Boddenufern, salzigen Weiden, kleinen idyllischen Buchten und einer besonders ausgeprägten Tierwelt hat sie auch genügend Pfunde, mit denen sie wuchern kann.

… zum Entdecken

Vor allem drei Naturerlebniszentren lassen die natürliche Wunderwelt der Insel und ihrer näheren Umgebung hautnah erleben. Während das Ozeaneum in Stralsund in die Unterwasserwelt der Ostsee einführt und eindrücklich klar macht, dass nicht nur Heringe, Hechte und Ohrenquallen vor Rügens Küsten unterwegs sind, nehmen Sie im noch recht neuen Naturerbe Zentrum Rügen in Prora die Perspektive des Adlers ein. Folgen Sie dem hölzernen Pfad bis zur Spitze des 40 m hohen Aussichtsturms und lassen Sie Ihren Blick schweifen über die Feuchtgebiete des Jasmunder Boddens und der Prorer Wiek. Theoretisch geht es anschließend im kleinen Naturlabor und in einer Umweltausstellung am Fuß des Adlerhorsts weiter. Bereits zu Caspar David Friedrichs Zeiten faszinierte der Blick auf die Kreidefelsen im heutigen Nationalpark Jasmund Besucher aus nah und fern. Wer tiefer in die Geheimnisse der Kreidelandschaft tauchen und erfahren möchte, warum das Wasser unterhalb der Felsen so herrlich blaugrün schimmert, kommt an einem Besuch des Nationalpark-Zentrums Königstuhl (Abb. links) nicht vorbei.

… zum Genießen

In Restaurants und selbst in Imbissen stehen Rügener Gastwirte mit beiden Beinen auf dem Boden. Ob mit in Butter geschwenktem Boddenzander, Hiddenseer Sanddornsaft oder dem klassischen Fischbrötchen – fast alle huldigen sie ihrer Heimat. Wer es etwas außergewöhnlicher mag, kauft sich Mönchguter Edelschinken, der traditionell aus dem Fleisch der wiederentdeckten Rauwolligen Pommerschen Landschafe hergestellt wird. Genau solche Köstlichkeiten gibt es übrigens auch auf dem Markt der nachhaltigen Alternativen, der im Rahmen der jährlichen Woche der Nachhaltigkeit (Mitte Okt.) stattfindet.

… zum Mitmachen

Während andere noch auf die Straße gehen und darüber nachdenken, wie die Welt verbessert werden kann, machen die Rüganer bereits Haken hinter die ersten Projekte. Ob es an der Tatsache liegt, dass Rügen durch seine exponierte Lage mehr und schneller als andere Regionen in Deutschland mit den Folgen des Klimawandels konfrontiert sein wird?

Mit kleinen, aber wichtigen Aktionen wie der Teilnahme am EU-Projekt »Weniger fürs Meer«, in dem aktiv etwas gegen die Verschmutzung der Insel und der Ostsee getan wird, legt die Insel schon mal vor. Zu den ersten Maßnahmen zählte die Einführung eines Mehrwegbecher-Pfandsystems des Unternehmens reCup. Machen Sie doch einfach mit und verzichten Sie während Ihres Urlaubs auf Einwegbecher. Stylishe Coffee-to-go-Becher gibt es z. B. in den Filialen der Inselbäckerei Peters auf Rügen oder in der Backfactory in Stralsund gegen eine kleine Pfandgebühr. ∎

A

Aktivherbst 250
Altefähr 27, 38, 41
Altenkirchen 132, 145, 148
Angeln 137, 148, 231
Anreise Hiddensee 230
Anreise Rügen 229
Arndt, Ernst Moritz 50, 277
Auguste Viktoria 166

B

Baabe, Ostseebad 82, 95, 107, 122
Baaber Bek 7, 101, 109, 110
Baden 231
Bäderarchitektur/-villen 62, 82, 88, 94, 99
Bakenberg 145
Baumwipfelpfad 89, 90
Behinderte 237
Benn, Gottfried 216
Bergen auf Rügen 39, 69
Bernstein 101
Bernsteinsuche 215
Bewegen und Entschleunigen 231
Billroth, Theodor 282
Binz, Ostseebad 82, 84, 85, 94, 103
– Bädervillen 94
– Buswartehaus (Müther-Bau) 88
– Dokumentationszentrum Prora 91
– Ex-Rettungsturm (Müther-Bau) 88
– Kleinbahnhof Binz(-Ost, Bahnhof Binz LB) 98
– Kurhaus Binz 87, 94
– Kurplatz 86
– Museum Ostseebad Binz 91
– Park der Sinne 88
– Prora s. Prora
– Rasender Roland 98
– Schmachter See 88
– Seebrücke 131
– Strandpromenade 85, 94
Biosphärenreservat Südost-Rügen 84, 107
Boots-/Schiffsausflüge 63, 68, 96, 100, 111, 153, 167, 171, 207, 221, 241
Bornholm 133, 172
Brahms, Johannes 166
Brandt, Roberto 259
Breege 151
Breege-Juliusruh, Ostseebad 151
Briesemeister, Norbert 181, 205

Büchsel, Elisabeth 211
Bug, Halbinsel 139, 221
Büttner, Elisabeth 220

C

Camping 239
Carus, Carl Gustav 69, 277

D

Deutsche Alleenstraße 49
Deutsche Lebens-Rettungs-Gesellschaft (DLRG) 131
Deutsches Meeresmuseum 15
Dranske 138
Drigge, Halbinsel 48
Dyke, Moritz van 53

E

Ernst-Moritz-Arndt-Sicht (NP Jasmund) 3, 161
Essen und Trinken 232

F

Fahrradverleih 130
Feiertage 233
Ferienwohnungen 239
Festspielfrühling Rügen, Spielstätten 281
Fischer 259
Fischerdorf Vitt 6 s. Vitt
FKK zu DDR-Zeiten 249
Fontane, Theodor 7, 133
Freesenort (Ummanz) s. Ummanz, Insel: Freesenort
Freud, Sigmund 216
Friedrich, Caspar David 69, 150, 159, 276

G

Gager 123, 124, 127
Garftitz 98
Garz 49
Gellort (Landzunge) 141, 142
Geschichte 273
Geyer, René 250
Gingst 183
Glewitz 51
Glowe 151, 154
Göhren, Ostseebad 82, 95, 111, 262
Golfen 51, 139
Goor, Goor-Wald 38, 64, 65, 66
Granitz 87
Granitz 84, 103
Granitz (Küstenwald) 82, 98, 102
Greifswalder Oie 130

Grieben (Hiddensee) s. Hiddensee, Insel: Grieben
Großer Jasmunder Bodden 154
Große Stubbenkammer (NP Jasmund) 160
Groß Schoritz 50
Großsteingrab Altensien 110
Großsteingräber 159
Großsteingräber bei Burtevitz 98
Großsteingräber bei Lancken-Granitz 98
Großsteingrab Nobbin 145
Großsteingrab Ziegensteine 98
Groß Zicker 83, 123, 125, 127
Grosz, George 216
Gut Kartzitz 203
Gut Tribbevitz 203
Gut Vaschwitz 197

H

Haflingerzucht 181, 196, 205
Hagen 162
Haide (Ummanz) s. Ummanz, Insel: Haide
Hankenufer (NP Jasmund) 163
Hanomag-Touren 122, 171
Haug, Ralf 270
Hausboote 240
Heckel, Erich 211
Herthasee (NP Jasmund) 133, 159, 163
Heuwiese (Insel) 191, 192
Hiddensee, Insel 6, 206
– Alt- und Neubessin 213
– Asta-Nielsen-Haus (Vitte) 216, 222
– Blaue Scheune (Vitte) 217, 220
– Dornbusch 206, 212
– Enddorn 213
– Fischereimuseum Lütt Partie (Neuendorf) 225
– Gerhart-Hauptmann-Haus (Kloster) 206, 211, 216
– Grieben 213, 218
– Hafen von Kloster 209, 216
– Heimatmuseum (Kloster) 209
– Henni-Lehmann-Haus (Vitte) 217
– Hexenhaus von Hiddensee (Vitte) 220
– Homunkulus-Figurensammlung (Vitte) 207, 220, 227
– Inselblick (Dornbusch) 210, 213
– Inselkirche (Kloster) 206, 209

– Kloster 206, 209
– Leuchtturm Dornbusch 213
– Nationalparkhaus Hiddensee (Vitte) 216, 220
– Neuendorf 207, 224
– Plogshagen 225
– Seebühne Hiddensee (Vitte) 207, 224, 227
– Seglerhafen (Vitte) 220
– Strand von Kloster 207, 215
– Strand von Vitte 220
– Vitte 207, 219
Hiddensoer Künstlerinnenbund 211, 217
Hochuferweg (NP Jasmund) 133, 160, 162
Hotels 239
Huck, Karl 207, 220, 227
Hügelgrab Dobberworth 175
Hügelgräber 78, 98, 175
Humboldt, Wilhelm von 174

I
Indoorsport 46
Informationsquellen 233
Infos im Internet 234
Internationale Naturschutzakademie 69
Internetzugang 234

J
Jagdschloss Granitz 82, 98, 103
Jaromarsburg (ranische Burg/Burgwall) 141
Jasmund, Halbinsel 132, 134
Jasmund, Nationalpark s. Nationalpark Jasmund
Jugendherbergen 239
Juliusruh 151

K
Kajakfahren 43, 93, 130
Kanoldt, Alexander 211
Kap Arkona 132, 134, 140, 141, 144
Karls Erlebnis-Dorf Zirkow 96, 122
Kinder 234
Kleiner Jasmunder Bodden 89
Klein Zicker 123, 128
Kleist, Heinrich von 174
Klettern 43, 46, 77
Klima 235, 253
Kloster s. Hiddensee, Insel: Kloster
Königsstuhl 163

Königsstuhl (NP Jasmund) 133, 134, 160
Kosegarten, Ludwig Gotthard 145, 146, 149, 276
Kranichbeobachtung 180, 194, 195
Künstlerkolonie Hiddensee 211
Kurtaxe 237
Kurverwaltungen 233

L
Lancken-Granitz 98
Landschaftspark Pansevitz 184
Lauterbach 62, 274
Lehmann, Henni 211, 217
Lesetipps 236
Leuchtfeuer Ranzow (NP Jasmund) 163
Liddow, Halbinsel und Rittergut 201
Lieschow, Halbinsel 180, 187
Lietzow 178
Lohme 133, 157, 162
Losentitz 51
Louise von Putbus 55

M
Malen 151
Middelhagen 117, 122
Mönchgut, Halbinsel 6, 83, 84, 107, 122, 262
Moritzdorf 110
Mueller, Otto 211
Müther, Ulrich 88, 155, 278
Muttland 182

N
Nachhaltig reisen 240, 284
Nationalpark Jasmund 3, 133, 159, 162, 276
Nationalpark Vorpommersche Boddenlandschaft 189, 208
Nationalpark-Zentrum Königsstuhl 160, 163
Naturerbe Zentrum Rügen 89, 90
Naturhafen Gustow 48
Neuendorf (Hiddensee) s. Hiddensee, Insel: Neuendorf
Neuenkirchen 201
Neu Mukran 166
Neun Berge 43
Northing, Ulrike 217
Notfälle 239

O
Öhe, Insel 200, 264

P
Pallat, Annemarie 220
Palmer Ort 6, 51
Pansevitz 184
Piratenschlucht (NP Jasmund) 161
Plattdeutsch für den Urlaub 242
Poseritz 46
Posewald 116
Prora 82, 85, 88
– DBU-Naturerbefläche Prora 89
– Dokumentationszentrum Prora 91
– Galileo Wissenswelt 91
– Koloss von Prora (KdF-Ferienkomplex) 88, 256, 274
– Oldtimer Museum Rügen 91
Prorer Wiek 134
Putbus 38, 40, 54, 273
– Alleestraße 55
– Circus 55, 56
– Haus ›Kopf Über‹ 59
– Historisches Uhren- und Musikgeräte-Museum 55, 58
– Marktplatz 55
– Marstall 57, 282
– Orangerie 58
– Pirateninsel Rügen 62
– Rügener Puppen- und Spielzeugmuseum 58
– Schlosskirche 58
– Schlosspark 58, 281
– Seewasser-Warmbad, ehem. 55
Putgarten 132, 140, 144

R
Radfahren 139, 144, 187, 196, 231
Ralswiek 39, 78
Rambin 43
Ranen 273
Ranzow 133, 163
Rappin 202
Rasender Roland 63, 83, 101, 103, 116
Reddevitzer Höft 123
Reichwein, Adolf 220
Reichwein, Rosemarie 220
Reiseplanung 237
Reisezeit 235
Reiten 44, 48, 139, 157, 196, 231
Riefenstahl, Leni 216
Ringelnatz, Joachim 217
Robbenexkursionen 111
Rodeln 76
Rønne (Bornholm) 133, 172

Rügenbrücke 27
Rügendamm 27, 274
Rügischer Bodden 101
Runge, Philipp Otto 150, 277
Ruschvitz 155

S
Sagard **174**
Samtens 45
Sassnitz 7, 133, **164**, 282
– Altes Kühlhaus 167
– Außen- oder Ostmole 168
– Bädervillen 168
– Fährhafen Sassnitz/
  Mukran 166, 172
– Fischerei- und
  Hafenmuseum 169
– Fischhalle 167
– Fußgängerbrücke Balkon zum
  Meer 167
– Schmetterlingspark 169
– Seebrücke 168
– Stadthafen 165, 166
– Strandpromenade 168
– U-Boot-Museum 169
Schaabe (Nehrung, Strand) 132,
  134, 151
Schaprode 181, **198**
Schiffsrundfahrten 241
Schilling, Mathias 200, 219, **264**
Schloss Spyker 133, 155, **176**
Schmale Heide 89
Schnitt, Fred 254
Schoritzer Wiek 50, 51
Seedorf **101**, 232
Segeln 43, 93, 224, 231
Sellin, Ostseebad 82, 84, **95**,
  99, 110
– Ahoi Rügen 101, 106
– Alleestraße 99
– (Bäder-)Villen 99
– Eisbahn 106
– Hotel Fürst Wilhelm / Kurhaus
  Sellin 100
– Museum Seefahrerhaus 104
– Seebrücke 95, **100**, 102, 282
– Selliner See 101, 110
– Tauchgondel 101
– Wilhelmstraße 99
Sicherheit 239
Siebenschneiderstein
  (Findling) **142**, 144
Spukgeschichten 262
Spyker 155
Spyker See 133
Stahlbrode 51
Stand-up-Paddling 93, 130, 232
Steckbrief Rügen 229

Sterneküche 270
Störtebeker Festspiele 39, **79**, **80**
Störtebeker, Klaus 155, 161
Stralsund 14
– Alter Markt 17, **24**
– Altstadt 14, **17**
– Braugasthof Zum alten
  Fritz s. Stralsund:
  Störtebeker Braumanufaktur /
  Braugasthaus Zum alten Fritz
– Commandantenhus 19
– Dänholm 26
– DDR Miniatur Fahrzeug
  Museum 30
– Deutsches Meeresmuseum
  Stralsund 15, **29**
– Fährkanal 26
– Fährstraße 26
– Gorch Fock 1 15, 27, **29**
– Hafeninsel 26
– Hanse-Bahnen 23
– Heilgeiststraße 24
– Johanniskloster 23
– Katharinenkloster 28
– Kniepertor 23
– Kontor Scheele 14, **24**
– Kron-Lastadie 14
– Kron-Lastadie/
  Kronlastadiebastion 25, **31**
– Kulturkirche St. Jakobi
  21
– Kütertor 23
– Marinemuseum 28
– Museumshaus 28
– Nautineum 15, 28, **30**
– Oltshofsches Palais/
  Welterbeausstellung 30
– Ossenreyerstraße **20**, 24
– Ozeaneum 15, 27, **28**, 37
– Rathaus 17, 24
– Scheelehof 15, 24, **26**, 30
– Spielkartenfabrik 14, **22**
– Stadtarchiv 23
– Stadthafen 27
– Stadtmauer 21
– Sternschanze 28
– St.-Marien-Kirche 14, **20**
– St.-Nikolai-Kirche 19
– Störtebeker Braumanufaktur /
  Braugasthaus Zum alten
  Fritz 14, 25, 32
– Stralsunder Lügentour 23
– Stralsund Museum 28
– Wulflamhaus 18
Strandreinigung 255
Strand/Strände 6, 51, 58, 126,
  138, 145, 151, 163, 216, 226,
  231, 254

Stubbenkammer (NP
  Jasmund) 159
Suhrendorf
  (Ummanz) s. Ummanz,
  Insel: Suhrendorf
Surfen, Kite- und Windsurfen 6,
  43, 93, 130, 137, 139, 190,
  224, 232

T
Tankow (Ummanz) s. Ummanz,
  Insel: Tankow
Tauchen 154
Taut, Max 217, 222
Tetzitzer See 203
Thieme, August 149
Thiessow, Ostseebad
  6, 123, **126**
Tourismus 268, 275
Tourist-Infos 233
Trent 196
Tromper Wiek 6, 145

U
Übernachten 239
Ummanz 180
Ummanz, Insel 6, 180, 183, **189**
– Freesenort 180, 191, **192**
– Ha(a)senburg 191, **192**
– Haflingerzucht 181, **196**, **205**
– Haide 180, **190**, 191
– Kranichbeobachtung 180,
  194, **195**
– Suhrendorf 6, 180, **190**
– Tankow 180, **194**
– Udarser Wiek 182, **194**
– Waase 180, 181, **190**, 191, 194
Umwelt/Umweltschutz 240,
  255, 284
UNESCO-Welterbeforum (NP
  Jasmund) 161
UNESCO-Weltnaturerbe
  Alte Buchenwälder und
  Buchenurwälder der
  Karpaten und anderer
  Regionen Europas 159
Urlaub im DDR-Style 249

V
Vaschvitz 181, 197, 282
Verkehrsmittel
– auf Hiddensee 241
– auf Rügen 241
– in Stralsund 240
Victoria-Sicht (NP
  Jasmund) 133, **160**, 163
Vilm, Insel 39, **68**, **70**
Vitt 132, 145, **146**

Vitte (Hiddensee) s. Hiddensee, Insel: Vitte
Vogelbeobachtung 51, 180, 194, 195

W

Waase (Ummanz) s. Ummanz, Insel: Waase
Wallenstein, General 16
Wanderfrühling 250
Wandern 66, 139, 158, 162, 164, 171, 194, 212, 216, 232, 250
Wassererlebniswelt 106
Wellness 232

Wellness/Therme 96
Weltnaturerbe s. UNESCO-Weltnaturerbe Alte Buchenwälder und Buchenurwälder der Karpaten und anderer Regionen Europas
Wiek 135
Wieker Bodden 132, 135, 138, 145
Wilhelm Malte I. 54, 63, 64, 85, 99, 103, 273
Wissower Klinken (NP Jasmund) 134, 167

Wittower Fähre 135
Wittow, Halbinsel 134, 135
Worm, Fritz 83, 262
Wrangel, Carl Gustav von 176
Wreechen 58

Z

Zeesboote 221
Zicker Berge 83, 84, 123, 125, 127
Zirkow 96
Zuckmayer, Carl 216
Zudar 52
Zudar, Halbinsel 38, 51

DAS KLIMA IM BLICK **A**

Reisen bereichert und verbindet Menschen und Kulturen. Wer reist, erzeugt auch CO_2. Der Flugverkehr trägt mit einem Anteil von bis zu 10 % zur globalen Erwärmung bei. Wer das Klima schützen will, sollte sich für eine schonendere Reiseform (z. B. die Bahn) entscheiden – oder die Projekte von atmosfair unterstützen. Atmosfair ist eine gemeinnützige Klimaschutzorganisation. Die Idee: Flugpassagiere spenden einen kilometerabhängigen Beitrag für die von ihnen verursachten Emissionen und finanzieren damit Projekte in Entwicklungsländern, die dort den Ausstoß von Klimagasen verringern helfen. Dazu berechnet man mit dem Emissionsrechner auf www.atmosfair. de, wie viel CO_2 der Flug produziert und was es kostet, eine vergleichbare Menge Klimagase einzusparen (z. B. Berlin – London – Berlin 13 €). Atmosfair garantiert die sorgfältige Verwendung Ihres Beitrags.

MIX
Papier aus verantwortungsvollen Quellen
FSC® C124385

Mathias Christmann ist untrennbar mit der Insel Rügen verbunden – und das nicht nur familiär. Seit vielen Jahren unterstützt der studierte Literaturwissenschaftler und heutige PR-Berater touristische Unternehmen und Verbände im Nordosten in ihrer Öffentlichkeitsarbeit. Die Insel Rügen ist als touristisches Flaggschiff natürlich mit von der Partie. Aber auch privat liebt er es, das Stadtleben in der Hansestadt Rostock für ein paar Stunden hinter sich zu lassen und Inselluft zu schnuppern. Der Ort ist dabei fast egal. Wasser mit einem kräftigen Schuss Natur ist fast immer in greifbarer Nähe, das ist das Wichtigste.

short.travel/qw8bf

Noch mehr aktuelle Reisetipps von Mathias Christman und News zum Reiseziel finden Sie auf www.dumontreise.de/ruegen.

Abbildungsnachweis
DuMont Bildarchiv, Ostfildern: S. 206 re. (Johann Scheibner); 82 re., 83 re., 125 (Olaf Meinhardt); 57, 139 (Roland E. Jung); 6 li., 7 o. li., 7 re., 8, 12/13, 14 li., 15 M., 21, 25, 29, 38 li., 38 re., 39 re., 74, 76, 79, 80/81, 82 li., 83 M., 85, 89, 90, 97, 103, 105, 120, 123, 132 li., 133 M., 133 re., 135, 161, 165, 168, 183, 206 li., 209, 214, 222, 225, 275, 284 (Sabine Lubenow) **Festspiele Mecklenburg-Vorpommern, Schwerin:** S. 283 (Geert Maciejewski) **Getty Images,** München: S. 269 (imagebroker/Justus de Cuveland); 7 u. li. (Murat Sen); 63 (Rolf Kosecki); 257 u. (Westend61/Werner Dieterich) **Huber-Images,** Garmisch-Partenkirchen: S. 32, 153 (Christian Bäck) **iStock.com,** Calgary (CA): Titelbild (FredFroese) **laif,** Köln: S. 2/3 (Andreas Hub); 100, 128 (Clemens Zahn); 11, 201, 244/245, 259, 260 o. li., 260 u. li., 260 re. (Malte Jäger); 271 u. (Peter Rigaud); 251 (Thomas Linkel) **Markus Dorfmüller/Johanna Klier,** Hamburg: S. 280 **Mathias Christmann,** Rostock: S. 14 re., 15 re., 22, 35, 37, 39 li., 45, 47, 52, 67, 71, 110, 179, 186, 197, 210, 254, 271 o., 291 **Mauritius Images,** Mittenwald: S. 181 M., 199 (Alamy/Alltravel); 263 (Alamy/Angela Serena Gilmour); 272 (Alamy/FLHC U1); 156 (Alamy/Ivoha); 147 (Alamy/Kuttig - Travel - 2); 228 (Foodanddrinkphotos); 59 (imagebroker/Harald Wenzel-Orf); 175 (imagebroker/Oliver Gerhard); 41 (imagebroker/Sabine Lubenow); 50, 203 (Novarc Images/Hans P. Szyszka); 264 (Travel Collection/Gregor Lengler) **Netzwerk Rügeninsel Ummanz,** Waase: S. 188 (BauerKliewe) **picture-alliance,** Frankfurt a. M.: S. 277 (akg); 274 (dpa-report/Sammlung Sauer); 246/247, 248 (dpa-Zentralbild/Wilfried Glienke); 150, 279 (dpa/Stefan Sauer);

131 (ZB/dpa-Zentralbild/Jens Büttner) **Seebühne Hiddensee,** Vitte: S. 207 re., 227 (Wiebke Volksdorf) **Shutterstock.com,** Amsterdam (NL): S. 142 (36px); 180 li. (Jens Breuer); 207 M. (Mattis Kaminer); 257 o. (Sina Ettmer Photography) **Susan Schmorell,** Wusse: S. 192 **Thomas Roetting/Sylvia Pollex,** Leipzig: S. 10, 108, 113, 132 re., 180 re., 181 re., 205 **Villa mit Sonnenhof,** Göhren: S. 115 (Peter und Christina Knobloch)

Umschlagfoto
Titelbild: Abends am Ostseestrand

Kartografie
DuMont Reisekartografie, Fürstenfeldbruck
© DuMont Reiseverlag, Ostfildern

Autor: Mathias Christmann **Redaktion/Lektorat:** Britta Rath **Bildredaktion:** Sylvia Pollex, Titelbild: Carmen Brunner **Grafisches Konzept und Umschlaggestaltung:** zmyk, Oliver Griep und Jan Spading, Hamburg

Hinweis: Autor und Verlag haben alle Informationen mit größtmöglicher Sorgfalt geprüft. Gleichwohl erfolgen alle Angaben ohne Gewähr. Infolge der Corona-Pandemie im Jahr 2020 kann es darüber hinaus zu kurzfristigen Geschäftsschließungen und anderen Änderungen vor Ort gekommen sein. Bitte schreiben Sie uns! Über Ihre Rückmeldung und Ihre Verbesserungsvorschläge freuen wir uns: DuMont Reiseverlag, Postfach 3151, 73751 Ostfildern, info@dumontreise.de, www.dumontreise.de

1. Auflage 2021
© DuMont Reiseverlag, Ostfildern
Alle Rechte vorbehalten
Printed in China

Offene Fragen*

Warum scheint hier eigentlich immer die Sonne?
Seite 253

Wie heißt das älteste Gasthaus auf Rügen?
Seite 119, 139

Wird überhaupt noch Platt gesprochen?
Seite 242

Gibt es Robben in der Ostsee?
Seite 111

Seit wann ist der Nordosten Deutschlands eine Bierregion?

Wann stirbt das Fischerhandwerk auf Rügen endgültig aus?

Wer trägt noch Fischertracht?
Seite 179

Wovor gruseln sich die Mönchguter?
Seite 262

Warum landen gerade auf Rügen die Kraniche?
Seite 195

Welcher Ort ist noch nicht touristisch erschlossen?

Was ist denn ein Söbenschnidersteen?
Seite 142

Gab es Störtebeker wirklich?
Seite 155

Ist Ummaii wirklich ein souveräner Staat?
Seite 192

Der bekannteste Urlauber auf Rügen heißt …?
Seite 276

* Fragen über Fragen – aber Ihre ist nicht dabei? Dann schreiben Sie an info@dumontreise.de. Über Anregungen für die nächste Ausgabe freuen wir uns.